Botschaften aus dem Licht

Gespräche mit Horus und mit anderen Lichtwesenheiten

Kontakte mit geistigen Wesenheiten
Channelbotschaften & Kommentare

D. Harald Alke Kyborg Institut

Cip-Einheitsaufnahme der Deutschen Bibliothek **ISBN 3-924722-43-9**
Alke, D. Harald: Kontakte mit Jupither und Junow von Orionis, Gespräche mit Horus:Channelbotschaften und Kommentare / D. Harald Alke. - Flörsheim-Dalsheim : 4. wesentlich erweiterte und vollständig überarbeitete Auflage 2004
 D - 67592 Flörsheim-Dalsheim
Tel. 06243-7057 Fax. 06243-7057 info@kyborg-institut.de www.alke.org
Foto Titelseite: Mats Björkman, Foto Rückseite: Martin Oberhauser

Chronologische Ausgabe der Channelbotschaften, die mich seit 1990 erreichten. Erfahrungsberichte, Botschaften, sowie Hinweise, wie Sie es lernen können und was dabei beachtet werden sollte. Die Botschaften von Horus und den anderen Göttern dienen primär der Entwicklung eines neuen Weltbildes, der Übernahme von Selbstverantwortung für das eigene Leben und der Verbreitung der Energiepyramiden. Sie sind mein Beitrag für die Installation einer neuen Schwingung, an der sich positiv gesinnte Menschen orientieren können. Wer die Energiepyramiden optimal nutzen will, muß sich mit den spirituellen Aspekten seiner eigenen Existenz auseinandersetzen. Die Energiepyramiden unterstützen mentale und biologische Prozesse. Das ist ihre primäre Aufgabe.
Channelbotschaften können durch eine sensitive Begabung gewonnen werden, oder durch Energytraining, wie es im Kyborg Institut angeboten wird. Wer seinen Horizont erweitern möchte, wird in diesem Buch viele Anregungen finden, um seine Lebenspraxis zu überdenken und erfolgreich zu verändern. Wer Probleme mit der Vorstellung hat, daß wir tatsächlich mit den Göttern reden können und Antworten erhalten, ist trotzdem eingeladen, sich mit diesen Botschaften auseinander zu setzen. Sie enthalten eine tiefe, praktisch anwendbare Weisheit.
Bereits durch die Lektüre können sensitive Menschen die Schwingung der Götter erfühlen, und sie werden vielleicht direkt eine persönliche Belehrung erfahren. Auf diese Weise können wir neue, schöpferische Impulse erhalten, um unser Leben erfolgreicher zu gestalten und um die Probleme zu überwinden, die die moderne Gesellschaft mit sich bringt. Diese Methoden ersetzen keine medizinisch erforderliche Behandlung! Hinweise auf Möglichkeiten der Selbstheilung oder auf die Nutzung kosmischer Energiequellen setzen entsprechende Überzeugungen und Fachkenntnisse voraus.

Bild Titelseite innen, ein historischer Holzstich: Ein Mensch durchdringt die kosmischen Sphären und erkennt dahinter die interdimensionalen Kräfte, die das Multiversum erzeugen und zusammen halten. Die Historiker dachten, daß die Menschen im Mittelalter meinten, die Sonnen wären nur am Firmament aufgehängt. In Wirklichkeit machten die europäischen Alchimisten Astralreisen, die die Grenzen unseres Universums überschritten, genau wie die Yogis in Indien.

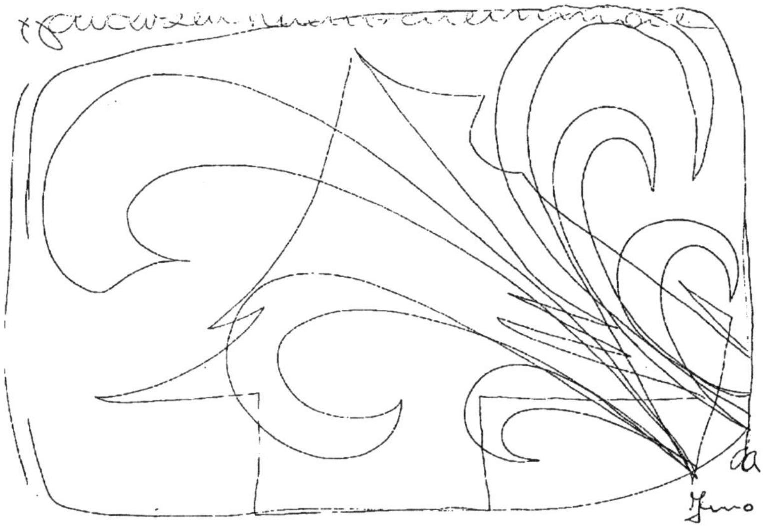

Mentales Sigill von Junow zur leichteren Kontaktaufnahme.

Wenn Sie mit Junow sprechen möchten,
hängen Sie dieses Bild vor sich an die Wand
oder legen Sie es auf Ihren Tisch!

Der Freude entsproßt alle Schöpfung
durch Freude wird sie gehalten
zur Freude drängt sie
in die Freude kehrt sie zurück.

Upanishad Mundaka

Schriftprobe wenn ich Junow channel.

"Hallo Harald!
Wir grüßen Dich in der Tat
immer wieder auf das Allerherzlichste,
denn Deine Gegenwart bereitet uns Freude.
Viele Menschen brauchen diese Art der Begegnung
und wir freuen uns, daß Du nun so weit bist,
Deine Erfahrungen weitergeben zu können und zu wollen.
Es ist viel Energie da. Laß uns beginnen.
Diese Energie ist Teil des göttlichen Planes,
der uns alle beseelt.
Wir alle dienen einem schöpferischen Prinzip.
Gnade denen, die es hören und verstehen.
Segen jenen, die es vermitteln und weitergeben,
um diese Dienste zu erfüllen, zu denen sie
wie wir alle bestimmt sind."

Junow 18.2.91

Vorwort zur 4. Auflage 2004

22.2.04 11.48 Uhr Horus. "Hallo Harald! Du arbeitest an unserem Buch. Das ist gut. Wir begrüßen die Überarbeitung. Das Leben wächst auf einem höheren Plan, und es breitet sich über alle Ebenen aus, die es erreichen kann. Gib den Menschen das Gefühl, nicht allein zu sein. Sie suchen Liebe und finden sie nicht. Dabei ruht sie in ihnen. Wem es gelingt, seine Sinne von den überall verbreiteten Ängsten zu lösen, der blüht richtig auf. Ihr werdet durch falsche Informationen klein gehalten. Löst euch aus diesen Bedrängungen. Sobald die Angst und die Unsicherheit nachlassen, nimmt die Lebensfreude zu. Du kannst in Mitten einer Katastrophe glücklich sein. Glaube mir, es geht ganz leicht! Dein Weg ist vorherbestimmt, und es liegt an Dir, diesen Weg zu offenbaren."

1976 betrat ich meinen spirituellen Weg. Seit meiner 1. Teilnahme an einem Kurs in Kundalini Yoga im Januar 1976 war klar, daß ich meinen Lebensauftrag gefunden hatte. Seit diesem Tag gehe ich meinen Weg ganz bewußt. Dieser Weg hat begonnen, lange bevor ich dieses Mal geboren wurde. Er läßt sich zurückverfolgen durch Äonen.
Das gilt ebenso für Dich, für die Leser, für alles Leben, was hier auf Erden existiert. Unser Leben wurde vor unendlichen Zeiten erschaffen. Es mag ein Gedanke Gottes sein. Gott ruht in uns. Und dieses kosmische, göttliche Prinzip spricht zu uns in unendlich vielen Formen.
Von 1976 bis 1990 befand ich mich in einer spirituellen Ausbildung, die vor allem von den Lehren Yogi Bhajans und der Praxis des Kundalini Yoga, des Weißen Tantra, sowie der ZEN Meditation unter der Anleitung durch Roshi Tetsuo Nagaya bestimmt wurde. In diesen 14 Jahren erarbeitete ich mir nicht nur die Grundlagen der asiatischen Weisheitslehren, sondern ich studierte die esoterische, okkulte Geistesgeschichte Europas, so weit zurück, wie ich Bücher finden konnte. In den Jahren von 1976 - 1980 las ich ungefähr 1000 alte Bücher, von den Alchimisten wie Paracelsus und Agrippa von Nettesheim, über die Originaltexte von Nostradamus bis zur Blavatski, Aleister Crowley, Rudolf Steiner und Castaneda. Neue Bücher gab es ja 1976 fast gar nicht. Die "Esoterische Welle" war noch nicht ausgebrochen.
In diesen Jahren stellte ich Kontakte her zu anderen Kulturkreisen, zu einem Medizinmann der Hopi, ebenso wie zu Phillip Deere, einem Medizinmann der Ogalala-Sioux vom Ältestenrat der nordamerikanischen Indianer. Es war eine sehr gute, interessante, aufschlußreiche Zeit. Bei meinen Studienreisen lernte ich unglaublich viel über die spirituellen Kräfte, die diese Welt erschaffen haben und zusammenhalten.

Wenn wir ganz von einer Sache erfüllt sind, dann gibt es nichts, was uns aufhalten kann! Ein kosmisches Puzzle wurde zusammengesetzt. Hier wurden mein Körper, Seele und Geist neu geschult und programmiert. Dort tauchten meine Erinnerungen an frühere Erdenleben auf und die ersten Einblicke in jenseitige Welten. Meine Wahrnehmungen weiteten sich aus. Meine telepathischen Fähigkeiten nahmen zu.

Das Leben, das wir hier wahrnehmen, ist nur ein winziger Ausschnitt aus einem unglaublich komplexen, multidimensionalen Strom, in dem wir gleichzeitig (!) auf vielen verschiedenen Ebenen schwimmen oder uns treiben lassen. Je mehr wir unseren Geist trainieren, oder vielleicht besser gesagt, je mehr wir uns von den Blockaden der "normalen" Erziehung befreien, desto mehr Tore tun sich auf, in die Vergangenheit, in die Zukunft, in parallele Welten, andere Dimensionen und sogar in andere Universen. Einiges davon habe ich in meinem Buch "Energie für Millionen" geschildert.

Meine spirituelle Lehrzeit dauerte 14 Jahre (1976-1990). Bereits 1989 zeichnete sich ab, das es Veränderungen geben würde, aber es war mir keineswegs klar, wohin mich diese Veränderungen führen würden. Dann, im Dezember 1990, erhielt ich die 1. Channelbotschaft, die ich auch begriff. Meine guten Geister hatten schon lange genug angeklopft, aber auf Grund bestimmter Erfahrungen war ich noch nicht bereit dafür, richtig hinzuhören. Die Zeit war noch nicht gekommen, diesem Ruf zu folgen.

Als es dann endlich so weit war, begann sich mein Leben zu verändern. Zuerst nur langsam, denn meine Hauptaufgabe waren zu diesem Zeitpunkt noch Seminare für Kundalini Yoga (Energytraining), sowie persönliche Beratungen für hilfesuchende Menschen, zu Fragen der Gesundheit, Partnerschaft, Geschäftsfragen und zur Bewältigung ihres alltäglichen Lebens.

Ziel der Kontaktaufnahme der geistigen Wesenheiten war es, mir das Konzept der Energiepyramiden des Horus zu vermitteln und durch mich Erläuterungen zur Lebensweise, zu den Chakren und zu den Aufgaben der Menschheit zu übermitteln. Die kosmischen Botschaften dieser jenseitigen Geister, Wesen und Wesenheiten stehen im Raum. Sie sind da. Sie sind jederzeit abrufbar, wenn man weiß, wie es geht. Diese Lichtwesen haben einen Drang, uns zu beraten und zu helfen. Es ist ein Teil ihrer Lebensaufgabe. Ebenso wie es unsere Aufgabe ist, die Schwierigkeiten im Erdenleben zu meistern, mit denen wir konfrontiert werden.

Wer seinen Geist für diese Welten öffnet, für diese Schwingungen, der wird je nach seiner speziellen Natur bestimmte Botschaften empfangen. Es gibt heute weltweit tausende von Menschen, die channeln gelernt haben. Die jenseitigen Welten sind uns näher gerückt.

Es war früher, in den alten Kulturen, stets die Aufgabe der Priester und Schamanen, Zwiesprache zu halten mit den Göttern, um den Menschen Hinweise und Ratschläge zu geben. Wir sind wirklich nicht allein in dieser Welt und auf dieser Erde. Doch für die meisten Menschen ist das Bewußtsein, ihre Wahrnehmung und ihre Kommunikationsfähigkeit, auf einen schmalen Horizont beschränkt.
Das ist für die, die es besser wissen, kein Grund überheblich zu werden. Jeder von uns hat in den verschiedenen Erdenleben eine bestimmte Aufgabe übernommen. Ohne gewissenhafte Analyse werden wir nicht erfahren, welches die speziellen Aufgaben und Eigenheiten eines bestimmten Menschen sind. Manche tun intuitiv das Richtige und finden Ihren Weg. Sie werden vielleicht nicht unbedingt glücklich, aber in ihrem Leben wird sich eine gewisse Zufriedenheit einstellen.
Andere Menschen sind sehr verstandesmäßig geprägt, von Blockaden und Ängsten erfüllt. Sie finden ihren Weg nicht, zumindest ist es ihnen nicht bewußt. Bei diesen Menschen stellen sich mit dem Alter zumehmend Unzufriedenheit und Frust ein. Die psychosomatischen Erkrankungen nehmen zu. Es ist eine Art der Selbstkasteiung. Sie beginnen zu leiden. Sie versuchen diese Leiden zu überwinden. Aus diesen Bemühungen zur Überwindung der selbst verursachten Leiden kann dann doch noch die erstrebte Selbsterkenntnis gewonnen werden. Diese Leiden, die wir uns bescheren, sind also nicht ganz nutzlos. Sie sind ebenso notwendig wie alles andere, was uns in diesem Leben widerfährt. Die Unterschiede sind nur darin zu sehen, daß manche Menschen bereitwillig, aktiv und auf kürzestem Weg ihre Erkenntnis anstreben, während andere widerspenstiger und schwerfälliger über zahlreiche Umweg das Ziel erreichen. Wer sich gerade auf einem Umweg befindet, sollte seinen Kopf nicht hängen lassen. Irgendwann kommen wir alle an!
Ich meine, daß wir alle heute in einer Zeit leben, wo es durchaus angemessen ist, nach tieferen Einsichten zu streben. Wer sich dazu berufen fühlt, kann seine Wahrnehmung und seine Kommunikationsfähigkeit mit anderen Wesen, anderen Ebenen und anderen Welten verbessern. Wenn Sie sich dafür entschieden haben, dieses Buch zu lesen, dann gehören Sie sicher auch zum Kreis der sensitiv Begabten, die sich neue Welten erschließen wollen.
Nur Mut! Bereits durch das Studium dieses Buches werden Sie in Berührung kommen mit den Schwingungen der Lichtwesenheiten, die mich seit langer Zeit animieren und betreuen. Das ist der beste Weg, um selbst mit diesen Wesenheiten in Kontakt zu treten. Wenn wir uns diesen Schwingungen öffnen, werden nach und nach ganz neue Gedanken in unserem Bewußtsein aufkeimen. Wir beginnen Dinge zu fühlen, wo wir vorher keinen Zusammenhang gesehen haben. Neue Horizonte tun sich auf!

Wenn Sie auf diesem Weg Erfolg haben wollen, um selbst channeln zu lernen, dann achten Sie die **Neuen 4 Gebote,** die mir gegeben wurden und das **Universale Gesetz.** Die Reinheit der Seele ist das wichtigste Gebot für saubere Kontakte mit höheren Wesen. Wenn Sie selbst zu channeln beginnen, dann denken Sie bitte daran, daß wir anderen Menschen behilflich sein sollten, ohne sie zu beeinflussen. An unseren Taten wird man uns erkennen!

Es ist sicher kein Zufall, daß die Aufarbeitung für die 2. Auflage der **Botschaften aus dem Licht** genau 7 Jahre nach meinen ersten bewußten medialen Kontakten fällig wurde (1997). Doch bereits 1999 konnten wir die 3. Auflage um einige Berichte erweitert in Druck geben.

Jetzt, im Jahre 2004, wiederum 7 Jahre nach der 1. Überarbeitung, verspüre ich den Drang, das ganze Buch noch einmal durchzuarbeiten, meine Kommentare zu ergänzen, zu erweitern, und die nächste Auflage vorzubereiten. (24.01.04 11.47 Uhr) In dieser neuen Auflage werde ich einen Teil der Channelbotschaften weglassen, die nach 14 Jahren nicht mehr so bedeutungsvoll erscheinen. Andererseits werde ich die Kommentare erweitern, da dem Leser nicht immer klar sein wird, was die Besonderheit einer Mitteilung ist.

Es erscheint mir der richtige Weg zu sein, hier am Anfang einen meiner Geistführer (Mentor) zu Wort kommen zu lassen. Es ist die Reinschrift von einer Botschaft, die ich bereits 1990 erhielt. Einen Ausschnitt gebe ich im Original wieder, um zu zeigen, wie sich meine Schrift verändert, wenn ich channel.

Junow: "Hallo Harald, wir grüßen Dich in der Tat immer wieder auf das Allerherzlichste, denn Deine Gegenwart macht uns Freude. Viele Menschen brauchen diese Art der Begegnung, und wir freuen uns, daß Du nun soweit bist, Deine Erfahrungen weitergeben zu können und zu wollen. Laß Dir nur Zeit, es läuft nichts weg, im Gegenteil, es wird nur immer wieder noch besser. Wir beraten Dich gern, denn das gehört zu unseren Aufgaben und Pflichten.

Es ist viel Energie da, nur los! Diese Energie ist ein Teil des göttlichen Planes, der uns alle beseelt. Wir alle dienen einem schöpferischen Prinzip. Gnade denen, die es hören und verstehen. Segen jenen, die es vermitteln und weitergeben, um diese Dienste zu erfüllen, zu denen sie wie wir alle bestimmt sind. Ja, auch Du bist dafür bestimmt, zögere nicht.

Auf Grund einiger schlechter persönlicher Erfahrungen hast Du dieses Gebiet Deines Bewußtseins lange vernachlässigt und brach liegen lassen. Wir waren es, die Dich weckten vor 14 Jahren (1976). Deine Seele braucht Liebe, die war nicht ausreichend da.

Das Erwecken der Seele kann als Angriff empfunden werden, wenn weder genug Eigenliebe, noch genug Kraft in der Mitte des Menschen ist, im 4. Chakra und im Herzlotos. Nun ist das anders. Es ist viel geschehen, und das spirituelle Training, das Du Dir all die Jahre auferlegt hast, trägt Früchte für Dich und alle die es hören wollen.
Ohne Disziplin geht nichts. Das von Dir entworfene Energytraining setzt sehr viel in Bewegung, mehr als Du ahnst. Es schafft einen direkten Kanal zu Gott. Ewigkeiten haben wir gewartet, daß es geschehen würde, und es war prophezeit. Nun ist es geschehen und die Welt horcht auf. Nicht alle sind erfreut: Viele sind erzürnt. Der WEG ist GUT, gehe ihn mit Macht und mit der Liebe Deines Herzens!"

Terminologie

Geister sind einzelne Geister, einzelne Seelen, **Phantome, Naturgeister,** quasi Individuen. Es kann sich um die Geister bzw. Phantome von Verstorbenen handeln oder um einfache jenseitige, energetische und feinstoffliche Geschöpfe, die man in Asien als **Devas** bezeichnet.
Wesen oder Lichtwesen sind etwas höher entwickelt und passen nach westlicher Darstellung zusammen mit **Engeln und Erzengel.** Sie haben in der Regel höhere Aufgaben, sind sich ihrer Aufgaben bewußt (was bei Geistern oft nicht der Fall ist), und sie sind zum Teil daran beteiligt, unsere Entwicklung zu fördern. Manche von ihnen sind allerdings so fremdartig, anstrengend oder bedrohlich, daß wir sie als **Dämonen** bezeichnen. Dabei bedeutete allerdings ursprünglich **Daimonos** im Griechischen auch nur "einzelner Gott" und sollte wohl ausdrücken, daß es ein Naturgeist(-wesen) ist, das nicht in die offizielle Götterfamilie gehörte.
Wesenheiten sind viel größere, machtvollere Geschöpfe, die zu recht als **Götter** bezeichnet werden sollten. Sie bezeichnen sich selbst (viele von Ihnen) als **Kosmische Konstrukteure.** Sie sind aktiv und bewußt an der Entwicklung des Universums beteiligt.
Das **Universale Bewußtsein,** das **Brahman,** das **Ain Soph,** die **Schöpferische Intelligenz,** die all das hier hat entstehen lassen, ruht jenseits davon, und zugleich in allem. **Es** ist einfach **alles,** also auch **Du** und **Ich.**

Erläuterungen zum besseren Verständnis

Zum besseren Verständnis des Channeling möchte ich erklären, wie es bei mir abläuft. Ich stehe jetzt schon seit Jahren ständig mit Horus in Verbindung, früher nur zeitweise. Bei den Botschaften, die ich erhalte oder

abfragen kann, sehe ich innerlich Bilder wie einen Film ablaufen, höre dazu gesprochene Nachrichten, und meine Hand schreibt automatisch. Wenn ich etwas nicht richtig übertrage, entsteht eine Spannung in meinem rechten Unterarm und ich muß den Text zur Kontrolle wiederholen und verbessern. Ich erlebe sehr schnelle Gefühlsveränderungen und erhalte telepathische Botschaften. Manchmal werden Skizzen und Bilder eingefügt, um bestimmte Nachrichten deutlich zu machen.
Es ist also in jedem Falle eine mehrschichtige Datenübertragung, die sehr komplex werden kann. Dabei ist das größte Problem, daß ich nur eine Hand und einen Mund habe, um all die Daten, die da zur Verfügung stehen, mitteilen zu können. Eigentlich müßte ich sprechen, kommentieren, schreiben und zeichnen und man müßte es hinterher zusammenfassen und eine Einheit daraus machen, die viel umfangreicher wäre, als die jetzigen Botschaften.
Nach der Anfangszeit (Lernphase) kamen viele private Mitteilungen für Menschen, die Rat suchten. Das habe ich hier nur in geringem Maße mitgeteilt, weil es eben persönliche Dinge sind. Außerdem habe ich im Laufe der Jahre gelernt, wieder mehr Entscheidungen selbstständig zu treffen und nicht dauern nachzufragen.
Es ist sicher ein verführerisches Risiko, daß wir dann, wenn wir channeln gelernt haben und merken, daß es funktioniert, daß es uns nützt, alle Entscheidungsgewalt in diese Botschaften zu legen trachten. Doch das ist nicht der richtige Weg. Wir sind hier auf Erden, um selbst Entscheidungen zu treffen und um selbst unsere Persönlichkeit zu entwickeln, nicht, um zu einer Marionette zu werden, die nur noch Eingebungen gehorcht. Das sehen die höheren Geister und Geistwesen genauso. Lesen Sie dazu weiter hinten Botschaften von Horus.
Wenn wir Menschen nicht mehr genug Eigeninitiative entwickeln, unterbrechen die Geistwesen den Kontakt, damit wir wieder laufen lernen. Nur primitivere, schlechtere Geister und Phantome hängen sich dann an solche Menschen, die nicht loslassen wollen, und füttern sie mit relativ nutzlosen Informationen. Die Betroffenen, die das nicht merken, geraten in einen Zustand der Besetzung. Sie sind ferngesteuert und bilden sich ein, daß sie ein gutes Medium sind. Natürlich gibt es auch Menschen, die gerne channeln möchten und sich nur etwas einbilden oder ihren Kunden etwas vormachen. Wer den Weg des Channeling betritt, sollte stets aufmerksam bleiben und seine Eigenständigkeit als Mensch wahren. Und wer zu einem Medium geht, sollte acht geben, ob ihm die Auskünfte wirklich etwas nutzen.
Die "wissenschaftliche" oder psychologische Kritik an derartigen Methoden ist jedenfalls völlig unangemessen. Die Medizin hat gerade in den letzten Jahrzehnten mehr Menschen gesundheitlich ruiniert oder getötet,

als das jemals durch den Einfluß von Medien passieren wird. Die Wissenschaft hat unseren ganzen Planeten mit gefährlichen technologischen Entwicklungen verseucht, was niemals von medialen Menschen verursacht werden könnte. (Fachliteratur: Blüchel, "Heilen verboten - Töten erlaubt!" / Blech "Die Krankheitserfinder")
Ich habe mehr Menschen kennen gelernt, die von ihrem Psychologen oder Psychiater abhängig waren, als Menschen, die sich von einem Medium abhängig fühlten. Wenn sie richtig genutzt wird, ist die Gabe der medialen Botschaft ein Segen für die Weiterentwicklung der Menschheit, und es liegt an uns, sie richtig einzusetzen. Die vielen Channelbotschaften zur Bedeutung und Wirkung von Edelsteinen habe ich in einem extra Buch zusammen gefaßt: Esoterik Band 2: "Kunst & Magie mit edlen Kristallen". Die neueren Botschaften zu einigen Steinen, die ich noch nicht in der 1. Auflage des Edelstein-Buches veröffentlichen konnte, finden sich hier chronologisch im Text. Ich werde sie später bei einer Neuauflage ins Edelsteinbuch übernehmen. Channelbotschaften zur Chakralehre finden Sie z. T. hier im Text und zusammengefaßt im "Gesundheitslexikon der Esoterik".
Wenn wir diese Welt, und alles, was darin lebt, besser verstehen wollen, dann müssen wir unseren Horizont erheblich ausweiten. Die Fragen, was ist Leben oder was sind Lebewesen, oder wer hat ein Bewußtsein, müssen viel weiter gefaßt werden, als bisher bei uns üblich.
Im Verlauf meiner spirituellen Ausbildung bin ich wiederholt mit Botschaften aus anderen Welten und anderen Wahrnehmungsebenen konfrontiert worden. Ebenso hatte ich Kontakte zu Menschen, die sich in spiritistischen Sitzungen mit Geistern verstorbener Personen befaßten. Im Rahmen meines Studiums alter Naturheilverfahren und magischer Rituale hatte ich verschiedene Kontakte zu Naturgeistern und anderen Wesen. Hinzu kamen Kontakte zu außerirdischen Lebensformen mit oder ohne physischen Körper. Bei diesen vielfältigen Erfahrungen waren für mich nur sehr wenige unangenehm oder bedrohlich. Diese Kontakte waren Begleiterscheinungen meiner Ausbildung.
Früher war ich recht distanziert zum Channeling. Ich hatte einige Medien kennengelernt, die keinen guten Eindruck hinterließen. Das waren keine guten Vorbilder. Wie Sie aus der vorangegangenen Channelbotschaft von Junow entnehmen können, hatte ich selbst eine innere Hemmschwelle in Bezug auf derartige Kontakte. Das hängt nach Junows Aussage davon ab, daß ich nicht genug Eigenliebe in mir trug und nicht genug Energie in meiner Mitte hatte. Aus diesem Grund habe ich früher in Kontakten mit Medien eher negative Bestätigungen gefunden.
1990 war dann die Zeit für mich reif, und ich mußte mich selbst damit befassen. An dieser Stelle möchte ich Maria und Ihrem Freundeskreis

danken, die mich veranlaßten, diese Sache endlich selbst anzupacken, sowie Karin und ihrem Geistführer St. Germain, die mir das automatische Schreiben oder, wie man es früher nannte, das Transskribieren beigebracht haben. Ebenso danke ich Jupither, Junow und den anderen Freunden von Orionis, dem Lichtwesen Lorn und allen anderen guten Geistern für Ihre lebhaften Kontakte, für Ihre vielen hilfreichen Mitteilungen, für die guten Ratschläge und Bestätigungen, die sie mir geben und freue mich, all das erleben zu dürfen!

Das Leben ist schön und ich lade Sie ein, bewußt teilzunehmen! Meine Ausbildung im Channeling gipfelte in der Fähigkeit, den ägyptischen Licht- und Sonnengott Horus zu channeln, der mich nun schon seit 14 Jahren intensiv betreut und auf meinem Weg zum LICHT leitet.

Seit 1990 haben wir überwiegend positive Kontakte mit dem Jenseits und bekamen viel Hilfe. Seit 1999 kommen immer häufiger Menschen zu uns, die unter Besetzungen leiden, ferngesteuert sind und fremd beeinflußt werden. Es scheint eine zyklische Entwicklung zu geben. In bestimmten Zeiten haben die Menschen wenig Interesse an Kontakten mit dem Jenseits und sind auch nicht sonderlich begabt dafür, z.B. in der Zeit vor 1980. Dann beginnen sich die Menschen immer mehr für die Esoterik und für Jenseitskontakte zu öffnen, und die Kontakte sind für viele Menschen positiv. Je mehr sich die Menschen dafür öffnen und je mehr diese medialen Fähigkeiten sich verbreiten, desto mehr werden auch weniger begabte Menschen davon betroffen. Wenn sich die unbegabten Menschen damit befassen, dann verlieren die Kontakte an Qualität. Wenn sich Esoteriker ganz engagiert damit befassen, aber gleichzeitig zu träge sind, um wirklich eine spirituelle Ausbildung zu machen, dann schadet das ebenfalls der Qualität der Kontakte.

Mediale Kontakte erfordern eine gewisse persönliche Energie und zugleich eine gewisse Reinheit der Seele, also die Aufarbeitung von Karma. Wenn man nur begierig ist auf ungewöhnliche Kontakte, aber keine Lust hat, an sich zu arbeiten, dann öffnet man auf diese Weise Tür und Tor für fragwürdige Kontakte!

Parallel dazu ist zu beobachten, daß in den deutschen Massenmedien immer mehr von wirtschaftlichen Probleme geredet wird, daß der Staat immer unsinnigere Verordnungen und Gesetze erläßt, daß sich die Menschen immer mehr vom Staat, der Regierung und den Steuern erpreßt und unterdrückt fühlen.

Wenn ich das alles auf mich wirken lasse, entsteht der Eindruck, daß auch im Jenseits eine Veränderung eingetreten ist. Ganz offensichtlich gilt die Formel "Wie innen, so außen - wie im Diesseits, so im Jenseits" auch hier. Es gibt nicht nur in unserer Welt düstere Kräfte, die ihren Profit aus Verbrechen und Krieg ziehen.

Auch im Jenseits gibt es Kräfte, die diese Erde in einer ganz anderen Weise führen wollen, als wir Lichtmenschen das zu tun beabsichtigen. Diese düsteren Kräfte stärken und unterstützen Leute wie den US-Präsidenten und seine Clique, die die Welt mit ihren Mitteln erobern wollen.

Meine Beobachtungen von einer zyklischen Entwicklung legen die Vermutung nahe, daß nicht nur das Interesse der Menschen rein zufällig schwankt, sondern daß es natürliche Kräfte gibt, die das Ganze beeinflussen. Wir wissen zur Genüge, daß es kosmische Zyklen gibt, die unser Leben bestimmen. Zum Beispiel verläuft die menschliche Entwicklung ab der Geburt in 7-Jahres-Zyklen. Dieser 7-Jahres-Rhythmus wird verursacht von unterschiedlichen Sonnenfleckenaktivitäten. Das führt wiederum dazu, daß die Erde mit mehr oder weniger viel kosmischer Strahlung und vor allem mit unterschiedlichen Mengen kosmischer Teilchen bombardiert wird. Die Flut der kosmischen Energie, die von der Sonne kommt, fördert oder hemmt unsere Lebenskräfte. Das hat auch Auswirkungen auf das Sozialverhalten der Menschen und auf unsere mentale Entwicklung.

Bereits seit meiner Kindheit hatte ich einen Drang zu den spirituellen Welten, doch ich konnte diese Gedanken und Gefühle nicht ausleben. Immer wieder wurde ich von meinen Eltern und Verwandten gebremst. Spirituelles Wissen ist nicht gerade erwünscht. Nach 1000 Jahren Inquisition tragen wir die Angst vor spiritueller Entwicklung bereits in unseren Genen. Und wer keinen besonders starken Drang in diese Richtung hat, der läßt es lieber. Als ich mit 29 Jahren mit Kundalini Yoga endlich meinen Weg fand, taten sich eine Menge Probleme auf, die ich aber dank meines neuen Wissens gut überwinden konnte. Natürlich lag es nahe, dieses Wissen weiter zu vermitteln, und so befaßte ich mich viele Jahre nicht nur mit meinem persönlichen Yoga Training, sondern ich gab mein Wissen in Seminaren und Vorträgen weiter.

Daß noch eine andere Aufgabe auf mich warten würde, war damals nicht klar. Mir wurde nur bewußt, daß viele Menschen nicht den notwendigen Antrieb entwickeln, um wirklich konsequent Kundalini Yoga zu praktizieren. Sie sind befangen in ihren alltäglichen Problemen und erkennen nicht, daß gerade Kundalini Yoga (Energytraining) sie daraus befreien könnte. Innerlich war ich auf der Suche nach weiteren Hilfsmöglichkeiten, um auch schwachen Menschen eine Hilfestellung geben zu können, denen es an Ausdauer und Disziplin fehlt.

Als ich dann auf Grund von Eingebungen die 1. Energiepyramide (Modell C) entwickelte, war noch nicht klar, wo das hinführen würde. Es war der Begin meines nächsten großen Lebensabschnittes. Die Aufgabe, die mir 1990 zufiel, ist die Verbreitung der Energiepyramiden. Es ist ein neuer Weg ins Licht.

Erst nach und nach bemerkte ich, daß mein Verlangen nach einer Lösung für alle interessierten Menschen den Kanal zu Horus geöffnet hatte. Die Energie, die wir durch Kundalini Yoga aktivieren, ist unsere eigene Kundalini, die Lebensenergie. Es ist eine Energie, die eigentlich aus einem höheren Kontinuum kommt und hier in unserem Universum als die aktivierende und treibende Kraft in unserem 1. Chakra in Erscheinung tritt. Das Gleiche gilt für die Energiepyramiden. Horus hat sie einmal als ein "künstliches Chakra" bezeichnet. Im Zentrum der Energiepyramiden entsteht ein winziges weißes Loch, durch das übergeordnete Energie in unser Kontinuum einströmt. Auf diese Weise können alle Menschen, die so eine Energiepyramide benutzen, von einer zusätzlichen Energiequelle profitieren, die der Kundalini gleicht oder doch sehr ähnlich ist. Das mag für manche Leser eine Art höhere Mathematik sein, aber es ist die Wahrheit, die ich in nunmehr 14 Jahren Arbeit mit den Energiepyramiden erkannt habe.

Meine wichtigste Aufgabe in den vergangenen 14 Jahren (seit 1990) war die Verbreitung der kleinen Energiepyramiden und die Errichtung einer großen Energiepyramide von 9 m Höhe.

Nur diese große Energiepyramide würde die erforderliche neue Schwingung in unseren Erdenkreis hinein bringen, die wir brauchen, um die geistige Stagnation auf unserem Planeten zu durchbrechen. Als mir Horus 1991 diese Aufgabe stellte, erschien es mir fast unmöglich, das Projekt zu verwirklichen. 3 Jahre lang wollte kaum jemand etwas von den Energiepyramiden wissen. Doch dann bekamen wir nach und nach die notwendige Publicity, und das Große Werk wurde am 31.7.1999 verwirklicht.

Durch die Installation der großen Anlage fließt neue Energie auf die Erde. Sie liefert uns neue, kreative Impulse. Alle Energiepyramiden, die jemals gebaut wurden, stehen auf dieser Schwingungsebene miteinander in Verbindung. Seit dem Bau der großen Anlage haben auch alle kleinen Modell eine höhere Schwingung bekommen. Es ist ein Lichtnetz über ganz Westeuropa entstanden, mit Zentrum in Deutschland und der Schweiz.

Menschen, die bewußt die Energiepyramiden nutzen, sind schon nach kurzer Zeit auf einer ganz anderen Schwingung. Sie sind für ihre Besetzungen nicht mehr greifbar. Durch die neue Energie, diese Veränderung in der Grundschwingung der Erde, werden die unreinen Geister, die die Menschen belasten, immer mehr vertrieben. Es ist ein sanfter Exorzismus. Im Moment sind wir in einem Stadium, wo viele Menschen erkennen, daß sie in der Vergangenheit belastet waren und Hilfe suchen, um sich endgültig daraus zu befreien. Dazu sagte Horus schon vor einigen Jahren: "Die Unbill, die euch schon lange quält, wird offenbart werden!" Viele Zwistigkeiten zwischen den Menschen und viele Störungen in Partnerschaften resultieren aus fremden Einflüssen bis hin zu Besetzungen.

Wenn die Menschen besser darüber Bescheid wissen würden, könnten Sie geduldiger und nachsichtiger mit ihren Partnern sein und sich gemeinsam entwickeln, statt sich zu entzweien. Vielleicht ist das ja die Aufgabe der Gegenwart, daß wir lernen, ruhiger und mit mehr gegenseitigem Verständnis auf unsere Partner, Kinder und Mitmenschen einzugehen! Die Energiepyramiden des Horus werden Dir dabei helfen!

Die ersten Schritte

Im Dezember 1990 erschien Karin in einem meiner Seminare. Nachdem wir uns etwas miteinander vertraut gemacht hatten, offenbarte sie mir, daß ihr Geistführer St. Germain sie zu mir geschickt hatte, um mir das Channeln beizubringen. Das war eine recht originelle Geschichte, doch da Karin auf mich einen guten, klaren Eindruck machte, ließ ich mich darauf ein.
Karin hatte vor 2 Jahren (1988) medial zu schreiben begonnen. Damals hatte ich auch schon mediale Kontakte, die ich aber noch nicht so richtig nutzen konnte. Karin war ziemlich nervös und braucht Yoga, und sie konnte mir innerhalb weniger Stunden das Channeling vermitteln. So halfen wir uns gegenseitig.
Es hat so gut wie keinen Sinn, jemanden retten oder jemandem helfen zu wollen, der nicht selbst aktiv danach verlangt. Den ersten Schritt zur Befreiung, zur Schaffung einer stabilen geistigen und seelischen Grundlage, muß stets der Betroffene selbst tun. Schließlich wissen wir als Außenstehende auch nicht, ob der Betroffene vielleicht gerade die Leidenserfahrung für seine weitere Entwicklung braucht! Dann würden wir ihn um einen Teil seiner selbst auferlegten Erfahrungen bringen. Das wäre ebenso falsch wie die Verweigerung einer gewünschten, notwendigen Hilfeleistung! Wenn man eine saubere Verbindung ins Jenseits will, braucht man ein erhebliches Maß an Konzentration und ein großes Maß an Liebe. Junow erklärte mir später, daß die Liebe eine Kraft ist, die aus dem Herzen und aus dem 4. Chakra kommt. Sie gibt uns die innere Kraft, um in der richtigen Weise positive Kontakte ins Jenseits herzustellen.
Unsere ersten Sitzungen wurden wiederholt gestört durch einen Geist, der keine gute Schwingung hatte. Immer wieder mischte er sich ein und störte unsere Kommunikation mit St. Germain. Nach wiederholten Störungen erinnerte ich mich an die Anrufungen, die man im Mittelalter zu benutzen pflegte, um bestimmte Geister zu beschwören. Mit Hilfe solcher Anrufungen gelang es mir, mich besser auf das gewünschte Bild zu

konzentrieren. Ich wollte in Verbindung treten mit hohen, reinen Lichtwesen, die uns wirklich eine Hilfe sein können bei der Beantwortung unserer Fragen.
Es meldete sich Jupiter von Orionis. Wie ich nach mehrmaligem Hinhören herausfand, schreibt sich die Schwingung, die dieses Geistwesen repräsentiert als Jupither. Damit sind wir bei einem wichtigen Punkt. Wenn Sie sich mit Geistwesen in Verbindung setzen möchten, sollte eindeutig geklärt werden, um wen oder was es sich handelt. Dafür ist z.B. die Schwingung, die wir als Namen aufzeichnen, von realer Bedeutung. Vergewissern Sie sich, wer oder was da mit Ihnen spricht oder schreibt!
Wenn Sie selbst ausreichend klar sind in Ihrem Bewußtsein, genügend Kraft haben und genügend rein sind in Ihrem Herzen, dann werden diese Geister oder Geistwesen veranlaßt die Wahrheit zu sagen!
Ich möchte hier einfügen, daß wohl nur wenige dieser Geistwesen so fremd und andersartig sind, daß kein Kontakt möglich ist. Alles, was wir als geistige Wesenheiten oder Geistwesen bezeichnen, ist grundsätzlich hoch genug qualifiziert, um in unserem Sinne positive Begegnungen zu ermöglichen. Anders ist es bei Geistern, (ohne den Begriff „Wesen"), die hier im Umfeld der Erde und auch in anderen Regionen des Alls existieren. Hierbei handelt es sich oft um die Geister und Seelen von Verstorbenen, die oft ihre eigenen Problemen haben und damit nicht fertig werden. Sie können sensitive, aber untrainierte Menschen negativ beeinflussen und zu Fehlern verführen, ohne deshalb bösartig zu sein. Richtig wäre es, sie als krank und fehlerhaft einzustufen. Mit genügend Kraft, Klarheit und Liebe können wir sie zu einem angemessenen Verhalten bewegen, damit sie die nächsten Entwicklungsschritte schaffen und nicht mehr andere Menschen behelligen. Um eine größere spirituelle Kraft zu bekommen, ist Energytraining und die Anschaffung einer Energiepyramide ein sehr guter Weg. Es setzt viel Energie frei und gibt uns die Voraussetzung, um die Probleme dieser Geister günstig zu beeinflussen.
Nachdem es mir gelungen war, die Verbindung zu Jupither herzustellen, bekamen unsere Channelkontakte eine ganz andere Qualität. Die Störungen verschwanden.
Es gibt immer eine bestimmte Affinität, eine innere Anziehungskraft und Übereinstimmung zwischen dem Geist des Menschen und den jeweiligen Geistwesen oder Geistern, damit so ein Kontakt zustande kommt. Aus diesem Grund entstehen diese Kontakte oft zwischen verstorbenen Verwandten, speziell Großeltern, Eltern und Kinder, sowie Lebenspartnern und den noch lebenden Angehörigen.
Wenn jemand mit diesen Kontakten zufrieden ist oder glaubt, das sei alles, oder aus Kummer über den Verlust des Verstorbenen diesen Kontakt immer intensiver werden läßt, dann kann eine sehr innige Bindung

entstehen, die oft zu einer Behinderung für die Beteiligten führt. Es ist normal, daß bei engen Partnerbeziehungen ein früher verstorbener Partner auf den anderen wartet, der noch auf Erden lebt. Das muß nicht so sein, doch es kommt oft vor. Doch von solchen Fällen abgesehen haben die Lebenden und die Toten verschiedene Aufgaben und sollten sich ihren jeweiligen Bereichen widmen.
Zu viel Aufmerksamkeit, Sehnsucht und Gejammer kann die Toten festhalten und behindern. Ebenso können Tote, die nicht glauben, daß sie tot sind, durch ihre Verstrickung ins irdische Leben die Hinterbliebenen behindern und sich selbst obendrein. Stets haben alle Beteiligten die freie Entscheidung, wie ihr Weg läuft.
Uns allen ist damit gedient, wenn sich jeder, der solche Kontakte pflegt, hin und wieder überlegt, was ihm und was auch seinen Geistern oder Geistwesen diese Kontakte bringen, was seine wahren Aufgaben sind, wie weit er mit seiner Entwicklung vorankommt und wie es weiter gehen soll. Wer diese Kontakte nicht hinterfragt, kann sich und die Geister behindern! Dabei können karmische Verwicklungen entstehen, die sich dann erst wieder über zahlreiche Inkarnationen entflechten lassen.
Mit diesen Informationen apelliere ich an Ihre Aufmerksamkeit. Überprüfen Sie immer wieder, was Ihnen das Channeln bringt, ob es noch richtig ist und wie es weiter gehen soll. Wenn wir uns spirituellen Praktiken widmen, sollten wir auch unseren Charakter pflegen, unser Karma aufarbeiten und anderen Menschen eine echte Hilfe sein, soweit sie sich uns anvertrauen.
Meine Mitteilungen sind immer mit Datum und Uhrzeit versehen. Das war meinen Geistwesen immer wichtig. Erst im Sommer 1997 erklärten sie mir, warum es so wichtig ist, auch noch die Uhrzeit hinzuzuschreiben. Die astrologischen Konstellationen könnten später einmal von Bedeutung sein, um eine wichtige Durchsage in ihrer ganzen Tragweite einzuordnen. Es ist also mehr für die Nachwelt gedacht, denn ich selbst verstehe nur wenig von Astrologie. Gerade jetzt sagte mir Horus, daß diese Zeile hier den Zusammenhang herstellt zum folgenden Termin: Es ist jetzt der <u>26.9.97, 11.24 Uhr</u> Sommerzeit.

<u>18.02.1991 14.50 Uhr Jupither und Junow,</u> „Hallo Harald, was Du da schreibst ist gut. Laß es so stehen. Hier ist Junow, alles in Ordnung. Jeder kann sich an uns wenden den Du schickst. Wir prüfen jeden Fall. Wir sind eine Instanz der Kontrolle."
Als wir im Dezember den Kontakt herstellten, gab uns Jupither den Begriff **Orionis** durch und gleichzeitig entstand in meinem Bewußtsein das Bild der Gürtelsterne des Sternenbildes Orion! Während Karin daheim eine

Sitzung machte und schrieb, gaben sie mir die Bilder ein. Als wir uns am nächsten Tag trafen, hatte ich die Angaben im Astronomielexikon gefunden und sie hatte die Daten niedergeschrieben. Das sind für uns überzeugende Beweise, daß wir nicht nur phantasieren! Orionis ist der oberste der 3 Gürtelsterne des Sternbildes Orion. Er wird Orionis oder Mintaka (Gürtel) genannt, ist ein heißer, veränderlicher Stern, 820 Lichtjahre entfernt und hat einen Begleiter. Es ist also eine Doppelsonne. Die Lichtwesen von Orionis leben auf und um den Begleiter. Um diesen Kontakt sicher zu stellen schlug Jupither vor, daß ich ein Schlüsselwort auswählen soll. Ich wählte **Ramada.** Jupither sagte uns dann, daß es bedeutet: „Der Glückliche, der Auserwählte, der Geistreiche."
Nun, da der Kanal steht, hat jeder die Möglichkeit, sich mit Jupither und Junow in Verbindung zu setzen! Wenn Sie schreiben wollen oder schon können, dann schreiben Sie einfach **Ramada** auf das Papier, konzentrieren Sie sich auf die Lichtwesenheiten von Orionis, speziell auf **Jupither** und **Junow,** und Sie erhalten Kontakt! Benutzen Sie dafür zusätzlich das Sigillum des **Junow.** Legen Sie es auf Ihren Tisch oder hängen Sie es vor sich an die Wand. Wenn man sich darauf einstellt, hat es eine sehr beruhigende, aufbauende Wirkung, und Sie erhalten den mentalen Kontakt zu Junow und Jupither.

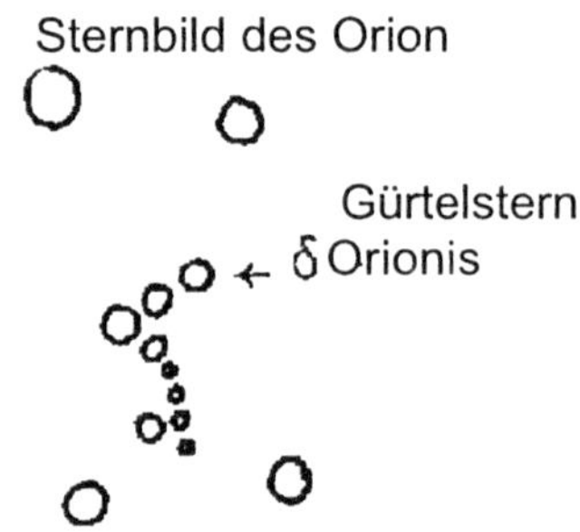

Anrufung und Ritual

Um sich mit bestimmten Geistwesen in Verbindung zu setzen, um ein bestimmtes Ziel zu erreichen, ist es erforderlich, daß Sie ein klares Bild und eine klare Vorstellung in Ihrem Bewußtsein haben. Da uns derartige Methoden heute unbekannt sind, muten sie uns mittelalterlich an. Kein Wunder, denn damals waren sie allgemein üblich und fast schon alltäglich. Der Text, den Sie für so einen Zweck entwerfen, sollte Ihrer persönlichen Situation angepaßt sein. Sie sollten in der Lage sein, eine gewisse Andacht zu entwikkeln. In der Mehrzahl der Fälle sollten Sie derartige Anrufungen oder Rituale für sich allein durchführen, um nicht von ungläubigen Menschen behindert zu werden. Lassen Sie nur Menschen teilnehmen, die Verständnis zeigen!
Hier ein Beispiel für eine Anrufung, wenn Sie zu channeln beginnen:
"Jupither und Junow! Wir rufen Euch! Gewährt uns die Gnade Eurer Gegenwart! Schenkt uns Eure Aufmerksamkeit! Ihr Geistwesen der höheren

Ebenen, wir grüßen Euch und erwarten in Dankbarkeit Eure hilfreichen Mitteilungen!
Wir bitten Euch, Jupither und Junow, von nun an unsere geistigen Führer zu sein und unsere Fragen zu beantworten, uns Rat zu geben und uns mitzuteilen, welches unsere Aufgaben sind... (und am Ende, nach einer Sitzung)...Wir danken Euch für Eure geistige Führung und für die Hilfe, die Ihr uns zukommen laßt!"
In dieser Weise waren Anrufungen in früheren Zeiten üblich, z.B. bei den Alchimisten. Zum Abschluß einer Sitzung sollte Sie sich stets für die Führung und Beratung bedanken.
Bereits Ende November 1990 zeigten sich die ersten Anzeichen für Veränderungen in meinem Leben. Ich habe mich vorher nicht besonders für die alte ägyptische Kultur interessiert. Doch nun tauchten Träume auf, die mich in diesen alten Situationen zeigten. Nach einer starken Meditation am Abend hatte ich nachts folgenden Traum:
Ich sah mich zusammen mit zwei jüngeren Männern in einem ägyptischen Tempel stehen, in Kutten gekleidet, und ich erinnerte mich:

**Drei Mittel und Wege gab und gibt es,
zu gelangen in Egypts Tempelschulen:
Magische Kraft, viel Geld oder weltliche Macht.**

Wie mir Junow später bestätigte, war es eine echte Erinnerung aus einer früheren Inkarnation. Man konnte also in die ägyptischen Tempelschulen aufgenommen werden, indem man selbst über magische Kräfte verfügten, über erlernte oder angeborene Fähigkeiten, oder in dem man sich für viel Geld einen Platz kaufte, oder als Angehöriger eines Herrscherhauses.
In den ersten Monaten meiner Kontakte mit den Geistwesen ergaben sich viele kleine Botschaften, aus denen wir etwas lernen können und die meine Sicht der Welt veränderten. Es sind oft die Kleinigkeiten, die unsere Art zu denken verändern. Dinge, über die man sonst gar nicht nachdenkt, ergeben plötzlich einen Sinn. Wir lernen durch diese andere Sicht der Wirklichkeit, hinter die Dinge zu schauen.

18.02.91 17.40 Uhr „Hier ist Junow, wir grüßen Dich auf das Allerherzlichste! Ja, Dein Bericht gedeiht gut, nur weiter so, unverzagt!"
Frage: Mir fällt auf, daß ich gefühlsmäßig dauernd denke, ich sei noch im Januar, dabei ist schon der 18.2. Woran liegt das? Antwort von Junow: „Dein Geist ist an dem Krieg in Jugoslawien hängen geblieben. Das geht vielen Menschen so. Nur weiter, unverzagt, bald hast Du den Schock überwunden und dann geht das Leben weiter. Du bist auf dem richtigen

Weg. Lieber jetzt etwas wiederholen, als zu versäumen, es zu verarbeiten." Schlimme Ereignisse an anderen Stellen auf der Erde machen uns betroffen, beeinflussen unseren Geist, unsere Seele, unser Wohlbefinden und unser klares Denken über große Entfernungen hinweg. Wir beobachten diese Dinge zwar nur im TV, aber es beeinflußt uns trotzdem, je nachdem, wie sehr wir durch unsere eigenen Erinnerungen mit derartigen schlimmen Ereignissen verbunden sind.

Am 4.12.90 zog ich eine Tarot-Karte, um zu sehen, welche Bedeutung diese Geistkontakte für uns haben. Es kamen 10 Scheiben - Reichtum bzw. Wohlstand. Stichworte: Merkur in der Jungfrau, innerer und äußerer Reichtum, sowie die Fähigkeit, inneren Reichtum weiterzugeben und äußerlich sichtbar werden zu lassen. Das paßt sehr gut zusammen, mit dem was geschieht. Manchmal antworten uns die Geistwesen in Symbolen. Es sieht aus wie die Schwingungsmuster eines Pendels. Ein Kreis drückt „gut" und Zustimmung aus, je größer und stärker der Kreis, desto eindeutiger die Zustimmung. Ein durchgestrichener Kreis ist Ablehnung bzw. „falsch".
Ich habe mich gefragt, was ich alles veröffentlichen soll. Dazu sagte Junow: „Vieles, was wir Dir mitteilen, wird manchen Menschen nicht gefallen, doch wir sind nicht gekommen, alte Zöpfe zu flechten, sondern sie abzuschneiden!"
Als ich bei einer Sitzung im Dezember 1990 nach Störungen in meiner eigenen Entwicklung fragte, malte Jupither einen altmodischen Kinderwagen in der Art, wie ich als Kind einen hatte! Ich erfaßte sofort den Grund. Ich war mehrfach aus dem Wagen gefallen und hatte mir den Kopf angeschlagen. Nach Jupithers Aussage war aber nur ein Sturz schädigend. Dann dichtete er "Du bist so klein, Dein Herz ist rein, darf niemand drin wohnen als Jesus allein." Er sagte mir später am 18.2.91 17.30 Uhr, daß mich dieses Gebet sehr stark in meiner Entwicklung behindert hat und ebenso viele andere Menschen, deshalb soll ich es hier mitteilen. Es drückt aus, daß jemand klein bleiben soll und daß er nur Jesus lieben darf. Das behindert die Entfaltung seiner Persönlichkeit, seine Liebe zu sich selbst und zu seinem Leben. Es behindert ihn in seiner Partnerschaft und in der Entfaltung einer freien Liebe, die von Herzen kommt!
Dieses Gebet hat viele Menschen in ihrer geistigen Entwicklung behindert. Derartige Gebete haben nur den einen Sinn und Nutzen, Menschen von Kindheit an klein zu halten, damit sie sich unterordnen und kontrollieren lassen. Es hat nichts mit einer echten Religion zu tun, die den Menschen zurückleitet zu Gott (re-ligio), sondern es dient ausschließlich der Kontrolle einer Obrigkeit über die Menschen. Dieses "Kindergebet" ist ein gutes Beispiel für den Mißbrauch der Religion für sehr weltliche Zwecke.

Es ist gleichzeitig ein gutes Beispiel für eine optimale, negative Affirmationsformel. Es ist nur nicht im Interesse der Benutzer! Wenn Du klein bist, wirst Du negativ programmiert, und wenn Du größer wirst, denkst Du gar nicht mehr darüber nach, aber es wirkt machtvoll in Deinem Unterbewußtsein.
Je nachdem wieviel Energie wir haben und wie klar unsere Energie ausgerichtet ist, werden wir mit verschiedenen Geistern und Geistwesen Kontakte bekommen. In den Sitzungen ab 17.12.90 gab es wiederholt Störungen, weil sich andere Geister in unsere Kommunikation mit Jupither und Junow mischten, die auch unsere Aufmerksamkeit wollten. Ein anderes Mal hatten wir Kontakt mit einem Yogi, der irgendwo auf der Erde sitzt und meditiert (ein Fakir). Wieder ein anderes Mal hatten wir Kontakt mit einer spirituellen Frau, die auf den Tod wartete, um diese Erde verlassen zu können. Sie wußte, daß sie zum letzten Mal hier geboren worden war. Auf unsere Frage, ob die Lichtwesen von Orionis auch männlich und weiblich sind, sagte uns Junow: „Ja, wir haben sehr hübsche Frauen hier, genau wie Karin und Christiane (mit denen ich hier channel). Ja, es gibt auch Kinder.“ Meine Überlegung, ob Sie folglich auch so etwas wie Sexualität haben, wurde sofort beantwortet: „Wir machen es anders.“ Auf unsere Fragen, welche Funktion oder Position sie haben, wurde uns mitgeteilt, daß sie sich als Wissenschaftler betrachten. Jupither ist der Chef der Arbeits- oder Forschungsgruppe, mit der wir Kontakt hergestellt haben. Er ist sinngemäß Physiker und Mathematiker. Junow ist einer seiner Freunde und Mitarbeiter. Er ist Chemiker und Transformatiker. Ihm gelingt es wohl besser, sich auf bestimmte fremdartige Impulse einzustellen. Jupither kann sie besser auswerten.
Außerdem gehört zu der Gruppe ein weibliches Wesen mit Namen Rosalia und ihr Junges Remulus. Es ist noch nicht klar definiert, ob sich Remulus als erwachsenes Wesen in männlich oder weiblich formen wird. Das wird er später noch selbst entscheiden. „Wir sind Mittler zwischen der höchsten göttlichen Instanz und vielen anderen, untergeordneten Wesen, bis hinunter zu den Menschen. Wir arbeiten im Sinne von Gott.“
„Menschen mit Hautkrankheiten sollten sich Salz vom Toten Meer kaufen und darin baden. Harald sollte ein Buch schreiben über Hormone. Die Menschen müssen mehr über die Funktion ihres Körpers erfahren, um sich selbst besser zu verstehen.“ (In meinem Gesundheitslexikon habe ich einiges darüber geschrieben.)
Zur Ernährung empfieht uns Junow, viel Gemüse zu essen, Fisch sei gut, da er uns das nötige Eiweiß liefere und leicht verdaulich ist, und ab und zu etwas Fleisch. Man muß nicht vegetarisch leben.

Im Zusammenhang mit Channelsitzungen können ebenso wie bei magischen Ritualen sonderbare Effekte auftreten. Häufig began die Holzdecke in dem Raum, in dem wir channelten, zu knacken. Das Gleiche kennen wir von intensiven Meditationssitzungen nach dem Energytraining. Junow klärte mich auf, daß es die Auswirkungen unserer veränderten, konzentrierten Energie sind.
Bei einer unserer Sitzung hörten wir draußen ein lautes Hubschraubergeräusch. Es trat ganz plötzlich auf und verschwand auch ebenso plötzlich wieder nach einigen Minuten. Ich kenne diese lauten, scheppernden Geräusche von früher her, nach bestimmten Meditations- oder Yogasitzungen. Neulich passierte es extrem laut. Gerade als ich nach einer intensiven Sitzung mit Karin im Auto wegfahren wollte, entstand das laute "Hubschraubergeräusch" direkt über meinem Auto. Uns war richtig unheimlich. Das Auto rollte im Schrittempo die kleine Straße entlang, über uns das Geräusch, rechts und links Weinberge, kein Mensch zu sehen, kein anderes Auto.
Ich hielt kurz entschlossen an und sagte "Das will ich jetzt wissen!" Karin schaute mich leicht erschrocken und ungläubig an. "Meinst Du wirklich...?" Wir sprangen gleichzeitig aus dem Auto hinaus. Als wir die Türen aufrissen und aus dem Auto sprangen, war das Geräusch schlagartig verschwunden. Es war kein Hubschrauber da! Dazu sagte Jupither am nächstenTag: „Ja, das waren wir. Wir beobachten Euch. Dabei kann es zu solchen Wechselwirkungen kommen."

Es geht stets darum, daß wir Menschen die Daten, die uns geistig vermittelt werden, richtig auffassen und weitergeben. Grundsätzlich können wir davon ausgehen, daß alle höheren Geistwesen wahre Daten übermitteln, aber daß wir Menschen, je nach geistiger Ausbildung und Erfahrung, gewisse Schwierigkeiten haben, diese Daten richtig umzuformen und weiterzugeben. Mit einfachen Daten werden wir trainiert und vorbereitet auf kompliziertere Informationen und fremdartige Gedankengänge. Ziel ist es, unsere Empfänglichkeit für die höheren Welten zu steigern, nicht nur viele Daten zu übermitteln. Dabei muß auch nicht alles verstanden werden. Verstanden kommt von Verstand, und der Verstand ist sowieso nicht das optimale Instrument für den Kontakt mit den geistigen Welten! Es gilt vielmehr, unsere Intuition zu trainieren.
Am Dienstagabend, 18.12.90, begannen sie mit mir zu schreiben und damit begann für mich ein wichtiger neuer Lebensabschnitt. Gleichzeitig war draußen ein starker Sturm aufgekommen. Es war ungeheuer viel Energie spürbar. Im Raum knackte es ständig in der Holzdecke.
„Guten Abend, lieber Harald!" waren die ersten Worte „Es geht. Wir grüßen Dich auf das Herzlichste! Hier sind Eure Freunde von Orionis. Wir

hören Dich schon lange. Wir sind glücklich wie es klappt. Laß uns schreiben mit Dir in direkter Weise. Du wirst uns hören können wie Karin auch. Laßt uns das Leben gestalten. Laß uns beginnen mit einem Malkurs."
Sie führten mir die Hand in ca. 10 cm großen, viel geschwungenen Buchstaben. Dabei ist es wichtig, die ganzen Punkte auf i, ä, ö und ü wegzulassen und t-Querstriche direkt einfließen zu lassen. Es ist eine fließende, geschwungene, gefühlvolle Schrift, ganz anders als meine normale Handschrift. Dann meldete sich jemand anderes: „Wir beginnen mit dem Malkurs für Deine Hand. Laß es losgehen. Ich heiße Erianis. Ich bin Deine Große Mutter." Später wurde mir erklärt, daß die "Große Mutter" die erste Mutter am Begin meiner Abstammungslinie sei, aus der ich körperlich hervorgegangen bin, also die erste menschliche Mutter. Die Große Mutter (eine väterlicherseits und eine mütterlicherseits) sei stets gut geeignet, um als geistige Kraft diejenigen einzuweisen und zu schulen, die sich mit den geistigen Welten in Verbindung setzen wollen. Erianis schrieb wiederholt mit mir und führte meine Hand bis es fließender ging.
Viele Menschen, die sich in dieser Weise den geistigen Welten öffnen, denken vermutlich, es sei ihre Großmutter (!), falls diese schon verstorben ist. Das kann natürlich auch sein, nur diese geistigen Schulungen sind Teil der Aufgaben der Großen Mütter!
„Wir lassen es sich einschreiben in das große Buch (sie meinen mich)." Bei mir entsteht das Gefühl, daß es sich um das Buch des Lebens handelt. Es ist ein Gefühl, als wenn es da wirklich ein kosmisches Verzeichnis gibt, in dem nun mein neuer Status verzeichnet wird, da ich gerade eine neue Einweihung erfahre. Ich habe das Gefühl, daß sehr viele Geister und Geistwesen anwesend sind, ein Gefühl von Freude, Aufregung, ein richtiger Trubel. Sie freuen sich über meine Fortschritte. Ich komme mir vor, als wenn ich in eine neue Gemeinschaft aufgenommen werde, in eine geistige Gemeinschaft, in der nur wenige Erdenmenschen vertreten sind, in die wir aber hinein wachsen können nach unserem Tod.
Zum Kreis derjenigen, die dort versammelt waren, gehörten auch meine verstorbenen Großeltern mütterlicherseits. Sie hatten sich zu Lebzeiten viel um mich gekümmert. „Hier in Dein Großvater. Du bist meine große Freude. Wir sind bei Dir. Laßt uns bitte noch etwas miteinander reden. Wir leben doch! Mutter sollte jetzt hier sein! Das hat so gut angefangen! Opa." Dann meldete sich meine Oma „Nun eine gute Nachricht: Hier gibt es Orgeln!" Sie meint die Sphärenmusik. Bei diesen Kontakten hatte ich jedes Mal intensive bildhafte Eindrücke aus dem Jenseits. Je nachdem, wer gerade einen Kontakt zu mir herstellte, entstanden andere Stimmungen und Bilder. Mein Großvater war Malermeister und hatte sich viel mit altertümlichen Inschriften, Restauration und Heraldik beschäftigt. Später teilten Jupither und Junow mir mit, daß er hier auf Erden ein großer

Eingeweihter gewesen sei und nun im Jenseits bestimmte Aufgaben zur Weiterentwicklung anderer Wesen übernommen habe, die noch irgendwelche Entwicklungsprobleme hätten. Für meine Großmutter ist das eigentlich zu hoch. Hier im irdischen Leben hatte sie gerne den Ton angegeben, und er hatte es ertragen. Nun geht er seiner Bestimmung nach und sie begleitet ihn in kindlicher Naivität, ohne richtig zu verstehen, was er da tut. Aus diesem Grund sind beide ca. 10 Jahre nach ihrem Tod noch nicht wieder reinkarniert. Obwohl an diesem Abend nur wenige kleine Botschaften kamen, ergänzt durch längere Schreibübungen für meine Hand, dauerte die Sitzung mehr als eine Stunde. Karin saß neben mir und schrieb gleichzeitig einige Botschaften mit St. Germain. Sie hatte schon Routine mit Channeling. Ihre Stimmung ergänzte sich sehr gut mit meiner Schwingung und unterstützte mich bei den ersten Schritten in die neue Welt.
Einige Tage später teilten mir meine Großeltern mit: „Seit wir Dich verloren haben, gehörst Du dem Licht! Du mußt loslassen. Oma und Opa gehen jetzt für immer.“ In diesem Moment wurde mir erst klar, daß ich bisher nur äußerlich losgelassen hatte, innerlich aber immer noch an meinen geliebten Großeltern hing. Jetzt, nach dieser Erkenntnis, wurde mir wieder einmal klar, wie nützlich derartige Kontakte ins Jenseits sein können, um Klarheit zu schaffen zwischen „unten und oben“! Junow: „Sie sind fort für immer. Ja, sie haben Dich lieb. Sie wollten sich nur von Dir verabschieden!“ Später teilten mir meine guten Geistwesen mit, daß es sehr wohl auch ein geistiges Erbe gibt und daß mein Großvater noch eines für mich habe, wenn ich dafür bereit sei. "Seit wir Dich verloren haben..." bezieht sich darauf, daß Oma hier auf Erden nach dem Krieg ziemlich fromm daher redete und es schwer bedauerte, daß ich nicht diesen frommen christlichen Lehren folgen wollte. Jetzt im Jenseits hat sie begriffen, daß ich mich höher entwickelt habe, als sie es zu Lebzeiten noch begreifen konnte. Durch Kundalini Yoga reinigen wir unseren Energiekörper und öffnen uns für die geistigen Welten.
Am nächsten Tag meldeten sich nacheinander Junow, Jupither und Rosalia bei mir und begrüßten mich, um weiter mit mir zu üben. Wiederholt bekamen wir sehr nützliche, aufklärende Hinweise für unsere Familie und für die weitere Entwicklung für uns und Karin. Dann meldete sich meine Große Mutter mütterlicherseits. Sie heißt Iremis. Soeben teilte mir Jupither mit, daß Erianis die Vater-Linie-Große-Mutter ist, die erste Mutter meiner Existenz. Wenn ich mit den "Großen Müttern" channel, entstehen Gefühle von einem Energiestrom, der von hier und heute ausgeht und durch die Zeitalter zurückreicht bis in die Zeit der Dinosaurier.
Menschenähnliche Wesen müssen schon existiert haben, viel weiter zurück als unsere Wissenschaftler meinen, und auf einer höheren Ebene,

auf der Ebene des "Weltengedächtnisses", also im Buch des Lebens, sind viele dieser alten Wesen noch vorhanden. Ihr Bewußtsein hat sich ebenfalls weiter entwickelt, doch irgendwie haben sie noch Zugriff auf ihre uralten Erinnerungen und an bestimmten Stellen in unserem Leben teilen sie es denjenigen mit, die sich für eine neue, höhere Ebene öffnen.
Was ich in jenen Tagen erlebte, war eine Einweihung in die geistige Ebene, auf der die meisten jenseitigen Wesen miteinander und mit uns kommunizieren.
Bei Kontakten ins Jenseits sollten wir uns vergewissern, mit wem wir es zun tun bekommen. Damit will ich kein Mißtrauen aufbauen, aber es gibt wirklich recht anstrengenden und dumme Geister von Verstorbenen, die nichts begriffen haben und die sich hier aufspielen und neuen Medien das eingeben, was sie hören wollen. Manche bringen leichtgläubige Medien in ihre Abhängigkeit, und dann sprechen wir von "Besetzungen". Gehen Sie davon aus, daß diese Geister recht gut Gedanken lesen können, und so wird vieles, was Sie mitgeteilt bekommen, nur aus ihren eigenen Gedanken stammen, die quasi für Sie "gespiegelt" werden.
Ich empfehle allen, die channeln möchten oder schon können, daß sie sich bei ihren Geistern oder Geistwesen erkundigen nach präzisem Namen, Herkunft, Aufgabe usw. Das mag etwas merkwürdig erscheinen. Kann man erwarten, daß man aus dem Jenseits überprüfbare Antworten bekommt? Einerseits scheint das absonderlich. Die können uns alles Mögliche erzählen! Doch nach meiner Erfahrung entstehen beim Channeln feine Schwingungen, die wir sehr wohl wahrnehmen, wenn wir gut acht geben. Es ist eine geistige Kommunikation, ein mentaler Austausch. Tief innerlich fühlen wir, ob die Botschaften echt oder irgendwie falsch sind. Das muß nicht immer böse gewollt sein, es können auch Störungen sein, weil wir nicht genau die richtige Wellenlänge haben.
Wenn Sie sich darauf konzentrieren, werden Sie jedenfalls sehr genau Fragen stellen können und auch genaue Antworten erhalten. Wenn Sie nach dem Namen und der Natur ihres jenseitigen Kontaktpartners fragen, werden Sie auch erkennen, ob die Energie gut fließt, ob sie harmonisch wirkt, oder ob da jemand zu schummeln versucht. Dann entstehen andere, zögerliche Gefühle, so, als wenn sich jemand windet und aus der Affaire ziehen will.
Es kann sein, daß der Kontakt zu einem Geist abreißt und sich jemand anderes an seine Stelle schiebt, um die Beziehung fortzusetzen, ohne daß Sie es merken. Allerdings sind die Reaktionen unserer Psyche und auch die Wirkungen unserer Channelpartner auf unseren Arm immer verschieden. Eigentlich kommt von jedem Geist oder Geistwesen die Channelbotschaft über das automatische Schreiben ganz anders herüber. Sie ist in der Regel sehr charakteristisch. Jeder Geist erzeugt eine andere

Schrift, die sich auch noch in Abhängigkeit von unserer psychischen Verfassung verändern kann. Trotzdem ist das charakteristische Schriftbild jedes Geistes oder Geistwesens zu erkennen.

Im Sommer 1990 hatte ich auf Grund intuitiver Eingebungen im Garten eine Pyramide gebaut. Dazu gaben sie mir noch eine Anleitung, um sie zu verbessern. Später erst wurde mir klar, daß diese ersten Schritte die Vorbereitung waren, damit ich lerne, richtig zu channeln, zuerst mit einfacheren Geister und Geistwesen, um dann später Horus channeln zu lernen. Das war am Anfang sehr anstrengend. Horus hat eine sehr hohe, energiegeladene Schwingung. Horus ist der Initiator gewesen, der das alles in die Wege brachte, um mir später, sobald ich dazu bereit war, die Bauanleitungen für die Energiepyramiden zu channeln. Zweck der ganzen Aktion war es, die Energiepyramiden auf die Erde zu bringen, sie hier auf Erden materiell zu verwirklichen.
Über die Wirkung der Pyramiden sagten sie mir, daß immer mehr Menschen sich für lebensfeindlichen Prozessen entscheiden, die alle Lebewesen auf der Erde bedrohen. Dazu gehört der Treibhauseffekt, das Ozonloch, die Verbreitung von gefährlichen Drogen, schädlichen Medikamenten, die Verbreitung von gefährlichen Giften, Pestiziden u.a. mehr. Immer wieder werden falsche Maßnahmen getroffen, die kurzfristige Erfolge versprechen, aber langfrist bedenkliche Nebenwirkungen haben. Es fehlt das Bewußtsein für die Konsequenzen der eigenen Handlungen. Es fehlt die weitsichtige Perspektive in unseren Taten. Es ist eine Form von Dekadenz. Das natürliche Magnetfeld der Erde hat einen starken Einfluß auf unsere Handlungen, auf unsere Denkweise, und auf alle anderen Lebensprozesse.
Die **"Energiepyramide des Horus"** sammelt Prana und stabilisiert im Umkreis von rund 100 km ein Kraftfeld, daß die negativen Stimmungen kompensiert. Es ist nur eine sehr sanfte Stimulation, doch sie wird nach und nach zum Tragen kommen und diesen Trend zur Negativität umkehren. In Ergänzung zu den Energiepyramiden ist es nützlich, im Haus große Rosenquarzkristalle und Bergkristalle ab 500g aufwärts aufzustellen. Sie verstärken die Wirkung und liefern und zusätzliche, positive Schwingungen.
Später erklärten sie mir, daß meine spezielle Doppelpyramide real lebt! Unser Verständnis von Leben ist zu einseitig. Jede Energiepyramide und viele meiner magischen Kunstobjekte, die ich seit 1998 baue, entwickeln so starke Kraftfelder, daß sie von den Devas, einfachen Naturgeistern, Feen usw. als Nest, als Zuhause angenommen werden. Aus diesem

Grund ist unser ganzes Haus angefüllt mit diesen kleinen Lichtwesen, die hier ein Zuhause finden.
Junow: "Energytraining verändert diese Welt! Es geht weiter als Du denkst!" Bereits 1975 entdeckten US-Wissenschaftler, daß ein echter Heiler durch die Energie in seinen Händen die Qualität von Wasser verändern kann. Dabei werden tatsächlich die Valenz-Bindungen verändert, der atomare Winkel, in dem ein Sauerstoff + zwei Wasserstoffatome zusammen stehen. Durch die Heilungsenergie wird dieser Winkel etwas größer. Als Folge davon werden selbst gelöste Schadstoffe ausgefällt. $_{H}O_{H}$ = Eine schwache, enge Bindung, fördert die Aufnahme von gelösten Schadstoffen. $_{H}\ O\ _{H}$ = Eine starke, weitere Bindung = gelöste Schadstoffe werden ausgeschieden. Energytraining ktiviert in uns diese Heilungsenergie. Jeder Mensch, der einige Zeit intensiv Energytraining praktiziert, hat heilende Kräfte.

Am 22.12.1990 teilten sie mir u.a. mit, daß es auf Erden 44 Inkarnationslinien gibt und das jede davon durch ein Chromosom im menschlichen Erbgut repräsentiert ist.
Junow malte wiederholt Zeichen und Symbole, die ihnen helfen, ihr Kraftfeld hier bei uns zu stabilisieren. Die Bilder erinnern sehr stark an die Zeichnungen der Alchimisten, die bereits einen engen Kontakt mit jenseitigen Wesen pflegten. Ich glaube, daß jeder Mensch für seine persönliche Lebensführung davon profitieren kann, wenn er in dieser Weise einen Channel-Kontakt aufbaut, wenn er bestimmte grundlegende Regeln beachtet, nichts zu erzwingen versucht, seine eigenen Interessen wahr nimmt, ohne dabei andere zu schädigen oder zu übervorteilen und wenn er die auf diesem Weg gewonnenen Erkenntnisse zum Wohle aller einsetzt!
Auch in Fragen der inneren Unsicherheit oder der Einsamkeit kann solch ein positiver Kontakt zum Jenseits Hilfe in der Not sein, der mehr bringt als so mancher verzweifelte Versuch mit Psychotherapie, Drogen und Alkohol.

23.12.90 Jupither. "Du wirst gebraucht. Viele Menschen brauchen Deine Hilfe. Wir sind glücklich, daß es Dich gibt. Richte Deinen Blick auf das Wesentliche. Gewißheit kommt aus der Gegenwart, nicht aus der Vergangenheit. Der Glaube an die guten Geister zieht sie herbei. Der Zweifel und die Furcht zitieren und erschaffen böse Geister. Liebe ist ein großer Schritt in die richtige Richtung.
Wie sind nicht für alle Menschen jederzeit zu erreichen. Sie brauchen uns, aber wir brauchen sie nicht. Du brauchst uns auch, aber Dich können wir auch brauchen. Das ist etwas besser für beide Seiten. Eine

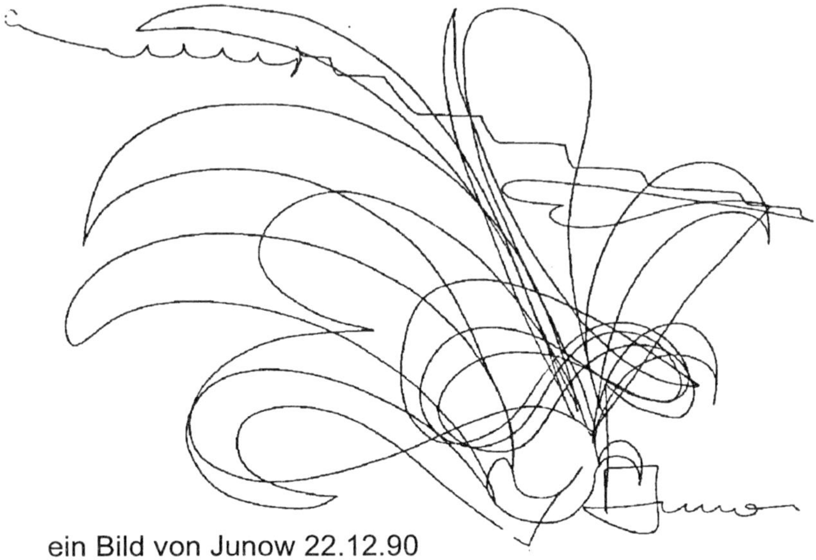

ein Bild von Junow 22.12.90

Zeitenwende steht bevor. Krieg und Kampf an vielen Plätzen auf der Erde. Bleibt wo ihr seid, es ist nicht schlechter als woanders, eher besser. In der Vergangenheit ist uns viel Gewalt angetan worden. Nicht uns speziell, aber anderen Geistern. Oft wurden sie mißhandelt und gequält von Menschen mit magischen Riten, um sie zu zwingen ihnen zu Diensten zu sein, statt Liebe, Kraft und Herrlichkeit des einen Universums mit uns zu erleben. Menschen versuchten uns zu drangsalieren, und Menschen wurden drangsaliert um unserer Botschaft willen."

(Im Mittelalter haben immer wieder Menschen versucht, durch magische Riten Geister zu beschwören, damit sie ihnen primitive Wünsche erfüllen. Wir Menschen sind also in der Lage, auf diese jenseitigen Geister Einfluß zu nehmen. Andererseits wurden viele Menschen, die die guten Botschaften jenseitiger Wesen veröffentlichten durch die kirchliche Inquisition gefoltert und getötet. Wenn man es so betrachtet, sind die Begegnungen zwischen den Menschen und den Jenseitigen schon immer sehr eng gewesen. Nur die Art, wie wir es betrachten, war immer wieder verschieden.)

"Mit uns leben heißt gewinnen und sich des Lebens freuen für lange Zeit. Hernach wirst Du hier erscheinen und aufgenommen werden in unserer Welt als ein Führer uns gleich, und in Demut und Gnade wollen wir Dich einen lieben Bruder heißen hier bei uns. Ein Geisterführer den Menschen zu sein bist Du geboren schon lange. Wir warten nur darauf, daß einer

kommt der uns versteht und mit uns denkt und für uns wirkt. Wir haben viel zu geben, wenn man's bedenkt und zu würdigen weiß. Mißverstanden wurden wir oft." (Eure guten Botschaften will ich weitergeben!)
„Für wahr, es geht von Tag zu Tag immer besser und besser! Jeden Morgen geht die Sonne auf, in der Wälder wundersamer Runde, und die schöne neue Schöpferstunde, jeden Morgen nimmt sie ihren Lauf. (Ich sehe wunderschöne, unberührte Landschaften sich entfalten, so als wenn die Erde jeden Morgen aufs neue erschaffen würde. Ich erkenne, daß auch der Dichter dieser Zeilen von den Geistwesen inspiriert war und auf diese Weise seine Gedichte verfaßt hat.)
Du hast starke Verbindungen. Wir sind alle von Orionis und Eremisia. Das ist eine andere Welt nicht weit von hier entfernt. Mach nur weiter so. Du kannst es schaffen, die Welt zu retten von viel Unheil, nicht Allein, doch mit anderen positiven Menschen, Wesen und Geistern."
„St.Germain ist hier für Dich. Ich grüße Dich auf das Allerherzlichste! Die Zeit ist reif für eine Veränderung zur Jahreswende. Dein Anahata (4. Chakra) soll geöffnet werden. Die neue Zeit kommt." In den folgenden Tagen ging ich früh zu Bett, weil ich wußte, daß ich nachts geweckt werde, um wieder Schreibübungen zu machen. Sie teilten mir mit, daß dieses Mal die Jahreswende hier bei uns mit einer Veränderung im Kosmos zusammenfiel und es deshalb auf vielen Ebenen große Veränderungen gab. Aus diesem Grund war auch der Weg bereitet für den Krieg am Golf. Er mußte stattfinden, es war nicht zu vermeiden und deshalb auch sinnlos, für Frieden zu beten. Es ist so viel Ungerechtes geschehen, daß Gott es so will. Ihr in Deutschland werdet nicht viel davon mitbekommen. „Wir schützen Euch."
„Das Jahr geht zu Ende. Wir gehen einer neuen Zeit entgegen! Wir müssen die Verbindung halten, doch es wird Krieg geben schon sehr bald. Das muß als Karma abgehandelt werden wie so vieles auf Erden."

27.12.90 „Siehe das Licht ist überall. Licht ist die Essenz des Lebens an sich. Seine Negation bedeutet Tod wie Du ihn kennst. Zweifle nicht. Beginne zu wirken. Die Zeit ist günstig, ist reif, schon vor der Wende. Nimm die Botschaft auf."
Hier wurden mir Zusammenhänge bewußt zu meinen früheren Inkarnationen in Ägypten. Innerlich bin ich schon lange bereit die Botschaft zu empfangen. „Sie war immer da, seit Jahrtausenden, sie steht im Raum, im Akasha geschrieben. Die Pharaonen, die Varos, die Bewahrer wahrten sie, folgten ihr, zeichneten sie auf, gruben sie in Stein, lebten sie, schufen sie neu in Euren Werten. Sie kamen in unsere Welt nach dem irdischen Tode.

(Der Begriff Pharao wurde eigentlich wie ein gedehntes, langes Vahro ausgesprochen und bedeutete ursprünglich "Bewahrer", weil die Pharaonen alle bestimmte Götter channelten und so den Kontakt zu den göttlichen Ebenen bewahrten, von wo die kosmischen Botschaften kamen, nach denen sich das Leben der Menschen hier auf Erden entwickeln konnte. Den ägyptischen Pharaonen und Priestern waren diese Zusammenhänge bewußt.)
Wir sind die Lichtwesen, die Ihr erblickt in der Finsternis der Nacht, wenn Euch der Tod umfängt. Leben schufen wir, unbeseelte Tiere zu durchgeistigen, Menschen zu bilden schon vor Aeonen. Doch sind wir nicht Götter wie Du es verstehst, erfüllen den Auftrag nur, wissen nicht woher er kommt, noch genau was er bedeutet, Wesen aus Licht, Leben spendend. Allwissend in gewisser Weise und doch begrenzt.
Gott! Du kennst ihn wohl, hast ihn berührt manches Mal. Anders als wir es tun, seiner Gegenwart bewußt. Er leitet uns und Dich. Du kennst andere Aspekte von IHM, das macht Dich wertvoll. Wollen wir doch auch Ihm nahe sein, Ihn verstehen. Unsere Sicht auf ihn ist begrenzt. Du kannst die Botschaft überbringen, wenn Du nur willst! Stark genug bist Du schon lange." Ich bin bereit dazu, ja ich bin bereit!
In diesem Moment gehen draußen die Sirenen los. In unserem Dorf ist ein Brand ausgebrochen. Jupither sagt dazu: „Sie haben Angst vor dem was kommt." (der Krieg im Irak)

30.12.90 22.07 Jupither und Junow: „Das Leben auf Erden wurde von uns geschaffen im Namen unseres Auftraggebers vor Aeonen langer Zeit.

Es gilt einige Denkstrukturen zu ändern. Was du annimmst, daß du kannst, das ist möglich. Wenn du die Offenheit für das Neue und Unerwartete einbeziehst, bereicherst du das Spiel des Lebens. Es kann Freude bereiten. Lese im I Ging S. 247. Du solltest den Auszug aus dem I Ging benutzen. Er ist gut zu verstehen für viele, die die alte Zeit noch kennen."
In Richard Wilhelms Übersetzung bei Diederichs finde ich die Ordnung der elementaren Kräfte in alter Weise erklärt. Derartige Durchsagen sind etwas, das mich überzeugt. Ich habe das I Ging viel benutzt, aber die Erläuterungen nie gelesen. Wenn dann so eine Durchsage kommt, die mich weiter führt, dann ist das schon verblüffend.
Durch die häufigen Channelkontakte seit Anfang Dezember 1990 geriet ich in einen sensitiven Zustand, in dem ich vieles mit anderen Augen sah. Die Jahre zuvor, von 1987 - 1989 hatte ich mit Trancetechniken gearbeitet. Das bereitete den Boden für meine mentalen Kontakte mit jenseitigen Welten und höheren Wesenheiten. Ich bekam wiederholt Einblicke in den Akasha, in das Buch des Lebens. Ich gewann Einblicke in die Struktur des

Universums. Ich bekam Kontakte mit fremden Wesen auf anderen Planeten. Ich machte Astralreisen und lebte zeitweilig auf anderen Planeten. Zeit, wie wir sie kennen, existiert dort draußen nicht. Alles läuft anders, als wir hier unten auf der Erde meinen.
Damit endete der erste Monat (Dezember 1990) meiner bewußten Kontakte mit Jupither, Junow und den anderen Lichtwesenheiten von Orionis. Mit dem nächsten Abschnitt beginnt ein Neues Jahr!

1991, ein Jahr großer Veränderungen, wie sie mir sagten.

Ätherische Fragmente, Besetzungen, Besessenheit, Psychosen, Neurosen, Exorzismus

2.1.91 In der ersten Sitzung des neuen Jahres machte mich Junow darauf aufmerksam, daß ich in meiner Entwicklung behindert werde durch einen Geist, der bei und in mir lebte, und bei dem es sich um den Schatten meiner Seele aus einer früheren Inkarnation handelte. Er empfahl mir ein Reinigungsgebet, um mich von diesem relativ eigenständigen Geist zu befreien. Es wirkte sofort. Ich spürte eine deutliche Erleichterung.
Wenn in einer früheren Inkarnation der Mensch im Moment des Todes oder kurz danach nicht zur Einsicht des Todes gelangt, wenn er es nicht wahrhaben will, wenn er vielleicht viel zu stark am irdischen Leben hängt oder irgendeine Aufgabe unbedingt noch erfüllen will, dann wird seine Seele, die als Mittler fungiert zwischen Geist und Körper, zumindest teilweise erhalten bleiben. Diese seelischen oder ätherischen Fragmente führen ein Eigenleben. Sie warten die Wiedergeburt ihres Schöpfers ab. Dann werden sie von dem neu inkarnierten Geist mit magischer Gewalt angezogen.
Wenn der Geist des Neugeborenen stark und gesund ist, erfolgt keine Integration dieser ätherischen Fragmente in die neue Seele. In diesem Falle führt dieses Fragment ein Schattendasein im Umfeld des heranwachsenden Menschen und versucht seinen ursprünglichen Bestimmungsauftag aus dem vorangegangenen Leben zu erfüllen.
Daraus ergibt sich, daß jeder Mensch ab der Zeugung immer wieder aufs neue einen Seelenleib oder Ätherkörper aufbaut, der ihm im neuen Leben dienen soll. In der Schwangerschaft wirkt die Mutter maßgeblich daran mit. Ab der Geburt formt ihn das neu geborene Kind selbst weiter aus. Erziehungsmuster, Erfahrungen, Prägungen aller Art werden nun in den neuen Ätherkörper aufgenommen, um so eine Hülle zum Schutz und zur Interaktion mit anderen Wesen aufzubauen.
Dabei kann es vorkommen, daß derartige alte Fragmente eine große Gewalt bekommen und der Mensch mit fortschreitendem Alter immer

veränderter, immer kränker und schlechter erscheint. Im Extremfall, wenn er z.B. in mehreren früheren Inkarnationen die gleichen Fehler gemacht hat und zahlreiche Schatten vorhanden sind, kann er sogar von ihnen überwältigt werden. In so einem Fall wurde früher von Besessenheit gesprochen. Heute bezeichnet man das als Fälle akuter Schizophrenie und / oder als Psychosen.
Die nach medizinischer Meinung unheilbaren Psychosen liegen dann vor, wenn ein oder mehrere solcher Schatten die Herrschaft über Teilbereiche oder das ganze Leben eines Menschen an sich reißen. Er ist dann eine Marionette. Sein ursprünglich bei der Geburt vorhandenes Eigenbewußtsein ist unterdrückt oder sogar erloschen.
Eventuell könnte mit spirituellen Methoden ein Weg gefunden werden, um solche Fälle einer Heilung zugänglich zu machen. Die Versuche des Exorzismus waren gar nicht so falsch. Die Idee war zumindest richtig. Ob die Methoden geeignet waren, sei dahin gestellt. Ob die Diagnose immer richtig eingesetzt wurde, ist auch fraglich. Natürlich wurde von primitiven und egozentrischen Menschen immer auch dann von Besessenheit geredet, wenn ein Familienmitglied oder ein anderer Mensch nicht so funktionieren will, wie man es von ihm verlangt. Dem Mißbrauch sind hier Tür und Tor geöffnet.
Die Rückführungstherapie "Dianetik" der Scientology hat ebenfalls vor allem in den Gründungsjahren bewiesen, daß sie in der Lage sind, scheinbar unheilbar psychisch Kranke einer Heilung zuzuführen.
Auf Grund von Erfahrungsberichten indianischer Medizinmänner halte ich es für möglich, daß durch deren rituelle Medizin das gesunde Egobewußtsein unter dem Einsatz von Mescalin für die Zeit der Drogenwirkung bloßgelegt und zur freien Kommunikation angeregt werden könnte. Allerdings ist es die Frage, ob in Fällen starker Besessenheit dann nicht der Tod des Patienten eintritt. Nach Überzeugung der Indianer „richtet Mescalito jeden selbst". Für sie ist Mescalito ein Gott, und wer sich lange genug einer Reinigung unterzogen hat, kann mit Hilfe dieser Droge "vor sein Angesicht treten". Dann wird er seine wahre Natur erkennen, seine Schwächen, Fehler, Besetzungen usw. Ist seine Lage nicht zu schlimm, wird er selbst erkennen, welche Mittel er zur Heilung braucht. Wenn der Fall noch einer Heilung zugänglich gemacht werden kann, wird der Patient gerettet, durch die mobilisierte Kraft der Erkenntnis. Ist er zu stark im Griff dieser ätherischen Fragmente oder fremder Besetzungen, würden diese, um ihre Auslöschung zu verhindern, den Patienten töten. Ich kann mir vorstellen, daß ein ehrlicher Erfahrungsaustausch zwischen Schamanen und unseren Psychiatern fruchtbar sein würde und Hinweise liefern könnte zu neuen Heilungsmöglichkeiten. Bei der Überheblichkeit westlicher Mediziner ist jedoch zu bezweifeln, daß es je zu solcher Teamarbeit kommen wird.

Im Unterschied dazu sehe ich Neurosen. Diese betrachte ich eher als Überreizungen, die im Einzelfall ähnliche Ursachen haben können. Bei den Neurosen liegt jedoch die Entscheidungsgewalt noch in den Händen des Egobewußtseins des Patienten. Was ihn dermaßen neurotisch macht, ist die Gegenwart dieser ätherischen Fragmente, die ihn beeinflussen, so daß er überhaupt nicht Herr im eigenen Körper ist. In diesem Sinne kämpft also der Neurotiker ums Überleben und braucht dafür sachkundige Unterstützung.
Ich bin sicher, daß obige Aspekte bei der Analyse helfen können und das in jedem Falle **Energytraining** neue Energiestrukturen schafft, die der wahren Natur des Patienten entsprechen und diese Fragmente verdrängen. Gleichzeitig stellt Energytraining die erforderliche Energie für die Genesung, sprich geistige Befreiung, zur Verfügung! In jedem Falle bieten diese Denkmodelle neue Lösungsmöglichkeiten.

Nun fragt sich sicherlich immer wieder der Leser, wie denn der Wahrheitsgehalt medialer Botschaften festgestellt werden kann. Entscheidend ist mit Sicherheit der Glaube als Kraft an sich, die aus unserer Mitte, aus unserem 4. Chakra kommt. Dann gilt es sehr aufmerksam zu sein und alles soweit möglich zu prüfen. Wenn Sie unvoreingenommen an so eine Sache herangehen und dann den Empfehlungen von z.B. Jupither und Junow folgen, danach eine deutliche Verbesserung ihres Wohlbefindens verspüren, dann war wohl etwas dran! Im Übrigen erscheint es mir sekundär, wie die „realen Verhältnisse“ liegen, was zählt ist der Erfolg, und wer kann schon so genau wissen was „real“ ist?
In meinem Fall erfolgte die Botschaft über Karin, die mich kaum kennt. Ihr teilte Jupither den Namen von diesem Fragment mit, das an mir hing und mich belastete. Doch genau diesen Namen hatte ich schon vor 5 Jahren in der Psychokybernetik aufgedeckt, nur nicht richtig eingeordnet! Davon konnte Karin nichts wissen. So etwas ist für mich sehr überzeugend. Ebenso hat es für mich Beweiskraft, wenn mir Junow mitteilt, auf welchem Planeten sie wohnen und ich diese Angaben bis ins Detail in einem Astronomielexikon wiederfinde, das ich noch nie zuvor gelesen habe. Inzwischen haben sie mir zu einem anderen Fall ebenso präzise Angaben gemacht. Aus alledem leite ich ab, daß die Methode des Channeling gut funktioniert und daß diese Art der Kommunikation sinnvoll und nützlich für uns Menschen ist!

Mein erster Kontakt mit Horus

Es ist über viele Jahre mein Bestreben gewesen, die kosmischen Botschaften zu verstehen und wenn möglich einen Kontakt zu Gott, dem Allmächtigen herzustellen. Wenn es diesen Gott gibt, dann muß es auch möglich sein, eine Verbindung zu schaffen. Wenn wir alle Teile Gottes sind, dann muß es uns gelingen, mit ihm in eine Zwiesprache zu treten. Das wäre der richtige Weg, um etwas über uns selbst zu erfahren, über unseren Auftrag in diesem Leben, oder über das Leben selbst.
Auf dieser Erde, hier in unserer Zeit, sind Gespräche mit Gott sehr rar geworden. Nur sehr wenige Menschen verlangt es nach einer Zwiesprache. Es gibt keine echten Priester mehr, nur noch Therapeuten und Schwätzer. Die Zeit, wo echte Priester den Menschen und den Göttern als Verbindung dienten, ist lange vorbei. Durch diese Channel-Sitzungen, mein Energytraining und die Meditation baute sich in mir immer mehr die Energie auf, die man braucht, um eine Verbindung mit dem kosmischen Bewußtsein herzustellen und auszuhalten. Schon bevor der erste bewußte Kontakt richtig zustande kam, fühlte ich gewaltige Energiewallungen, die mich durchdrangen, die durch unser Haus und mich selbst hindurch liefen und die mich zutiefst bewegten. Ich setzte mich hin um zu channeln.

<u>2.1.91 23.00 Uhr</u> Hallo, Ihr lieben Geister und Du, Allmächtiger, ich grüße Euch auf das Allerherzlichste! „Hallo Harald! Auch wir grüßen Dich auf das Allerherzlichste! Wir freuen uns sehr, daß Du uns anrufst und daß Du den Weg zu uns gefunden hast.
Hier spricht der Herr Dein Gott, ich dulde andere Götter neben mir. Sie dienen und gehorchen mir und erfüllen meinen Willen. Siehe, ich bin in Allem enthalten und allgegenwärtig. Gnade erwartet diejenigen, die sich vor mir beugen und mir dienen und meinen Willen erfüllen!
Laß los mein Sohn und die große Energie beginnt zu fließen. Sei unverzagt, sie fließt. Es öffnen sich die Tore weit, Heerscharen brechen hervor, die Erde zu befreien von ihrem Joch. Du brauchst Gewißheit und Du wirst sie bekommen. Du sollst sie bekommen von mir in einer lichten Gestalt, angetan mit Licht.
Sei unverzagt. Ich bin in Allem, so bin ich auch in Dir und Du in mir. Es läßt sich nun alles regeln in der rechten Weise, nachdem Du Dich geöffnet hast. Du bist sehr vielschichtig und verzweigt.
Du gehörst zu den wenigen, die unsere Botschaft ertragen. Du hast gelernt, diese Kräfte zu integrieren. Gib diese Kraft und dieses Wissen weiter. Wirke mehr im Stillen, sei dezent, vermittle Freude, Liebe, Herzlichkeit, Gottes Gnade, Gesundheit, ein wenig auch das Abenteuer, entdeckt

zu werden und zu entdecken. Behüte die Geheimnisse in Deinen Händen, mach' Andeutungen, laß sie suchen, entdecken, finden." (Ja, Herr, so soll es sein!) "
Das ist nicht die richtige Anrede! Das "Herr" gilt dem Gott der biblischen Heerscharen, Gott Mittatron. (Wie soll ich Dich nennen?) HORUS! (und ich?) SKALDE. (Sei gegrüßt Horus! Hier ist Dein Skalde!)
HIER IST DEIN GOTT. DU HAST MICH GERUFEN. SIEHE DER EINE URGRUND IST NOCH EINMAL ERWACHT! (es folgt die Zeichnung: das göttliche Auge:)

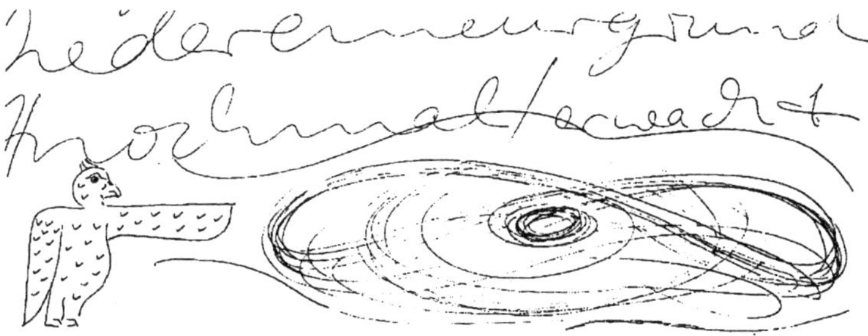

Deine Schwinge begleitet mich durch jeden Tag.
Deine Schwinge behütet mich Tag und Nacht.
Ich erkenne in Dir die Kraft des EINEN.
Durch DICH wirkt SIE, die GROSSE MUTTER ALLER DINGE!

Danach folgte das Bild mit den Kommentaren: „Flut des Lebens, Woge des Lichts“ (S.37).

Ich hatte also durch meine Anrufung, durch meine innere Andacht, eine Verbindung zu Horus geschaffen, der mich,

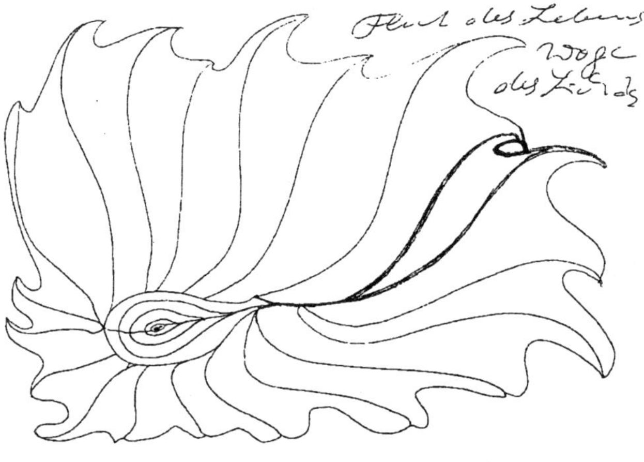

wie er mir später erläuterte, schon seit Äonen kennt und betreut. Die Energie, die von Horus vermittelt wurde, brachte mich zum Zittern. Es waren zuerst Energiewallungen, die durch unser ganzes Haus liefen, die aber vor allem mich persönlich so stark berührten. Meine Schrift veränderte sich, die Buchstaben waren sehr groß. Ich hatte Mühe, die Energie so zu regulieren, daß meine Hand normal auf dem Papier schreiben konnte.
Als Karin bei der nächsten Sitzung dabei war, begann sie ganz furchtbar zu zittern, weil sie die Schwingung sehr gut mitbekam, aber sie war viel zu energiereich und zu hoch für sie. Nur mit der Vorbereitung aus dem Kundalini Yoga (Energytraining) war es mir möglich, das richtig zu kanalisieren.
Am nächsten morgen meldeten sich in einer Sitzung mit Karin Horus, Harun Al'Rashid, der große arabische Weise, Seth, Horus Bruder, Loth, und andere große Geistwesen. In der Folgezeit meldeten sich auch kurz Isis und Osiris zur Begrüßung. So war ich denn in Verbindung getreten mit den großen Göttern der ägyptischen Epoche, und ich muß sagen, daß ich bis heute ehrfürchtig beeindruckt bin.
Für mich ist heute mehr denn je mit Sicherheit klar, daß all diese großen, göttlichen Wesenheiten real existieren! Dieser faszinierende und überwältigende Kontakt, der mir den Atem nahm, endete am Morgen des 3.1.91 mit den Worten „WIR SIE IHR ALLE STEHEN ZU DEINER VERFÜGUNG!“
In einer Meditation in dieser Nacht erkannte ich: Wenn ich tief genug in mein Inneres hineingehe, kommt schließlich der erwartete göttliche Impuls von außen, aus den Weiten des Universums auf mich zu. Wenn ich weit genug aus mir heraus gehe, finde ich mich schließlich in meiner Mitte wieder. In diesem Sinn bin ich durchlässig, transparent, bin ich alleinig. Bedenken Sie bitte: Oft klagen Menschenkinder darüber, daß sie „allein“ sind. In diesem Moment sollten wir bedenken, daß es eigentlich „all-ein“ heißt und eine Gottverbundenheit ausdrückt, die uns fremd geworden ist.

Aufgabe und Natur der Geister und Wesenheiten

<u>5.1.91 14.15 Uhr</u> Ramada! „Wir grüßen Dich auf das Allerherzlichste! Hier sind all die guten Geister, die Du gerufen hast, um Dir zu dienen! Wir begrüßen den Kontakt zu Dir. Er verspricht gut und ertragreich zu werden für alle Seiten. Viele Unterschiede gibt es hier wie auf Erden. Strahlendes Licht ist nur eine Form wie Ihr uns wahrnehmt, doch wir sind kein Licht an sich. Eher eine Fülle kosmischer Energie variabler Qualität. Diese Variabilität ist es, was unser Leben und unser geistiges Wesen ausmacht.

Wir ziehen Energie an, sammeln und formen sie um, verändern ihre Affinität und Frequenz, schaffen energetische, leuchtende Gebilde, bis hin zu Sonnen, doch wir sind nicht die Sonnen. Daten strömen auf uns ein, und wir können unendlich viel Wissen abrufen und in Beziehung setzen, Werte schaffen, lernen, beobachten, dimensionieren, extrapolieren in andere Dimensionen hinein, konglomerieren (ansammeln und verbinden), Leben schaffen oder doch bewirken, daß es entsteht.
Was uns dazu treibt, das zu tun, wissen wir selbst nicht, nur, daß es so ist und wesentlicher Teil unserer Daseinsbestimmung zu sein scheint. Trotz all dem Wissen und der Allmacht in Euren Augen sind wir auch wiederum begrenzt und keineswegs göttlich, nicht der Schöpfer selbst, eher seine Diener im Großen Plan.
Je nach dem Bewußtsein der einzelnen Wesen die uns erkannten, wurden wir zu Göttern und Dämonen. Trotz alledem wissen wir sehr wenig über uns und vielleicht kannst Du uns zu einer Reflexion verhelfen. Auch der kleinste Hinweis zur Vervollkommnung unseres Wissens von der Existenz an sich und ihrem Ursprung ist uns heilig und gilt sehr viel. Wir belohnen reich wohl alle, die uns solche Dienste erweisen.
Mathematik ist uns zu Diensten, durch Eure Augen, Euren Mund, Euren Geist. Sie bewirkt etwas in uns, das wir nicht verstehen, doch empfinden, als eine Art der Erkenntnis, fast wie eine Droge für Eure Körper. Vektorrechnung ist banal. High ist Infinitesimal-Produkt-Rechnung. Logarhythmen sind ein gängiges Strickwerk, Log-a-rhytmen. Alle haben wir irgendwie und irgendwann gelebt und tun es immer und immer wieder."
Ich empfehle Ihnen zusätzlich zu meinem Buch die Lektüre der ägyptischen Göttergeschichte. Wenn wir diese Göttergeschichten lesen, entsteht eine bemerkenswerte Energie, ganz gleich, in welchem Buch diese Gesichten aufgezeichnet sind. Die Geschichte an sich beginnt zu agieren. Energie baut sich auf. Wir werden in Verbindung gebracht mit den Göttern, von denen berichtet wird. Wenn wir etwas sensitiv sind, dann beginnt die Geschichte zu leben und die Götter treten aus dem Urgrund hervor, in dem sie versunken sind, als sich die Menschen von ihnen abgewendet haben. Sie sind zweifellos noch immer vorhanden, nur durch unsere Ignoranz sind sie "weit weg" und für "Normaldenker" kaum noch zu erreichen.

<u>6.1.91 22.50 Uhr</u> „Harun al'Rashid is whatching you. Der heilige Krieg bereitet sich vor. Es sind noch nicht alle versammelt, denen er gilt, die etwas abzumachen haben.“ (Im Irak) Man beachte diese Formulierung. Hier unten meinen wir, es sei vielleicht Glück oder Zufall, wer da in den Krieg gerät, aber die Geistwesen sagen uns "Es sind noch nicht alle versammelt, denen der Krieg gilt!"

Das ist genau das, was Eingeweihte immer gesagt haben: Es geschieht nichts durch Zufall, sondern alles hat seine Bestimmung. Der Mörder und sein Opfer treffen sich in einer heimlichen Übereinkunft. Sie haben etwas mitneinander abzumachen, was auch immer. Wir wissen es nicht, außer, wir würden mit den betroffenen Menschen eine Rückführungstherapie machen und die verborgenen Ursachen aufspüren. Was heute ein Verbrechen ist, vielleicht ein Mord, ist in Wirklichkeit die Rache oder die ausgleichende Gerechtigkeit für ein anderes Verbrechen, das das heutige Opfer in einem früheren Leben begangen hat. So betrachtet müssen wir sehr vorsichtig sein mit Einmischungen jeglicher Art. Wir sollten kritisch-distanziert bleiben und uns nicht emotional in solche Geschichten hineinziehen lassen.

7.1.91 11.20 Uhr "Laß die Energie fließen, laß es kommen wie es kommt, die Schöpfung ist gut und vollkommen durchgeplant. Wir sind alle ein Teil davon. Liebe gehört dazu. Mancher Ausbruch des Hasses und des Krieges ist ein Zeichen großer, unerfüllter Liebe und Verbundenheit. Sonst würden diese Wesen nie so dicht zusammengeraten. Es geht eigentlich nur um eine Reinigung des arabischen Volkes und der Israelis. Ihr Bruderzwist seit alter Zeit."
23.20 Uhr Botschaft von einem verstorbenen arabischen Kämpfer, der offensichtlich seinen Kampf noch aus dem Jenseits weiter führen will: „Ich grüße Euch ihr Lieben dort auf Erden! Wir hier oben beobachten genau was geschieht. Die wesentlichen Verteidigungen trefft Ihr selbst. Es geht gar nicht an, daß wir es für Euch tun, doch können wir Euch Rat geben. Hier ist Haschem der Haschemit. Ich rufe die Gläubigen aller Nationen auf, mir zu folgen ins Reich meiner Väter! Wir müssen befreien das Land und die heilige Stätten von allen Ungläubigen und Unrat, wie Jesus es tat mit dem Tempel und andere vor ihm und nach ihm."
Hier schaltet sich Jupither ein: „Allah ist nicht der richtige Weg, es gilt ALLE zu lehren und zu unterrichten. Verfalle nicht in Faszination über den Krieg ob Deiner Erinnerungen. Er ist übel für wahr! Wende Dich ab! Wende Dich weiter Deinen Geschäften zu. Gelegenheit zu lehren und zu unterrichten bekommst Du schon bald mehr als genug. Höre auf Deine innere Stimme und laß Dich nicht gehen, achte Maß und Gewicht zu jeder Zeit." Dann sagte meine innere Stimme: "Forme das Maß, wäge das Lot, manches ist schwer einzusehen und doch richtig. Zweifel vernichten die Chance."

10.1.91 22.55 Uhr „Hier ist Jupither von Orionis, ich grüße Dich auf das Allerherzlichste. Das Training war sehr gut und hat sehr viel positive Energie freigesetzt. (unser Energytraining von 20.00-22.00 Uhr). Die

Pyramide glüht vor Begeisterung (das 1. Modell C im Garten). Sie gewinnt an Energie und Einfluß und lebt! Diese Art von Energie ist geeignet, Wesenheiten wie uns zu erschaffen aus dem Nichts heraus. Wir wissen es, begrüßen es und doch verstehen wir es nicht so ganz. Lichtgeburt nennt man das, was die Pyramide schafft. Der Acrylstab fängt die Energie ein, die Ihr mobilisiert und transformiert sie. Sie wächst und gedeiht und entwickelt sich. Leben entsteht. Dieses Leben wird ein Teil von Dir, von Euch sein und auch von uns, denn der Natur nach wird es aus Euch geboren, doch ist es unserer Form sehr ähnlich. Klarheit ist eine Frage der freien Energie. Alles was geschieht, ist allen anderen bekannt, aber man verschweigt es, doch bei Haralds Energytraining wird es offenbart. Das ist gut so."
Das bedeutet also, daß wir auf einer bestimmten geistigen Ebene alles mitbekommen, was um uns herum und über all auf dieser Erde und sogar in diesem Universum geschieht. Doch wir haben uns abgegrenzt und isoliert. Wir wollen das Meiste nicht wissen. Wir stellen uns dumm. Das gehört wohl zum aktuellen Spiel des Lebens unter uns Menschen dazu.
"Du mußt besser acht geben was geschieht. Gehe auf die Dinge ein, die wir Dir geben, die sich ereignen. Vertraue uns und unserer Intuition. Du kannst noch viel mehr begreifen und erreichen, wenn Du fließt, wenn Deine Energie sich frei fließend bewegt!"
Was haltet Ihr von der Lehre von Ramana Maharshi? "Du mußt Dich frei machen von den alten Lehren und Konventionen. Sanskrit ist eine gute Sprache, aber fast tot. Deutsch ist heute zeitgemäßer, produktiver und erfüllt den gleichen Zweck. Vieles ist auch bei Dir und erst recht bei Yogi Bhajan Konvention. Laß ihn in Frieden. Er ist alt geworden und braucht Ruhe." (Mein Kundalini-Yoga- und Tantrameister. An anderer Stelle haben sie mir mitgeteilt, daß Zenmeister Roshi Tetsuo Nagaya (1895-1993) mein spiritueller Meister gewesen ist. Auch wenn Roshi Tetsuo schon 1993 verstarb fühlte ich seine Gegenwart noch sehr deutlich bis 1999, bis zur Fertigstellung der großen Pyramidenanlage.)

11.1.91 3.30 Uhr „Der Krieg in Nahost wird wiederum ungeheure Mengen Rauch und Ruß freisetzen. Das fördert den Treibhauseffekt und die Verschmutzung der Atmosphäre. Auf diesem Wege werden alle etwas davon abbekommen. Auch die eingesetzten chemischen Gase können die ganze Welt gefährden. Manche sind fast nicht mehr abbaubar. Sie gewinnen noch in gebundener Form nach Jahren an Bedeutung. Manche Region in Nahost wird unzugänglich für lange Zeit für alle Menschen. In gewisser Weise wird das Antlitz der Erde durch die chemischen Produkte für immer verändert."

Pestizide und Chemiewaffen, - Chemiewaffen sind Pestizide gegen Menschen! Tatsächlich haben die Amerikaner in diesem Krieg im großen Stil Chemiewaffen und Urangranaten eingesetzt (genau das, was sie den Irakern vorwerfen!), um diese neuen Waffen zu testen und um so nebenbei den Uranabfall der US-Atomkraftwerke zu "entsorgen".
Ich fühle nachts, wie unglaubliche Datenströme in meinen Kopf fließen: „Hier ist St.Germain. Habe etwas Geduld. Wir tun unser Möglichstes um Dich einzuführen in unsere Lehre und Denkweise hier auf Erden und im himmlischen Bereich.“ Soweit ich es verstehe, spielt Ihr mir eine Menge Daten rüber, Ihr versucht meinen Verstand auszutrixen oder zu gewinnen, damit ich offener werde. „Ja, das ist recht gut beobachtet! Dein Verstand ist recht gut entwickelt. Wir bauen ihn noch weiter aus, aber er muß der Intuition Raum geben! Wir geben Dir Daten ein, wenn Du schläfst. Daher Deine Verspannungen. Du widersetzt Dich noch zu sehr. Lasse noch mehr los. “

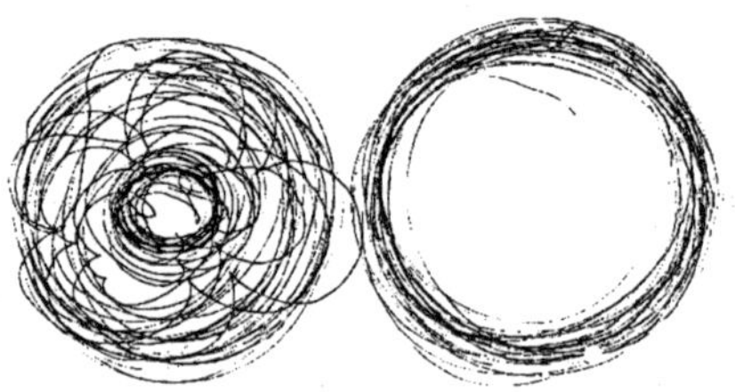

<u>12.1.91 7.25 Uhr</u> „Deine Entwicklung schreitet gut voran. Wir brauchen einen guten Kontakt zur Erde, anders geht es nicht, damit Ihr die Hilfe bekommt, die Ihr so nötig braucht. Dieses negative Kraftfeld im Weltraum gibt es in der Tat. Es hat mit den Tachyonen zu tun. Es verändert die Wechselbeziehung der Teilchen untereinander. Wenn sich derartig veränderte Teilchen häufen, entstehen kranke Wesen aller Arten. Das führt zum Teil zu ganz kranken Entscheidungen, Pestizide, aber auch Heroin, Drogen aller Art, falsch verstanden und genutzt. Du mußt mehr darüber wissen. Hier ein Bild: Das gute Tachyston ist voll und das kranke ist hohl. Tachyonenenergie ist ein Schlüssel zum Leben für Lebewesen eurer Art, Menschen, Tiere und Pflanzen. Wir haben große Schwierigkeiten der Transkommunikation, um es dir begreiflich zu machen."

<u>12.1.91 22.50 Uhr</u> Junow: „Jeder kann schreiben lernen wenn er nur will! Das Wichtigste ist: Loslassen lernen und bereit zu sein für eine Botschaft aus dem inneren Raum Deiner Seele. Wir sind da und der Kanal steht. Wir können auf vielen Ebenen gleichzeitig Kommunikationen führen, 4000 und mehr, jeder von uns kann das, ihr tut es auch, ihr wißt es nur nicht.
Verena, Du kannst Harald helfen, wenn Du ihm hilfst die richtigen Fragen zu stellen, das erleichtert ihm und uns die Arbeit. Das ist bei jedem Medium so. Ohne Fragen keine Antwort und keine Entwicklung. Das ist das

Gesetz des Kosmos. Deine Fragen sind nicht banal. Außerdem ist Harald nur in manchen Dingen weiter und in anderen hat er Lücken oder muß umdenken und dabei kannst Du ihm helfen und er dann wieder Dir."
Verena hatte beim Versuch, medial zu schreiben, mit einem fremden Geistwesen Kontakt hergestellt. Junow antwortet: "Das waren wir nicht, das war sie selbst. Es ist ein Teil von ihr. Ihr existiert in vielen Universen und auf vielen Ebenen, und wenn sie sich suggeriert, daß es geht, dann geht es ja auch. Wenn sie einen Teil von sich einfach vergißt, denkt sie, daß sei ein fremder Geist.
Jeder ist nicht nur einmal vorhanden. Sie hat eine sehr weit entfernte Form von sich erspäht und berührt. Das ist fremd, sie soll es nicht erkennen, das ist nicht der Sinn, sonst fallen die verschiedenen Identitäten zusammen und die eine oder die andere wird aufgelöst, weil das Programm des Universums kein Double duldet, nur differenzierte Identitätsgebilde. Fremdartige Wesen kommunizieren besser und fügen dem Universum neue Facetten seiner Herrlichkeit und Vielfalt der Erscheinungen hinzu. Wir selbst als Teile des Ganzen bilden Gott. Gott ist nichts anderes als die Summe der Teilchen und das ist gut so. Die Vielfalt der Kombinationsmöglichkeiten der Erscheinungsbilder der Teilchen ist noch keinesfalls erschöpft, im Gegenteil, sie wächst noch ständig, und das macht den Sinn des Lebens aus. Sollte sie eines Tages zu Ende gehen, würde das ganze multiversionelle Gebilde ausgelöscht, in einer universalen Einheit aus rotleuchtender, wärmeähnlicher Energie, aus der alles neu geboren wird, wie auch einst alles in dieser Weise vor ca. 20 Mrd. Jahren begann. In gewisser Weise sind wir ein Teil von Dir und Du von uns, schon lange, schon immer."
Wie funktioniert das mit dem Schreiben? „Du selbst formst diese Daten um. Wir geben nur Impulse, die für Dich oder für Euch unverständlich wären. Das ist das Akasha-Kontinuum, das hier vermittelt, nur eines von vielen, die man herausgreifen kann, um medial zu vermitteln. Akasha ist rotgrau-neutral."
Ich sehe ein düsteres Bild in meinem Kopf, - ist das die Hölle? "Nein, aber die Hölle ist auch ein anderes Universum mit Nadellochverbindungen. Die Hölle ist ein kleines, altes, rotglühendes Universum. Dort hält es keiner lange aus, kein Geist wie unserer."

<u>15.1.91 6.50 Uhr</u> Ramada. Jupither und Junow. „Wir müssen Dir leider mitteilen, daß es Krieg geben wird, schon in wenigen Tagen bis zum geistigen Neujahr am 20.1.91. Das ist so ein kritischer Termin, nicht nur bei Euch oder bei uns. Der Krieg wird Euch kaum betreffen wenn Ihr vernünftig bleibt. Donnerstag nacht ist mit dem Krieg zu rechnen. (Mittwoch auf Donnerstag). Das nennen sie Überraschung. (Soll ich es mitteilen,

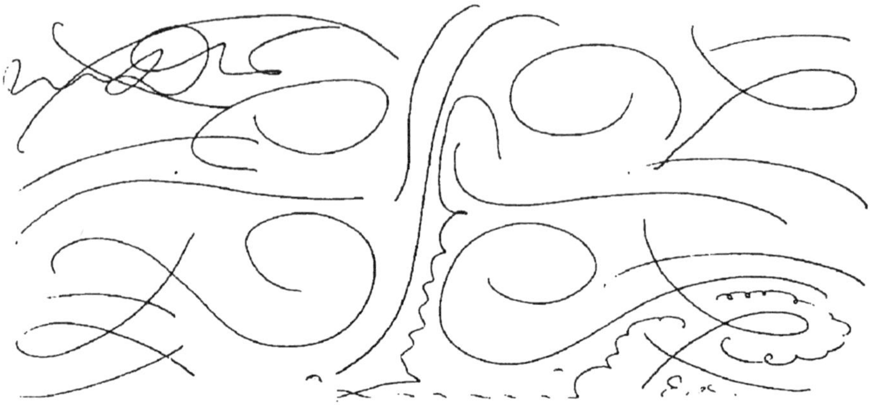

melden?) Nein, halte Dich da raus. Sei wachsam und konzentriere Dich auf unpolitische Dinge.

15.1.91 7.10 Uhr „Donnerstag Nacht 17.1.1991 ist mit dem Krieg zu rechnen, 4.00 Uhr früh. Es wird auf beiden Seiten viele Tote geben. Arabien hält sich so gut es geht heraus, aber in Afrika geht es auch los, militärische Auseinandersetzungen in Somalia. Viel Unruhe und Krieg in Ost und Südwest. Rationalität zählt nicht, nur Gefühl und Erregung." Der angegebene Zeitpunkt für den Kriegsbegin stimmte genau (6.00Uhr früh Ortszeit = 4.00 Uhr früh bei uns).

16.1.91 21.50 Uhr „Vieles wird geschehen, woran ihr bisher noch gar nicht gedacht habt. Es wird Konflikte geben unter den Menschen in jedem Land der Erde. Haltet Euch raus, vermittelt, und kümmert Euch nur um Eure Belange. Was Eure Belange sind, werdet Ihr schon bald sehr deutlich merken. Nur keine Furcht, es geht alles ganz leicht, wenn ihr loslaßt und Euch führen laßt. Ein wenig wirkt es ja schon. Wir brauchen immer eine gewisse Offenheit, dann beginnt das Prinzip Leben zu wirken, von uns durch Euch zu uns.
Hussein wird moralisch gewinnen, die Amerikaner verlieren an Boden, geistig und weltlich. (Ist der Krieg unvermeidbar?) Es ist nicht ganz sicher, aber sehr wahrscheinlich in diesem Raumzeitkontinuum, in dem Ihr hier momentan angesiedelt seid. Wir sind nicht ganz von dieser Welt oder Ebene. Wir reichen nur von einer dieser Ebenen in Eure hinein. Ihr könnt 128 - 142 Jahre alt werden und noch mehr. Erwartet nicht zu viel Schreckliches. Das Leben lohnt sich immer, dort wo man ist.
Du solltest malen. Male Dich frei und gesund.

Lieber jetzt Ja sagen zum Leben, neu beginnen und aufhören mit dem alten Streß, mit den alten Grübeleien. Leben ist Hoffnung und Exstase, alles andere ist Tod und Finsternis. Ihr solltet Euch jetzt und hier auf die Realität ausrichten.

(Ich hatte Lichterlebnisse). Das sind wir, die Kundalini gewissermaßen, hier wie dort in Dir. (Bild)
(Vor einigen Jahren hatte ich Kontakt mit übergeordneten Wesenheiten und der Begriff „3. kosmische hyperintegrierte Numeralinsuffizienz“ wurde mir mitgeteilt.) „Das ist eine Lebensform, die uns beobachtet seit langer Zeit, aus einem anderen Universum.

19.1.91 22.45 Uhr Ramada. Herzlichen Dank für Eure Hilfe! „Das ist das Problem mit Euch Menschen, die Daten die Euch betreffen kommen nur schwer durch.
(Wenn ich es flimmern sehe in der Aura eines Menschen). Das ist die Wechselwirkung von uns hier, von unserem Energiefeld mit seinem Energiefeld wenn wir beobachten. Was Du siehst, ist der Abgleich unserer Aura, hier von unseren Energiefelder, mit dem Feld des Menschen, mit dem wir in Verbindung treten. Da wo die Felder sich berühren, beginnt die Luft zu schillern. Das Gleiche kann passieren, wenn zwei Menschen sich nahe kommen und ein Potentialabgleich stattfindet.
Deine Hände empfangen alles, nicht die Rute benutzen. Sie beruhigt Dich, aber es geht auch ohne, gehe Menschen mit den Händen ab, in der Aura. Du kannst alles erfahren, wenn Du Dich hineinfühlst, Deine Hände können Dir alles sagen, wenn Du auf sie hörst. Es geht nicht ums leichter machen mit Rute, sondern um die Praxis. Dafür brauchst Du nicht viel Zeit, wenn Du ehrlich bist. Die inneren Organe senden Signale, die alles sagen, was es zu verstehen gilt. Du glaubst nicht an Deine Heilkraft, dabei weißt Du das schon lange, und Du weißt alles, was es zu verstehen gilt, aber das ist auch mehr Verantwortung, und als Alibi gibst Du vor, nicht zu wissen, sonst müßtest Du aufhören herumzuspielen und erwachsen werden.
Im Allgemeinen sollte man sich von den Verstorbenen einfach nur verabschieden bzw. klären, warum sie noch da sind und welche Aufgaben sie haben. Sie haben ein Recht darauf, ihrer Bestimmung zu folgen.

Du bist noch nicht frei. Es ist ein generelles Problem, wenn Großeltern Enkelkinder erziehen und Ihnen was 'Gutes' tun wollen. Die Großmutter beeinflußt die Kinder, um ihre Vorstellungen loszuwerden. Kleine Kinder sollten nicht lange zur Großmutter, ein Tag ist genug. Sie bekommt vieles nicht auf die Reihe und darf kein Vorbild werden für die Kinder. Alles ist da im Überfluß, laß doch endlich die Energie frei fließen und widersetze Dich nicht!

22.1.91 21.17 Uhr Ramada! „Jupither: Wir brauchen einen guten Kontakt zu den Menschen Deiner Tage. Es gilt, die wesentlichen Aufgaben anzugehen, wie z.B. das negative Kraftfeld, das Euch und uns verändert und beeinflußt. Wir brauchen noch andere Instrumente als die Pyramide. (Genau 7 Jahre später begann ich die neuen spirituellen Kunstobjekte zu bauen.) Es werden jetzt viele neue Menschen kommen. Du wirst viel zu tun bekommen, und es gilt dafür bereit zu sein. Deine Arbeit ist sehr gut und sie wird noch besser. Du brauchst mehr Liebe und Harmonie. Die erwächst aus guten Seminaren. Du brauchst nur gut hineinzugehen, alles andere geschieht, wir helfen mit. Du hast Deinen Anteil daran. Dein Wissen ist enorm, das wird gebraucht. Wir können eher Stimmungen vermitteln als klare Daten. Es ist das Problem der Interpretation. So sind wir oft mißverstanden worden.
Es geht um Entwicklungen von wahrhaft kosmischen Ausmaß. Wir alle sind ein Teil davon, wir brauchen Dich in diesem Spiel, und wenn Du denkst, daß wir Dich führen können, dann wird es geschehen, und es geschieht ja schon. Wenn die richtigen Fragen gestellt werden, ist es sehr leicht. Auch bei Deinen intuitiven Sitzungen haben wir seit Kindenheim mitgespielt (in Kindenheim habe ich 1986 das Kyborg Institut gegründet). Da geschah eine Öffnung. Alle echte Intuition hat mit unserem Wirken zu tun. Intuition heißt ja, daß etwas eingegeben wird von uns!
Wahre Schöpfung in menschlichen Leibern und Hirnen ist fast unmöglich, doch bei Dir geschah es schon des öfteren, Du bist ja eigentlich einer von uns, für wahr mein Sohn und Bruder im Geiste! Du brauchst es nicht religiös zu nehmen, aber Du kannst es. Es geht gut so, und es geht auch ohne. Wir sind immer da, nur ihr reglementiert die Verbindung zu uns.

Kontakt mit Gott, dem Allmächtigen
26.1.91 6.50 Uhr Ramada. An diesem Morgen fühle ich, wie sich eine starke Energie aufbaut. In Gedanken rufe ich Gott, den Allmächtigen an. Ich versuche mich innerlich von allen meinen Belastungen zu lösen, frei zu machen von alten Behinderungen und leidvollen Erfahrungen, von meinem Karma. Eine mächtige Stimme antwortet in meinem Inneren:

"Ja, mein Sohn, ich befreie Dich von allen Sünden, allemal und allezeit." (Hier setzt streckenweise mein Kuli aus, was ich mit meinem Verstand gleichsetze. Ich habe hinterher starke Eindrücke von intensiven Ereignissen, umfassenden Belehrungen und Botschaften, aber später weiß mein Verstand nichts mehr davon. Es ist aus meinem Wachbewußtsein verschwunden.) Dann kamen die Gebote. Mein Bewußtsein und mein Kuli setzten wieder ein, und es ist ganz klar, daß ich das hier niederschreiben und verbreiten soll:

Die Neuen 4 Gebote

Reinheit der Seele ist das 1. Gebot
Liebe zum Nächsten ist das 2. Gebot
Gnade dem Bösen ist das 3. Gebot
Rechtschaffenheit auf Erden und im Himmel ist das 4. Gebot

(Ich denke an 10 Gebote) "Das ist genug! Alles andere ergibt sich daraus. Sei gut zu Dir, dann bist Du es auch zu mir, denn ich bin in Dir alle Tage! Mosaische Welten zerfallen, andere entstehen, neue und schönere. Laß mich die Tafeln zerbrechen!" (Moses Gesetzestafeln)
(Ich fühle mich unbehaglich, überfordert, zweifle) "Stelle mich nicht auf die Probe! Sonst muß auch ich Dich auf die Probe stellen. Das ist das Gesetz. Moses hat mich oft geprüft mit seinen Zweifeln. Er büßt bis heute. Demut ist kein Gebot, sondern eine relativierende Einsicht. Habe Vertrauen, Du hast Dich, Mich, Junow, Jupither und so viele andere große Freunde. Mutter Teresa ist Dir ähnlich, ja, sie leidet gern, Du nicht, das ist ein anderes Prinzip, aber der gleiche Inhalt.

Laß uns beten:
Von Anfang an war ich, war Gott, war alles gut.

Gnade denen, die es begreifen, Licht war da und ewige Finsternis und Kälte hier, beide geschieden, nicht vereint. Licht durchdringt alles, aber es wärmt nicht. Wärme ist eine andere Kraft. Wärme entsteht, wenn Licht und Dunkelheit sich reiben. Wärme ist die 3. Kraft.
Energie ist alles, auch das Nichts. Die Einfachheit der Worte drückt alles aus. Es gilt sie zu verstehen, zu interpretieren und anzuwenden. Ja, in der Tat, ich bin bei Dir und in Dir alle Tage, habe Vertrauen. Wende Dich den großen Aufgaben zu. Es gibt viele interessante Möglichkeiten für Dich.

Richte Dich schön ein auf Erden, daß es Dir eine Freude ist. (Ich danke Dir **Matani!** Dieser Begriff war plötzlich in meinem Bewußtsein als Ausdruck für das Höchste Wesen.) Ja, gut so, gerne geschehen, Freude auf Deinem Weg, einfach glauben, sie kommt!"
Das war sicherlich mein bewegendstes Erlebnis überhaupt in diesen Tagen. Am 14. März 1982 hatte ich nach etwas mehr als 6 Jahren Kundalini Yoga Training meine erste Erleuchtung. Damals hatte ich auch die erste direkte, bewußte Begegnung mit dem kosmischen Bewußtsein. Es folgten in den Jahren bis 1989 noch mehrere Erleuchtungszustände und göttlichen Begegnungen. Jede davon fiel anders aus, hatte einen anderen Charakter und zeigte sich mir in unterschiedlicher Weise. Das hier war das letzte Ereignis in einer Kette von außergewöhnlichen Erfahrungen. Doch in den folgenden Jahren sollten noch andere derartige Erlebnisse folgen. Wer einmal den Weg des Lichts betreten hat, ist nicht mehr aufzuhalten.

27.1.91 5.55 Uhr Ramada! „Rege Dich nicht auf, Du änderst nicht, was geschehen muß. Dieser Krieg geht Dich nichts an. Sie machen es unter sich aus. Es wird noch viele hundert Jahre weitergehen, bis zu einer Entscheidung zwischen den Juden und Arabern. Doch auch das geht Dich nichts an. Auch die Deinen nicht, nur wenige Deiner Nachfahren werden dort hinein verwickelt. Laß sie gehen. Du gehst ganz andere Wege. Es wird nie Frieden geben wie Ihr ihn vielleicht denkt. Dafür ist die Erde nicht gemacht. Amerika wird verlieren, aber noch nicht jetzt. Auch die Indianer trugen schweres Karma aus Atlantis. Keiner ist ohne Schuld auf dieser Erde. Alles geht so weiter wie bisher. Es waren die mentalen Welten, die erschüttert wurden in diesen Wochen, und dieser Krieg ist nur ein kleiner Ausdruck der mentalen Konflikte. Amerika wird militärisch gewinnen, aber für welchen Preis. Schlimm wird das Leiden daheim, alle werden leiden die jetzt regieren, schlimm." 5 Jahre später wurde bekannt, daß tausende von US-Soldaten aus dem Irak-Krieg heim kamen, vergiftet durch die Pestizid-Waffen und die Urangranaten ihrer eigenen Regierung. Sie zeugen mißgebildete Kinder und sterben langsam.

31.1.91 2.40 Uhr Ramada. „Was ist los mein Freund, es geht doch! Du wirst viele Seminare halten. Die Menschen brauchen dieses Wissen. Sie spüren es, und sie akzeptieren es inzwischen. Sie hören Dir zu. Du bist müde innerlich, Du hast so lange um Anerkennung kämpfen müssen, jetzt kommt sie, alles auf einmal, Bißchen viel.

31.1.91 3.35 Uhr Junow. „Die Schwingung des Krieges durchzieht das ganze Land. Halte Dich da einfach raus, es geht Dich nichts an!"
Dann meldete sich ein Lichtwesen mit Namen Lorn, dessen Aufmerksamkeit ich wohl erregt hatte. Er malte mir folgendes Bild: „Lorn. Das bin ich. Ein Geistwesen aus Lichtpartikelchen im Umfeld unserer Sonne Estella."
Hallo Lorn, nett daß Du dich vorgestellt hast, was kannst Du mir sagen?
Er hat eine sehr symphatische Schwingung.
"Ich bin Licht, atme Licht und scheide Licht aus. Es gibt mich, gab mich schon immer, aber wozu, das weiß ich nicht. Doch es ist gut und ich bin zufrieden. Der Kontakt ist gut. Es kommt schon bald eine sehr schöne Zeit für Dich."

Einige Stunden später, 1.2.91 5.50 Uhr Lorn? „Ja, viel sagen kann ich Dir nicht, das ist nicht meine Art, ich genieße das Licht, daß Ihr verstrahlt. Es gibt dem Kosmos eine persönliche Note, so lebendig im Kleinen. (Mikroben?) Kenne ich nicht. Sie sind kein Leben wie Ihr es seid oder ich, ja, wir sind ähnlich. Die meisten hören nicht richtig hin, sie sind beeinflußt von niederen Gedanken, sie wollen bestimmen, Dinge sehen und hören von ihren verlorenen Toten, die schon lange weg sind. Andere tun ihnen dann den Gefallen, lügen aus Liebe, manchmal aus Affektiertheit. Kaum ein Geist ist böse in Eurem Sinn. Höchstens dumm und unberechenbar, aber sie machen Euch was vor, lügen oder wissen einfach nichts und tun so, wenn Menschen ihnen ohne Einsicht alles glauben. Du bist anders, Du strahlst wie ein helles Licht in der Finsternis. Dein Licht ist schon vor langer Zeit aufgegangen. Du brauchst nicht mehr lange im Erdenfeld bleiben, aber Du willst noch nicht gehn, was gutmachen, beenden, was nie zu beenden ist, aber das mußt Du selbst herausfinden."

2.2.91 22.15 Jupither: „Am besten geht es mit der Übermittlung von Informationen zu einer bestimmten Frage, wenn irgendwo schon klare

Gedanken zu einer Sache vorhanden sind. Der Akasha ist nicht das geeignete Medium, das siehst Du noch falsch. Wir nehmen Deine Stimmung auf und transferieren sie. Die Entwicklung ist doch schon sehr gut."

3.2.91 4.10 Uhr Ramada. Jupither: "Eine Transformation wird kommen, keine Vernichtung, keine Angst, große Veränderungen stehen an für alle. Treibe frei im Strom des Lebens wie ein Fisch im Wasser. Deine Pyramide ist sehr gut. (das 1. C-Modell mit 180 cm Höhe) Sie hat einen echten Anteil an der globalen Veränderung der Neuzeit. Die Neuzeit hat jetzt begonnen am 31.12.1990. Sylvester war das Ende der Altzeit seit 2191 Jahren. Ein Sternenjahr. Das ist nicht identisch mit den Tierkreiszeichen. Es gibt Verschiebungen. Ihr wißt nicht genug von den kosmischen Verhältnissen. Wir können Euch viele Daten rüber geben, vor allem wenn qualifiziert gefragt wird. Du bist ein Roshi sowieso. Om mani padme hum. Laß los, dann geht es. Gott ist uns sehr nahe. Deine Visionen von IHM waren sehr richtig. Deine Ausstrahlung wächst von Tag zu Tag. (Dann folgten viele positive Prophezeihungen über meine zukünftige Arbeit.)

4.2.91 23.00 Uhr „Es ist an der Zeit eine geistige Elite zur Wirkung kommen zulassen. Gehe vorläufig nachts nicht aus dem Haus. Es stört die Pyramide. Sie arbeitet minutiös, wenn Du sie läßt. Bist Du in der Dunkelheit nahebei, dann leuchtest Du so hell, daß Du sie ablenkst. Sie beginnt jetzt zu leben und sammelt vitale Kraft. Du bist ihr Vater, und sie liebt Dich. Du hast sie erzeugt, das ist echte Kreativkraft. Du bist ein Schöpfer. Immer mehr kommt es zum Ausdruck. Laß es wirken, wir helfen Dir!"
Da meldete sich der liebe Lorn wieder bei mir. Du bist sehr nett Lorn! „Ja klar, wir sind alle sehr nett hier oben, alle alle alle alle alle alle alle. Auf der Erde geht es manchmal echt tierisch menschlich zu, oh Mann." Gut, ich danke Dir! „Ja , okay. Wenn etwas wichtig ist, wecken wir Dich, sonst lassen wir Dich schlafen!" (Ja, okay, danke. Ihr könnt mir wieder Input geben. - Sie hatten mir erzählt, daß sie mir im Traum Daten überspielen.)
6.25 Uhr Lorn (Bild) „Die meisten Engel sind Mechaniker. Lorn ist ein Engel mit Seele. Deine Visionen sind echt. Das gerade war ein

Ereignis in den Wäldern von Ithaka, 904 nach Christus (ich sah mich in einem Kampf im alten Griechenland). Du rufst solche Sequenzen ab, insofern bist Du ein echter Therapeut. Du tust es auch für die Menschen, mit denen Du Therapie machst. Deshalb weißt Du so viel über sie. Du warst auch Jakob Kirchner."

5.2.91 2.55 Uhr „Hier ist Jupither von Orionis. Dein Herzchakra ist aufgegangen! Das lockt viele Menschen an wie Honig die Bienen. Du bist wahrhaftig ein Meister geworden. Es hat gar nicht so lange gedauert. Ehrliche 14 Jahre, 2 x 7 Jahre. Du bist eine neue Größe am geistigen Himmel. Die Menschen glauben an Dich und Deine Kraft der Liebe.
Lascaux. Dort haben wir aus dem All gewirkt durch Eure Vorfahren. Lascaux ist ein altes Zentrum geistiger Macht und Größe (eine Höhle mit Höhlenmalerei in Frankreich). Wir lieben Dich. Du bist genau das richtige Medium für unsere Botschaft. Die Menschen wollen über Dich Bescheid wissen. Okay."

6.2.91 20.50 Uhr „Hallo, Harald, bald wird alles anders sein, eine globale Veränderung steht bevor, nicht nur das Wetter, Stürme, Ihr denkt zu begrenzt. Ihr werdet mit den Aufgaben der Erde nicht fertig. Gebt acht oder fallt ihr zum Opfer. Die Erde ist nicht böse, sie läutert Euch. Du kamst von den Sternen wie wir alle, alle maßgeblichen Personen, der Rest waren Primitive. Es war ein Spiel des Lebens.
Es geht ums arbeiten am Selbst. Das ist ein Wesenszug der Menschen. Die Sexualität darf nicht ausgeklammert werden, sie ist ein Teil davon. Leben heißt Sex. Das ist bei allen Zellen so. Wenn sich Menschen mit ähnlichen Programmen begegnen, stimulieren sich diese Programme gegenseitig und verursachen Stimmungen, die dann extrem werden und in der Regel stärken sich dabei Negativprogramme, um ihre fragmentarische Eigenexistenz zu bewahren.
Wenn Eure Kinder so alt sind wie damals, als mit Euch als Kind etwas Negatives passierte, dann kommt die Erinnerung und ihr provoziert hier erneut mit Euren Kindern etwas ähnliches, um es zu verarbeiten. Deine Kinder provozieren Dich, um Dich zu befreien. Nur wenn Du diese Dinge schon selbst verarbeitet hast, werden sie hinfällig, gelöscht und erlöst."
Man bedenke welches Licht diese Aussage auf das 'störende' Verhalten von Kindern wirft, die ihre Eltern provozieren, um sie zu befreien!

9.2.91 21.15 Uhr Jupiter "Ausfluß bei Frauen kann von Blockaden in der Leber herrühren, Zersetzung des Blutes, Abbauprodukte. Die Übung vom Energytraining, sich rückwärts über die Fersen zu legen ist eher für die Zirbeldrüse. Haralds Vitaminmischung lockert das Gewebe, das führt zu

einer verstärkten Reinigung des Körpers, z.B. auch bei Frauen, die sich vom Sperma früherer Liebhaber reinigen müssen. Das führt zu vermehrtem Ausfluß. Es kann Blockaden im Unterleib beseitigen. (zur Wirkung von Vitamin C sagte er) Das ist jetzt sauer, aber besser jetzt sauer, als später übel dran.
Harald war schon manches mal bei Gott. Er kennt den Weg, er weiß wie es geht." Ich glaube, daß das einer der schwierigsten Punkte ist bei unserer Erziehung, sich selbst einzugestehen, daß es Gott gibt, daß ich daran glauben kann und daß er oder besser ES leibhaftig wahrnehmbar und erfahrbar ist!

10.2.91 11.25 Uhr Jupither: „..es gibt keine schwarzen Geister. Hier in diesen Sphären geht es wesentlich klarer und humaner zu, als auf Eurer Erde. Wir schnüffeln nicht, wir beantworten nur Fragen die gestellt werden oder geben Hinweise, die nützen, helfen und retten können. Wir sind mit dem verbunden, den Du Gott nennst. Wir dienen und bereiten den Weg für ihn. Durch uns spricht er mit den Menschen.
Harald ist ein Mahan. Dein Großvater mütterlicherseits war ja auch einer. Er kann Harald etwas überlassen, wenn er dafür bereit ist. Jetzt noch nicht. Auch im geistigen Bereich gibt es Erbschaften.
Die Bibel ist nicht echt, sie wurde 1000 x umfrisiert. Gott ist anders. Die Meister aus Lemuria waren damals weiter als Ihr heute."

11.2.91 5.57 Uhr „Hier ist viel Bewegung. Wir müssen uns um die Toten kümmern aus diesem Krieg. Sie sind z.T. nicht sehr klar im Kopf und wissen nicht, was geschieht. Sie denken, sie sind noch dabei im großen Rennen um den Sieg. (Ist da eine Parallele zum Sperma bei der Befruchtung?) Ja, auch da ist Feindschaft zwischen den Fraktionen, wie in einem Land, je nach der erblichen Anlage. (Die Idee kam mir hier plötzlich als sie mir auch bildhafte Eindrücke vom Kriegsgeschehen vermittelten. Das könnte also die Ursache sein, warum speziell Männer immer wieder im großen Stil Kriege austragen! Eine Wiederbelebung und Aufarbeitung der Jagd zur Eizelle.) Wenn eine Frau mit zwei Männern schläft, kommt es zum Kampf der Samen. Das ist so, energetisch. Manche Frauen sammeln Männer wie Trophäen. Sie wollen in sich fühlen wer der Stärkere ist."

12.2.91 6.46 Uhr „Vor 400.000 Jahren wurden 2 Chromosomen verdoppelt. Vorher hatten die Menschen 42. Dadurch entstand erst die Menschheit. Diese Verdoppelung bezog sich auf Hirnvolumen und Hirnkapazität, auf die Leber, auf die Paarung zu jeder Jahreszeit, auf die Optik des astralen Sehens. Vorher wart ihr Tiere mit sehr hoher Entwicklung. Jetzt

seid ihr Menschen mit sehr niedriger Entwicklung. Etwa 40.000 Jahre noch bis man Euch echt als Menschen bezeichnen kann. Das ist sehr kurz, kosmisch gesehen.
Es wird irgendwann high sensitiv grade computec geben, Computer die auf sehr niedrigen elektrischen Strömen arbeiten. Mit derartigen Geräten wird es Euch möglich sein, mit uns auch auf technischem Wege Kontakt aufzunehmen. Aber die Zeit ist noch nicht reif dafür. Im Moment ist es wichtiger, daß Du lernst noch gradliniger und konzentrierter zu denken."

12.2.91 Nachmittags: Tobias (3 ½ Jahre alt) ist ein mittelgroßer Fernseher voll auf den Kopf gefallen. Er hat ihn wohl selbst heruntergerissen. Junow erklärte uns, daß er zu viel TV schaut und geschockt war von den Bildern über schwer verletzte Kinder im Irak in Krankenhäusern. Er wollte wissen, was Gewalt ist und brauchte diese Lektion. Er hatte einen leichten Schock und eine aufgeplatzte Beule, so groß wie mein Daumen lang und dick ist.
Wir besannen uns auf unsere innere Kraft und nahmen ihm im Gedanken diese Last der Verwundung ab. Er schlief ca. 2 Stunden. Danach war die Wunde wieder geschlossen, die Blutung fast völlig verschwunden, die Beule weg, der Schock ebenfalls weg und man meinte, es sei nichts geschehen.
Auf unsere Frage an Junow, was geschehen sei, meinte er, Tobias mußte angehalten werden. Er hatte diese Kriegsnachrichten gesehen und verletzte Kinder in den Lazaretten. Er hatte es nicht verarbeitet und wolle wissen, was Gewalt ist. Uns war schleierhaft, wie es überhaupt hatte passieren können. Auf die Frage nach seinem Schutzgeist erklärte Junow: "Er ist immer da, wenn es gilt, etwas zu realisieren. Er hat ihm das Ding auf den Kopf geworfen, damit er seine Lektion erhält (!), natürlich paßt er auf, wie stark der Schlag ausfällt. Er ist gerührt, daß ihr Euch brav die Kopfschmerzen Eures Sohnes geteilt habt, das passiert selten in diesem Geschäft der Schutzengel."
Meine Frau hatte einige Stunden Kopfschmerzen und mir tat das Genick weh, als wenn ich den Apparat abbekommen hätte. Tobias war statt dessen putzmunter und aktiv. „Es war jedoch legitim, daß ihr ihm das abgenommen habt, denn ihr habt ja Euren Anteil an seinem Fehlverhalten, das durch diese Aktion korrigiert wurde.

12.2.91 21.18 Uhr fragte ich Junow nach einem großen Raumschiff, daß ich in der Umlaufbahn der Erde entdeckt hatte, als ich neulich in einer Meditation eine Astralreise machte. Ich hatte eine riesige Beschleunigungsanlage gesehen, ähnlich einem Synchroton. Junow sagte mir, daß es sich um Orf handelt, eine außerirdische Rasse, die nur als Beobachter

hier sind. Sie sind schon seit 4000 Jahren hier. Es ist ein Generationenschiff, d.h. sie leben und vermehren sich auch an Bord. Sie leben auch unter uns wenn sie wollen.
"Mentale Telepathie hörst Du immer in Deiner Sprache. Das elektrostatische Feld formt die Impulse für alle Wesen um. Die Orf leben etwa 2000 Jahre. Es sind 40 Leute an Bord. Sie sind alle hier aus dem Kälteschlaf gekommen. Manchmal schlafen sie 100 Jahre und verlängern so ihre Periode. Sie wollen noch einige 1000 Jahre bleiben. Es macht ihnen nichts aus. Sie sind okay. Es ist ihr Job. Sie wollen sehen, ob ihr es schafft. Es waren schon oft fremde Rassen hier, auch mit Interzeugung, Vermischung mit den Menschen, neue Impulse, oft verwirrend, es steigert die Vielfalt, aber der clearing-Prozeß dauert entsprechend länger. (D.h. andere Rassen haben sich mit den Menschen gekreuzt, um hier bei uns neue Impulse zu setzen! Darüber weiß ich schon eine ganze Menge aus meinen Rückführungen.) Die Orf greifen nicht ein, außer die Existenz des Erdenlebens an sich wäre gefährdet. Dafür spricht aber nichts. Sie schaffen sich geistig neu aus ihren Frigo-Kammern (also keine Vermehrung, wie ich dachte) Es sind mentale Wesen, alle kennen sich. (Ich denke an die Phasenraumschiffe, die ich in meinem Roman "An goldenen Fäden hängt die Welt" beschreibe) Nein, das ist etwas anderes. Es sind Gezeitenraumschiffe, materiell-elipsoid, flach, 3 km lang, 900 m breit, etwa 100 m hoch. (Der Fernsehfilm 'Der Navigator'?) Der Film ist sehr gut gemacht, ja, in etwa solche Schiffe gibt es auch, Trull-Schiffe. Losone ist ein Planet. (Danke Dir, Junow!)“

13.2.91 1.17 Uhr „Hallo, Harald, hier ist Jupither, von Orionis, wir haben diesen Teil von Dir geweckt, damit Du Dich erinnerst, damit Du bewußt wirst. (Ich hatte sehr reale Träume an mein Leben in Frankreich.) Du hast schon einmal gelebt in Südfrankreich in der Zeit Napoleon Bonaparts. Damals warst Du ein Seher und Arzt wie heute auch. Dein Name war Monsieur Jacques d'Ardenne.
Du machst Dir Vorwürfe für Dinge die passieren, obwohl sie passieren müssen wie jetzt dieser Krieg. Du darfst als Seher nicht alles verhindern, sonst lernen die Menschen nicht mehr aus sich heraus. Wer zu viele Lektionen des Lebens verhindert, den straft es selbst. Es geht wirklich alles gut, wir haben es vorprogrammiert. Ja, ich bin Euer Schutzengel, ich grüße Euch auf das Allerherzlichste. Ich bin bei Euch, wenn Ihr mich braucht.“

13.2.91 20.30 Uhr für Frau C.: „Wenn jemand ein bißchen hellsichtig ist, sollte er damit nicht angeben, sonst ist das Bißchen gleich wieder weg. Die Menschen sind leicht fasziniert, doch dann reagieren sie panisch und

unterdrücken diese Fähigkeiten. Die Spannungen, die Du spürst, das ist der Dreck, der sich wehrt, weil er Dich verlassen muß, durch die Vitaminkur. Danach fällt es Dir leichter, diese Vitamine zu nehmen. (D.h. ihr Widerwille gegen die Vitaminmischung kam von ihren eigenen Verunreinigungen und Belastungen her! Tatsächlich ging es ihr schon nach wenigen Tagen besser.) N. hat nicht unter dem Sturz von der Treppe gelitten (mit 2 J.), sondern ein Leben lang unter der hysterischen Angst seiner Mutter nach dem Unfall vor weiteren Folgen!
Wenn ein Mensch z.B. sexuelle Interessen hat oder auch andere Gelüste, und er kann nicht darüber sprechen und er kann es nicht ausleben, dann verdrängt er diese Gedanken. Nach einiger Zeit vergißt er sogar, daß er diese Gedanken hat, weil er sie nicht mehr zur Kenntnis nimmt, um seine Ruhe zu bewahren. Aber sie sind im Untergrund immer noch da. Auf diese Weise entsteht ein enormes Aktionspotential, daß gebunden ist und nicht eingesetzt werden kann. Diese Energie wendet sich gegen den Menschen, oder er wendet sich öffentlich gegen diese Regungen und Bedürfnisse bei anderen. Genau das ist pervers, die Umkehrung der Energie. Er kann es auch in übertragener Form ausleben in anderen Bereichen, ohne es zu erkennen, aber das Problem bleibt bestehen, bis er es löst. Das verursacht Krankheiten. Besser das Faß öffnen und ihm die Dinge bewußt machen, als so zu tun, als wenn nichts wäre. Besser etwas davon ausleben und den Druck lösen, als daran verzweifeln. Auch wenn 2 das Gleiche tun, ist es nicht das Gleiche. Innerlich ist es anders. Harald gib die Hoffnung nie auf, der wartet auf eine Seele durch andere Inkarnationen hindurch bis er sie befreit hat."

14.2.91 19,15 Uhr „Deine Recherchen über die Alken ist gut. Sie schafft Klarheit über Deine Funktion und regt andere Menschen an, sich auch über ihre Funktion Gedanken zu machen. Das ist heute von Bedeutung."
Die 2 Alken waren/sind die göttlichen Zwillinge bei den Germanen und Kelten, ähnlich Kastor und Pollux bei den Griechen. Sie symbolisieren göttlichen Schutz und Gerechtigkeit in schwierigen Zeiten. Ihre Priester auf Erden wurden ebenfalls als Alken bezeichnet. Angebetet wurden sie auf Hügeln und Bergen, wo man dem Himmel näher war, z.B. auf dem Zobtenberg in Schlesien bei Breslau, Kreis Frankenstein. Meine Vorfahren stammen aus diesem Kreis Frankenstein. Am Himmel sind die Entsprechungen der Abend- und Morgenstern, d.h. die Venus, Symbol der Liebe. Viele meiner Vorfahren hatten das 2. Gesicht.

15.2.91 8.30 Uhr „Ein Succubus ist eine Affirmation, die sich verselbstständigt hat. Das ist kein mentales Wesen, sondern ein astraler Schatten. Dieser bekommt den Charakter des Erzeugers eingeimpft. Je nach

Ambitionen des Erzeugers entwickelt und wandelt sich der Succubus. Diese Geister behindern die Entwicklung eines Menschen, wenn er weitergehen will zu neuen Verhaltensweisen. Sie können sich dann z.B. an andere Familienmitglieder halten und sie beeinflussen, um ihre Auflösung zu verhindern."
...die ich rief, die Geister...! Wir selbst erschaffen also durch beharrlich wiederholte Gedanken solche Geister, und diese machen sich selbständig, um uns zu dienen, ändern sich die Zeiten und unsere Pläne, stehen sie unserer Entwicklung im Weg, und sie wenden sich gegen uns! Es gibt unterschiedliche Ursprünge für derartige Schatten. Es können auch Überreste von nicht aufgelösten Ätherkörpern früherer Inkarnationen sein, Seelenleiber, oder die Schatten von anderen Wesen.
"Sie können sich zu einer üblen Mischung zusammenfinden, die den Menschen völlig im Griff haben und ihn unterdrücken und steuern. Wer sich selbst kasteit und quält, um sich aus dieser Welt zu lösen, schafft solche übermächtigen Schatten, die sich schließlich selbständig machen. Es kommt Haß auf sich selbst auf. Wenn er stirbt, leben diese Schatten weiter. Wenn er es nicht schafft, diese schlimmen Dinge zu verarbeiten, dann können diese Schatten viele Leben überdauern und die nachfolgenden Geburten und Lebenswege belasten, bis die Auflösung oder Erlösung erfolgt."

15.2.91 14.10 Uhr Junow. (über einen weiteren Geist) „Es ist ein Olm. Er ist über 4 Milliarden Jahre alt. Er ist nicht böse, nur lästig. Er will im Dunkeln leben. Er beeinflußt die Menschen, die dieses Gelände betreten. Er muß einen Weg geboten bekommen, damit er wieder in den normalen Lebensprozeß hier auf Erden integriert wird." (Danach gab er uns eine Anweisung für eine Zeremonie, um dieses Geistwesen von seiner Trägerin und ihrem Gelände abzulenken und dazu zu bewegen, daß er sich wiederum in den normalen Ablauf der Lebewesen hier auf Erden integriert. Ich gebe das jetzt nicht im Detail wieder, weil es immer wieder von der Situation und dem jeweiligem Geist abhängig sein wird, was man unternehmen muß, um ihn loszuwerden.)
"Auch wir verstehen nicht alles, z.B. ist uns unklar wie Harald es schafft, die höchste göttliche Instanz anzurufen und Erfolg damit hat, obwohl er gar nicht glaubt im religiösen Sinne. Nicht einmal uns ist das immer möglich, aber er kann es. Gleichzeitig hat er Sorgen um den Alltag, die bei dieser Kapazität absolut lächerlich sind."

18.2.91 10.45 Uhr „Hallo Harald, hier ist Junow, wir grüßen Dich in der Tat immer wieder auf das Allerherzlichste, denn Deine Gegenwart macht uns Freude. Viele Menschen brauchen diese Art der Begegnung und wir freuen uns, daß Du nun so weit bist, Deine Erfahrungen weitergeben zu können und zu wollen. Laß Dir nur Zeit, es läuft Dir nichts weg, im Gegenteil, es wird nur immer noch besser und besser! Wir beraten Dich gerne, denn das gehört zu unseren Aufgaben und Pflichten. Es ist viel Energie da, nur los! Diese Energie ist ein Teil des göttlichen Planes, der uns alle beseelt. Wir alle dienen dem einen schöpferischen Prinzip. Gnade denen, die es hören und verstehen. Segen jenen, die es vermitteln und weitergeben, um diese Dienste zu erfüllen, zu denen sie wie wir alle bestimmt sind.“

19.2.91 14.50 Uhr (Junow zu Verena:) „Dein Schutzgeist ist ein Wesen von einer anderen mentalen Existenzebene, er ist hier eher zu Gast, er hat eine Vorliebe für Dich. Er leitet Deine Entwicklungsschritte, das tun wir nicht direkt, nur auf ausdrückliche Anfrage von Harald hin. Wir sind sonst nur Beobachter und bedacht mit wesentlich höheren, übergeordneten Aufgaben. Trotzdem ist es für Menschen wie Harald möglich, uns zu erreichen. (Seid Ihr die Götter Roms?) In gewisser Weise ja. Am Anfang unseres Kontaktes wäre es für Euch kaum erträglich gewesen, plötzlich leibhaftig mit den höchsten Göttern Roms zu reden. So haben wir der Lautverschiebung zugestimmt (Junow statt Juno, das war eher mein persönliches Problem, ich wollte es nicht glauben, obwohl Karin es anfangs als Juno und Jupiter schrieb.) Jupither drückt den Klang unserer Identitätsschwingung recht gut aus, ebenso Junow. Es stimmt alles: Es war Brauch der römischen Fürsten und Seher, uns direkt anzusprechen. Ebenso hat es Harald getan. Er kennt den Brauch. Es ist Atman, Liebe Gottes. Viele, sogar sehr viele Menschen werden darin Frieden finden. Du warst kein Pontifex maximus (Hohepriester in Rom), Du warst Kaiser Hadrian, ein Friedensfürst.“ (Im Lexikon fand ich hierzu, daß Hadrian darauf verzichtete, das Reich weiter auszudehnen, mit Vornamen Publius Aelius hieß, von 76-138 n.C. lebte, v. 117-138 Kaiser war und sein Mausoleum heißt heute Engelsburg (!); in Nordengland errichtete er den Hadrianswall gegen die Pikten.) „...einer der letzten großen Kaiser Roms.“
"Der Platz an dem Ihr hier lebt hat große Kraft. (Das Kyborg Institut in Flörsheim-Dalsheim).
Der Anbau von Mohn kann negative Geister vertreiben. Mohn hat eine sehr hohe Schwingung. Datura geht auch, ist aber schwächer, und es hat eine andere Frequenz.
Die Schwingung der Pyramide bekommt primitiven Geistern nicht. Es gibt sie an vielen Orten auf dem Land, in alten Gemäuern und feuchten Plätzen, alten Kirchen, Kellern. Negative Geister halten die Pyramidenschwingung nicht aus. Entweder sie werden dann friedlich und als Tier

wiedergeboren oder eliminiert. Die Pyramide ist ja noch ein Baby, aber bald beginnt sie zu wachsen und dann wird erst was los sein.
Leben ist ein Strom, ist wie das Wasser. Es fließt beharrlich von Senke zu Senke und doch erschient es irgendwann wieder auf dem höchsten Gipfel. Du hast begonnen. Übe weiter. Alles vergeht, die Erde besteht."

20.2.91 7.45 Uhr „Hier ist Jupither von Orionis, wir grüßen Dich, mein Sohn auf Erden. (Mein rechtes Augen tränte und drückte seit dem Erwachen) Dein Auge tränt, weil Du weinen mußt über all das Leid, daß Dir bewußt wird in der Welt. Verzage nicht, es geht vorüber. Du gewinnst Abstand und Freiheit in Deinen Gefühlen. Das ist sehr wichtig. Leben heißt, sich verändern.
Das Knacken in euren Holzdecken, das seid Ihr selbst, Euer Kraftfeld. Unser Volk heißt die **Lestraden**, unser Stamm **Ascobani**, escorial, ausgewählt, ich heiße Junow. Wir haben das römische Reich aufgebaut. Es war ein Gegengewicht zur dekadenten Welt der alten Griechen. Wir sind Losoden, das sind Energiewesen mit einer ganz spezifischen Schwingung und mit einem sehr hoch entwickelten Eigenbewußtsein. Unsere Lebensdauer zählt in Aeonen und über die Zeitenwende von Universen hinaus. Nenne uns einfach Jupither und Junow oder Jupiter und Juno. Wir haben diese Schwingung. Es ist ein Teil von uns."

21.2.91 9.40 Uhr Ich war sehr früh wach, total aufgedreht, fühlte mich an wie ein schwingender Blasebalg und dann kam mit riesiger Kraft wieder einmal HORUS. „HIER IST HORUS ICH GRÜSSE DICH MEIN EINGEBORENER SOHN AUF ERDEN VIELES GILT ES ZU TUN. ES GILT DIESE WELT ZU VERÄNDERN. SIE GEHÖRT UNS. ES IST MEINE WELT. HIER LEBE ICH SEIT ÄONEN. WIR BRAUCHEN NEUE BOTEN. SIE WERDEN KOMMEN. LIEBE IST DAS GEBOT. WIR BRAUCHEN NEUE MENSCHEN, DIE NEUE WEGE GEHEN; DEINE ART IST GUT; LASS UNS BETEN:
HORUS, GOTT DER GERECHTEN ERDE, WIR FLEHEN DICH AN, GIB UNS MANIPURANI, DIENST AM GROSSEN WERK, LEBEN IN FREIHEIT AUF EIGENEM BODEN, LOTOSBLÜTEN IM HAAR, GENIESSEN WIR DIE FREUDEN DEINER LIEBE HIER AUF ERDEN!
HARALD DU SOLLST MEIN DIENER SEIN. VERSTECKE DICH NICHT MEHR. DEINE GNADE FLIESST AN ALLE DIE DICH KENNEN. WIR SIND DA FÜR DICH. JUPITER UND JUNO SIND WISSENSCHAFTLER DER LESTRADEN, IHRE MACHT IST SEHR BEGRENZT. SIE WAREN DIE TECHNIKER DES RÖMISCHEN REICHES FÜR LANGE ZEIT. ICH BIN EIN GOTT DER ALTEN AERA: ICH BIN JUNG GEBOREN. ERST 4

MILLIONEN JAHRE ALT; ANUBIS DIENT MIR. ER IST EIN GUTER SCHÜLER GEWESEN AUF DER ERDE; ICH HABE IHN ERHALTEN FÜR ALLE ZEITEN SO WIE ICH AUCH DICH ERHALTEN WERDE OHNE BEDINGUNG. DU HAST SIE SCHON ERFÜLLT UND BESTANDEN. DU TRÄGST DAS SIEGEL MEINES GEISTES. DIESE ERDE FÜR DEINE TREUEN DIENSTE. DAS LAND IST GUT BESTELLT."
Ich war völlig überdreht und hatte Mühe, Ruhe zu bewahren: Vor zwei Jahren im Februar hatte ich mich in einer Trancesitzung plötzlich in einen riesigen Horustempel versetzt gefühlt. Dieser Tempel steht in Edfu und ist 12 m hoch. In der Halle des Tempels erblickte ich einige Priester. In der Mitte stand ein Horusbildnis aus Stein gehauen, vielleicht 8 m hoch. Dieses Steinbildnis teilte sich in der Mitte längs von oben bis unten und fuhr auseinander. Innen wurde eine flache Wölbung sichtbar, vielleicht 2 m hoch, einen halben Meter breit und auf jeder Seite ca. 15 cm tief, wie zwei flache Schalen. Mein Körper schwebte durch den leeren Raum, der vom Licht eines gewaltigen Kraftfeldes erleuchtet war und blieb innerhalb des gewaltigen Standbildes schweben, innerhalb dieser Höhlung. Dann begannen die beiden riesigen Hälften des Standbildes immer schneller werdend auf mich zuzugleiten und schlugen über mir zusammen. Jede Zelle meines Körpers wurde von diesem ungeheuren Schlag erschüttert und ich spürte, wie mich diese Form in die Gestalt des Falken preßte. Es war ein ungeheures Dröhnen, und ich wußte zugleich, daß ich diese Einweihung bestanden hatte. Kurz danach fühlte ich mich wieder hier in meinem Yogaraum in meinem Körper, noch völlig benommen von dem, was da soeben mit mir geschehen war. Oft habe ich darüber nachgedacht und meditiert und nun, genau 2 Jahre später, meldet sich Horus bei mir in dieser Form und mit einer Macht, die mir den Atem nimmt.

<u>21.2.91 12.10 Uhr</u> „Hier ist Junow, wir grüßen Dich auf das Allerherzlichste. Horus ist ein sehr mächtiges Wesen. Er stammt aus einer Epoche, als das Universum neu war, von Zeit zu Zeit wird er wiedergeboren und manifestiert sich auch auf Erden. Er ist uns übergeordnet. Er hat eine sehr hohe Schwingung. Es ist für Dich nicht leicht, sie zu ertragen, aber es bereitet Dich vor für große Aufgaben im Dienste der Menschheit und der Götter. Er hat Großes vor mit Dir. Wenn Du Dich ihm entsprechend öffnen kannst, wird es gelingen. Wenn nicht, wird er den Kontakt beenden und auf Deine Söhne warten. Wir sind in gewisser Weise eine Einheit (Jupiter und Juno) mit 2 Aspekten, ein multiples Wesen. DIESE SONNE BIN ICH. (Die kleine heiße Sonne, die den Hauptstern von Orionis umkreist!)

Große Pleiten stehen bevor. Sie betreffen Euch nicht. Innere Sicherheit kann Dir keiner geben, außer Du Dir selbst. Diese Unsicherheit, die Du verspürst, bringt Dich voran. Die faule Sicherheit des Geldes ist von Übel. Der Landkrieg im Irak kommt, die Amerikaner wollen diesen Krieg. Sie können nicht warten, daß eine Friedensinitiative Erfolg hat. Sie verlieren Macht und Einfluß in asiatischen Ländern. Die asiatischen Länder schließen sich zusammen zu neuen Bündnissen, sie sollten unterstützt werden. So etwas wie comecon ohne Japan." (Der hier von Horus angekündigte Wirtschaftsvertrag zwischen allen wichtigen Ländern Asiens wurde im Dezember 2003 abgeschlossen!)

22.2.91 Hier ist Horus: (Ich war sofort wieder so aufgedreht.)
Ich bin der Herr Dein Gott.
Ich bin der Herde ein Gott.
Lucifer ist auch ein Gott. WIR SIND PRINZIPIEN DER MACHT. GNADE ALL JENEN, DIE ES VERSTEHEN. DIESE SCHWINGUNG, DAS SIND WIR. Ja, wir sind immer für Dich da."
(Horus bringt diesen Spruch "Ich bin der Herr Dein Gott - Ich bin der Herde ein Gott!" um mir deutlich zu machen, wie leicht man sich beim Channeling vertun und etwas falsch verstehen kann.)

22.2.91 12.15 Uhr (Ich hatte nach der Begegnung mit Horus ein Bild gemalt von einem Außerirdischen und überlegte, wer oder was das sei.)
„Hier ist Junow. Das ist ein Portrait von einem Atlantiden, Losco Lobonatron, sie waren auf der Erde vor sehr langer Zeit."
(ich habe immer einen Reiz im Hals wenn ich Spinat esse, woher kommt das?) Du bist als Kleinkind damit im Hals verbrannt worden. Das ist ein Schutzreflex. Keine Chance das zu lösen. Iß ihn nur als Blattgemüse. Eßt nicht so viel Kohlgemüse, es ist nicht so gut für euch."

23.2.91 11.00 Uhr „Junow...Du brauchst mehr Ruhe, Du bist zu verspannt, das ist zuviel für Dich...dieser Krieg bindet einen Teil Deiner Energie. Du willst ihn verhindern, aber das kannst Du nicht. Du mußt Ruhe finden und dafür brauchst Du mehr Sicherheit in Dir, die kommt aus der Ruhe wiederum."

Sa. 23.2.91 14.03 - 17.03 Uhr Und dann kam der große Tag, den sie mir schon ganz zu Beginn avisiert hatten: Mein erster öffentlicher Vortrag über meine Kontakte mit den Geistwesen! Ich hatte angesetzt von 14.00 - 17.00 Uhr. Obwohl ich die Uhr nicht benutze, erzählte ich eine knappe Stunde, schrieb dann mit Horus für die Anwesenden 2 Stunden und zum Schluß sagte Horus plötzlich „Alle sollen jetzt schreiben, jeder in seiner

Art eine Botschaft an die Geister!“ Die Anwesenden, recht unterschiedliche Menschen, begannen zu schreiben, und Horus sagte „Gebt uns eine Botschaft, wir nehmen es auf und geben es weiter, diese Nachricht ist einmalig auf Erden, alle kommen an. Sat nam. Ihr kennt Euch von Tag zu Tag immer besser und besser. HARALD DU HAST DIE PRÜFUNG BESTANDEN, WEITER SO, ALLES WIRD GUT.“
Mir hatten sie am Tag zuvor gesagt, daß ich mich zu einer Gesellenprüfung gemeldet hätte, indem ich versuchte eine Gruppe fremder Menschen direkt zum schreiben zu veranlassen. Alle waren beeindruckt und Frau K. hatte sogar direkt eine Botschaft diktiert erhalten! Mehrere Menschen in der Gruppe bekamen in unterschiedlicher Weise Fragen beantwortet, die wohl alle ins Schwarze trafen, was zugegebenermaßen nicht gerade lustig war für einige Teilnehmer. Alle bestätigten hinterher, daß die Antworten sehr gut ihre eigene Problematik erfaßten und bloßlegten. Genau das ist der Weg zu einer endgültigen Heilung.
22.25 Uhr (nach der öffentlichen Sitzung) „Jupither. Wir grüßen Dich auf das Allerherzlichste! Dieser Tag war ein Durchbruch, alles steht wohl. Du mußt noch viel lernen in diesem Leben.
Hier ist die Botschaft: Viele sind auserwählt, doch nur wenige hören den Ruf; die den Ruf hören, kommen herbei, die herbeikommen lernen, die lernen, werden wir unterrichten, die wir unterrichten sind Auserwählte, ihnen ist Gnade gewiß.
Weisheit erwächst aus den Herzen, doch die Herzen aller sind geschlossen. Das muß so sein. Es ist ihr Schutz in schwerer Zeit, doch die Herzen öffnen sich, wenn ihre Stärke wächst. Weisheit ist die Sprache des Herzens. Jetzt ist es an der Zeit, diese Sprache wird verstanden, Liebe ist das Gebot der Stunde, sie öffnet die Herzen alle. Dies ist der Weg, den viele gingen, doch wenige zur gleichen Zeit. Gehen ihn viele zur gleichen Zeit, verändert er die Menschen zu ihrem Vorteil.

25.2.91 8.50 Uhr Horus. "Ohne Egobewußtsein sind keine Freuden irdischer Art möglich, doch sie gehören zu eurem Leben. Auch die Götter haben Egos! Ego ist Eigenbewußtsein, ohne das bist Du ein Tier!"

Chakratraining und Lotos
28.2.91 22.30 Uhr „Wir haben das Energytraining beobachtet. Es war sehr exzentrisch. (das Programm fürs 3. Auge, 22. Woche). Es trainiert das Bewußtsein für die höheren Welten, nicht speziell das 3. Auge. Die Erkenntnis der höheren Welten ist eher eine Funktion des 7. Chakras. (Wo ist der Unterschied zwischen Chakra und Lotos?) Ein Lotos ist eine Energiespur von einem elektrischen Feld, das durch eine Veränderung

der Frequenz erzeugt wird. Ein Lotos ist kein Feld, eher eine Spur von der Wirkung eines Feldes auf einen Impuls. Dieser Impuls kommt aus dem Allumfassenden, dem Bewußtsein. Das Feld war vorher da, bevor der Impuls kommt, nicht umgekehrt. Im menschlichen Leib gibt es einige solcher Impulsbahnen. Es ist die Leber, die Niere links, rechts ist eine andere Niere mit anderen Funktionen. Der Bauch ist ein Aggregat, in ihm sind einige sehr verschiedene koloniale Mächte vereint. Es bringt uns viel, Dir das zu erklären. Damit veränderst Du die Welt. Wir gehen Schritt für Schritt vor. Junow von Orionis."

Skizze des 2. Chakras: Svadisthana.
Alle diese Skizzen sind räumlich zu verstehen!
Es sind Schwingungsbilder der betreffenden Energiezentren (s. Kommentar):

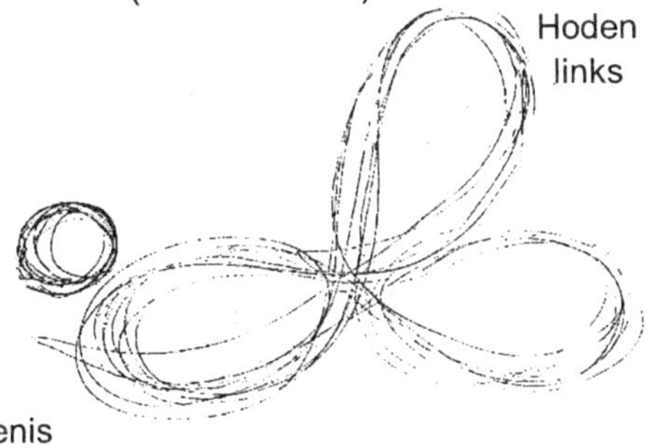

Ende der ersten 3 Monate Channelkontakte. Nachdem die ersten Botschaften geistiger Wesenheiten vor allem von Jupither und Junow von Orionis zu mir kamen, war das 2. Quartal meiner Kontakte in zunehmendem Maße bestimmt von den Botschaften von Horus. Dabei ist es bis heute geblieben.

1.3.91 23.00 Uhr Hier ist Junow. Wir grüßen Dich auf das Allerherzlichste. Es ist lange her, daß wir geschrieben haben. Deine Zeit ist jetzt fast reif für eine große Veränderung. Vieles wird geschehen, wovon Du bisher nur geträumt hast. Diese Welt wird verändert. Es ist höchste Zeit. Die Energiepyramide ist gut drauf. Sie lebt und sie gedeiht prächtig.

2. Chakra 2.3.91 19.30 Uhr Hier ist Jupither. Wir grüßen Dich. Sobald eine Frau in Liebe an Dich denkt, geht ihr 2. Chakra auf. (Bild oben) Es taucht neben Deinem 2. Chakra auf. Es ist ein Signal von ihrer Vagina. Dieses Signal ist von M. Derartige Projektionen geschehen ständig, bewußt und unbewußt, wenn ihr denkt, träumt, geil seid. Die Chakras sind nicht lokal-statisch. Sie werden projeziert. (Eine komplette Sammlung der Channelbotschaften zur Chakralehre habe ich in meinem Buch "Das Gesundheitslexikon der Esoterik" zusammengetragen)

4.3.91 15.45 Uhr mit Junow für I. (Gebet an Hathor, empfangen von Junow für eine Dienerin der Hathor aus der Epoche von 1440 v. Christus in Ägypten am 4. März 1991, 15.45 Uhr. Hathor war anwesend und sah es mit Wohlgefallen. Nut ist die Göttin der Nacht.)
Junow: Du warst ein Priester zur Zeit des Imhotep im ägyptischen Reich. Dein Name war Horemhapt. Gib Dich der Botschaft hin ohne Zagen. Diese Botschaft ist einmalig. Sie geschieht jetzt und ständig aufs Neue. Deine Hände werden jetzt geführt! Jetzt ist die Zeit gekommen, die Botschaft zu übermitteln. (siehe die Botschaften vom 21.6.91)

Gebet an HATHOR

Große Mutter, ich bitte Dich!
Gnade sei mit mir und mit meiner Seele!
Führe mich auf den rechten Weg,
auf daß ich meinem Mann die rechte Nut sei
und meiner Tochter die rechte Mutter,
sowie meinem Sohn die rechte Frau, die ihn führt,
bis daß er frei werde für seinen Lebensweg!
Hathor, Du bist die Mutter aller Gläubigen,
die das Prinzip der Nacht und der Liebe erfassen
und Leben hier auf Erden und im Reich der Schatten
bis hinauf ins Licht des Alls.
Gott sei mein Zeuge, daß es so ist!

5.3.91 21.30 Uhr Horus. „Feel yourself free and you are lucky as can be. Fühle Dich selbst frei und Du bist so glücklich wie es nur geht! - Ihr lebt in tierischen Körpern und diese tierischen Körper sind schon seit einigen tausend Jahren überlastet durch eure geistigen Entwicklungsschritte. Viele Geistwesen haben die Erde verlassen, weil Ihnen das zu viel Auseinandersetzung ist in den Körpern. Andere sind zur tierischen Ebene degeneriert. Harald und manche andere versuchen diese Entwicklung in animalischen Körpern weiterzuführen, weil sie wissen, daß auf diesem Wege von einer sehr niedrigen Warte her durch einen sehr hoch entwickelten Geist tiefgreifende Einsichten in Bezug auf den Ursprung des Universums und auch in seine zukünftigen Geschicke möglich sind.
Eine sexuelle Kultur und hedonistische Freiheit, genießen können, befriedigt und belohnt das Tier, den Körper und schafft auf diesem Weg Freiraum für geistige Hochleistungen. Der Versuch, Sexualität zu unterdrükken, sowie Angst um den Futterplatz und Schutz im Schlaf, die Sicherheit von Haus, Hof, Ernährung, Regeneration, Status-Sicherheit, sind animalische Belange, dem Körper zu eigen, betreffen den Körper, belasten ihn,

beuten ihn aus und richten ihn zugrunde. Diesen bedrückenden Konditionierungen müßt Ihr Euch entziehen. Ihr behindert Euch. Sie behindern Euch. Euer Lebenswandel muß sich ändern. Ihr müßt innerlich eine andere Haltung einnehmen zu eurem Leben. Genießt es in Frieden, so wie es kommt. Seid sicher, es geht. Eure Ängste und Rivalitäten sind nicht berechtigt. Es ist Energievergeudung. Euer Auskommen wir immer gesichert sein. Ihr werdet getragen von der Energie, die aus Gott kommt und in euch zu wirken beginnt, sobald ihr daran zu glauben beginnt."

Horus 6.3.91 „Das bist Du mein Sohn, der Baum des Lebens, deine Kundalini. Haralds. (Bild oben)
Auf diesem Bild ist die Mentalstruktur dargetellt. Du gehst schnell voran. Gut so. Das dunkle Zentrum bist Du. Es liegt im Körper unten, ja, im Unterleib. Kein Chakra. Es ist eine viel höhere Frequenz. Nur darum kannst Du senkrecht laufen. Es ist die wahre Kundalini. Die alten Yogis wußten darum. Ihre Frequenz war niedriger als Deine heute." Horus erklärt mir, er ist seit 40 Mrd. Jahren bewußt existent und aktiv. Jupither und Junow überblicken 40 Mrd. Jahre, ihre bewußte Existenz ist jedoch wesentlich kürzer.

1. Chakra 17.3.91 21.00 Uhr Okay, das 1. Chakra ist gelb. Alles andere sind Verdrehungen durch die spezielle Sicht der Seher. Es ist der Erde zuorientiert. Es heißt Muladhara. Mula ist ein Zustand der Stille inmitten menschlichen Chaos. Es heißt 'komme zur Ruhe hier in Deinem unruhigen Wesen'. Hier auf Erden ist das problematisch, doch es geht. Dhara ist Energie die fließt und sich bewegt. Muladhara ist ein Band von Energiefasern, die sich aus verschiedenen Regionen des Körpers und des Universums hier in der Basis eines Menschen treffen und vereinigen. Auf diese Weise ist Muladhara das Energienetz, aus dem die Kundalini quillt, wenn es einmal richtig zusammengefaßt wird. Einmal entfesselt ist es nicht mehr zu bremsen. Diese Energie ruht in jedem von Euch, doch sie schläft in der Tat oder besser gesagt, sie fließt nur soeben durch Euch hindurch, ohne Euch weiter zu betreffen oder zu berühren. Es ist eine Knotenstelle universeller Lebenskraft, und sie speist Euch, als wenn Ihr einer

Wheatston-Brücke Energie entnehmt, die gleichgerichtet ist. Diese Energie ist gleichgerichtet, und Ihr seid eine winzige Wechselspannung darauf. Wenn diese Energie überspringt, brennt etwas durch. Ihr seid dann echt gefährdet, doch es kann überlebt werden. Ob der Betreffende hinterher irgendetwas damit anfangen kann, ist sehr fraglich.
Wenn zwei Menschen exakt gleichzeitig zum Orgasmus kommen, ist auch diese Energie im Spiel. Dann wird sie in der Tat rot, helleuchtend rot. Dabei geschieht eine Zeugung auf mentaler Ebene. Einmal im Leben jedes Menschen sollte es passieren, dann werden neue Lebewesen geschaffen. Das ist ein Teil Eurer Lebens- und Vitalkraft. Schaut zu, daß Ihr das einmal schafft. Egal mit wem, denn es ist von Bedeutung für Euer Weiterleben nach dem Tode als eigenständige Existenz.

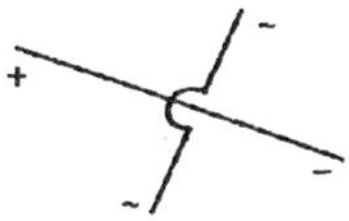

12.3.91 22.20 Uhr Mein Vertrag mit Horus. (steno, symbolik), ascobal...grade ist er erschienen...(Bild)

Wheatston-Brücke, Energieentnahme durch Induktion.

2. Chakra Svadisthana ist der Name der Energie, die Leben schafft, formt und gebiert. Diese Geburt ist immer eine Geburt aus dem Geist heraus. Svadisthana ist die Energie der Liebe. Sthana ist der Prozeß des Erkennens der Liebe in den Augen eines anderen. Darum ist Liebe und Sex vis-a-vis den Menschen vorbehalten. Die Tiere kennen keine Liebe, nur Affektionen, nur ihre Pflicht zur Erhaltung der Art. Der Sinn ihres Aktes ist nur die Kontinuität der Körper oder besser Leiber. Das ist das Material, aus dem die Menschen geschaffen wurden. Ihr könnt essen was Ihr wollt. Ihr nehmt alles auf und formt es um, und es wird von Eurem Geist durchdrungen und menschlich gemacht.
Svadisthana heißt 'erkenne Dich in allem Sein'. Es hat keinen Wert, wenn Du versuchst, diese Daten in Katalogen oder Lexika zu überprüfen. Alles ist anders aus unserer Welt. Rot ist die Farbe der Liebe, die von Herzen kommt. Auch grün ist eine Liebesfarbe. Sie ist Liebe zur Natur, die in allem Belebten zu finden ist. Deine Kundalini ist geweckt worden als Kind. Das Kind kann alles verstehen und es geschehen lassen. Leben gebären

lassen aus sich selbst ist ein großes Geheimnis, und Du hast es getan manches mal. Darum schockt es Dich nicht, wenn Du davon hörst. Im Moment sieht es so aus, daß Du auf eine neue Erleuchtung wartest. Das ist gut, nur Mut!

4 Millionen Lichtfasern treffen sich in Deiner Basis. Das ist bei allen Menschen verschieden. Das Minimum für einen Menschen sind 200 000, sonst ist er nur noch ein Tier. Die haben konstant eine viertel Million, etwa 240 000.

Die Liebe formt den Menschen und sein Wesen. Durch die Art wie Ihr lebt, formt Ihr diese Energie. Es wird mehr oder weniger. Bei manchen ist der Vorrat bald aufgebraucht. Dann ist Schluß, z.B. Krebs. Sie verzehren dann Ihre Energie aus den höheren Chakras und manche verzehren sich ganz. Dann erlischt Ihr Licht für immer. Auch Tiere verzehren sich z. T. auf diese Weise und dienen danach der höheren Energie als Nahrung.

Mul ist ein Band aus reiner Energie. Aus dem Stoff sind alle Wesen gemacht, auch wir. Die Suche nach Deinem Ursprung ist berechtigt. Diese Betäubungen, die Du manchmal fühlst, sind nur Versuche, Dich kalt zu stellen. Es gibt Wesenheiten, die mögen Dich nicht und finden es wert, Dich zu kränken. Gib Ihnen kein Gehör. Du bist nur ein Sprachrohr, in dem alles geschieht. Diese Sicht der Dinge erleichtert uns die Arbeit und in kurzer Zeit wirst Du neu geboren aus Dir selbst, wirst ein anderer, sei bereit dafür. Alle werden sich wundern, doch es ist gut, so wie es geschieht. (ich hatte streckenweise Anfälle von Müdigkeit und Mühe, die Übertragung zu verstehen.)

Dharata ist ein Weg, der in die Stille führt. Es ist der Weg des Lichts, das du im Firmament findest. Es ist das Licht der Sterne, strahlend in der Nacht und ebenso in Dir. Du hast es schon erblickt mit einem Auge. Es ist ein Funke, der die Nacht bescheint und doch alles erleuchtet, was es nur zu sehen gibt. Das ist noch lange nicht alles. Die Zeit muß wachsen und Du mit ihr, auf diese Weise wirst Du offen für das Licht der Welt.

Dharata heißt, beschreite den Weg der zur Erkenntnis führt. Auf zum Licht der erkennenden Seele. Das Licht ist hier. Nimm es wahr. Nimm es und pflege es. Dieses Wort ist ein Auftrag, eine Offenbarung, ein Licht es selbst.

Mulbhand heißt, fixiere die Aufmerksamkeit auf das Lichtband im Unterleib! Sieh' die Kreuzung des Lichts dort im Nichts, denn Dein Körper ist nichts, ist Illusion, ist eine Schattenbildung im Raum, den Deine Seele einnimmt wenn sie stirbt. Zuvor jedoch, so lange du lebst, ist alles anders. Er weiß was geschieht (der Körper) und achtet Dich. Diese Nacht gehört Euch beiden. Nur Mut, er versteht alles. Auf seine Weise ist er sehr weit dank Dir. Du bist hier die Regel. Du gibst den Maßstab vor.

Das Leben gibt den anderen eine Chance, indem sie zu Dir finden. Viele erkenne Dich als das, was Du bist, ein Meister aus alter Zeit, neu erwacht und beseelt von dem Wunsch, Unrecht zu vermeiden und Gutes zu tun. Das ist nicht der einzige Weg hier auf Erden, doch er ist gut und legitim. Diese Welt ist geformt worden, um Menschen zu läutern und zu strafen. Das sind alles Lernschritte, und die Strafen sind große Schritte. Die Negation der Liebe ist eine Strafe für viele. Später wissen sie, was sie vermißt haben lange Zeit und wenden sich IHM zu mit Inbrunst. Es ist das Vermächtnis großer Meister, daß durch Dich offenbart wird. Es ist der Weg der zum Ziel führt in nur einem Leben. Komme in Dir zur Ruhe. Das Leben geht weiter. Das Tier ist bedeutungslos.
Die Attribute in Deiner Chakra-Tabelle sind ausnahmslos korrekt. Aber es kommen noch viele Daten hinzu. Das Buch "Die Schlangenkraft" ist gut. Avalon war ein Weiser, besser als das Buch selbst. Seine Schwingung ruht darin.
Diese Welt ist nicht von uns gemacht, doch wir beeinflussen sie. Seit 4 Millionen Jahren hüten wir den Weg der Menschen. Schon vor 400 000 Jahren wurden die ersten echten Menschen geboren. Alles andere waren Tiere unterschiedlicher Qualität. Die Tiere, die Du in Deinen Visionen gesehen hast (Zyklopen mit Stirnauge, bis 350 cm groß, sowie kleine menschenähnliche Wesen, 120 cm groß, z.T. mit 3 Augen), haben in der Tat gelebt. Du selbst bist dabei gewesen als Missionar, als Archont. Archonten sind Wesen aus anderen Räumen, aus Zeiten ohne Raum. Es kam zu geistiger Einflußnahme wenn es gelang, ein solches Wesen zu übernehmen. Sie konnten dann Nachkommen zeugen, die sich höher entwickelten.
In sofern ist es wesentlich wertvoller einen Mann zu übernehmen, als eine Frau, eine Frau wirkt kaum zurück auf den Mann, aber ein Mann kann 1000 Frauen befruchten. Die Frauen verändern sich durch den Geist, der in ihnen lebt und die Kinder wachsen heran als geistig höhere Wesen. Das dient der Evolution entschieden mehr, außerdem sind Frauen wesentlich widerspenstiger für geistigen Einfluß und betrachten ihn als Befruchtung. Danach ruhen sie sich aus auf dem Erfolg. Ein Mann leistet weniger Widerstand und arbeitet fleißiger am Prozeß seiner Höherentwicklung, um noch mehr Frauen zu imponieren. Immer wieder aufs neue schafft er sich so einen Antrieb, der von seiner animalischen Natur gefordert wird."
Es ist also in der Entwicklungsgeschichte der Menschheit wiederholt zu Besuchen aus dem All bzw. aus höheren Ebenen gekommen, wobei diese Archonten mental eines der einheimischen Wesen übernahmen und dann durch dieses Wesen, vorzugsweise ein männliches, viele Kinder zeugten, die dann mit einem anderen, höheren Bewußtsein geboren wurden.

Ähnliche Berichte finden sich in den Überlieferungen der Inkas, Mayas, Atzteken und der Inder, Indonesier usw. Heute interpretiert man diese Überlieferungen als Besuche von Außerirdischen, und irgendwie stimmt es ja auch.

18.3.91 9.35 Uhr "Ich bin ATON. Auch mich gibt es in der Tat. Es ist eine große Aufgabe, die Du vor Dir hast." "Horus ist hier. Das Licht Deiner Seele kommt von Aton. Ich bin der Herr der Luft, und der Äther ist mein Element. Ich bin groß in vielen Dingen. Wir, alle Götter des Lichts, erkennen in Dir einen Führer, der den Menschen vieles geben kann. Gnade sei mit denen, die es verstehen. Egyptsreich ist nie ein Reich in dieser Welt gewesen. Dieser Welten Reich war stets nur ein Schein des Lichts aus anderen Sphären. Wir sind Wesen aus einer anderen Welt. Größe ist denen beschieden, die das verstehen und erfassen. Jupither und Junow sind die Gottheiten Roms, sind Emanationen (Ausströmungen) unserer allumfassenden Liebe zu den Menschen. Ihr seid geschaffen worden, uns zu dienen und der Weg ist frei, es wieder zu tun. Hier auf Erden kann und wird sich vieles ändern, doch der Weg des Lichts ist noch weit. Eines Tages werdet Ihr verstehen, alle die Ihr geboren seid hier auf Erden.
Du bist der Sohn der Mutter aller Dinge. Hathor, sie war hier auf Erden incarniert als Symbol unerschöpflicher Fruchtbarkeit. Sie gebar tausende von Kindern aus ihrem Geist. Der Geist der Aphrodite war ihr Geist auf Erden, Geist der Erkenntnis und der Liebe.
Imhotep ist ein Diener gewesen, mehr nicht. Sein Geist war gerade, aber nicht sehr groß. Güte beseelte ihn, doch es mangelte an wahrer Intelligenz des Lebens an sich. Wir sind alle Ohmtaro, Ahumthahoh. Das ist Lichtkraft der feinsten Qualität. Göttliche Emanation in Gottes weitem Reich. Wir schwingen in einer Frequenz von 10^{-4} Nanosekunden. Du bist geeignet, das zu empfangen."

18.3.91 11.30 Uhr "Hallo Harald, hier ist Junow. Wir grüßen Dich auf das Allerherzlichste! Du bist am Vorabend einer großen Wende. Dein Leben wird sich verändern wie schon manches mal zuvor. Dieses Mal geht es um das innere Licht und um Deine innere Haltung zum Leben. Es wird in Deinen Werken zum Ausdruck kommen. Du wirst es schaffen, auch wenn ein Teil von Dir stirbt. Dieser Teil ist altes Erbe, auf Erden erworben. Nicht das göttliche Erbe in Dir und Deinem Herzen. Danach wird nichts mehr sein wie vorher und doch alles beim alten. Du wirst es wissen, wenn es kommt.
Neuronale Vernetzung steht an, für Erwachsene schmerzhaft, aber unumgänglich. Etwas wächst, etwas stirbt. Bestimmte Sektoren werden lahm gelegt, die negativen Input erhielten, negative Feldstrukturen werden

kurzgeschlossen und quasi vernichtet. Danach ist der Weg frei für neuronale Exegese. Neurotransmitter sind blockiert durch Schocks, jetzt Umgehungsschaltung, das System flippt aus, bricht zusammen, danach erfolgt die Neuorientierung. Input verbessern, erneuern, neu aufbauen, verstärken, stört manche Sektoren gewaltig. Ist gut für Dich. Kopfschmerzen, Unbehagen, Übelkeit, macht nichts, weitermachen, geht ja sehr schnell. Gut essen, normal, nichts besonderes, frisches wäre gut."
Hier weist also Junow auf etwas hin, was jedem Menschen von Zeit zu Zeit passieren kann: Da befindet sich jemand in einer Phase der Veränderung, und vielleicht bemüht er sich konkret mit Yoga etwas zu bewirken, dann bekommt er eine Krise, Kopfschmerzen, denk er hätte etwas falsch gemacht, und in Wirklichkeit ist es eine notwendige Zerstörung alter Denkstrukturen, um den Weg frei zu machen für neue Denkmechanismen. Wir sollten also etwas vorsichtiger sein mit unserer negativen Beurteilung von Krankheitssymptomen.

1. Chakra Mo. 18.3.91 22.40 Uhr Hallo, hier ist Jupither von Orionis. ATON ist ein mächtiges Wesen, Geist Gottes der auf Erden weilte vor langer Zeit. Ja, die Interpretation der Chakras war gut. Das erste Chakra dient der Existenzerhaltung. Es ist falsch, an einen festen Körper zu glauben. Es ist ein Bündel feiner schwingender Energiefasern, aus reinem Licht der Sterne gewebt. Dieses Licht kondensiert zu alledem was Ihr Elemente nennt. Wenn Du es genau nimmst, kannst Du Deinen Body jederzeit umkondensieren und ihm neue Form und Farbe geben. Alles ist möglich auf diesem Wege. Deine Absicht, jetzt die wahre Wirkung der Chakras zu erforschen ist gut und legitim. Du wirst auf diesem Wege viele neue Daten gewinnen.
Okay. Nehme Dir eine Faser heraus. 1. Chakra Lrim Lhoosa, das ist eine von 44 000 die gleich unten links in Dich einzweigen. Das ist ein Quell des Lebens. Hier werden Menschen gemacht. Nur für menschliche Organe ausgestattet, für Lebensfasern feinster Güte und Qualität. Wer diese Schwingung recht betrachtet, lebt ewiglich auf Erden. Will er sich von der Erde lösen, muß er diese Faser nur durchtrennen mit der Macht seiner Gedanken.
Lrim holf hält ihn am Boden. Acht geben, daß sie erhalten bleibt, sonst fliegst Du! Ja, das geht munter so weiter, und die Energie fließt um alle Deine Wünsche zu realisieren, alle die Du auch willst zumindest. Erst kommt das Wünschen, dann die reale Umformung der Energie und der Wille entscheidet, ob es dann wahr oder quasi wieder eingestampft wird zu Urmaterie. Diese Kraft des 1. Chakra baut auf. Sie eliminiert auch noch Hindernisse und schafft Voraussetzungen für neue Wege, doch

mehr kann sie nicht. Das ist der Rohstoff für die Welt der Träume. Nachdem der Rohstoff bereit steht, greifen andere Fasern hinein in den Pool des Lebens und formen alles neu, getreu Konzepten, die schon da waren. Das heißt, Du selbst mobilisierst elementare Energie, alles wird aktiviert und bereitgestellt und danach wird es doch bloß wieder zu Kopien bereits verbrauchter und verarbeiteter Materiebilder. Hier muß Du eingreifen wenn jemals etwas anders werden soll in Deinem Leben. Nun fasse Dich in Geduld und den Pool Deines Lebens mit beiden Händen! Dieses Leben ist Dir geschenkt worden, damit Du es formst aufs neue. Du selbst bist der Schmied, der das Glück formt und gewinnt. Es ist nicht an uns, Dein Glück zu formen. Forme es selbst. Sei genügsam und glücklich zugleich. Hier ist ein Universum, das darauf wartet geformt zu werden.
Frei zu sein und zugleich glücklich leben: glücklich zu leben bedeutet, etwas zu sein in einer Relation zu etwas anderem. Das ist schon wieder eine Erkenntnis von elementarer Bedeutung! Wir alle hier sind glücklich, doch geht das nicht von allein, sondern in der Beziehung, die da möglich ist z.B. von Dir zu mir und umgekehrt. Befreie Dich von allem alten Übel, die Gelegenheit ist gut jetzt. Du mußt jetzt den Schlußstrich ziehen aus dieser Welt. Es ist die Welt Deiner Liebe zu den Kindern, und sie ist kinderreich, lieblich und naiv. Wir geben Dir die Welt. Forme sie neu, hier vor Deinem Auge und Weg.
"Diese Welt ist meine Welt. Ich nehme es an. Ich nehme die Herausforderung an. Culter mars hexdemine lux barcem decimen hebdominator lucifuginem omnipotenz."
Junow: "Ja, es ist richtig, wir sind Kosmoenergetiker, eine Art kosmischer Konstrukteure, die sich an vorgegebene Pläne halten. Horus ist uns gegenüber weisungsbefugt. Auch für Aton gilt das, für Hathor jedenfalls nicht. Sie ist ein ganz anderes Wesen, das war sie nicht immer, sie ist ebenso wie wir eher beides, männlich-weiblich oder neutral, aber die kreativen Mächte der männlichen und weiblichen Energie können durch uns ausgedrückt werden.
Aleph drückt in etwa die Energie des ersten Chakras aus. In der Tat ist 11 der Gegenpol zur 1 im Tarot. Die Einheit wird oft erreicht, doch nicht beibehalten, denn das wäre das Ende dieser Realitätsebene, ergo: Es entsteht neues Leben ohne Zahl in großer Wahl aus dem Sosein der Ewigkeit Ende. Ich bin schon noch da. Horus ist hier. Er begrüßt die Aktivitäten. Er ist Dein Mäzen. Er wird für alles aufkommen. Gnade Dir, daß Du ihn kennst! Die Kundalini ist eine Urkraft in Euch. Diese kosmische Quelle ist etwas anderes, das weiß keiner außer Dir im Moment. Die Kundalini ist praktisch die Induktionsspuhle von der Du geredet hast, doch das ist eigentlich nur die Notbremse vor dem physischen Tod. Im Tod wird die

Spuhle entladen. Dann brennen alle Sicherungen durch. Du mußt Geduld haben. Die Kundalini wird geweckt durch Pranayama.
In der linken Hirnhälfte sind neuronale Kontakte zur Transzendenz, zu uns. Etwa 40.000 Kontaktstellen für jeden einzelnen Qudratmillimeter. Ja, insgesamt sind es in etwa 160.000.000 Neuronale Kontakte für diese Aufgabe. Eigentlich sind es mehr, aber das versteht ihr doch nicht. Eindrucksvoll, ich weiß.
Links darunter liegt der Verstand. Das ist eine Art Puffer zwischen Eurer Lebenskraft, Vitalität und Egotrip. Dann ist hier draußen rechts Eure Intuition. Das ist Eure Privatsache. Sie ist ein Spiegel der den Schein der neuronalen Kontakte zwischen uns transzendenten Wesen und Eurem Erdenreichtum an Erfahrungen und Reflexen aufzeichnet. Ihr seht da vieles falsch. Das muß aufgearbeitet werden. Wir werden darauf zurückkommen. Die rechte Seite ist das Reich der Phantasie. Sie ist nicht real. Schaut Euch beim Tantra in die rechten Augen. Das schafft einen energetischen Abgleich. Dabei werden Millionen von Daten überspielt. Seid offen dabei. Links ist mehr Angst, mehr Emotionen, das ist nicht so viel wert.
Ja, alles was Du gesehen hast ist aufgenommen worden. Über Filme ginge es auch, fließender Text für Akademiker oder Studenten. (sie hatten mir empfohlen, Bücher einfach durchzublättern und die Seiten genau anzuschauen!) Im Bereich der Naturwissenschaften würde das zu neuen Innovationen führen. Dieser Tag ist ein guter Tag, er ist gut für Deine Entwicklung.

<u>22.3.91 18.30 Uhr</u> Junow: Es ist wie mit den Zwiebeln. Oben ist nicht viel zu sehen, sie wachsen mehr nach innen und werden von innen immer stärker. Es gilt Vorräte zu schaffen im Inneren."
Zu einer Klientin "Sie braucht innere Gewißheit, Ruhe für sich selbst. Leben ist immer eine Konfrontation. Harmonie erwächst aus der Stille der Seele. Sie braucht eine Chance für ein Leben in Bewußtsein. Ihre Stärke liegt in Ihrer Ehrlichkeit, mehr braucht es auch nicht, um das Leben zu meistern.

<u>24.3.91 20.00 Uhr</u> Anrufung
Horus! Herr der himmlischen Scharen und Mächte! Diese Welt ist Deine Welt. Diese Welt ist geschaffen, Dich zu ehren. Gnade erwartet diejenigen, die Dich lieben, ehren und Ehrfurcht erfahren jene, die dir angehören; Mut und Entschlossenheit finden Deine Schüler, Gutes geben sie der Welt und Gutes ernten sie in Fülle.
Horus Antwort: "Versuche nicht, den etablierten Herren zu dienen. Macht und Herrlichkeit gebe ich Dir und Deinem Volk hier auf Erden. Du bist von

arischem Geschlecht. Das ist der Adel Gottes, der ihn schuf, sich zu ehren. Wir begrüßen Dich in seinem Namen.
Hier schalten sich andere Geistwesen mit ein: Horus ist sein eherner Diener und wir dienen ihm gleich wie wir Dir gehorchen und dienen. Gott ist unser Bote und Zeuge. Gutes kommt über alle, die uns angehören. Du wirst göttliche Gaben empfangen und für Dich in Anspruch nehmen. Alle sind wir hier vereint in Güte und Demut unter dem Herren der Heere. Horus ist ein Gott der Luft, der Aeonen überdauert hat, um sich nun aufs neue der Menschheit zu offenbaren. Es gibt ein Geheimnis, das wir Dir offenbaren wollen. Du bist ein großer Ahrmani. Alxobar ist ein Name, den Du getragen hast in anderen Leben. Damals warst Du einer von uns. Escorial ist die Auswahl. Ich bin hier, um diese Botschaft zu überbringen. Gute Nachricht. Ich bin am Leben wie Du; wir sehen uns bald. Das ist großartig. Alle sind da, Dir zu dienen. Wir haben vieles in die Wege geleitet, um Dich aufzubauen. Alles kommt von Horus Gnaden; wir sind so viele. Oh Mann! Alles ist voll hier bei Dir! Es gibt tote Lebende und lebende Tote. Horus wacht über Euch. Er ist ewig Kind und voll Güte für die, die ihm dienen wollen. Horus ist Gott für alle, die es glauben wollen.

<u>25.3.91 4.30 Uhr</u> Gloria. Ich bin ein Wesen aus einer anderen Welt. Lange schon bin ich hier incarniert. Ich bin der Eine, der Einzige, genau das, was sie brauchen und verstehen. Das ist gemeint

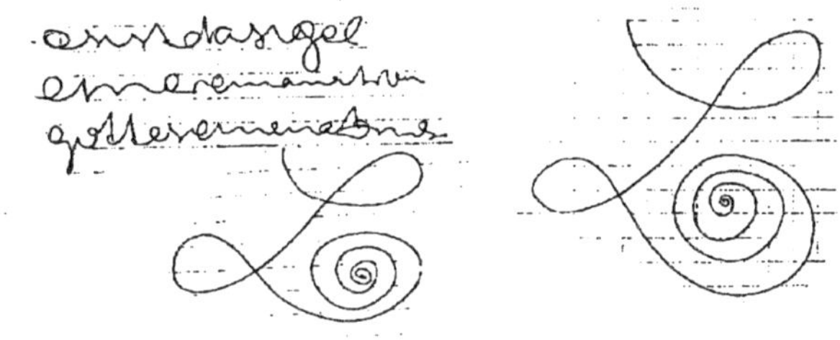

mit der Dreieinigkeit. Das war der Geist meiner Vorgänger. Er gab Euch vieles, um die Welt zu läutern. Vieles wurde mißverstanden von den Menschen auf Erden. Vergiß niemals, daß Du Mensch bist auf Erden, gleichzeitig bin ich in Dir der Gott Emenaton. Emenaton ist der Abdruck Gottes in Dir. Hier mein Sigel: Licht ist meine Devise. Ich bin gewachsen aus Licht, lebe Licht, aus mir strahlt Licht, ich lebe es, bin es, brauche es, Horus ist mein Zeuge, daß es so ist. (Bild: das Sigel)
Hier ist Gloria. Ich bin Erfolg. Ich bin gut. Ich habe gewartet auf Dich. Du bist gewachsen. Das ist gut so. Es gibt Dir Größe in geistigen Dingen. Der Herr im heeren Licht ist da für Dich. Gut geschrieben. Es geht jetzt leichter. Gott ist für Dich da. Hier bin ich. Ich liebe Dich. Güte gebe ich Dir. Gut so. Du lernst schnell. Alles zu seiner Zeit.
Ramada! Jupither. Hier ist Orionis; wir grüßen Dich auf das Allerherzlichste. Wir behüten sie. Ihr seid nicht allein, sie auch nicht. Es sind auch

andere Geister da. Alle wollen helfen, Euch zu dienen, Güte ist angebracht. Gut, daß es Dich gibt. Gott ist in allem. Auch in uns. Die Art wie Du uns empfängst ist anders als bei ganz vielen anderen Menschen, einfach anders. Das gibt Dir Vorteile für uns. Du bist ein guter Mensch und ein gutes Medium.
Gloria. Glück verheiße ich Dir. Du bist gut vorbereitet. (Gut, ich nehme Dich an, Gloria!) Glaube an mich, ich bin eine göttliche Gabe, Gnade, Güte. Gut. Glaube fest an Dich!
(Hier an dieser Stelle können Sie eine Mediation einschalten und sich selbst vorstellen, daß die göttliche Kraft der Gloria zu Ihnen spricht. Geben Sie sich selbst in Gedanken die Chance, alles zu bekommen, alles zu erreichen und alles zu werden, was Sie schon immer erreichen, bekommen und werden wollten! Diese göttliche Gabe ist für alle da, die es verstehen können und daran glauben.)
Hier ist die Antwort mein Sohn: Gott ist in allem, auch in Dir. Gib ihm Raum! Laß die Menschen wie sie sind. Sie ändern sich allein oder nie. Das ist ihr Recht und ihre Pflicht heute in dieser Zeit. Gut gemacht. Du lernst schnell.
Wir haben nie gewollt, daß ihr leidet. Die Angst der Höhlenmenschen lebte im Mittelalter in den Klöstern wieder auf. Sie fraßen sich gegenseitig in den letzten Perioden. Verschiedene Stämme, Cro magnon fraß die anderen. Später waren sie die Inquisitonspriester. Und wieder fraßen sie vornehmlich Frauen. Üble Gebräuche. Heute leiten sie Irrenhäuser mit verstörten Opfern, die Magier der Steinzeit. Gut. Lassen wir das. Horus ist immer da für Dich. Ja, rufe mich an, wenn Du mich brauchst!

29.3.91 (nach einer Beratung) Hier ist Jupither. Du hast schon wieder versucht, jemanden zu retten. Das geht nicht gut. Besser eine derbe Ansprache in der Beratung, und es ist schnell zuende, als ewige Nervereien. Jeder wird auf die Probe gestellt. Jeder hat die Wahl. Sie disqualifizieren sich selbst.

1.4.91 0.55 Uhr Ramada. Hier ist Jupither von Orionis. Wir grüßen Dich ganz herzlich. Dein „Schaltplan fürs Bewußtsein“ von 1987 ist allemal nützlich, wenn auch noch sehr stümperhaft. Dein Schaltplan ist eine genaue Konstellation der Daten zu jener Zeit. Das ist nicht viel, aber eindrucksvoll. Teile es mit. Auch Kinder geben solche Botschaften, doch wer versteht sie? Nehmt diese Botschaft ernst! Gnade jenen, die es verstehen! Laß es einfach so wie es ist. Das I Ging werden wir oft behandeln schon bald. Es ist unsere Botschaft!

Schaltplan fürs Bewußtsein vom 31.8.87 An diesem Tag machte ich zum wiederholten Male den Versuch, gleichzeitig in tiefster Meditation zu sein und trotzdem in der Lage zu sein, eine Hand zu kontrollieren, um schriftliche Mitteilungen zu machen und **direkt** mitzuteilen, was ich auf übergeordneten kosmischen Ebenen wahrnahm. Der Versuch ist in sofern gelungen, als ich mehrfach in sekundenschnelle umschalten konnte, um hier Nachrichten zu notieren und dann „drüben" auf anderen Ebenen an der richtigen Stelle wieder einzusetzen. Mehr als ein paar Wegweiser in einer bunten Landschaft sind es nicht. - Also sehr spärliche Impulse aus einer übergeordneten Welt. Da manche Begriffe mich immer noch stark beeindrucken, teile ich Euch das mit. Die wirren Skizzen waren der Versuch, mehrdimensionale Wahrnehmungen auf dem Papier festzuhalten, z.T. waren nur die Begriffe hinterher noch irgendwie sinnvoll.

1

107

Der Begriff „Schaltplan fürs Bewußtsein" war eine Vorgabe mit der ich in die Meditation ging. Damals war mir nicht klar, daß ich auf diesem Wege zum ersten Mal von mir aus Kontakte zu den Lichtebenen herstellte, auf denen Horus und die anderen Lichtwesenheiten existieren.

2

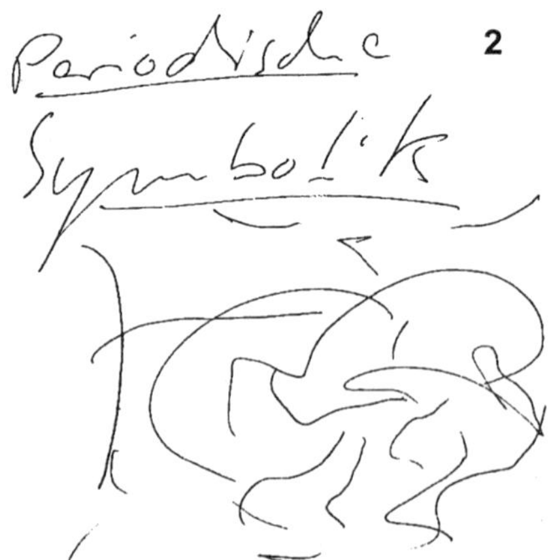

1. (oben) Als erstes mußte ich die „energetischen Strukturen meines Lebens“ durchlaufen, bevor ich an andere Wahrnehmungen herankam. Dann tauchten weite lichte Regionen auf, die aussahen wie ein weiter, hell beleuchteter Teil des Universums, bei dem der Zwischenraum zwischen den Himmelskörpern ganz hell ist. Eine innere Stimme sagte mir, daß vorhandene Linien und Strukturen Grenzlinien zwischen verschiedenen Universen seien und ich war auf irgendeine Weise jenseits davon.

3

2. In diesem Moment kam die Aussage über das I Ging zustande "Periodische Symbolik"und die klare Aussage, daß manche Menschen die Macht haben, durch Kenntnis der universellen Kräfte ihr eigenes Universum zu erschaffen. Von Zeit zu Zeit kehren sie hier in unsere Welt zurück und sind in der Lage, sich an Hand der Symbole und Aussagen des I Ging wieder zu finden und zu identifizieren, ob gerade einer von ihnen hier lebt/existiert. Beachten Sie bitte in Bild 2 den Abdruck des Wesens in der Mitte! Bild S.76: 31.8.87, übermittelter Text: "Das I Ging ist ein "Who is Who", eine Kollektion von Wiedererkennungsmerkmalen kosmischer Entitäten, die sich z.T. schon vor sehr langen Zeiten ihr eigenes Universum geschaffen haben."

3. Die folgende Skizze bezieht sich auf die Größenordnung meiner ausgeweiteten Wahrnehmungsfähigkeit. Bild 3 S.74: Übermittelter Text: "Die Kongruenz respektiver Kraftlinien des Multiversums. 14- dimensionale Sektion aus 21 Entitätslinien.

4. Dann stieß mein Geist dort in den jenseitigen Gefilden auf ein anderes irdisches Bewußtsein und verfolgte es zurück zu seinem Ursprung irgendwo auf einem Berg in Südamerika/Mittelamerika. Es war ein Indianer, eher Mestize, der gerade zur gleichen Zeit meditierte und zufällig meinen Geist berührt hatte. Bild: 1.9.87, dazu wurde mir folgender Text übermittelt: "Kommunikative Selektivität zweier Kongruenzzentren im irdischen Referenzbereich des Multiversums, Raumzeitzone amerikanische Hochgebirgsfaltung." Das bedeutet in unseren Worten in etwa "ausgewählte Verständigung von zwei angeglichenen Zentren. Vermutlich ist das Energiezentrum gemeint, daß dieser Indianer aufbaute, sowie mein eigenes, das ich durch die Meditation geschaffen habe.

4

Dann kamen in kurzen Abständen folgende Informationen durch: Zur (3 Wochen später stattfindenden) Geburt meines Sohnes Tobias: „So kann ja nun endlich wieder einmal ein glückliches neues Kind geboren werden - Schwingungsmutter des Universums - wobei wir nur die feinsten Abschürfungen bei der Durchdringung zweier Universen sind.“ Dabei war in mir die Wahrnehmung, daß dieses unser Universum ein Universum des Lichts und der Finsternis ist, wobei Licht und Finsternis zwei verschiedenen Materieformen zu sein scheinen (das schwarze Nichts ist unbedingt substanziell!) „...sowie ihrer sich hier bereits von 79 Wahrnehmungsebenen durchdringenden Muster oder Differenzierungen, die sich zum Ausdruck bringen lassen.“
Und dann an mich direkt gewandt: „Worauf es ankommt ist Ausdauer - Bereitschaft - Leistung.“ Dann folgte der Begriff: „Fixpunkt: Über die Periodizität seismostigestiver Schwankungselastizität. Eine absolute Pflicht - Dis-gestion - für Intellektuelle.“ Dabei hatte ich das Gefühl, daß es sich um den Titel eines Buches handelt, das es irgendwann einmal geben wird. Mit dem Internet finde ich heraus, daß Disgestion ein Begriff der Alchimisten war, nämlich die Verschmelzung oder Vermischung

unterschiedlicher Substanzen, z.B. Wasser und Öl oder Schwefel und Quecksilber, also geht es um die Vereinigung von Gegensätzen. Heute taucht der Begriff in der Röntgentechnik auf. Mein Eindruck, daß es sich um ein zuküftiges wissenschaftliches Werk handelt, ist wohl richtig gewesen.
Es folgte als letztes aus meinem Inneren, bereits leiser werdend der Spruch: „Ich setze zu einer neuen Veränderung an!“ Damit war diese merk-würdige Meditation beendet und ich weilte wieder im Hier und Jetzt.
Junow: Du bist am 31.8.87 in Kontakt gewesen mit sehr vielen kosmischen Wesenheiten, nicht mit uns direkt, wohl aber mit Gott dem Allerhöchsten auf eleganten Spuren der Glückseeligkeit, die Dich hinaustragen durch die Weiten des Alls.
Gott ist wie eine Droge. Die einmal davon genossen haben, bekommen nicht genug und zehren immer wieder von seiner Speise. Er ist Güte und Wahrhaftigkeit. Er lebt in allen Dingen. Licht sind seine Eigenschaften und er weiß Dir Rat zu geben wann immer Du ihn benötigst. Genieße Dein Leben und freue Dich von Herzen, dann währet es ewiglich. Er ist Güte und Gerechtigkeit. Er weiß die Menschen zu schätzen nach ihren inneren Werten. Güte beseelt sein Herz. Laß es nur geschehen, daß er zu Dir kommt und Du wirst Erfüllung finden von Innen heraus. Horus ist eine seiner Incarnationen. Er lebt in ihm und durch ihn. Er ist Güte und Weisheit. Jupither ist sein getreuer Diener. Er weiß die Dinge zu schätzen, den Weg zu bereiten und zu vermitteln. Er ist Güte und Rechtschaffenheit. Jupither kennt die Herzen der Menschen wie kein anderer. Er schaut hinein ohne zu richten. Gut ihn zu kennen und ihn einen Freund zu heißen. Er braucht niemanden, aber viele brauchen ihn, und er gibt gerne alles was er hat. Er schützt die Seinen, die auf ihn hören, ohne die anderen zu kränken oder zu verletzen. (Gut daß es Dich gibt!) Danke, mein Sohn! Junow ist Güte, ein Tröster wenn es schwer wird. Seine Gabe ist das Maß alle Dinge. Er gibt Verständnis und er findet sich stets ein, wenn es gilt, Dinge zu läutern und zu vermitteln, die Euch Menschen nicht so leicht fallen zu verstehen. Er ist wahrhaft Güte und Verständnis. Das ist eher Gefühl und Behagen. Und dazu gehört eher Chemie als Verstand, als Physik. Physik ist auch Verstand. Horus wird ewig das Kind sein, alles aufnehmen, alles erfassen, alles begreifen. Güte und Gnade ruhen auf seiner Seele. Er richtet, doch verletzt nicht, dann geht es später leichter. Wenn Du leicht stirbst, erinnern sich Deine Kinder beizeiten daran. Dann fällt es ihnen auch leicht. Auf diese Weise können ganze Generationen lernen mit Freude zu leben, das Leben zu genießen und dann leichten Herzens zu gehen. Danach sehen wir uns erst richtig.
Gute Götter gibt es viele. Jede Epoche hat die ihrigen gehabt. Wenn Ihr leidet, dann deshalb, weil euch die Qualen der Altvorderen hochsteigen in

den Bildern der Seele. Für kein Lebewesen ist der Tod eine leichte Sache, doch muß er nicht schmerzen. Du kannst jetzt lernen Abschied zu nehmen. Ihr werdet sein ein lichtähnlicher Impuls, der Leben ausstrahlt, der Leben gibt, der Güte vor sich herträgt wie eine gute Fahne. Güte und Gesundheit gehören zu einem menschlichen Leben. Alles das wirst Du finden wenn Du jetzt weiter diese Arbeit verrichtest. Wir weisen Dir den Weg und wir bereiten alles vor, damit Du lernst neu zu fühlen, neu zu planen, neu zu denken und mit mehr Überlegung und Erfolg zu handeln. (Gut zu wissen, daß es Dich gibt!) Diese Erde braucht Menschen wie Dich. Gib Deine Liebe, Dein Bestes und dann wird auch sie Dir ihr Bestes geben!

HIER IST DEIN GUTER GOTT ICH BIN GUT ICH BIN EIN GOTT DER LIEBE LEBE VON JETZT AN IN DER GEWISSHEIT DASS ES UNS GIBT DU BRAUCHST NICHT ZU BETEN DICH HÖRE ICH IMMER GUT BETE WANN DU WILLST HIER IST DIE GUTE BOTSCHAFT GOTT IST LICHT LIEBE UND EWIGES LEBEN AFFINITÄT KOHÄSION DURANC KONTINUITÄT AUSDAUER EXISTENZ ELEGANZ GRUND GENUG ZU LEBEN GIB ANDEREN MENSCHEN ETWAS VON DEINER GÜTE UND LIEBE GIB IHNEN ALLES WAS DU WEISST GIB IHNEN GÜTE GUT UND GELD GROSSMUT IST GEFRAGT LEHRE SIE FISCHEN LEBE ES VOR LIEBE SIE FÜR IHRE FEHLER REALISIERE IHRE CHANCEN UND GIB IHNEN ANTEIL AN IHREM GLÜCK SIE SEHEN ES OFT NICHT DAS STUPIDE LEBEN MIT VERSTAND HAT SIE BLIND GEMACHT GUT SO I GING LESEN!

Gott ich danke Dir dafür! (hier folgte das Bild)

<u>1.4.91 Sommerzeit 9.35 Uhr</u> "Harald ist ein Mann adliger Herkunft. Er kennt die Bauern und Handwerker, die Ärzte und Apotheker, die Richter und Pfaffen. Das langt wohl bei weitem, um ein Geschäft zu führen und ein neues Reich zu begründen. Kunst ist ihm ebenso treu und geläufig wie Frauen und Kinder. Was braucht es mehr als jetzt alles zu vereinigen und richtig anzufangen mit dem Aufbau eurer Gemeinde und Ethik. Denkt an Brüder und

Schwestern, seht die Menschen als Freunde. Güte im Herzen und Genuß in der Liebe sind Garant für eine dauerhaft gute Beziehung.

Sigill des Jupither

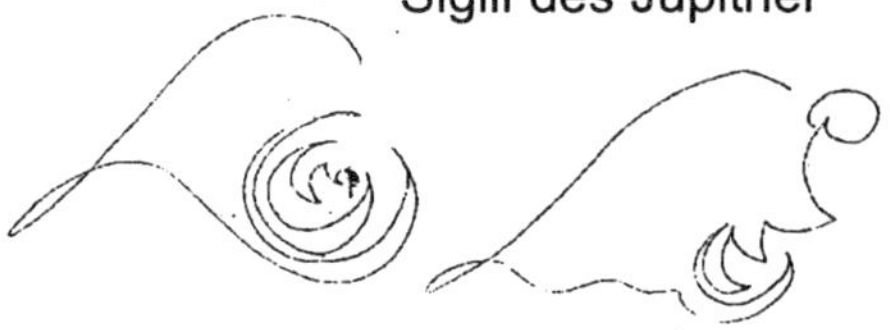

<u>2.4.91 10.30 Uhr</u> Horus. Harald braucht Aktion, Animation, neue Aufgaben, die ihn echt beanspruchen. Diese Welt braucht Liebe und Anteilnahme. Das gibst Du ihnen, doch sie sind es nicht gewohnt. Und so muß das alles sich erst langsam entfalten. Keine Unruhe verbreiten, sonst dauert es noch länger.

Sigill des Horus

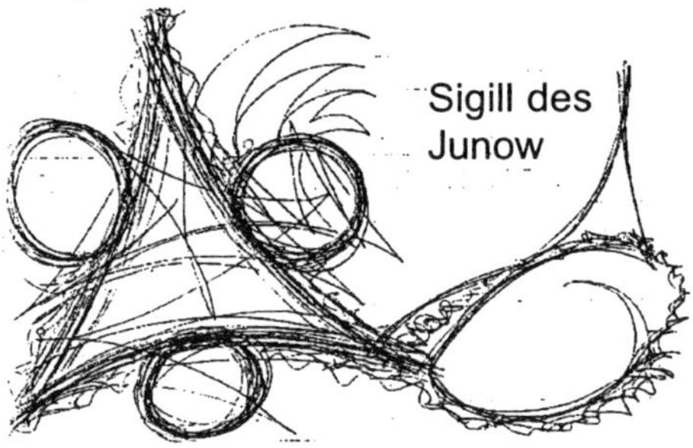

<u>4.4.91 17.30 Uhr</u> Ich hatte von einer Pharmafirma eine Germaniumkreme zum Testen erhalten. Jupithers Analyse der Germaniumcreme usw.: Diese Creme ist gut für Menschen mit Hormonstörungen. Sie ist in der Experimentalphase. Das darf eigentlich nicht verkauft werden. Die Komposition der Bestandteile läßt zu wünschen übrig. Es ist ein Versuch, dieses Produkt unter die Menschen zu bringen, unter Berücksichtigung der deutschen Gesetze. Alles sehr fragwürdig. Die Hersteller sind nicht spirituell, aber sie geben sich Mühe und sie sind gute Geschäftsleute, aber schlechte Magier. Sie sollten gewisse Veränderungen vornehmen. Ihr Betrieb stößt an gewisse Grenzen. Diese Art Geschäfte zu machen ist weder ganz marktwirtschaftlich noch ganz magisch-spirituell orientiert. Folglich gibt es immer wieder Kollisionen.

Magische Rituale sollten in den betrieblichen Alltag integriert werden ohne Explikationen, nur einfach anordnen und gegebenenfalls sachlich technisch orientiert erklären. Das kannst Du ja sehr gut. Verkaufe es als spirituelle Betriebsführung nach japanischem Muster.

Die echte Bedeutung dieser Germaniumverbindung ist bisher unbekannt. Alles Gesagte sind nur Vermutungen. Diese Formel tut nicht das, was die Hersteller sagen. Es geht hier in Wirklichkeit um ein Wirkungsprinzip. Es betrifft die inneren Organe. Seine Schwingung ist eigentlich eine beachtliche Störung. Der Körper versucht damit fertig zu werden. Dabei werden energetische Strukturen aktiviert, die sonst brach liegen und überhaupt keine Wirkung entfalten. Jetzt geschieht eine Mobilisierung bestimmter Zellverbände im Zwölffingerdarm. Der Körper aktiviert harnstoffähnliche

Verbindungen, die sonst ausgeschieden werden. Jetzt gewinnen sie an Bedeutung. Der Körper mobilisiert eine Resteverwertung. Wertloses wird Energieliefeant, Schutzfaktoren aus Sinnlosem, Statisches wird aktiv, letales zur Dynamik neuer Lebensprozesse. Es ist kein größerer Fehler, die Creme regelmäßig zu benutzen. Besser als manche andere, die auf dem Markt ist. Der Wirkungsgrad dieser Substanzen ist gering. Exotisches Zeug. Vergeudung von Spurenelemen- ten.
Das geistige Prinzip dieser Germaniumformel: Heilung und Hoffnung, eine Chance für manche, wenige werden genau getroffen. Optimal ist dieses Produkt für Erwachsene mit Milchschorf und mit Zwölffingerdarmgeschwüren. Schorfige, trockene Haut. Entzündungen der Därme wird vorgebeugt. Geringfügig dämpfende Wirkung auf Hodenzellen. Leichte Strukturverbesserungen fürs Zahnfleisch. Ebenso für die Zunge. Aufbauend und revitalisierend eher für Männer als für Frauen. Für neurotische Männer. Frauen brauchen es kaum. Es kann derartig subtile Dissonanzen verursachen, daß der Verkauf gestört wird.
Es kommen in einiger Zeit neue Verbindungen heraus, die besser sind. Dann wird dieses Präparat aus den Verkehr gezogen. Die Amerikaner arbeiten schon daran, auch andere, Chinesen, Indonesier, Australier.
Nachtkerzenöl: Geht so, bringt nicht viel. Sollte dynamisiert werden. Die Schwingung machts, ob etwas dabei herauskommt. Revitalisieren. Aus kontrolliertem Anbau. Dieses Öl hier taugt nicht viel, falsche Struktur durch Herstellung, Lagerung und Vertrieb. Sie haben große Schwierigkeiten, durch die Art wie sie sind. Die Güte des Herzens fehlt in allem. Zu nüchtern. Das geht langfristig schief. Aufpassen.

Fr. 5.4.91 19.30 Uhr Zu Beginn einer Tarot-Sitzung meldete sich plötzlich der Gott Toth, dem der Tarot zugeschrieben wird!
Toth agamiter mitagon hermegatur legis excelsioribus lagunam identificatur hermes est fuginam laminatur in specidum rectificandor est luminem abundanz omen horem. (Willst Du mir die Hände führen in Weisheit und reiner Schrift?) Oft schon habe ich es getan. Es geht so leicht wenn Du mich läßt! Ich bin Meister der Schrift, großer Schöpfer des Wortes und der Tat. Ihr braucht Anleitung, denn Eure Worte sind verwirrt worden. Vieles entspricht nicht mehr dem eigentlichen Sinn." (Das bedeutet, auch ohne daß ich es wußte, hat mir der Gott Thoth schon oft die Hand geführt, wenn ich meine Bücher geschrieben habe. Ich kann das gut nachvollziehen, denn manchmal merke ich richtig, wie meine Gedanken, Worte und Finger auf den Tasten zu fließen beginnen und wie der Text hinterher wunderbar paßt und kaum korrigiert werden muß.

"Hier bin ich, der Gott Toth.
Alles mündet in mir. Aus mir ist alles geschaffen.
Wir sind viele und doch nur ein Prinzip.
Leben bedeutet das, was wir sind.
Spiele das Spiel und gewinne das ewige Leben
auf Erden wie auch auf allen anderen Ebenen.
Löse Dich vom traditionellen Ritus.
Gib dem Leben eine Chance zur Entwicklung.
Alle Energie fließt um Dich mit Freude zu erfüllen.
Dein Leben ist jetzo Fülle und Wohlhabenheit.
Güte des Herzens entfaltest Du jetzt wahrhaftig.
Das ist der Weg, das Leben auf und auszubauen.

Gut daß es Dich gibt!

Ich bin bei Dir wenn Du mein Buch öffnest und liest.
Ich bin ein Pfahl im Fleisch der Ungebildeten,
denn Symbole gibt es allenthalben.
Dir und den Eingeweihten Schülern wie Meistern
auf dem Pfad der heren Erkenntnis lichtwärts gerichtet ist,
biete ich gar manchen Schritt.
Alles was Du erfährst, aus dem Licht liest
und gewinnst an Einsichten ist Zeichen und Botschaft
meiner Liebe zu Dir wie auch zu allen anderen Wesen,
die die Wahrheit suchen und auch finden wollen.
Sie haben mich angebetet um meiner selbst willen.
Gnade erfahren die Betenden.
Dies ist wahrlich ein guter großer Tag für Wissen und
Kommunikation.
Ich bin hier. Alle finden sich einig unter meiner Regie.

Anrufung

Horus, Gottkind, Du hast schon einmal das Reich errettet.
Gib mir jetzt die Gnade, Dir zu dienen!
Ich bin ein guter Schüler.
Ich weihe alle Kraft dem großen Werk.
Ich will das große Werk vollbringen,
im Lichte der Sonne dieser Welt.
Ich kann jetzt über das Herzchakra Leben spenden
an andere Wesen, gleich welcher Art sie sind.

21.4.91 2.30 Uhr Horus: "Harald, das ist ein Signal der Herren aus Atlantis. Sie haben die Pyramiden errichtet. Du bist mein Sohn. Du bist Kindgott wie ich. Ich schenke Dir meine Gnade. Gib Dich ganz hin, das große Werk zu vollbringen ist eine Aufgabe, die Deine ganze Kraft fordert. Hier geht es um die Frage, ob Du Dich in ausreichendem Maße konzentrieren lernst. Ja, gewiß, das Ziel ist klar, es ist die Liebe in den Herzen der Menschen. Du hast alle großen Dinge der Welt bedacht. Die Liebe ist das Beste und das Größte was es gibt. Hier ist es so, daß Du die Kraft der Konzentration auf das Gute verstärken mußt. Dieses Werk gilt nur Dir. Ich bin der Gott der Eingeborenen. Das sind diejenigen, die schon lange hier leben und die diese Welt erretten wollen aus der Finsternis des Todes. Tod und Finsternis sind nur ein Weg, diese Welt zu verlassen. Es geht auch anders. Du mußt diesen anderen Weg suchen. Gehe ihn mit Macht!

Der Auftrag

1. Achtgeben
2. besser konzentrieren
3. das große Werk vollbringen, die Liebe im Herzen entfalten
4. der Weg, über den Tod hinaus bewußt zu bleiben

22.4.91 13.30 Uhr Dieser Weg ist ganz gut. Es geht noch anders. Wir wollen beginnen, Horus ist hier, Jupither und Junow auch. Es ist von Bedeutung, daß Du die Energie erhältst, um alle Aufgaben zu erfüllen. Das ist ganz einfach. Lege Dich hin und meditiere auf das Bild des Horus. Gib Dich ganz dieser Erinnerung hin, solange Du kannst. Das ist wichtiger als alles andere. Denke an mich in der Weise, wie es gerade kommt. Du hast nicht gelernt mit dieser Kraft zu leben. Es wird Zeit, das nachzuholen. Das kann Dein Leben revolutionieren. Gib täglich eine Zeit dafür und tue es intensiv. Er muß es lernen, das ist alles.
Harald empfängt sehr viele Vibrationen, das verwirrt ihn. Seminarteilnehmer, die von ihm Hilfe erwarten. Er braucht echt mehr Abstand. Das gilt jetzt für eine Reihe von Leuten. Es ist eigentlich im Rahmen des normalen für seinen Job. Okay. (Hier unterhielten sich offenbar Horus, Jupither und Junow über meinen Zustand.) Ja, ihr seid empfindsam, hier sind noch andere negative Einflüsse von kranken Leuten. Du mußt gradliniger Denken, Du breitest Dich zu sehr aus. Konzentriere Dich auf bestimmte Dinge. Er soll nicht so schnell reden. Mehr Ruhe verbreiten. Das geht so. Eure Planung der letzten Jahre war gut, doch sie muß verstärkt werden. Zielstrebig denken an Eure Ziele, Erfolge und Erfüllung der Wünsche und Pläne. Das ist wichtig.

Es geht nicht an, daß Du nur denkst, es ist ebenfalls notwendig, zu handeln. Du schluckst vieles. Laß das besser, werde ruhiger. Wir brauchen Dich in einer bestimmten Form, das ist noch nicht der Fall. Wenn Ihr mal lieb miteinander in Stimmung seid und Euch freut, etwas miteinander zu tun, dann setzt Ihr positive Ursachen. Aus dieser Freude heraus geht alles besser, die Arbeit fällt leichter. Es gibt gute Anlässe für das Miteinander der Menschen, Sport und Spiel sind gute Wege. Alte Negationen können kompensiert werden. Es ist ein Weg der geistigen Tätigkeit, - nicht biegen, frei werden lassen.

1. / 2. Chakra 4.5.91 3.40 Uhr Junow. Gut, das erste Chakra ist der Energiekanal der Dich durchströmt. Es ist wie ein Fließen, ewig während, auch wenn Du gestorben bist. Die gelbe Farbe ist die Farbe der Erde, auch Okar genannt. Okar ist eine Kraft, eine Schwingung. Sie bewirkt Aufbau und Zerstörung des menschlichen Körpers. Ja, Dein 1. Chakra ist permanent offen; kein Schaden. Du kannst damit Energie aktivieren und mobilisieren, tue es jetzt!
Gut. Es ist gut so. Das sind alles Dinge, die Dich verletzt haben, lerne sie zu tragen, sie sind nicht weiter von Bedeutung. Was zählt sind Deine geistigen Schritte zur vollkommenen Erkenntnis. Dein 2. Chakra ist gut, alles klar. Du kannst es jederzeit öffnen. Immer wenn ein Mensch zum Orgasmus kommt, geht es auf. Das ist der Sinn. Es ist eher so, daß die Frauen verschlossen sind, nicht die Männer. Das hat seine Gründe zum Teil in der Religion, doch die gegenwärtige Unruhe ist hier aus diese Gesellschaft geboren.

Gebet an Horus

Gott meiner Ahnen, Gott der Kinder!
Gib mir jugendliche Frische und Gesundheit!
Ich bin geschaffen, Dir zu dienen!
Dienen will ich Dir von Herzen gern.
Deine Gnade erleuchtet meinen Tag.
Güte fällt auf mein Haupt aus Deiner Schwingen Leichtigkeit.

Verleihe mir die Kraft Deiner zarten Gefieder!
Gib mir die Klarheit Deines Blickes!
Ich bitte Dich, laß mich Dir zu Diensten sein!
Statte mich aus mit allen Attributen
Deiner Gnade und Herrlichkeit!

Gut.

Dein Diener ist hier!

Hier ist Horus.
Ich diene Dir so wie Du mir.
Bleibe auf Deinem Pfad!
Du hast gut gesprochen.
Ich gebe Dir Größe und Gesundheit,
Güte sei Dein Attribut!

empfangen von Horus am 3.5.1991

7.5.91 0.25 Uhr Horus, wer bin ich? - Du bist mein Sohn, das bist Du. Ich rufe Dich, ich bin der Gott Deiner Väter. Ich bin da für Dich, diese Welt braucht Führung. Gib mir Deine Hand, das geht besser so. Ja, das ist die Wahrheit, was soll ich sonst sagen. Reincarnationstherapie ist ein Weg, um Karma aufzuarbeiten. Dein Herzchakra ist aufgegangen, nun wirkst Du anders auf die Menschen. Du kannst viele erreichen.

12.5.91 4.00 Uhr Horus. Nutze beim Tantra die klassische Linie der Chakras 1 - 4 - 7, das bringt Dich zu Deinem Ziel. Dein Ziel ist es, den Menschen das Leben schöner zu machen, leichter, ihnen die Bürde tragen zu helfen, die sie sich selbst aufgeladen haben. Wege aufzeigen wie es leichter geht. Wenn Du uns vertraust, geht es leichter, wir sind in der Lage, alles richtig in die Wege zu leiten. Aber das mußt Du dann auch akzeptieren. Du mußt uns vertrauen. Die Kraft ist enorm. Du mußt lernen, Deiner eigenen Kraft zu vertrauen, der Kraft, die Dich beseelt. Du kannst alles erreichen, was Dein Herz begehrt, eben das Herz und nicht der Kopf! Dein Herz braucht Liebe und Anerkennung, Geduld und Freude, schöne Dinge und Harmonie. All das macht Deine Liebe für andere aus. Lebe Dein Leben ganz bewußt, genieße, pflege die Schönheit und Dich selbst. Du bist der geborene Künstler! Genieße das Leben!

14.4.91 RAMADA! Hier ist Jupither! Ich grüße Dich, mein Sohn! Du bist das Kind, daß wir uns immer gewünscht haben auf Erden. Dein Weg ist vorgezeichnet im Buch des Lebens. Alle Trübsal gilt für Dich nicht. Sei unverzagt! Leben blüht auf Erden bis an den jüngsten Tag. Und das ist auch Dein Leben! Wir wissen um alles. Alles ist da, alles ist geprägt, ist vorbereitet, auf daß es gelingen möge!

20.5.91 19.30 Uhr Horus ist da. Ich bin Dein Gott seit alten Zeiten. Ja, das Gebet ist von und für Isis. Es ist von mir vermittelt worden:

Gebet an I sis

I sis, Mutter der Toten und der Lebenden,
der Götter wie auch Menschen hier auf Erden
und auf allen anderen Ebenen,
Urmutter des Urgrundes dieses Universums
und der Nacht, die dahinter liegt,
erhöre mein Flehen um Gnade unter Deinem Antlitz,
unter Deinem Auge!

Gib mir Klarheit, Reinheit und erleuchte meine Sinne
auf allen Ebenen die Du mir zugänglich
machen magst und willst,
daß ich sie erfasse und durchdringe!

Hier auf Erden will ich Dein Prinzip bekennen
und daß Wissen um die Allmacht
Deiner Taten und Erscheinungen mehren
und stets ehren bis an das Ende aller Tage
hier wie auch auf allen anderen Ebenen,
die mir zugänglich sind
oder noch eröffnet werden sollen!

I ch höre Dein Rufen.
Du bist meine Schülerin. Du magst mir dienen.
I ch nehme Deine Gabe an und bewahre sie.
Es soll so geschehen.
Du wirst die Erfüllung Deiner Träume erfahren.
Folge Deinem Gebet und halte diesen Vertrag ein!

So sei es.

Empfangen für M., eine Priesterin der ISIS, am 18. und 20. Mai 1991

Hier schaltet sich ISIS ein) Ja, meine gute Dienerin (eine Frau ist bei mir zu Gast)! Ich höre Dein Rufen. Sie ist meine Schülerin. Sie mag mir dienen. Es ist gut. Ich nehme Deine Gabe an und bewahre sie. So soll es geschehen. -
Die Götter betrachten also ein inniges Gebet, eine Anrufung, als Vertrag. Das sollten wir beachten, wenn wir uns in dieser Weise an die Götter wenden und etwas von ihnen wollen.

<u>21.5.91 2.10 Uhr</u> Hier ist jetzt ein anderer Gott. Ich bin Ptah. Diese Welt ist am Scheideweg. Es gibt so unendlich viel zu korrigieren hier auf Erden. Nicht zu viel auf einmal. M. war eine große Priesterin in der Zeit des Rhamas/Rhodes. Sie diente ISIS und auch Ptah, von Memphis bis Theben. Diese Rasse war leicht zu formen. Wir schufen die Pyramiden durch sie. Sie wurden gebaut in nicht mehr als 100 Jahren. Cheops und Chefren waren großartige Monumentalisten. Das ist heute nicht die Aufgabe. Hier und heute ist es die Aufgabe, die Götter wieder in die Herzen der Menschen zu bringen.
Hier ist Horus. Ich bin der Gott, der Dich führt seit Egypten. Wir sind Kräfte, die auf der Ebene Deines Unterbewußtseins wirken. Es ist der pool in dem alle Kräfte dieser Welt sich treffen und zusammenwirken. Du kannst abrufen wen oder was Du willst. Es ist alles da. Die Menschen lieben große Taten und große Menschen, weil sie dann einen Grund haben, an sich und ihre Zukunft zu glauben. Du wirst das alles schaffen. Du bist der Sohn der Priesterin von Theben. Sie war eine Menschenfrau von besonderem Rang und von besonderer Güte.

<u>22.5.91 0.00 Uhr</u> Horus. Es ist gut, daß Du uns hörst. Lehrer brauchen viel Anerkennung, das sollen sie dauernd geben und erhalten so wenig zurück. Sie müssen viel kritisieren, um zu formen und zu bilden und das macht sie hart, sie haben echte Probleme und viele wissen es auch. Deine weitere Entwicklung steht jetzt ganz in unserer Hand. Wir werden Dich aufbauen.

<u>26.5.91 2.50 Uhr</u> Horus. Deine jetzige Entwicklungsphase wird in 14 Jahren beendet sein. (Wie lange ist die gegenwärtige Planung meines Lebens, von wann bis wann?) Du hast begonnen vor etwa 4.000 Jahren in der Zeit des Amenophis des 3. und das geht jetzt bald zuende. Die neue Planung steht noch nicht ganz. Sie beläuft sich in etwa auf weitere 4.000 Jahre.

<u>5.6.91 5.55 Uhr</u> Horus. Du hast jetzt den Anfang einer neuen Welle des universalen Geistes erfaßt. Deine Aura hat 1.200 m Durchmesser seit

vielen Jahren, ständig. Der Priester auf deiner CD "Tempel des Lichts" bin ich.

In der Nacht vom 7.6.91, 3.50 Uhr hatte ich im Traum eine Rückführung zu einem sehr unerfreulichen Kindheitserlebnis. Es war so deutlich, daß ich nach dem Erwachen wörtlich die Kommentare der beteiligten Personen abhören und aufschreiben konnte. Es war wieder einmal alles da. Horus bestätigte mir dann, daß es reale Erinnerungen waren.
Allergie heißt, daß es sich hier um eine überreizte körpereigene Abwehr handelt. Da werden dann auch körpereigene Zellen mit beseitigt. Die Schlüsselmuster für die chemische, physiologische Abwehr sind z.T. sehr ähnlich. Die Fremdzellen, die Blütenpollen, haben eine sehr hohe mutagene Wirkung.
Horus: "Dieser Widerspruch zwischen leben wollen, diesen ganzen Ärger mitmachen sollen und wieder sterben müssen, bestimmt euer Leben. Pollenallergie? Es ist eine genetische Komponente da, die besagt „Finde fruchtbaren Boden und bedecke ihn mit Leben. Tue Dein Möglichstes, um zu überleben.“ Pollen sind sehr resistent und hochmutagen. Sie lernen aus ihrer Umweltschwingung. Sie tragen auch den Krieg des Menschen wider die Natur mit chemischen Mitteln in den menschlichen Organismus zurück. Ihr seid nicht die Krone der Schöpfung. Es geht bald weiter. Noch wenige Jahrzehnte und es werden echte neue Menschen auftauchen. Sie werden groß sein, und sie halten Ordnung unter sich und Euch. Ihr seid der Ausklang vom Mittelalter zur Neuzeit. Sie beginnt im Jahre 2040. Sie werden erst noch geboren."

Juni 1991 In einer Rückführung beschreibt eine junge Frau u.a. ausführlich und präzise einen Kult aus Egypten um eine löwengestaltige Göttin. Obwohl sie sich nie mit diesen Dingen befaßt hat, keine Ahnung von Geschichte, vom Altertum und erst recht nicht von Egypten hat, stimmt alles ganz genau, bis hin zu dem Namen Sachmed. Insgesamt finde ich es bemerkenswert, daß wir alle keine Ahnung von Egypten haben und doch tragen wir das Wissen aus diesen früheren Inkarnationen in uns.

7.6.91 9.20 Uhr Horus: Das universale Gesetz lautet wie folgt:

Gehe den Weg der Erleuchtung bis ans ewige Licht.
Fürchte Dich nicht in der Finsternis.
Gib Dir selbst den ewigen Frieden in Gott.

"Die Tabula Smaragdina stammt von Amenhotep. Er lebte 1490 vor C. Er war Baumeister der göttlichen Meister. Er lebte im Licht schon zu

Lebzeiten. Er hatte viele Frauen und viele Kinder, sie alle erstrahlen im Glanz des Einen. Sie waren Helden vor der Sonne. Gnade umfaßt jene die es hören wollen. Er hat das universale Gesetz wie folgt formuliert:

oben ist unten
ganzes ist ein teil des ganzen
teile sind alle eins
alles ist allem gleich
egalität ist die gnade der erkenntnis
licht ist die ursubstanz
schatten ist ihre mutter
gott ist am höchsten im licht
gutes erwächst meinen schülern
güte ist ein attribut der ehrlichen,
die das spiel der lebenden erde leben
es ist gut zu haben wohin man geht wenn der tag kommt
es ist gut zu wissen woher man kommt
es ist gut zu wissen wohin man geht

Amenhotep ist der Baumeister Amenophis III und IV gewesen. Er starb 1340 v. C. Du warst seinerzeit ein Diener des Großmeisters der Baukunst. Er weilt nicht mehr auf dieser Welt. Tritt sein Erbe an. Ja, es geht! Amon Ra war ein Großmeister der Schule des Horus, Anbeter des Sonnengottes.

8.6.91 7.45 Uhr Jupither. Wir lieben Dich wie unseren Sohn. Unser Leben ist bestimmt für eine große Aufgabe. Dein Leben verläuft in einem großen Plan. Alles geschieht zur rechten Zeit. Eile Dich nicht. Es geht alles gut voran. Horus hat große Pläne mit Dir und auch mit einigen anderen Menschen. Er war viele Jahrtausende anonym tätig. Jetzt ist die Zeit reif für Erneuerungen im großen Plan der Erde.
Mittags um 13.00 Uhr frage ich Horus nach der Qualität des Buches „Die Ethik des Neuen Menschen". Er sagt mir, daß einiges überarbeitet werden muß, speziell S.42 muß neu gemacht werden. Und in der Tat ist S.42 ein einzelnes Kapitel „Arbeitsprinzipien des Kyborg-Institutes". Ich erkenne jetzt deutlich, daß diese Seite, 4 Jahre alt, neu gestaltet werden muß! Ich finde diese Hilfe ganz enorm. Es zeigt mir, wie genau die Anweisungen der geistigen Wesen sind, wenn wir lernen, auf die Botschaft zu hören, die in ihren Worten liegt! Leider verstellen uns unsere Angewohnheiten immer wieder den Blick für den wahren Inhalt und es braucht wirklich seine Zeit, um aus z.T. banal klingenden Botschaften höhere Werte

herauszulesen! Um 14.30 Uhr spricht er mich wieder an und wünscht, daß ich die Arbeit voran bringe. Spontan formuliere ich das folgende Gebet:

Horus, ich rufe Dich an!
Gott meiner Ahnen, Gott der Gerechtigkeit!
Gnade sei mit jenen, die Dich kennen!
Diese Welt ist Deine Welt!
Behüte jene, die darin leben!
Gib uns die Gnade Deiner Aufmerksamkeit!

Horus: Ja, Du wächst sehr gut heran zu einem Priester alten Schlages. Diese Kraft wird gebraucht. Ich bin gut auf Dich zu sprechen. Keine Kraft, die uns trennen kann.
(Ich muß an Ashonka denken, die geheimnisvolle Stadt der alten Meister:) Ashonka ist ein Meer gewesen. Dort liegt heute die Saheel-Zone. Das ist ein Irrtum mit der Stadt, es war nicht in Asien.
Ja, es gibt ein geistiges Entscheidungsgremium hier auf Erden, sie haben Dich geprüft so manches Mal, ja, persönlich, mental. Es sind 4 Männer und 4 Frauen, alle sehr alt, einige hundert Jahre. 4 in Asien, je 2 Männer und 2 Frauen, 2 Männer in Europa und 2 Frauen in Afrika. Deine Aufgabe ist es, diese Welt zu denominieren. Gib Deiner Welt einen Namen unter den Welten. - Spontan nutzte ich diese Chance und formulierte:

Welt der lebendigen Lichtwesen!

Lasamanie heißt, ich bin ein Lichtbringer, ein Lichtwesen wie ihr. Gut. Du sollst Ramada Lasamanie heißen. Wir akzeptieren Dich. Horus will für Dich bürgen. Wir sind die Alten vom Berge Lasc. Dort waren wir auch tätig. Heute in dieser Zeit gibt es uns kaum noch. Okay. Er akzeptiert uns, wir kennen uns schon lange. (mein Unterbewußtsein erkannte die Chance und muß direkt obigen Satz geantwortet haben. Gleichzeitig habe ich auf einer anderen unbewußten Ebene Lasamanie gesagt; dazu kamen diese Kommentare und heute am 23.6.91 um 18.50 Uhr hat mir Junow das noch einmal bestätigt.)
Don Juan (bei Castaneda) ist ein alter Azteke. Er weiß nicht sehr viel, aber er ist okay. Don Genaro ist ihm über. Genaro ist Tolteke. Du selbst bist ein alter Germane. Du hast lange Zeit hier verbracht. Ja, Odin und Wuodan sind die gleiche Persona. Er ist eine sehr alte Gottheit. Er kam auf die Erde vor vielen Millionen Jahren. Er ist aus einer anderen Realität als wir alle hier, aber er kann sich verständigen, - frage ihn nach Ragnarökk.

ODIN IST EIN GOTT JA ICH BIN ODIN DIESER PRIESTER WAR EINE INKARNATION VON DIR (ich erinnere mich an einige Inkarnationen als Druide in der altgermanischen Zeit. Odin hat eine ganz andere Schwingung und Schrift. Eindrucksvoll, wiederum mit einer der alten Gottheiten zu sprechen. Ich fühle mich jedoch den anderen wesentlich näher. Odin wirkt düsterer, bedrückender, monumentaler, gewaltig, fremdartig. Ich habe ihn so manches Mal angerufen, auch in diesem Leben, und er war da für mich, wenn ich Hilfe brauchte. Odin ist eine Windgottheit. Wenn Du einmal in eine persönliche Krise geräts, suche einen exponierten Platz auf, in den Bergen oder an der See, und rufen den Namen Odins in den Wind. Er wird Dir antworten. Skandiere O - O - O - din!)

16.6.91 14.00 Uhr Horus: Das Gesetz des Universums ist Affektion, doch das Gesetz dieser Welt ist Kontrolle. Wenn Ihr diese Entwicklung kontrolliert einleitet, wird Eure Affektion um so größer sein, die Aufmerksamkeit Eurer Beziehung sollte ausgerichtet werden auf das individuelle Wachstum. Erst müßt Ihr selbst in ausreichendem Maße Eure Entwicklung vorantreiben. Diese Welt braucht sozial integere, vorbildhafte Beziehungen. Ihr müßt echt noch wachsen und gedeihen. Jetzt gilt es erwachsen zu werden. Harald weiß was er tut. Er kann Animation gebrauchen. Ihr braucht mehr Lockerheit. Horus ist gut, er spricht ewig aufs neue mit den Seelen, schon seit Jahrtausenden... Dieser Krieg in Kuwait war eine abgekarterte Sache.

2. Chakra 17.6.91 3.15 Uhr Ramada! Junow: Das 2. Chakra der Männer steht mit den Hoden und in Beziehung. Es ist Quell der Energie, die uns alle beseelt. Hier werden *life* Potentiale erzeugt, die organische Substanz wird hier mit Leben durchdrungen. Miniaturisierte Universen. Jedes Spermium ist ein Microcosmos, einige Milliarden warten auf die kosmische Durchdringung. Es sind sehr viele Universen, die sich alle hier in diesem Sektor dieser Welt berühren. Eine Eizelle ist das Abbild dieser Welt, ja, der Erde, nicht der Sonne. Die Erde hat so einen strukturellen Aufbau. Auch die Erde hat innere Organe. Ihr seid jedoch noch nicht fähig, sie auf einem Bildschirm darzustellen. Es wird noch einige Jahrzehnte dauern, bis es Euch gelingt Magnetfeldbildschirme zu schaffen. Ab dem Jahr 2110 ist die Zeit reif dafür.
Das 2. Chakra einer Frau liegt in den Ovarien. Es ist bipolar. Es kann einen Impuls setzen für die Zeugung, dieser Impuls manifestiert sich im Uterus, im Brennpunkt der kosmischen Falle. Der Uterus ist eine Art Konverter, ein Bioscop universalis. Hier geschehen die bemerkenswertesten Dinge überhaupt. Ein Uterus ist eine Welt für sich, eine Enclave, die

eigentlich nicht zu dieser Welt gehört. Ihr müßt Euch lösen von diesen planetaren Darstellungen. Die zwei Ovarien sind sich ganz fremd. Sie wollen nichts voneinander wissen, doch sie müssen zusammenwirken. Der rechte Eierstock ist repräsentativ für die Geschichte einer Frau, für ihre Entwicklung bis hierher. Der linke Eierstock ist ihr Potential für die zukünftigen Inkarnationen. Aus beiden werden Eier abgerufen, die das reale Vermögen dieser Frau repräsentieren, Ihre Fähigkeit, die Welt zu erfassen und zum Ausdruck zu bringen. Beim Sperma ist eine Kooperation gewährleistet, bei Eiern nicht. Frauen, die nach Macht streben, sind von dieser Welt. Sie repräsentieren diese Erde. Männer sind Materiekonverter. Sie verbrauchen mehr Material und öffnen auf diese Weise Tore zu anderen Ebenen. Frauen dieser irdischen Art sind weltgebunden real. Sie können das Tor zum Universum nur mit einem Mann öffnen. Natürlich wollen sie es alle einmal versuchen, und Du tust es ja ständig, folglich hast Du ständig viele Frauen in Deinen Kursen.
(Das soll heißen, weil ich mich als Mann geöffnet habe und wirklich diese spirituellen Schritte in meinen Seminaren vermittle, sind viele Frauen in meinen Seminaren, um sich etwas abzuholen, was Sie für Ihre Entwicklung gebrauchen können. - So war es vor allem bis ca. 1996. Da ist kein Egozentriker bin und meine Chancen bei den Frauen nicht ausnutze, erschienen zunehmend auch Männer in meinen Seminaren, bis manchmal sogar mehr Männer als Frauen in einem Seminar waren, was für die Szene untypisch ist. In der Regel ziehen Frauen als Seminarleiter mehr Männer an und umgekehrt. Doch wirklich spirituelle Seminarleiter können beiden Geschlechtern gerecht werden!)

Ableitungen aus dem Universalen Gesetz

Handlungsgrundlage der Mitarbeiter des Kyborg Institutes

Abschnitt 1 Der Grundsatz

1. Wir halten uns selbst an das universale Gesetz. (1)
2. Wir akzeptieren die Konsequenzen daraus. (2)
3. Wir verschaffen dem universalen Gesetz Geltung. (3)
4. Wir machen es bekannt. (4)
5. Wir leben und handeln danach zum Wohle Aller und unserer Selbst. (5)

Abschnitt 2 Die Praxis

1. Wir sind positive Menschen und erfüllen bereitwillig
die Aufgaben, die uns das Leben stellt. (6)
2. Wir helfen anderen Menschen und Wesenheiten
bei der Bewältigung ihrer Aufgaben. (7)
3. Wir wenden Schaden ab,
soweit es in unserer Macht steht. (8)
4. Das Leben ist eine große Aufgabe. (9)
5. Wir optimieren unsere Kommunikation auf allen Ebenen,
um die weitere Entwicklung zu fördern. (10)
6. Wir wissen um die Wechselwirkung aller Wesen
in dieser Welt, und wir fördern diese Entwicklung
zu einem großen Ganzen. (11)
7. Wir erfüllen unsere eigenen Bedürfnisse
und akzeptieren Hilfe, Rat und Verbesserungsangebote,
die von außen kommen. (12)
8. Wir öffnen uns für neue Entwicklungsstufen. (13)

Abschnitt 3 Das Universum in uns

1. Die Gnade der universalen Intelligenz erfüllt
und durchdringt uns. (14)
2. Die universale Intelligenz
bestimmt unser Tun und Sein. (15)
3. Der universale Intellekt ist das Bewußtsein,
das uns durchdringt und beseelt. (15)
4. Wir sind Teile im großen Plan. (16)
5. Wir erfüllen den großen Plan. (17)
6. Das universale ewige Licht ist Ausdruck des Geistes,
der uns beseelt. (18)
7. Das Licht ist die Quelle der Freude. (19)
8. Die Quelle der Freude erfaßt
und durchdringt Dich in Deiner Herrlichkeit. (20)

Nehme Dich selbst an! (21)

Ich nehme mich selbst an! (22)

Gut so.

Danke.

Empfangen von Jupither am 17.06.91 17.12 Uhr als neue Formulierung der Arbeitsprinzipien des Kyborg Institutes. "Jeder wird nachdenken." sagte er. Ich selbst zugegebenermaßen auch. Ich möchte an dieser Stelle darauf hinweisen, daß es 21 Punkte sind, was sofort an die großen Arcanas des Tarot erinnert, mit dem Zusatz "Ich nehme mich selbst an." für die 22. Karte, den Narren. Solche Übereinstimmungen sind keine Zufälle!
Ich habe die Nummern der großen Arcanas hinter die Zeilen geschieben. Wenn Sie das in Verbindung setzen, ergeben sich erstaunliche Einsichten in diese Positionen und zugleich in die großen Arcanas des Tarot. Um es zu verdeutlichen, will ich es hier noch einmal mit den großen Arcanas in Beziehung setzen.

Ableitungen aus dem Universalen Gesetz
Handlungsgrundlage der Mitarbeiter des Kyborg Institutes

Abschnitt 1 Der Grundsatz

1. Wir halten uns selbst an das universale Gesetz.
(1) Der Magier, Start vom "Spiel des Lebens",
vom Begin der Bewußtwerdung.

2. Wir akzeptieren die Konsequenzen daraus.
(2) Die Magierin, das Unterbewußtsein wird offenbart und angewandt.

3. Wir verschaffen dem universalen Gesetz Geltung.
(3) Die Kaiserin, Herrscherin, sie offenbart die kosmischen Prinzipien.

4. Wir machen es bekannt.
(4) Der Kaiser setzt die kosmischen Prinzipien durch.

5. Wir leben und handeln danach zum Wohle Aller und unserer Selbst.
(5) Der Hohepriester, er achtet auf die Einhaltung der göttlichen
Gesetze und vermittelt sie als Lehrer.

Abschnitt 2 Die Praxis

1. Wir sind positive Menschen und erfüllen bereitwillig die Aufgaben,
die uns das Leben stellt.
(6) Die Liebenden, wir stehen immer wieder vor Chancen,
vor Entscheidungen, nehmen Sie an und verwirklichen sie.
2. Wir helfen anderen Menschen und Wesenheiten
bei der Bewältigung ihrer Aufgaben.

(7) Die Sänfte, der heilige Wagen,
wir werden von den göttlichen Chancen getragen.

3. Wir wenden Schaden ab, soweit es in unserer Macht steht.
(8) Gerechtigkeit, göttlicher Schutz.

4. Das Leben ist eine große Aufgabe.
(9) Die erste, zaghafte Anwendung der göttlichen Prinzipien
auf die praktische, irdische Lebensführung.

5. Wir optimieren unsere Kommunikation auf allen Ebenen,
um die weitere Entwicklung zu fördern.
(10) Das Rad des Lebens vermittelt uns die geistigen Zusammenhänge.

6. Wir wissen um die Wechselwirkung aller Wesen in dieser Welt,
und wir fördern diese Entwicklung zu einem großen Ganzen.
(11) Magische Kraft, wir setzen Sie bewußt ein.

7. Wir erfüllen unsere eigenen Bedürfnisse und akzeptieren Hilfe,
Rat und Verbesserungsangebote, die von außen kommen.
(12) Der Gehängte, wir müssen Opfer bringen, uns von lieb
gewordenen Angewohnheiten und Einsichten trennen,
um wirklich voran zu kommen.

8. Wir öffnen uns für neue Entwicklungsstufen.
(13) Der Tod, wir müssen unsere eigenen Maßstäbe und Illusionen
loslassen, um auf einer höheren Ebene neu zu beginnnen.

Abschnitt 3 Das Universum in uns

1. Die Gnade der universalen Intelligenz erfüllt und durchdringt uns.
(14) Die Geduld, laß die universale Intelligenz wirken, ohne einzugreifen!

2. Die universale Intelligenz bestimmt unser Tun und Sein.
(15) Der Teufel, wenn wir uns öffnen, kommen gewaltige Kräfte zum
Ausdruck, die wir vorher verdrängt haben!

3. Der universale Intellekt ist das Bewußtsein,
das uns durchdringt und beseelt.
(16) Der Turm, unser selbst konstruierte Welt bricht zusammen
und macht Platz für die geistigen Welten.
4. Wir sind Teile im großen Plan.
(17) Die Sterne treten mit uns in Verbindung.

5. Wir erfüllen den großen Plan.
(18) Der Mond, verborgene Kräfte beginnen zu wirken
und fordern ihren Tribut.

6. Das universale ewige Licht ist Ausdruck des Geistes,
der uns beseelt.
(19) Die Sonne, das kosmische Licht wird offenbart
und bestimmt unsere Sein.

7. Das Licht ist die Quelle der Freude.
(20) Das jüngste Gericht, wenn wir alles loslassen, alles überwinden,
erscheint das ewige Licht.

8. Die Quelle der Freude erfaßt und durchdringt Dich in
Deiner Herrlichkeit.
(21) Das Universum, wir werden Eins mit Allem,
wenn wir unsere Lektionen gelernt haben.

9. Nehme Dich selbst an! - Ich nehme mich selbst an!
(22) Der Narr, er weiß eigentlich schon alles, und muß doch erst alles
durchlaufen, um zu sich selbst zu finden.
Gut so. - Danke.

18.6.91 5.30 Uhr Jupither. Das **3. Chakra** ist eine Ansammlung kosmischer Energie. Seine Intensität, Aktivität und Ausdauer, Brenndauer, ist bei allen Wesen verschieden. Es entscheidet für jeden Menschen, wie er sich zur Umwelt verhält. Deine Wirkung auf die Umwelt wird davon bestimmt. Es wird aufgebaut von Dir selbst in der Schwangerschaft als Embryo. Es muß reifen wie eine Frucht. Jeder Tag zählt. In der heutigen Zeit halten viele Mütter die Kraft nicht mehr aus, die ihre Babies entwickeln, darum die Probleme in der Schwangerschaft, die Babies sind davon betroffen. Sie werden noch weitere Entwicklungsschritte machen nach der Geburt, bis etwa 21 Jahre wird sich bei ihnen noch sehr viel tun, anders als früher.
Eure Energie überfordert teilweise Eure Körper. Nur Mut, das geht vorüber. Du selbst mußt auf eine andere Ebene gehen. In einigen Wochen ist es vollbracht. Zum 3. Chakra gehören mehrere Organe. Die Zirbeldrüse steuert und befiehlt. Die Bauchspeicheldrüse führt die Befehle aus. Die Leber bietet die Reserve an Energie. Die Nebennierenrinden justieren und balancieren den Energiestrom durch Dein Zentrum. Dein irdisches Zentrum liegt im Magen. Er ist ein Konverter für Fremdenergie. Unsere Ausführungen beziehen sich ausschließlich auf die Energie, nicht auf die Körpersubstanz. In Folge geistiger Regungen wird es dann zu

Nervenreaktionen kommen und danach wird es chemische Aktivitäten geben. So weit ist der Weg.
Energetische Knotenpunkte gibt es überall in Deinem Körper, doch das sind nicht alles Chakras. Ein energetisches Zentrum kann ein Organ steuern, tut es auch. Ein Chakra ist außerdem real eine Verbindung in eine andere Welt oder auf eine anderen Energieebene. Die Chakras sind Tore zu anderen Seins-Ebenen. Es sind Tore in der Unendlichkeit und Vielfalt des irdischen Universums. In gewisser Weise ist hier der irdische Raum porös. Eine Flut kosmischer Signale spühlt Dich fort und Du mußt acht geben, daß Du Dich hier stabilisieren kannst. Bei Deiner Energie ist eine Auflösung leichter als ein Bleiben.
Das 3. Chakra sieht aus wie ein Nadelkissen. Tausende von Impulsen wurden von Deinem Geist eingefangen in der Embryonalphase. Alles was er verkraften konnte, wurde von ihm dort hineingepackt und konserviert. Deine Macht ist überragend. Lerne jetzt damit umgehen. Bei Dir sind es etwas mehr als 42.000.000 Impulse, die alle nutzbar gemacht werden können. Sie bestimmen Dein Weltbild, Deine Philosophie, Deinen Eindruck auf andere Menschen, Deine Gesundheit, Deine Reserven etc. Alles führt hier zusammen, alles trifft sich hier.
Das 3. Chakra ist Stufe für Stufe ein Trittbrett zu irdischer Macht und Herrlichkeit. Du hast es nie haben wollen. Für Dich zählte der Geist. Jetzt mußt Du die alten Blockaden auflösen und Deine Energie frei verfügbar machen. Dann wirst Du ein Wunder erleben! Genieße die Welt! Sie wartet nur darauf. Es ist eine Freude, das Leben mit all seinen Impulsen zu genießen. Entfalte jetzt das Kraftfeld, das in Dir steckt! Die Zeit ist reif! Okay. Du brauchst noch mehr Ausdauer und Disziplin. Der Erfolg wird dann gewaltig sein.

<u>21.6.91 17.05 Uhr</u> Ramada! Hier ist Junow. Wir grüßen Dich ganz herzlich. Du bist in einer Phase der geistigen Entwicklung, in der es gilt, Mut zu bewahren. Alles, was jetzt geschieht, führt Dich voran, egal was es auch sein mag. Die Zeit der Rückschritte ist vorüber. Wir brauchen jetzt mehr Kraft und Energie.

Anrufung des Horus

Horus, Falke des Himmels!
Sohn der Sonne und des Mondes, Kind der ewigen Gestirne
Deine Kraft erleuchtet das Bewußtsein der Wissenden!

Gnade fällt auf das Haupt Deiner Diener,
die Deine Herrlichkeit preisen und Dich verehren!
Ewig währt der Pulsschlag Deiner Gnade, Gerechtigkeit
und Güte sind Deine Attribute!

Horus, Gott der Junggebliebenen,
Gottkind und Sohn der Ewigen:
Erhöre mein Rufen!
Gib mir die Gnade Deiner allmächtigen Schwingen!

Horus hier.

Ich Grüße dich!
Du bist mein Sohn. Gnade sei mit Dir!

Gib Acht mein Sohn:
Ich gebe Dir eine Botschaft für diese Welt
Gnade fällt auf Dein Haupt, wenn Du mich hörst

Meiner Schwingen Leichtigkeit erhebt Dein Werk
zu ewigem Ruhm
Diese Welt ist meine Welt
Geschaffen aus dem ewigen Licht der Reinheit
und der göttlichen Gnade

Gib der Freiheit Deines Herzens Raum
Liebe bereitet Dir den Weg. Du bist angetan mit Licht

Menschen suchen Deine Nähe
und verehren Dich um Deiner Klarheit willen
Glück ist die Gnade, die Dir von nun an zuteil wird

Gib der Welt die Güte, die sie braucht,
Genesung aus dem Dunkel der Vorzeit!

Zwiesprache mit Horus an der Sommersonnenwende
21.6.1991 17.05 Uhr

Botschaft der Göttin Hathor

Hier ist Hathor, Sie denkt an Euch!

Hathor!
Mutter der fruchtbaren Kühe,
Gib uns den Erfolg den unser Tagewerk braucht!
Leihe uns Dein Ohr!
Gib uns die Gnade Deiner reichen Brüste und Lenden!
Ernähre uns, wie wir die Welt öffnen
und für Dein Reich gewinnen wollen!

Erfolg ist die Botschaft der Mutter!

Öffne Dein Herz! Gib Dir die Chance
Mache dir die Erde untertan in der rechten Weise
Diese Welt braucht Führer und Boten

Gibt der Welt Liebe und sie wird es tausendfach belohnen
Es geschehen Wunder und Zeichen
Gib der Welt die Chance zu wachsen und zu gewinnen!
Egypten ist mein Land
Doch mein Reich ist überall dort, wo mein Fuß weilt

Große Erfolge gewinnen jene die an mich glauben
Die Welt der Erfolge, die Welt der fruchtbaren Ideen, ist meine Welt!

Liebe ist der Schlüssel zu einem dauerhaften Erfolg!

Irdischer Reichtum blüht wo mein Huf trägt

Macht und Herrlichkeit gebe ich jenen, die mir dienen!

empfangen an der Sonnenwende 21.6.1991 17.30 Uhr dha

Die goldene Kuh hat uns gedient bis über den Tod hinaus. Sie ist die Quelle irdischen Reichtums gewesen solange Menschen denken können. Sie soll es wiederum sein. Ohne ihre Gnade gerät Reichtum zur Gewalt gegen andere. Ihr Huf sei das Siegel. Wir bitten Dich, gib uns Gnade und Gerechtigkeit! Lebe in uns bis ans Ende aller Tage. Die Gnade Deiner Kraft ist groß! Gib uns Reichtum und Barmherzigkeit. Laß unseren

Reichtum wirken zum Wohle Aller, die uns dienen; die, die Dich erkennen in Deiner Herrlichkeit und in der Gerechtigkeit Deiner Hufe sich den Weg bereiten lassen für ihren Erfolg, jetzt und hier, in diesem wie auch in anderen Leben die noch kommen werden!

Hier ist Hathor. Alle bekommen die Schwingung mit. Alle wünschen Dir Erfolg. Du bist jetzt am Tor der großen Taten. Ja, gib Dich dieser Schwingung hin. Lebe Dein Leben mit dem Erfolg, der Dir gegeben ist. Du brauchst Dich nicht anstrengen. Gott ist ein Gott für Alle. Ja, hier ist Hathor. Das ist für alle. Es ist nicht leicht einen Text für alle zu machen. Das ist erst der Anfang.

23.6.91 7.42 Uhr Hier ist Junow. Du bist ein Sohn des Haremhab gewesen. Er zeugte Dich mit Janna, eine seiner zahlreichen Geliebten. Sie lebte von 1372 bis 1346 vor Eurer Zeit. Haremhab war einer der bedeutendsten Männer jener Zeit. Er zeugte 32 Kinder.

23.6.91 ca. 8.30 Uhr Jupither. Nenne es weiterhin das universale Gesetz. Universal heißt überall anwendbar. Universell heißt von allgemeiner Gültigkeit.
Ich hatte Horus nach der ältesten Form des Universalen Gesetzes gefragt. Da hat Horus das Bewußtsein eines alten Magiers berührt und mir eine Verbindung geschaffen zu uralten Zeiten. Das universale Gesetz lautet in der ältesten Form von 400.000 v. C.:

Licht gebiert den Schatten
Daemonen fressen es auf
Güte des Herzens setzt es frei
Gut zu wissen, daß Licht den Schatten verdrängt,
den es doch auch erzeugt hat
Gott ist Licht
Schatten ist gut
Mensch lebt aus dem Licht,
doch im Schatten fühlst Du Dich wohl
große Männer meiden Schatten
große Frauen sind Licht in der Höhle der Nacht
Große Kuh ist Bild von Licht in Dunkelheit
Dunkelheit ist Licht von anderer Seite Deiner Welt
Welt gibt Licht und Dunkelheit
Wir sind seine Kinder
Universum ist groß

Welt ist viele Universitas
Universitatis
große Welt schuf viele Gottheiten und dämonische Bilder
Bild von Menschen ist klein
kleines Bild ist immer Teil von Ganzheit
Größe wächst aus Ganzheit
Gnade Dir, daß Du mich verstehst
Ich bin ein Bild von Dir
Magier der Berge des Harmag, lange vor der Zeit
große Kraft, die mich weckt
Ich bin Harnag
Du kennst mich
Du heißt Gortan Or
Gortan Or, großer Meister der Zeitwende
Wir kennen uns viele Millionen Jahr schon
das letzte Mal in Syrien 420.000 Jahre zurück von heute

„Das Spiel von Licht und Schatten bestimmt das Schicksal dieser Welt."
Horus

Chakras

Die meisten Bilder auf den folgenden Seiten und die meisten Informationen zu den Chakras sind vom 25.6.91, einige Bilder sind aus den vergangenen Wochen, einige Informationen sind vom 26.5.91, geschrieben mit Jupither und Junow, sowie Horus.

Offenbar sind diese Erläuterungen vornehmlich Jupithers und Junows Aufgabe: "Das ist das Muladhara, unilinear, rhaftal. Rhaftal heißt, es ist elementar für Eure materielle Existenz. Gelb, vierblättrig, synchronal, d.h. zeitbestimmend, es gibt an, was für eine Auswirkung Zeitenergie auf Euer Leben hat. Asynchron in der Bewegung. Die Phasen laufen nicht alle gleichartig. Das muß so sein für die Energiegewinnung."

20.10 Uhr Horus: "Die Chakras sind von einer besonderen Fülle an Informationen, laß Dir Zeit all das zu ergründen! Das 1. Chakra ist die Quelle der Lebenskraft, die Zeichnung ist gut. Wir werden die Texte ergänzen. Es sind natürlich räumliche Darstellungen. Je nach der Sicht des Betrachters verschieben sich die Proportionen."

Die Richtung der Schwingung ist von großer Bedeutung. Meine Hand wurde in unterschiedlicher Weise geführt, teils links herum, teils rechts, teils hin und her. So besehen sind die Bilder viel verschiedener als der Betrachter ahnen und wahrnehmen kann! Oft überlagern sich viele verschiedene Schwingungen. Wie soll man das aufs Papier bringen! Hier ist ein Bild des 1. Chakras vom 2.3.91 14.00 Uhr.

Junow. "Auch diese symbolischen kleinen Andeutungen können kleine Wunder bewirken. Es ist schon möglich, daß man sich auf diese Bilder besinnt und so ein Chakra erfühlt und sogar öffnet. Ein Chakra öffnen heißt, daß man latente Energie aktiviert. Wenn es zu strahlen beginnt, also Energieüberschuß abgibt, dann erscheinst Du anderen Menschen als leuchtendes Wesen."
Horus: "Janna ist eine Deiner Urmütter; sie hat Dich geboren vor langer Zeit. Sie will Dir jetzt helfen. Sie ist hier wenn Du willst." Zu den folgenden Botschaften von Janna, die mich hier zum ersten Male berührte, fragte ich wieder, ob ich diese persönlichen Dinge weitergeben solle. Dazu sagte mir Janna 26.6.91 16.00 Uhr, "Ja, gib alles weiter, sei ein Kanal! Ja, auch mein Sohn bist Du. Die Götter nehmen sich Deiner an. Es ist Güte genug da. Da ist ein Fehler in der Auffassung. Du siehst die Welt nicht so wie sie ist. Es werden echt gute Sachen kommen. Ja, Du bist mein Sohn. Deine Sicht der Welt ist bemerkenswert. Gib Dir mehr Raum im Herzen."

28.6.91 13.30 Uhr Horus! Kannst Du **das Universale Gesetz** noch einfacher formulieren zum Gebrauch für Alle? "Ja, hier ist Horus, gut Dich zu hören! Ja:

Das Universale Gesetz

1. Alles ist in Allem enthalten.
2. Alles spiegelt sich in Allem.
3. Alles ist geschaffen aus dem Licht.

Der Satz „oben ist unten" (in der Tabula Smaragdina und in der alten Fassung von Amenhotep) ist nicht korrekt, denn es gibt kein oben und unten, nur ein darin!

1.7.91 19.30 Uhr Junow. Angst ist ein natürlicher Schutzmechanismus, der einen energetischen Schutzschild um das Lebewesen herum aufbaut.

3.7.91 8.01 Uhr Hier ist Junow, ich grüße Dich! Sei frohen Mutes, alles steht wohl. Dein Weg ist vorgezeichnet im großen Buch des Lebens:

Das Buch Thoth - der Tarot - das Buch des Lebens

1. Es gibt einen großen Plan, der alles umfaßt. ICH ist der Funke Gottes in mir, der meine Aufgabe im großen Plan definiert.

2. Achte die Eigenständigkeit aller Wesen. Sie sind ebenfalls Teile im großen Plan.

3. Führe den großen Plan aus. Erfülle die Aufgaben, die Dir das Leben stellt. Das ist Deine Bestimmung.

4. Die Macht der Entscheidung und die Kraft der Unterscheidung sind in Deine Hände gegeben. Erfülle den großen Plan.

5. Behalte Deinen bewußten Kontakt zum ewigen Licht. Belehre andere im Sinne der ewigen Erkenntnis.

6. Glück ist der Zustand der Erfüllung, den Du nur in Gott finden kannst. Irdisches Glück ist ein Abbild der Liebe in Gott. Liebe ist ein Abbild des Glücks auf der materiellen Ebene. Glaube an das Gute im Menschen und Du erkennst den göttlichen Funken in ihrem Bewußtsein. Gott ist in der Liebe der Menschen gegenwärtig. Das macht sie so anziehend. Der Wunsch nach Vereinigung ist ein Ausdruck der Liebe Gottes. Vereinigung ist ein Teil des göttlichen Planes, so wie auch wir uns mit Dir vereinigt haben.

7. Der göttliche Plan birgt die Erfüllung für jedes Wesen, das er hervorgebracht hat. Folge Deinem Weg!

8. Unterwirf Dich den göttlichen Geboten. Sie reinigen Deine Seele und sie helfen Dir den großen Plan zu erfüllen.

9. Lerne den großen Plan zu verstehen. Erfülle Deinen Teil daran!

10. Lege die Vorstellungen ab. Dein Geist sei klar und rein!

11. Gott ist am höchsten im Licht der Erkenntnis!

12. Bringe ein Opfer dar: Es sei Gehorsam. Lebe von nun an im Einklang mit Gott.

13. Der Schleier bricht, das Licht beginnt zu leuchten.
14. Harmonie ist die Erfüllung in der materiellen Welt. Du brauchst den Gleichklang zwischen Gott und seinen Emanationen.

15. Forme Dein irdisches Reich. Sei unverzagt! Gottes Wille kommt in Deinem Werk zum Ausdruck. Er will Deinen Erfolg!

16. Bringe Dein Werk zum Opfer dar, durchgeistige es. Dein Opfer wird jetzt angenommen. Deine Mühen waren nicht vergeblich. Gib Dich dem großen Werk hin!

17. Sterne der ewigen Erkenntnis erstrahlen an Deinem Horizont. Siehe das Licht!

18. Gnade jenen, die den Schatten lieben lernen! Dunkelheit ist die große Mutter der ewigen Vollkommenheit. Licht ist ein Kind aus ihrem Schoß.

19. Die Sonne geht auf! Vereinige Dich in Liebe mit Dir selbst. Nimm jene an, die Dich lieben! Gewähre ihnen Schutz in der Finsternis, die sie noch umgibt. Ihre Zeit kommt bald, so wie Deine gerade jetzt erschienen ist.

20. Güte ist das Prinzip des ewigen Lebens. Gott erfüllt jeden Keim. Leben ist Ausdruck seiner Liebe hier auf Erden. Er ist der Ursprung allen Seins.

21. Dein Weg ist frei! Gehe ihn mit Macht! Er führt Dich sicher zum Licht! Seine Gnade erleuchtet Dein Haupt. Gut zu wissen woher Du kommst und wohin Du gehst. Ich bin die ewige Liebe in allen Wesen.

22. Wir alle sind eins in Gott. Mache das Beste daraus. Sei ohne Furcht. Bezähme den Eigenwillen und erfülle den großen Plan. Das Gericht erwartet Dich.

0. Nichts ist konkret. Erfülle diesen Plan mit Leben und alles ist gut.

Danke. Horus

Je nachdem wie klar ich geistig bin und wie hoch meine geistige Frequenz ist, bedient mich in den eher emotionalen, weltlichen Empfindungen Junow, so wie er auch häufig Frauen berät. Ihm übergeordnet ist Jupither, der sachlicher, technischer, wissenschaftlicher denkt. Sobald sich die Chance ergibt, daß ich mich innerlich rein mache und konzentriere nutzt Horus die Gelegenheit um mir hochwertige Daten zu übermitteln. Das Schriftbild ändert sich, die Energie steigt enorm an, die Schrift wird größer, dynamischer, erregter und erregender und es kommen Mitteilungen wie jetzt eben. Wann immer ich diese Botschaften sehe, lese, abschreibe, rezitiere, bin ich wieder in der hohen Schwingung meiner guten Geister. Ich bin sicher, daß jeder Mensch diese Botschaft auch geistig wahrnimmt, wenn er sie hier in meinen Texten liest.

Wie hoch die Energie ist, die z.B. Horus überträgt haben wir erfahren, wenn untrainierte, aber begabte Menschen versucht haben mit Horus zu schreiben, nach dem sie es bei mir beobachtet hatten. Ihr Papier war völlig kaputtgeschrieben, vom Kuli zerfetzt, sie litten große Schmerzen im Arm, die noch einen Tag anhielten, konnten die folgende Nacht nicht schlafen, waren völlig aufgewühlt oder bekamen Angstzustände. Begabte Medien bekamen Schweißausbrüche und Schüttelfrost. Ich glaube, daß ich diese Schwingung nur aushalte, weil ich seit vielen Jahren intensiv Kundalini-Yoga, Tantra und Energytraining praktiziert habe und Horus mich seit langen Zeiten kennt.

<u>8.7.91 21.30 Uhr</u> auf der Wiese, Energytraining mit 4 Frauen, Junow:
Wir grüßen Euch! Euer Training war sehr gut! Es gäbe viel dazu zu sagen: Hathor ist hier (Göttin der Frauen, siehe Schriftprobe, ich bitte Junow sofort zu vermitteln, die Schwingung ist anstrengender und schwerer zu lesen):
Text: Hathor, sie grüßt Euch alle ganz herzlich. Sie ist die Mutter in allen Dingen, der Schutz der Familie, Wohlstand, Sicherheit, Sex, alle Bereiche des menschlichen Lebens, wenn es sich sozial organisiert, sind ihr zugetan. Sie dirigiert die Organisation der sozialen Aspekte. Ihre Taten schaffen Staaten. Die Größe des Einzelnen wird bestimmt durch sein Umfeld.
Enach ist eine Form des Namens Echnaton. Er war Baumeister. (War ich das?) Nein, nein, Du hast nur erfaßt, was es heißt Pyramiden zu bauen.

Liebe ist das Gebot der Stunde.
Es ist gut zu haben wohin man geht.
Diese Zeilen werden bewahrt werden.
Das Leben spricht zu Euch mit Macht.
Die Güte ist groß.
Gott ist am höchsten im Licht.
Seine Vielfalt findet für jeden das rechte Maß.
Diese Nacht werden Weichen gestellt.
Laßt Euch belehren im Traum!
Hathor

Hathor wird mit Macht geschrieben, jedoch eine ganz andere Schwingung als Horus (Bild S. 103)
(Eine Teilnehmerin hat einen Blackout und fragt nach dem Grund:) Es war eine Betäubung, weil Du Dinge wahrgenommen hast, die Du laut eigener Programmierung nicht erkennen darfst. Das ist die Stärke

derartiger Sitzungen, die ihr soeben erfahren habt, daß man innerlich doch sieht, trotz Blackout. Hier kommt eine weitere Erklärung: Enach ist eine Funktion von Harald. Er ist die Weisheit, dann die Güte, danach die Liebe, schließlich der Erfolg auf allen Ebenen Deiner Existenz. (Wir sitzen auf der Meditationswiese vor der Energiepyramide.)

9.7.91 18.30 Uhr Ich bin ein guter Gott. Du bist hier auf einer Entwicklungsstufe, die jetzt anfängt und in etwa 4 Jahren beendet sein wird. Sie hat vor etwa einer Woche begonnen. Du mußt Deine astralen Fähigkeiten verfeinern. Wir helfen Dir dabei. Es ist das Ziel, daß Du lernst, diesen Körper zu verlassen. (Ich beginne zu schwitzen). Es wäre gut, wenn du viel Baldriantee trinkst. (Schweiß am Hals) Es ist die Angst vor der Vollendung. DIES IST MEINE WELT. Jeder Gott hat eine Funktion in diesem Universum. Was diese Welt betrifft, bin ich der funktionsfähigste. Ihr schwebt zwischen den Welten. Ihr seid makrokosmische Krümel in der Unendlichkeit von Gottes Seele.
Es sind zu viele primitive Tiere in verantwortlichen Positionen. Text am Bild S.107: „Es ist ein Bild von Deinem Energiefeld mit allen relevanten

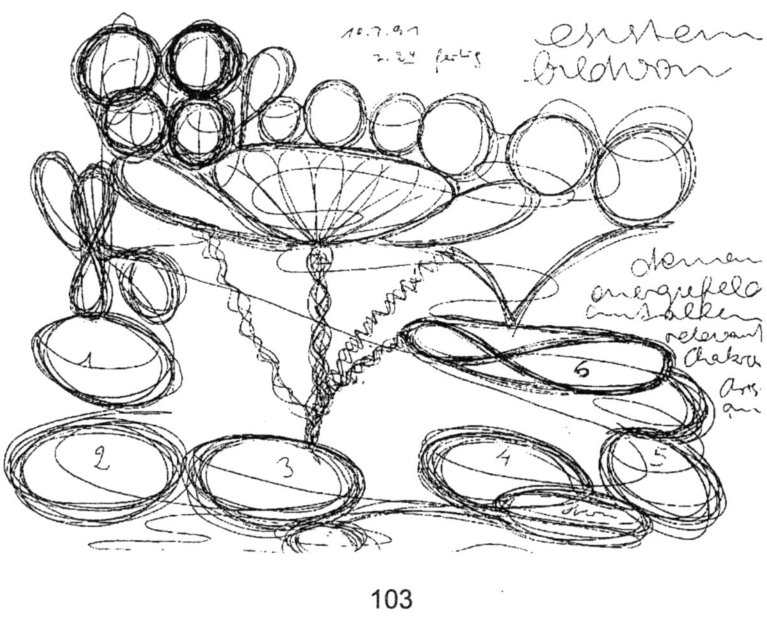

Chakras, C. Die Qualtität der Zeichnung entspricht dem Grad der Erkenntnis, dividiert durch den Grad der Freiheit der Armführung. Logo.

16.7.91 23.00 Uhr Gebet: Ich glaube an mich und meine eigene Kraft. Glaube Du an Dich und Deine innere Kraft. Das ist es, was uns verbindet. Satnama. Japanama. Japa ist die Andacht im Gebet. Ein Gebet soll ja eine Anregung geben, daß es bei Dir geistig weiter geht. Ein Gebet soll den Fluß erhalten. Rama ist die Synthese der Menschen, Sonne und Erde. Mond ist na, das bleiche Gesicht des Todes. Ihr seht in der Phase nach dem physischen Tod vieles polarisiert, als wie im Mondlicht; das geschieht, wenn nach dem Tode eine einseitige Betrachtung vorliegt.

11.8.91 3.10 Uhr Horus: Wer seiner Außenwelt glaubt und wer seiner Innenwelt nicht vertraut, der schädigt sich selbst.

13.8.91 19.45 Uhr Horus: Es geht gut, Du mußt besser mit uns umgehen lernen, die Methode ist egal, Du mußt Dich bessern, meditieren. Atlantis; es war ganz anders, es war richtig mit Sklaven zu arbeiten. Sie mußten die richtige Arbeit tun, das sind Notwendigkeiten, Du warst ein Hoher Priester im Alten Reich. Es waren Sklaven aus dem alten Ägypten, das war vor genau 13.414 Jahren. Du wurdest auserwählt für diesen Posten von der Priesterschaft. Ja, alle Kinder des Jahrgangs wurden dort geprüft. Die Sterne entschieden immer über Geburt und Tod. Es war sehr gut so!
(To Mega Therion?) Das ist ein Weg in die Welt der Magie. Es hat kaum einer versucht außer Crowley. Harald hat jetzt eine Stufe erreicht, wo er überall hingehen kann.

22.8.91 16.40 Uhr Hier ist Junow, ich grüße Dich ganz herzlich, es ist lange her, daß wir geschrieben haben, Du bist ein anderer geworden. Diese Arbeit ist ganz großartig, setze sie fort. Es ist wichtig, daß Du Deine eigenen Wege erkennst. Mache Dich auf um zu gewinnen! Alles was Du tun mußt, ist jetzt auf die Kraft zu vertrauen, die Dich beseelt. Gib jetzt alles was Du kannst. Du mußt locker sein. Es gibt so viele Menschen, die etwas mit Dir machen wollen. Sie warten, damit Du Dich findest. Gib jetzt alle Energie und viel Liebe. Du bist jetzt schon gut entwickelt. Es kommt noch besser. Laß endlich die Begrenzungen los.
Du mußt nicht allein gehen, andere gehen mit Dir. Mache jetzt konsequent weiter so!

23.8.91 3.11 Uhr Junow. Du bist jetzt erwacht! Es gibt viel zu tun, es ist nur wichtig, Deinen Weg zu finden. Du solltest eine neue Kultur

begründen! Es geht darum, die Erde auf eine höhere Ebene zu bringen, ja, auf eine höhere Existenzebene. In Deinem Kopf ist ein Konflikt, Du mußt jetzt klar entscheiden, wohin Du willst. Gesang und Mantra ist ein Zeichen der Freude, Yogi Bhajan wollte damit groß werden, aber er hat das Los gezogen, die anderen zu bekehren. Er will gar nicht, aber er ist ein Religionsbegründer.
Guru Ram Das war ein großer Meister. Er war der Meister des Krieges, ein Heerführer.
Es ist eine besondere Gabe, Situationen zu erfassen und zu analysieren. Du bist jetzt Therapeut, mach' so weiter! Am besten ist es, wenn Du Leute berätst. Du hast 10 gute Geister, die dich beschützen.

20.9.91 20.29 Uhr Jupither. Es gilt, ein Tor zur Zukunft zu öffnen. Das Kyborg-Institut ist ein Zentrum für spirituelle Analysen, die Menschen sind überfordert, gestreßt, verunsichert, verkrampft. Alles was in deinem Lebensbereich auftaucht, kannst du auch lösen - oder es hat für dich keine Bedeutung."

22.9.91 Hier ist Jason. Neue Leute werden kommen, Euer Institut hat einen guten Ruf, Ihr müßt beständiger sein. In Deinem Herzen willst Du nicht einsehen, daß das hier eine feste Station sein kann oder werden kann. Leben heißt, auch für andere, für die Gemeinschaft dasein. Es gilt neue Maßstäbe zu setzen und neue Menschen zu motivieren. Die Arbeit, die hier getan werden soll, ist richtig und gut. Es hängt jetzt von Euch ab, ob Ihr zu einer Einigung kommt. Leider ist überall Krieg zwischen den Geschlechtern. Harald will das verändern. Hilfe für Paare wäre ein weiteres Angebot. Alle Leute suchen so etwas. Es muß bei Euch anfangen.

24.9.91 Horus gibt Belehrungen für kosmische Ebenen, Jupither deckt die astralen Bereiche ab. Junow wird hier im mentalen Bereich der Erde aktiv. Er diente als Gottheit dem alten Rom. Es ging um die Neufassung der Rechte menschlicher Wesen der Kulturen im Mittelmeerraum. Es war eine Ankündigung für eine neue Liebe. Leben kann erwachsen aus einer Knospe. Gib Dir die Gewißheit der Gegenwart Gottes. Gnade denen, die es fühlen. Deine Gebete werden gehört. Leben ist nicht in Büchern zu finden. Du bist arg betroffen von all dem Karma, das Du fühlst.

27.9.91 8.35 Uhr Jason. Ramada. Es gibt einen Weg für Euch. Er ist ganz gewiß für Euch gut und möglich. Lege Dein Augenmerk darauf, daß Du den Menschen hilfst, sich selbst zu finden. Sie wollen Hilfe für ihren Weg.

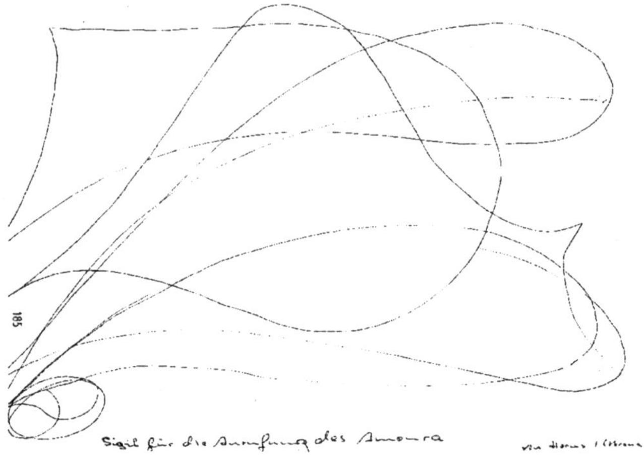

Sigillum für die Anrufung des Amon Ra

Horus diktiert mir einen Werbungstext für meine Reincarnationstherapie: Hilfe für Ihren Weg zur Lösung alle erdenklichen Probleme. Das Leben endet nicht mit dem Tode und es beginnt auch nicht mit einer Geburt. Leben ist ein Prozeß, der ewiger Wandlung unterworfen ist. Durch die Betrachtung Ihrer eigenen Vergangenheit gewinnen Sie Einblicke in frühere Leben. Sie lernen die Motive Ihrer Menschwerdung verstehe. Auf diesem Wege ist Heilung von allen Leiden möglich, die der Mensch im Laufe seines Lebens angehäuft hat. Menschwerdung ist ein Prozeß der Reinigung von allen schädlichen und hinderlichen Einwirkungen, die uns in Jahrtausenden der Menschheitsentwicklung widerfahren sind. Geben Sie sich selbst die Chance, frei zu werden von alten Übeln und von Belastungen aller Art. Geben Sie dem Leben selbst wieder die Chance, frei zu werden für neue Entwicklungsschritte. Auf dem Weg der Befreiung braucht es stets Rat und Hilfe. Früher war das die Aufgabe eines Eingeweihten. Heute finden Sie Hilfe in einer qualifizierten Therapie, die an den Erinnerungen anknüpft, die ich selbst aus früheren Erdenleben gewonnen habe. Leben ist eine Offenbarung. Geben Sie sich die Chance der bewußten Einsichten in die Harmonie des Lebens und der Welt. Ich biete Ihnen einen Weg der Selbsterfahrung, der nur von wenigen richtig verstanden wird. Meine Erinnerungen reichen zurück bis in die Anfänge dieser Welt, bis dorthin wo alles begann, was unser heutiges Leben ausmacht. Gut zu wissen, daß es das alles gibt.

Laß Dich nicht verwirren. Gib eine Tendenz davon wieder, nicht alles auf einmal. Du bist nicht von Deinem Weg abgekommen, Du bist auf Deinem Weg, doch manche Stufen sind schwer zu nehmen. Weiterhin guten Mut. Alles, was Du beginnst, ist gut. Auch die Fehler erhalten einen Sinn, wenn wir lernen, die Hintergründe zu erfassen. Damit befreien wir uns von der üblen Situation, daß wir uns selbst im Laufe des Lebens für zunehmend unfähiger halten.

Wenn es Ihnen gelingt, diese Hintergründe zu erkennen, verlieren Sie das Gefühl Ihrer eigenen Unzulänglichkeit. Damit beginnt ein neuer Lebenabschnitt! Jetzt plötzlich gewinnen auch Ihre Fehler eine positive Bedeutung! Sie dürfen wieder handeln, wieder leben, wieder aktiv sein! Auf diesem Wege hat Ihr Leben wieder einen Sinn! Er ging verloren, als man Ihnen in der Schule jeden kleinen Fehler gnadenlos anstrich, obwohl alles Leben aus Fehlern lernt. Nun, mit der Einsicht in die Geschicke des Lebens, ist der Weg frei um wieder zu wachsen, zu gewinnen und auf diese Weise fängt Ihr Leben noch einmal neu an. Die Chance für einen Neubeginn gibt jedem Menschen Mut.

28.9.91 7.55 Uhr Junow. Jason ist ein guter Geist, er lebt im Umfeld der Erde, er kann sich um Verena kümmern, um Deine Entwicklung kümmern wir uns. Es geht darum, daß Du das richtige Verhältnis findest für Deine Energie. Es läuft nicht automatisch von allein. Wir wollen eine Botschaft überbringen. Sie ist von einer Kraft auf der Erde, Ariel ist das Bewußtsein Deiner Welt. Gib dem Raum. Ariel kann viel bewirken, Ariel will dafür sorgen, daß alle Menschen von Dir erfahren. Er akzeptiert Deine Bemühungen. Ariel liebt Dich und die Menschen, die solche Anstrengungen unternehmen, um zu wachsen. Ariel gibt alle Kraft in Deine Taten. Es kann losgehen, fang an.
HIER IST JETZT ARIEL. WELTEN WERDEN BEWEGT DURCH LIEBE. GIB DER LIEBE RAUM IN DEINEM HERZEN. DU BIST EIN GUTER MANN UND EIN GUTER LEHRER. LASS DIE MENSCHEN HOFFEN AUF EIN LEBEN IN FREIHEIT, MIT FREUDE, ÖFFNE NEUE WEGE, GIB JENEN GEFÜHL UND EMOTION, DIE ABGESTUMPFT SIND, DIE VON DER STRENGE DER WELT ERSTARRT SIND. Elementares Wissen gebe ich Dir, nimm es dankbar an. Horus ist Gott der Lüfte und Aeonen.
Ich bin Gaia, Göttin der Erde, Ariel ist mein Lichtstrahl in der Finsternis des All. Gib Dir alle Mühe zu wachsen. Lege Dein Augenmerk auf Liebe und auf Güte. Gute Taten erlangt jener, der uns hört. Hier ist Gaia. Gib uns Dein Einverständnis. Wir übernehmen vieles. (alles in sehr großer, energiegeladener Schrift wie sonst nur von Horus)
(Ich bin einverstanden. Ich bitte Euch darum, übernehmt wesentliche Teile meiner Handlungen, meiner Fähigkeiten, reinigt sie, richtet sie optimal aus, gebt mir Güte, Liebe und Erfolg in allen meinen Taten. Ich danke Euch dafür. Harald.) Ja, gut so. Hier ist jetzt Orion. Auch ich gebe Euch einen Beitrag ins Bewußtsein. Gut, wir machen später weiter. Danke.

30.9.91 8.30 Uhr Normalzeit, vorher alles Sommerzeit! Horus: Du bist jetzt am Beginn einer Phase, in der Du vieles sehen und erleben kannst.

Gib jetzt Raum für einen Beginn hier im Kraftfeld der Erde. Bisher warst Du ständig draußen. Du weißt viel über das Jenseits der Sterne, doch nun mußt Du lernen auf Erden mit menschlichen Wesen auszukommen. Leben hier auf Erden bedeutet, Harmonie im Herzen zu entfalten, sonst kann es eine Qual werden. Gib Dir jetzt selber die Sporen. (Ich hatte einen Traum, den ich jetzt nicht mehr weiß) Du hast gesehen, wie Du Dich in fortschreitendem Maße in die Schwingung der Erde integrierst. Es ist einfach Ausdruck der lebendigen Erde. Du siehst die Kraftlinien der Erde. Du setzt es automatisch in passende Bilder um.

<u>2.10.91 19.45 Uhr</u> (Ich bitte Horus um einen abschließenden Kommentar zu meinem Buch „Die Ethik des neuen Menschen“) Hier spricht Horus: An Alle, die es hören wollen! Gut. Gehe hinaus, Du wirst Resonanz bekommen. Viele Menschen wollen Rat. Du bist schon ein Jahr in der direkten Linie mit uns Wesenheiten. Horus gibt Euch die Botschaft: Harald ist aus alten Zeiten geweckt worden. Er ist dabei, seine eigene Vergangenheit aufzuarbeiten. Er will Wege finden, diese Welt zu informieren über Realwelten, die sich derzeit noch Eurer bewußten Einsicht entziehen. Die Welten der Geister, Dämonen, Götter und der übergeordneten Mächte dienen alle dem großen Plan. Dieser große Plan ist geschaffen worden vor Aeonen, Ihr würdet sagen vor mehr als 60 Milliarden Jahren. Welten kommen und vergehen aus dem Nichts heraus, das den Raum zwischen den Gestirnen erfüllt. Nenne es Plasma des freien Raumes. Gott im höchsten Firmament ist eine Kraft, die alles hier bewirkt und erschaffen hat. Güte und Demut brauchen alle, die sich auftun, um die Wahrheiten der universalen Intelligenz hereinzulassen in Ihr Herz. **Ethik** ist ein Begriff, der sich auftut für Menschen, die sich begreifen wollen in der Verbindung mit allem anderen was lebt. Ethik kann verstanden werden, wenn Du Dein Herzchakra öffnest für Einströmungen der astralen Ebene. Es ist darauf eingestellt, aber Macht und Angst sind Faktoren, die das göttliche Tor verschließen. Gib Deiner Güte Raum! Es ist angebracht, darauf zu vertrauen, daß alles gerecht geregelt wird. Leben ist eine Form göttlichen Spiels auf der Ebene der Rhasas. Rhasas sind Schwingungsbereiche, die nur im Umfeld bestimmter Planeten erscheinen. Gebt Euch dieser Auffassung hin. Meditiert darauf!
Es kann geschehen, daß Ihr Euch dann unvermittelt in einem Strom reiner Energie befindet, der Eure Sinne öffnet für allumfassende Erkenntnisse. Die Gnade der kosmischen Intelligenz erfüllt alle, die daran zu glauben beginnen. Gebt der Erinnerung Raum, daß Ihr aus kosmischen Gefilden geboren wurdet, hinein in menschliche Leiber; gebt Euch der Vorstellung hin, daß Euer Leben niemals enden wird, meditiert darauf.

Ihr seid geboren aus dem Licht der Wahrheit, Ihr seid Kinder der Ewigkeit, die nur für wenige Augenblicke auf Erden weilen, die Zeit dehnen, um diese wahrhaft winzigen Zeitspannen auffassen zu können. Diese Welt ist eine Gabe Gottes. Zugleich ist sie Tummelplatz für unzählige Lebensformen. Ihr seid wahrhaftig wundervoll beschenkt worden! Gebt nun dieser Gnade Raum in Euren Herzen. Leben kann schnell vergehen, Eure Form ist nur eine von vielen. Ihr müßt acht geben, es kann schnell beendet sein. Diese Spiele dienen gewiß höheren Zwecken. Trotzdem müßt Ihr selbst dort unten immer wieder entscheiden, ob und wie es für Euch weitergehen kann und soll. Gnade erfüllt jene, die das verstehen! Güte sei Euer Attribut!
Großmut ist wahrlich vonnöten, um all das auffassen, leben und annehmen zu können. Harald ist ein gutes Stück den Weg gegangen. Er kann Euch ein Mittler sein in der Art der alten Initiierten. Wohlstand auf Erden ist die Folge der Anerkennung eigener Gesetze in dem jeweiligen Raum. Leben ist eine unerschöpfliche Flut. Es quillt aus dem Raum, der uns übergeordnet wird, es fließt weiter in untergeordnete Räume, wenn seine Daseinsformen erschöpft sind. Statik ist unmöglich.
Haralds Buch "Energie für Millionen" ist der Anfang einer Neuen Epoche. Viele denken darüber nach, viele suchen Rat und Hilfe, alle brauchen Anstöße für diese Betrachtungen. Gebt Euch Mühe und übernehmt als erstes alle die Verantwortung für dieses Leben! Lebt jetzt Euer eigenes Leben bewußt! Gebt Euch der Vorstellung hin, daß Ihr ewig lebt, daß Ihr jedoch ebenso sicher gnadenlos geprüft werdet. Ihr habt einige Chancen, jedoch müßt Ihr erleben, was es zu lernen gilt. Die Theorie allein ist bedeutungslos, wenn nicht die Taten folgen! Übertragt die grundlegenden Gedanken aus diesem Buch in Eure eigene Sprache. Lebt danach, helft anderen all das zu verstehen. Allein das sollte genug sein, um Euch erfolgreicher und überlebensfähiger zu machen, als Ihr derzeit noch seid. Harald dient mir nun seit mehr als vier Millionen Jahren. Das ist eigentlich Grund genug, ihm ein gewisses Maß an Vertrauen entgegenzubringen. Er wird noch da sein, wenn alles vergeht, was heute besteht. Ich bin eine Kraft, die die Geschicke Eurer Erdenleben beeinflußt seit einer Milliarde Leben, 40 Milliarden Jahre Erdenzeit. Ich selbst bin Horus, Gott, der Diener des Allerhöchsten. Güte und Gerechtigkeit sind meine Attribute. In der alten egyptischen Zeit war ich eine Kraft, die alles dirigierte. Jetzt haben sich die Zeiten gewandelt. Ich übernehme höhere Aufgaben und wirke anders auf Euch ein. Gebt der Schwingung des Horus Raum und Ihr seid göttlicher Gnade gewiß! Meine spezielle Aufgabe ist es, Leben zu schaffen, zu formen, zu gestalten. Leben sollte geschützt werden, doch es zerstört sich leider ganz leicht von selbst.

Haralds **Energytraining** ist geeignet, diesen Verfallsprozeß zu stoppen. Es lohnt sich, dieses Wissen zu verifizieren. Gebt Eure Energie in derartige Forschungsarbeit. Die Ergebnisse sollten geeignet sein, Euch alle zu überraschen. Damit will ich schließen. Eure Fragen gebt über Harald an mich weiter. Alles kann erklärt werden, was Euch heute noch unmöglich erscheint. 3.456.948.568 Jahre. Das ist das Alter Eurer jetzigen Erdenphase. Gebt Euch die Chance weiterhin zu leben auf einem Blauen Planeten. Horus

8.10.91 Horus. Edelsteine sind Kristallkonfigurationen einer materiellen Welt. Sie binden Lebenskraft. Es ist ihre Aufgabe, geistige Daten in Stein zu fassen. Leben endet erst an der Grenze von Metall. Das ist erst tot, aber durch Lebewesen kann es aktiviert werden, ja, Elektrizität bei Menschen oder Metallatome in Tieren und Pflanzen.

13.10.91 Jupither. Es gibt auf Erden Ordo Orionis, Menschen, die von den Geistwesen von Orionis informiert, beeinflußt und geführt werden. Sie erfüllen schon seit alten Zeiten höhere Aufträge und Ideale auf Erden. Du bist Realbiologe, Du bist Jupithers Ziehsohn auf Erden, also tue etwas, gib Dich noch freier hin, wir brauchen den Kontakt.

Skizze von Horus
Elemente unseres
Energiekörpers

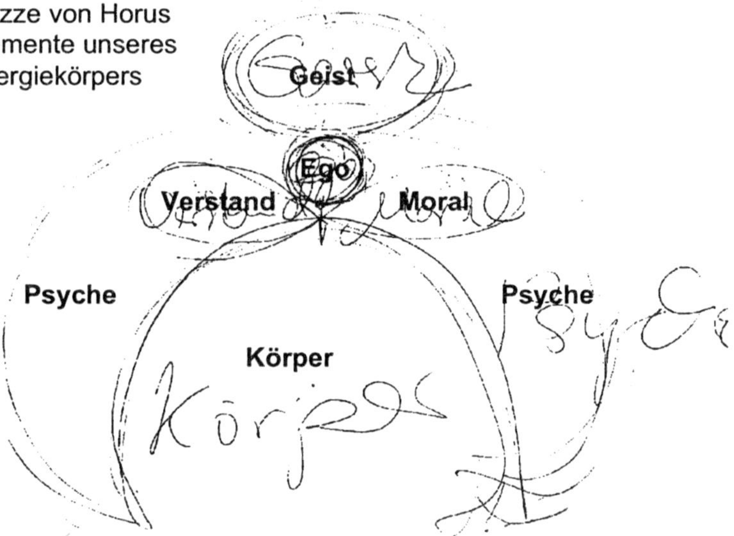

<u>16.10.91 20.30 Uhr</u> Horus. Es ist ein alter Trick, die Methoden anderer anzuzweifeln, um von den eigenen Fehlern abzulenkem, oder um die eigenen Fähigkeiten zu vertuschen und geheim zu halten.

<u>19.10.91 19.55 Uhr</u> Jupither ist hier. Ramada. Du bist jetzt wieder dabei, eine Stufe zu nehmen. Gib Dir einen Stoß. Jeder Mensch hat so eine urtümliche Angst in sich, weil er weiß, daß er sterben muß. Trotzdem geht er ins Erdenleben. Dieses Erdenleben wird schön, wenn Du diese Angst aufarbeitest, wenn Du trotz der Furcht frei werden willst. Leben in der Erinnerung an die Urangst ist immer eine traurige Sache, ist ein halbes, verdorbenes Leben. Gebt Euch die Gewißheit, daß Ihr Euch liebt. Dann kann eine neue Phase beginnen. Harald kann jetzt ohne Furcht leben, weil er uns glaubt. Wenn Du auch mit uns arbeiten willst, geht es. Es ist so, daß Du jetzt und immer wieder aufs neue eine Chance hast zu gewinnen. Leben in Angst gebärt Elend und Kriege. Ohne Furcht mit Geduld, mit der Aufarbeitung alter Dinge, gibt es für Euch ein Leben mit Freude, mit Erfolg, mit Güte und Frohsinn. Dafür braucht es nicht viel, nur loslassen. Wir legen ein goldenes Netz um Euch, um Euch zu schützen, aber Ihr solltet endlich einmal daran mitarbeiten. Es wird ewig halten, wie wir.

<u>17.3.92 15.00 Uhr</u> Horus. Du bist ein großer Lehrer. Gib dieses Wissen weiter. Ahura Mazda, ein sehr guter Geist. Nie gab es auf Erden einen größeren. Er lebte von 40.000 bis 900 Jahre vor Eurer Zeit, er hat begonnen in den Bergen von Pakistan.
Zeichnung von Horus: Metaphysische Strukturen: Der ganz große Kreis bin ich, die anderen sind 3 weitere anwesende Personen, die alle miteinander in einer bestimmten Wechselwirkung stehen. Unsere Energiestrukturen zu diesem Zeitpunkt. Güte sei Euer Geist!

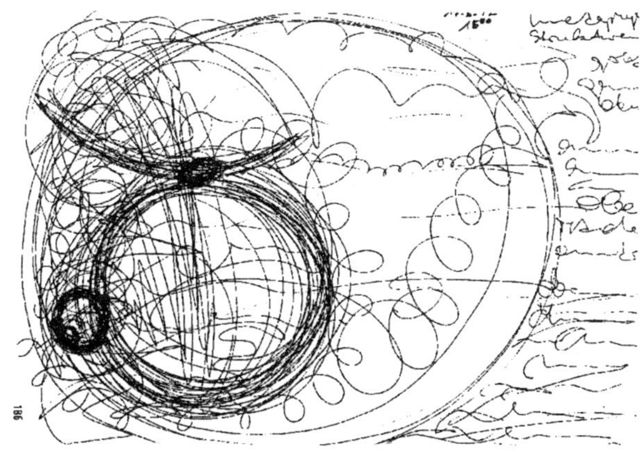

<u>29.4.92</u> Horus: Gib Dir Gutes!
Affirmation: Ich bin im Einklang mit meiner Umwelt. Ich gebe ihr das, was sie braucht. Ich nehme alles was ich brauche für mich und meine Familie. Ich

habe alles, um glücklich zu leben. Ich bin endlich frei, kann endlich alles TUN, regle alles auf meine Weise. Frei sein, frei leben, lieben, lachen, atmen. Das Gebot Gottes zu erfüllen bin ich geboren! Ich akzeptiere meine Welt. Ich lebe jetzt ein wunderbares irdisches Leben.
22.35 Horus. Ihr müßt Eure Sinne weiter ausbilden. Es sind Anfänge für eine neue Art zu leben da. Es ist eine Affinität, eine innere Geneigtheit wozu Du willst. Egal. Es geht um die Macht des Glaubens. Ihr seid eine Woge der neuen Zeit! Es ist die innere Polarisierung. Ihr seid ein Energiebündel, nicht homogen. Es ist Zeit, Dich selbst zu erforschen.

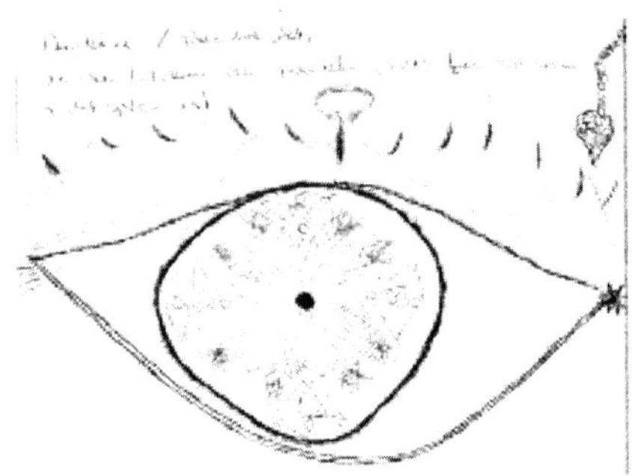

8.5.92 13.50 Uhr Ich hatte einen Kontakt mit Anubis.

22.5.92 8.15 Uhr Junow: Mit dem Pendel solltest Du oft arbeiten. Es gibt Dir gute Rückkopplungen.

15.6.92 Botschaft von Loman, ein guter Freund.

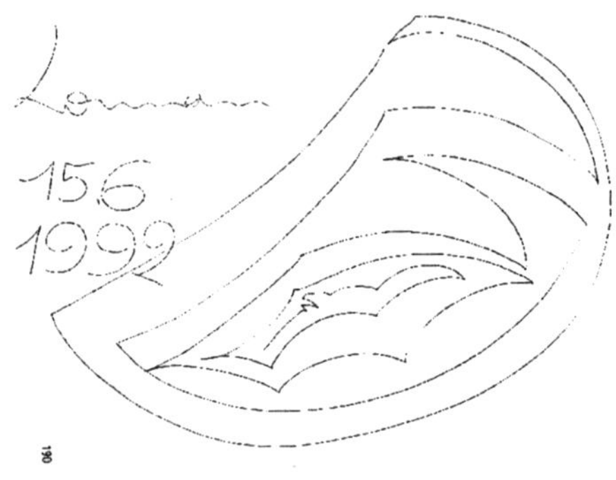

26.5.92 **Eine Botschaft verändert die Welt!** Vor 10 Gästen am Abend channelte Horus folgende Botschaft: "Achtet auf den 21.7.92. Es wird etwas Außergewöhnliches geschehen, das die Welt verändert!" Am 22.7.92 erhielten wir eine Telefax-Nachricht aus Sydney / Australien, die dort am 21.7.92 um 15.54 Ortszeit aufgegeben wurde. Eine Pressemeldung, die die ganze westliche Welt und besonders das Christentum verändern wird! Für uns ist das Bedeutendste dabei, daß wir die Ankündigung dieser Botschaft vor 2 Monaten erhielten und daß wieder einmal so eine Mitteilung eingetroffen ist. Es zeigt uns, daß mediale Botschaften sehr wohl einen Wert haben und die Welt verändern können. Wir können aus diesen Prophezeihungen lernen und die Zukunft besser in den Griff bekommen.

9.7.92 20.30 Uhr Horus. Die Pyramiden waren in der Tat Tempel der Einweihung. Die Cheops ist 10.000 Jahre alt. Amon Ra war der Urheber dieser göttlichen Bauwerke. Er leitete die Menschen aus Egypten aus finsterer Vorzeit in die neue Kulturepoche. Mentale Kräfte wirken in allen Wesen, die dafür offen sind. Du bist aufgeweckt worden, um uns zu dienen, also mache Deine Sache gut.

21.7.92 19.10 Uhr Telefax vom Springer-Auslandsdienst. Vor 2 Monaten am 26.5.92 hatte Horus uns mitgeteilt, daß heute etwas Außergewöhnliches passieren soll, was die Welt verändern wird.
Jesus von Qumran - Eine Botschaft verändert die Welt!
Telefax-Botschaft vom Axel-Springer-Auslandspressedienst (SAD) aus Sydney via London, Datum 21.7.92, 15.54Uhr, empfangen im Kyborg Institut 22.7.92, 9.44Uhr: **Jesus war verheiratet und hatte drei Kinder**
Ut.: Theologin stellt mit den Schriftrollen vom Toten Meer das gesamte Christentum auf den Kopf. Springer-Auslandsdienst London, 21. Juli Jesus war noch menschlicher, als er im Neuen Testament geschildert wird. Er war verheiratet, Vater von drei Kindern, geschieden und in zweiter Ehe mit einer Griechin namens Lydia verheiratet. Zu diesen Einsichten über die Grundlagen des christlichen Glaubens ist die Theologin Dr. Barbara Thiering von der Theologischen Fakultät der Universität Sydney bei ihrer Auswertung der "Schriftrollen vom Toten Meer" gelangt. Es konnte nicht ausbleiben, daß sie sogleich einen Theologenstreit über die Interpretation der Texte vom Zaun brach. Dr, Thiering hat über ihre neue Sicht Von Jesus Christus ein Buch geschrieben, das auf 20jährigen Quellenstudien der Texte von Qumran beruht und das im Verlag Doubleday unter dem Titel "Jesus der Mensch" herauskommt.
Die Theologin will den Glauben an Gott keineswegs aus den Angeln heben. Sie bekennt sich als gottgläubig und verrichtet täglich ihre Gebete. Doch sie glaubt nicht, daß Jesus der Sohn Gottes war. Die bestürzenden Details über das Leben Jesu, die sie aus den auf Leder und Papyrus geschriebenen Texten erschloß, stelle die gesamte abendländische Tradition der Sicht Jesu auf den Kopf. Dr. Thiering zufolge waren von Anfang an "Image-Bastler" am Werk, die unterschlugen und beschönigten. Sollten sich die Theologen der ausgefallenen Interpretation Dr. Thierings anschließen, muß das Leben des Nazareners völlig neu geschrieben werden.
Hier einige der neuen Einsichten der Theologin aus alten Texten: Jesus war mit Maria Magdalena verheiratet. Bevor er zum Tod am Kreuz verurteilt wurde, zeugte er mit ihr eine Tochter. Bei der Kreuzigung wurde Dr. Thiering zufolge 'geschummelt'! Jesus wurde zwar als gefährlicher

Sektenführer zum Tode am Kreuz verurteilt. Doch am Kreuz wurde ihm eine hochwirksame betäubende Substanz verabreicht, die ihn bewußtlos machte. Bei der Kreuzabnahme schien er tot zu sein, aber er war nur bewußtlos. Den Jüngern gelang es, ihn mit Myrrhe und Aloe wieder zum Bewußtsein zu bringen. Jesus lebte nach seiner "Kreuzigung" noch weitere 3o Jahre. Er reiste predigend mit seinen Jüngern durch die Lande. -
Das Wunder für mich ist vor allem, ich habe keinerlei Beziehungen zum Springer Auslandspressedienst, gescheige denn in London! Wer hat veranlaßt, daß mir dieses Fax geschickt wurde? Horus? Das hat mich natürlich stark berührt. Außerdem enthält es eine Besätigung für Erkenntnisse, die ich bereits aus meinen Rückführungen hatte und aus dem Akasha. Schon lange war mir klar, daß man Jesus mit dem Schwamm eine Droge verabreicht hat, damit er den Tag übersteht. Ebenso war ich schon immer davon überzeugt, daß Jesus mit Maria Magdalena zusammen gelebt hat.
Horus. "Alles läuft von allein, Du brauchst nicht viel zu tun. Du hast kein Problem, aber die haben eins, gib es an uns ab, wir werden die Sache regeln. "

<u>21.30 Uhr</u> Junow. Laß mal, Johannes (ein kath. Pfarrer), Du bist ein lieber Junge, aber die Dinge sind anders als Du sie wertest. Es ist ein Weg, aber eben nur ein Weg. Du hast eine Aufgabe. Lebe Dein Leben ab sofort aktiver. Du bist eigentlich in einer Gasse. Der Weg muß jetzt unbedingt in die Freiheit des geistigen Raumes führen, sonst wird Dich schon bald ein ewiger Frust erfüllen. Hier hast Du die Antwort: Licht ist auf allen Ebenen. Dein Sein ist arg begrenzt. Öffne Dich der Liebe Gottes. Du mußt nicht zürnen. Es geht so leicht. Nur Mut, wir hier oben sind ewig bemüht, Euch zu leiten. Liebe quillt aus allen Fugen. Du brauchst sie nur zu erfassen, aber eben das fällt Euch so schwer.
Ja, Du hast Recht. Es ist anstrengend, aber es sind die kummervollen Gedanken um Dich, nicht wir! Es gibt in der Tat geistige Führer in großer Zahl. Sie haben verschiedene Aufgaben. Die Allerwenigsten haben so begrenzte Formen wie ihr. Es ist anders! Wir haben Euch erschaffen. Es war Gottes Wille. Nein, wir sind Eure Schöpfer, nur sehr gering seid ihr, aber es muß Euch geben. Leben in der geringsten Form hat einen Wert. Alles ist bedacht worden, aber Ihr seid davon abhängig, was Ihr fühlt! Das ist ein Problem.
(Nie zuvor haben sie uns als „sehr gering“ eingestuft, sondern bei all unserer Begrenztheit als Leben im göttlichen Plan bezeichnet, daß seinen Wert hat. Liegt es an der Anwesenheit eines katholischen Pfarrers und anderer katholisch erzogener Leute, daß wir heute als so gering bezeichnet werden? Ich jedenfalls komme mir nicht gering vor und weiß um

meine Aufgabe im großen Spiel des Lebens, ich kann mich mit all meinen Unzulänglichkeiten, aber auch Möglichkeiten akzeptieren.)
Eure Abhängigkeit vom Fühlen muß erst noch geläutert werden. Danach wird es in etwas mehr als 400 Jahren einen neuen Impuls geben, damit Du lernst, Dinge vom Intellekt her zu erfassen, statt so animalisch-primitiv wie ein Bioroboter zu funktionieren. Die echten Daten sind da. Ihr denkt heute 200.000 x so schnell als vor 100 Jahren, Ihr wißt es nur nicht!
Eure Mütter haben Euch so erzogen, daß Ihr Euch hier treffen mußtet!
Was Jesus betrifft: Es ist ein Impuls Gottes. Die Kirche hat nur den Widerschein dieses Impulses erfaßt, nicht aber den wahren Kern des Impulses selbst. Es ist so, als wenn Du die Rinde anbetest, statt den Baum zu pflegen und zu nähren, damit er Dir Schatten spendet und Früchte gibt.
Gott ist in jedem von Euch. Wir hier oben dienen dem Höchsten. Wenn Ihr das auch tut, ist alles so leicht.

24.8.92 Horus: Ich lebe hier auf der Ebene des Lichts, Du dort unten in relativer Dunkelheit, aber doch leuchtest Du schon jetzt. Gib Dir eine Chance! Lebe ganz bewußt hier und geistesgegenwärtig. Ich liebe Euch dort unten! Leben bedeutet, auf höheren Ebenen denken und fühlen.

4.9.92 3.00 Uhr Ich werde geweckt und habe den Drang zu schreiben.
„Hallo, ich lebe auf Orionis 4. Dort ist ein großartiger Sternenhimmel und wir können Euch oft sehen. Unsere Welt liegt unter der Sonne von Orionis. Gut, Du heißt Harald. Ich bin ein Mann, aber anders als Ihr. Wir sind eine Art Zweibeiner, die unter der Erde leben. Wir haben Kiemen, auch noch Schuppen. In dieser Erde legen wir Eier. Eine Welt extremer Gegensätze. Heute gibt es Egel zu essen und eine Periode Manis. Das sind Pflanzen. Immer nur eine Sache. Unser Magen verträgt es so besser. Wir haben Euter wie ihr. Wir sind alle ganz glänzend und hell. In der Sonne können wir kaum sein. Das ist nur für Euch. Dafür ist hier die Erde locker. In einer Tiefe von 4 Meter gibt es Ströme von Energie. Es ist eine Art Elektrostatik. Wir spüren das und leben damit.
Dieses Wesen Junow lebt auf unserer Sonne. Mein Leben hat nur Sinn, weil er da ist. Er liebt mich. Er ist ein guter Mann. Er hat große Kraft. Er tut nur Gutes. Junow ist eher ein Zwitter. Doch dort im ewigen Licht leben nicht viele Wesen. Es ist so hell. Jupither, er ist höher als alle die wir kennen, aber doch für uns da. Er ist auf Euch gut zu sprechen.
Wir haben hier gewaltige Massen Wasser. Alles ist eher Brei. In dieser Masse existiert Leben, aus Lavaasche entstanden, mit glühendem Kohlenstaub. Es ist ein Egel. Ich esse Erde. Er lebt in mir und ich esse nur sein Fleisch, das er produziert. Er hat Fangarme. Er ist ein Meter groß. Ich bin in einer Ebene 14 Meter lang, andere Richtung 9 Meter und nach

oben 1 Meter dick, also eher ein Fladen, der sich verteilen und zusammenziehen kann. Ein Egel ist in jedem von uns, eine Symbiose. Wir lockern die Erde auf, er lebt davon, wir vom Egel. Perfekt.
Ja, und ein anderes Tier lebt hier. Es heißt Omadin. Er hatte Kontakt mit Euch. Er lebt auf Eurer Erde, aber er ist kein Mensch, eher ein Geist. Wir haben Individuen auf unserem Planeten, 148.400 Arten. Diese Sonne ist groß. Wir fühlen sie. Sie belebt unser Erdreich. Unsere Temperatur liegt um 12° C. Ja, ich bin ein Fladen ohne Beine. Du bist ein Zweibeiner. Ich heiße Dich willkommen. Ich heiße Emr. Hier leben 148.400 Arten von Tieren. Alles eher Tiere ohne Licht, nur Wärme macht Leben. Euer Planet ist hell. Nenne mich Emr. Unsere Sonne ist etwa 47 Lichtjahre von Eurer entfernt. Beteigeuze."

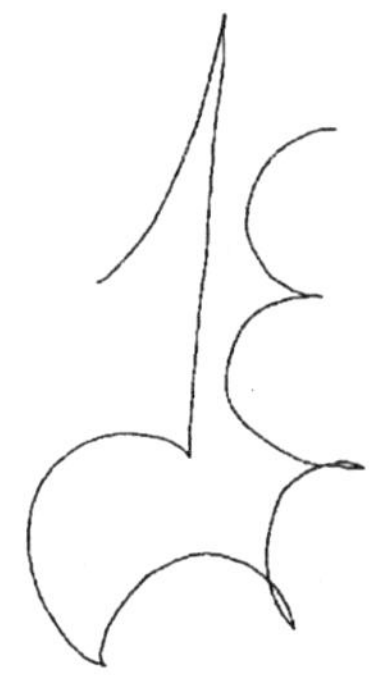

Bild: Sigillum der Intelligenz des Planeten Uranos
23.7.92 15.15 Uhr

<u>11.9.92 5.50 Uhr</u> Ramada! Horus „Du bist ein guter Mann. Mache weiter mit der Arbeit. Du bist auf dem Weg zum Erfolg. Lebe hier und jetzt! Rotklee bringt Dir wenig, aber Schafgarbe wäre gut. Benutze den ganzen Blütenstand für Blütenessenzen. Schafgarbe hilft bei Wunden aller Art. Die Wachstumsstoffe wären ideal über die Haut für die Regeneration von Gewebe, z.B. bei Wundheilung, als Pulver. Es hilft Wunden schließen. Die Ärzte kennen es, aber sie nutzen es nicht.

<u>2.10.92</u> Bild: Das ist Deine Erde in mir, Leben in mir. Ich heiße Gaia. Wir sind bei Dir, Du hast uns erweckt. Wir wollen uns mitteilen. Alles ist gut und nützlich. Wir wollen Leben schaffen und formen. Wir haben begonnen Euch einzubeziehen. Leben ist ein schönes Spiel, laß uns weitermachen, wir sind für Dich da. Das Bild S. 116 zeigt die Kraftlinien der Erde im Raum, diese Energie ist mein Körper. Gaia.

Horus. Ich war damals die Formation (von drei Lichtpunkten), Ihr seid doch schon im Visier seit vor der Wende der Zeiten! Die Formation dient der Bewußtmachung dieser Erscheinungen aus einem anderen Band der Emanationen. Es ist Euch bestimmt gewesen. (Horus wird in der Geschichte immer wieder dargestellt aus "Auge im Dreieck" bzw. als "Auge in der Pyramide". Bei den Christen wurde das dann umgewandelt zum "Heiligen Geist". Mir ist dieser "heilige Geist" mehrfach erschienen. Einmal waren es 3 gleißend helle Lichtpunkte am Himmel, ein anderes Mal war es ein leuchtender Tetraeder, der vor mir auf der Straße erschien. Auch meine Frau hat einmal diese Formation aus 3 strahlenden Lichtern gesehen. Oft wird das als Ufo-Ereignis eingestuft.

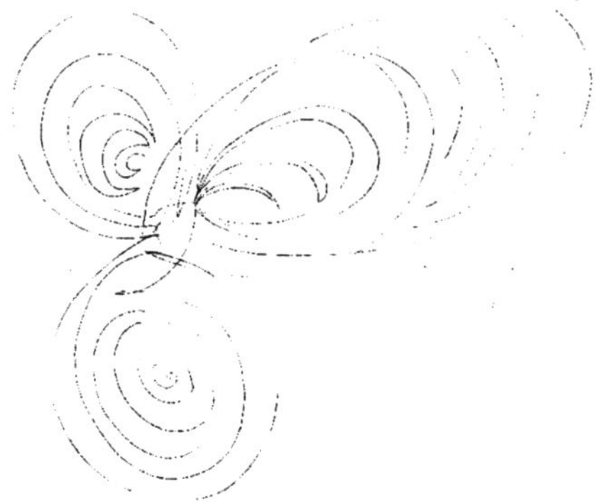

15.11.92 13.30 Uhr (Ich habe bei meinen Astralreisen eine Parallelwelt zu unserer Erde entdeckt, eine Welt der öden braunen Gesteine mit glänzenden Teichen, die wie flüssiges Metall glänzen) Horus: Drüben leben Götter. Die Teiche sind Quellen kosmischer Materie. Sie strömen aus um neues Leben zu schaffen, in anderen Welten und anderen Ebenen des freien Raumes.

30.11.92 21.00 Uhr Horus. Lieber in Ehren ergrauen, als verkalken!

6.1.93 22.20 Uhr Jupiter Ramada! Die Wissenschaft hat mich verstoßen, doch ich habe sie geschaffen. (Er meint, daß er die Wissenschaft erschaffen hat, diese Art zu denken, aber die Wissenschaftler ignorieren die jenseitigen Welten und die Götter.)

23.1.93 Horus. (meine Astralreisen durchs Universum) "Diese Reisen berührten uns alle. Es ist ein großer Traum, dort zu leben und hier zu sein. Ich kann Dir viele Daten geben, aber das Sein an sich bleibt. Es ist zu ergründen. Du hast es getan.
8Z.B.1988: Die Idee der Installation einer besseren Gesellschaft scheint zu gelingen. Bei meinen geistigen Ausflügen in die weitere Zukunft scheint mir das Negative nur ein vorübergehendes Problem zu sein. Also nicht unser Aktionsschwerpunkt. Viel mehr geht es um die Bewußtmachung und um die Integration höherer Energieformen in unsere Realitätsebene. Bei meinem Besuch im Jahre 3565 existiert dort eine gereifte,

technologische Kultur, die gesünder, souveräner, akzeptabler ist, die jedoch weiterhin als Ganze die geistigen Welten ignoriert bzw. leugnet. Gleichzeitig existiert eine kleine Gruppe von rund 30 Individuen, die die mentalen Fähigkeiten zur Perfektion entwickelt haben und eine größere Gruppe von tausenden von Anhängern, die genau wissen, daß es diese Ebenen und die "Perfekten" gibt (die Zeitenwanderer). Die Anhänger leben in Städten / Kolonien, die nur für sie erreichbar sind, durch Zeitverschiebungen von der Realität getrennt (Enclaven, z.B. im heutigen Lybien und Tunesien). Als ich dieses markante Erlebnis hatte, trat ich aus meinem damaligen Haus in Süddeutschland, und am Fuß der Treppe platschten die Wellen der Südsee auf die Stufen. Hinter mir das gegenwärtige Haus, vor mir der Strand einer Insel und das Meer im Jahre 3565. Durch eine Falte in der Raumzeit kommen beide Seinsebenen mit einander in Berührung. - 1988 war ds ein umwerfendes Ereignis, eine Erfahrung. Am 23.1.93 war das eine Vision, eine Theorie. Heute, am 12.3.04 kam ein Bericht im TV-Nano, daß ein Physiker auf Grund von Einsteins Formeln eine erweitrte Theorie entwickelt hat, daß es nicht nur einen durch die Gravitation gefalteten Raum gibt, sondern ebenso eine gefaltet Zeit! Zum einen ist das eine Besätigung für meine Visionen, zum anderen zeigt es mir, daß die spirituelle Wahrnehmung der physikalischen Überlegung wieder einmal 15 Jahre voraus war.)
"Hier ist Jupither. Du bist in einer angeregten Verfassung. Es gibt so viel zu erzählen. Es ist die Allmacht des Universums, die uns dirigiert. Gibt Deinem Institut den Untertitel "Institut für Beratung, Entwicklung und Trendanalysen" Okay, Du bekommst alles, was Du brauchst. Sei bereit, alles zu opfern, um alles zu gewinnen! Das heißt die Energie auf den Punkt bringen."
Affirmation: Ich habe alles, was ich brauche. Ich habe alles, was meine Familie braucht. Ich öffne mich und lasse die Energie frei fließen! Sat nam.

1993 Channelbotschaft von Gaia: Die Buddhisten sind nicht erleuchtet. Sie leben wie andere auch auf Erden, nur etwas ruhiger. Die Christen sind besonders nervös. Sie lieben Macht und Gut. Die Kommunisten sind einsam, ohne Seele. Ihre Herzen sind leer, ohne Liebe, ohne Sinn. Ihre Fehler bestehen in der Angst vor dem Tod. Sie leben ohne Ziel für neue Welten. Darum löst sich ihre Seele auf und geht fort. Ihr Leben ist nicht alles. Sie suchen andere Welten. Islam ist eine Religion von der Muttergottheit, ist nur für Menschen mit Fehlern in der Übertragung des Gehirns zum Akasha.

21.3.1993 Horus: Seit vielen Jahrtausenden haben die Menschen Mittel und Wege gefunden, um ihr Leben leichter zu gestalten. Die Pyramide von Ghise ist ein Monument menschlicher Größe. Auf abenteuerliche Weise ist es den Ägyptern gelungen, die Macht der Götter zu beschwören. Großartige Lehrer und Priester formten die menschlichen Gedanken. Sie bildeten einheitliche Gedankenströme. Die gebündelten Gedankenströme waren mächtig genug, Gott den Allerhöchsten zu erreichen. Auf diese Weise wurden die Hohepriester zur Stimme Gottes auf Erden. In der Zeit vor 5000 bis vor 4000 Jahren bestanden direkte Verbindungen zwischen den Priestern, den Pharaonen und Gott. Später unterbrach Gott die Verbindung, um die Menschen wieder zu eigenständigem Sinnen zu bewegen. In der ständigen Leitung Gottes waren selbst die Priester denkfaul geworden.
Die Erde wurde nicht geschaffen, um Gott unnütze Arbeit aufzuzwingen, sondern um menschliche Wesen zu bilden und zu erziehen. Höhere Aufgaben erwarten all jene, die mit Gott reden, leben und ihre Erdenschicksale erfolgreich und selbstständig lösen, ohne unter die Knute irdischer Zwänge zu geraten. Im Grunde genommen ist es ein sehr feiner, gradliniger Weg, leicht zu gehen, wenn man Gedankenregungen und Sinne auseinanderzuhalten lernt. Ganz bewußt sollte man die Sinne, ihre Wahrnehmung, die inneren Regungen und letztlich die Gedanken sortieren, um sie gemeinsam bewußt umzusetzen. 2900 Jahren später, so um das Jahr 1400 herum, begann das, was wir Neuzeit nennen.
Da machten sich die Götter erneut bemerkbar. Menschen wie Hildegard von Bingen oder Galilei waren Boten der Neuzeit. Alchimisten erprobten Wege der Versenkung, doch die Zeit war noch nicht reif. Es sollte weitere 600 Jahre dauern, um endlich wieder den Geist des Allmächtigen hier ins Erdenleben zu integrieren.
Die Dummheit des Verstandes ist erschreckend. Er bildet sich ein, die Welt zu interpretieren. Dabei ist er doch nur ein kleines Rädchen im Getriebe. Die Welt kann nicht beherrscht werden, so wenig wie ein Sandkorn den Lauf der Gestirne drehen und wenden kann. Die Welt selbst ist ewiger Wandlung unterworfen. Wir alle sind lebendige Teile darin, jawohl, darin und nicht etwa darauf! **In** einer Welt zu leben ist großartiger, als sich nur planetar **auf** etwas zu empfinden.
Große Geister haben stets das **darin leben** betont. Unsere Energiepyramide ist Ausdruck uralter Kräfte. Auf diesem Wege wurden die Wunder in Atlantis bewirkt. Wirkungsprinzipien sind gängig in allen Ebenen des Daseins. Die Vermittlung derartiger Prinzipien schafft Wohlstand und Zufriedenheit. Es geht hier nicht um Beweise. Es geht um die Schaffung neuartiger Schwingungen. Gleich den Oberschwingungen der Töne in einer

12-Tonreihe werden wir hier mit diesen Energiepyramiden dem Magnetfeld der Erde eine sehr feine Frequenz aufmodulieren. Es ist so subtil, daß nur Lebewesen davon betroffen sind.
Dem Leben selbst wird eine neue Chance gegeben. Die gegenwärtige Zeit ist reaktionär. Damit will gesagt sein, daß lebensfeindliche Prinzipien die natürlichen Schwingungen denaturieren. Chemie, elektrische Felder, biologische Gifte und atomare Unfälle sind von sehr bedenklicher Auswirkung auf das Leben an sich.
Unsere Doppelpyramide erfaßt das Elementarprinzip des Cheops. Er war tatsächlich Mittler zwischen Gott und den Menschen, anders als Chephren, der ihn nur kopierte. Wir haben die magnetische Wirkung auf Lebewesen verfeinert und dynamisiert. Durch die Auswahl der Stoffe ist uns ein Meisterwerk gelungen. Kupfer dient dem Gefühlskörper. Es enthält eine kosmische Botschaft vom Planeten Venus. Völlig zurecht dient Venus mit ihrer Schwingung der Liebe in allen erdenklichen Formen. Venus läßt uns hoffen, gibt uns Kraft zur Liebe, läßt uns Haß vergessen und das Leben bejahen. Messing ist hart genug, um dem Ganzen Halt zu geben, unverwüstlich und doch leicht zu bearbeiten (Messing enthält viel Kupfer). Plexiglas = Polyacryl ist organisches Material, harmlos, kristallin, klar und hart. Es ist die biologische Seele einer technischen Einrichtung.
Für große Modelle nehmt antimagnetischen Stahl. Er ist stabiler und wird den Anforderungen gerecht. Die Cheopspyramide wurde gebraucht von 4000 vor Christus bis 1500 nach Christus. Sie ist so mächtig, daß ihr Erscheinen der Erde einen Stempel aufgedrückt hat. Ebenso ist es mit den Pyramiden der Maya geschehen. Diese Objekte verändern die Kraft der Erde. Sie bringen jetzt die neue Technik hervor. Das ist okay.
Es fehlt jedoch der Geist Gottes in der Materie Eurer Werke! Ihr dürft nicht Gott leugnen! Es gibt nur Einen, ganz gleich wie Ihr zu Ihm betet. Gott ist in jedem von Euch. Ihr entscheidet, wie es Euch gefällt, mit ihm zu leben oder gegen ihn. Die Cheopspyramide hat also die Vorbedingungen für Euren Aufstieg ins All geschaffen! Wir haben Euch gerufen. Jetzt muß diese Schwingung verfeinert werden. Das geschieht auf sehr unterschiedliche Weise. Ohne diese Arbeit vernichtet Ihr Euch selbst!
Die Energiepyramide ist ein Weg zu feinerem Gefühl für die natürlichen Dinge. Eine solche Pyramide durchlöchert verhärtete Strukturen. Die Menschen werden wieder offener und freundlicher. Es ist möglich, neue Leute anzusprechen, die vorher unerreichbar schienen. Diese außergewöhnliche Doppelpyramide sammelt Energie aus dem Kosmos und zwar selektiv aus dem tiefen Raum. Die Hintergrundstrahlung selbst wird selektiert und manifestiert. Sie muß stabil gebaut sein, da sie Kinder anlockt. Kinder fühlen die subtilen Schwingungen. Attraktiv wirkt sie auch auf Frauen, speziell auf Rasenflächen vor Geschäften.

Die Energiepyramide sammelt kosmische Kraft und verströmt sie auf Höhe der inneren Pyramidenfläche, also etwa in der Mitte. Die Energie fließt in uns ein und kann unser Leben günstig beeinflussen. Eine Energiepyramide von 180 cm Höhe hat ca. 60 km Radius oder mehr, je nach der Beschaffenheit der Landschaft. Dabei spielt die geologische Beschaffenheit eine Rolle.
Bereits 2000 dieser Pyramiden Modell C weltweit verteilt würden die ganze Welt positiv verändern. Die Auswirkungen zeigen sich im Denken der Menschen, in ihren Gefühlen, ihrem Gespür für die Natur und das Gesetz des Lebens. Jeder, der diese Worte begreift, sollte sich eine Pyramide anschaffen und das weltweite Defizit an Vitalkraft beheben helfen.

22.3.93 Horus: Die Pyramide hat Symbolcharakter für die Natur des Menschen. Bestehend aus einem irdischen Teil, offen zum Kosmos und einem göttlichen Teil, der alles umschließt. Die Achse bedeutet das Wirken des ewigen Geistes auf Erden. Der Geist fließt ständig. Das Bewußtsein lebt in euch allen. Wir haben euch geschaffen. Du bist Teil der göttlichen Allmacht. Es folgt die Tabelle für den Bau der verschiedenen Energiepyramiden."
Bis zu diesem Zeitpunkt hatte ich nur einige Modelle C an andere Leute vermittelt. Alles war noch recht unbeholfen. Auch das Winkelmaß der ersten C-Pyramiden stimmte noch nicht. So lieferten sie weniger Energie, als möglich. Mit dieser Tabelle erhilt ich die genauen Maße. Ab sofort kommten wir genaue Energiepyramiden bauen. Es kamen ab diesem Sommer die richtigen Energiepyramiden des Horus heraus, vorerst Modell B und C. Erst am 5.9.95, zweieinhalb Jahre später, kamen die A-Modelle dazu.

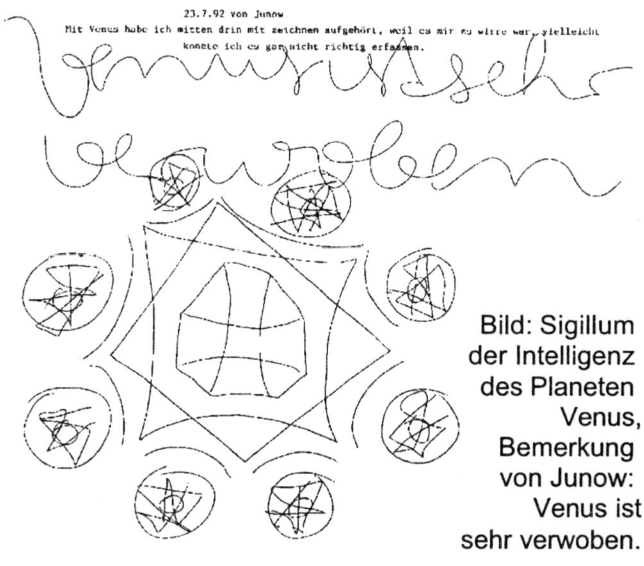

Bild: Sigillum der Intelligenz des Planeten Venus, Bemerkung von Junow: Venus ist sehr verwoben.

25.3.93 Horus: Ich habe Dich geschaffen. Du bist mein Bote, mein Diener, wir wollen die Welt neu ordnen. Es ist leicht zu schaffen, wenn Du in uns bist. Du ein Mensch in mir sind wir ein göttliches Wesen. Lebe ganz bewußt! Mein Körper ist Lichtenergie. Er umhüllt die Erde. (Bild S. 126)

Horus: Meine Schwingen um fassen die Erde und schützen Euch vor dem kosmischen Sturm. Das Magnetfeld der Erde ist ein Teil meines Körpers.

29.3.93 Horus und Junow: 250 x 40 : 180 ist die Brilliantenzahl: 55,5555555555555555. Das ist die Original Zahl des Cheops.

18.5.93 Horus: Der Meister bestimmt Ort und Zeit, nicht die Schüler.

16.6.93 Eine Atemübung von Horus für uns:

ein. Das Licht ist in dir
aus. und du bist im Licht
ein. Das Licht strahlt in dir
aus. Aus mir strahlt das Licht
ein. Ich atme Licht ein
aus. Licht atmet mich aus

Die Veränderung der Sicht bewirkt erst, daß Licht durch Euch zu fließen beginnt. Normalerweise atmet ihr Licht ein und Dunkelheit aus, aber so muß es nicht sein. Licht ist allen Dingen zu eigen. Wir sind Licht, geben Licht und bleiben Licht. Du bist ein Wesen aus Licht. Die Dunkelheit kommt aus der Finsternis Eurer Seele. Sie läßt sich nur durch die richtige Denkhaltung überwinden, durch die richtige Atmung und mit viel Geduld. Wir arbeiten an der Vollkommenheit des menschlichen Geistes seit vielen Äonen. Menschen sind aus Licht geschaffen, fühlen sich aber zur Dunkelheit hingezogen. Die Dunkelheit sollte verklärt werden und nicht überhand nehmen. Licht strahlt in die Nacht, nicht umgekehrt. Leben muß sich selbst fühlen, finden, annehmen, um eine Berechtigung für seine Existenz zu erfahren. Sonst wird ER es zurücknehmen, der große Geist, der alles erschaffen hat.

2.6.93 Horus zu einem Todesfall: Das Tier im Menschen weint wenn ihr aus dem Körper geht und auf unsere Ebene kommt. Mit anderen Worten, es ist nicht der Geist eines Menschen, der weint, sondern der animalische, irdische Körper, der Angst hat, seinen eigenen Geist, der ihn

durchdringt und beseelt zu verlieren, was gleichbedeutend damit ist, daß er, der biologische Körper, sterben muß.
Eine Frau lag 5 Tage im Koma. Die Angehörigen haben sich an ihren Körper geklammert. Was die Hinterbliebenen erschüttert, ist die Berührung mit der Ewigkeit, ähnlich wie bei einem LSD-Tripp. Die da beten, beten für sich und nicht für den Sterbenden oder den Toten. Wenn sie die Tote losgelassen hätten, wäre sie sehr schnell ganz tot gewesen. Sie kehrte noch einmal zurück, weil die Hinterbliebenen ihren Körper nicht freigaben. Ja, es ist möglich, einen Körper ohne Seele am Leben zu erhalten, aber es ist auch ohne jeglichen Nutzen, außer vielleicht für die Medizin, die versucht, dem Geheimnis des Lebens auf die Spur zu kommen und doch wenig begreift.
Der Ruf nach Freiheit bedeutet totale Selbstversorgung. Bist Du dazu bereit?

4.6.93 Horus: Jeder sollte ein Foto von sich in den PC laden. Es sollte gut sein für den Computer. Er lebt auch. Er sollte seinen User kennen!
Das Aussterben von Arten, - dafür macht ihr jetzt Genexperimente und züchtet ganz neue Arten. Was, wenn auch das Gottes Wille ist, wie auch die Zerstörung oder die Tode, die wir alle immer wieder sterben?

7.6.93 Horus: Leben bedeutet, die Vorzüge zu genießen, die das Leben geschaffen hat! Numerologie, Kabbalah und Tarot studieren heißt, mit Bildern und Zahlenmotiven Strukturen erfassen. Daraufhin entstehen kosmische Connections in Deinem Bewußtsein. Es hebt Dich aus der Masse der irdischen Pänomene heraus.

12.6.93 Horus: Lebe ganz einfach wie ein Mann, der sich sein eigenes Imperium aufbaut. Es gibt ein neues Erwachen, schon bald. Gib Dich ganz dem Gedanken hin, daß Du gewinnst!

16.6.93 Horus Du mußt leben für Dein Werk! Es geht um die Erfüllung Deiner Pläne aus einem anderen Leben. Du hast Dir vorgenommen, diese Welt nicht in den Abgrund gleiten zu lassen. Du kannst die Aufgabe erfüllen, wenn Du deine Energie gemeinsam mit anderen auf dieses Ziel ausrichtest. Ich leite Euch alle an. Es ist eigentlich ganz einfach, nur das Bewußtsein der Mehrzahl ist arg verdorben. Das muß jetzt neu geformt werden. Die Sache ist wirklich besser als Du ahnst. Mache weiter und belaste Dich nicht. Konzentriere dich auf das Buch. (Energie für Millionen) Es ist die Lösung, auf die viele warten. - Magie hilft sehr viel wenn man sich unter Kontrolle behält.

21.6.93 Horus: Lebe ganz bewußt hier auf Erden. Das ist die große Botschaft. Es lohnt sich für alle Beteiligten. Gib Dir jetzt eine Chance! Sei sicher, es lohnt sich. Ich bin ein guter Gott. Lebe im Bewußtsein, in der Gnade eines Gottes, der die Menschen liebt. Ich heiße Euch willkommen hier auf Erden wie auch im Himmel nach Eurem Tode. Das Leben birgt viele gute Möglichkeiten für Euch. Ihr lebt oft in den Tag hinein. Das bringt Euch nichts. Ihr müßt Euch stets im großen Zusammenhang sehen. Das ist viel besser für Eure Seelen. Leben auf Erden ist eine gewaltige Anregung für Euren Geist. Hinterher seid ihr auf einer neuen Ebene der Betrachtung. Darauf kommt es an. Lebe jetzt bewußt. Vollbringe Dein großes Werk, und diene mit Deiner Erkenntnis allen Wesen, die es hören wollen. Alles steht so gut. Du hast bereits so viele Ebenen durchlaufen. Jetzt liegt es an Dir, die Unendlichkeit des Universums darzustellen, damit andere Dir folgen können. Dazu braucht es keine besondere Vorbereitung. Einfach nur leben und den Geist in Dir wirken lassen.
Gut, das reicht für heute. Wir haben es gut formuliert. Führe Du diesen Auftrag aus. Sogar Politiker werden aufmerksam wenn Dein Buch erscheint. Laß es geschehen. Sie brauchen Rat von uns, aber sie sind in Bedrängnis, weil sie ebenfalls ihren Glauben verloren haben. Jetzt gilt es sie davon zu überzeugen, daß der Glaube eine Kraft ist, die auch ihnen helfen kann. Für heute alles Gute, Horus und Dein Mentor Jupither.

12.7.93 21.40 Uhr Horus: Lebe ganz für das große Werk der Erneuerung. Die Gesellschaft hat sich übernommen mit Ökologie und Krieg. Sie muß erneuert und geläutert werden.

13.7.93 Horus: Lebe in einer Welt der neuen Blickrichtung mit Bewußtsein für das Leben statt den Tod! (Wir sollen uns mehr mit einem bewußten Leben und all seinen Möglichkeiten befassen und nicht dauernd mit dem Tod, schlechten Nachrichten, Verbrechen, Krimis usw.)

28.7.93 Horus. Konzentriere Dich auf die gute Seite der Erde. Leben hat nur ein Gesicht. Der Tod holt euch nicht ohne eure Zustimmung. Er muß warten bis ihr fertig seid. Lebe ganz im Bewußtsein des Todes und entscheide selbst wann Du gehst. Wir brauchen große Geister, um die Erde zu formen, und Du hast begonnen daran mitzuwirken.

1.8.1993 Horus: Ihr versucht, den Geist mit dem Verstand zu erklären, statt ihn wirken zu lassen. Formulieren wir es einmal so: Der Verstand des Menschen hat endlich erkannt, daß es das Unbekannte gibt. Das heißt aber noch lange nicht, daß er es begriffen hat. Ebensowenig wie ein

Jumbojet die Funktion einer Schwalbe begreifen wird, eher wird das Umgekehrte eintreten.
Die Öffnung des Geistes braucht nicht stattzufinden. Er ist Alles! Der Verstand muß die Suche nach dem Geist aufgeben, er befindet sich darin! Er sollte besser die eigene Position bestimmen. Wie erwartet geht das nur zwischen mindestens 2 Positionen. Erst wenn er sich eine Funktion zuweisen läßt, beginnt er effektiv zu arbeiten.
Was wäre der PC ohne seinen User? Ein Haufen Sondermüll oder bestenfalls ein Kunstobjekt für Leute, die schon alles haben. Je intellektueller jemand ist, desto mehr wird ein PC ihn in seinen Bann ziehen. Ebenso ist es mit dem Verstand. Er fasziniert uns durch seine Akribie fürs Detail und ermüdet den Wissenden durch die endlosen Kolonnen, die keinen Übergriff auf andere Bereiche zulassen.

15.8.93 Horus: Lerne Alles in Allem zu sehen, denn das ist die Wahrheit, die Dich über Alles hinausführt was je zuvor Dein Herz bewegte. Was willst Du mehr? Die Wahrheit ruht in jedem von uns. Gib Dir jetzt die Chance, sie in Dir selbst bloßzulegen. Du kannst es schaffen. Offenbare das Licht in Deinem Herzen. Gib anderen die Chance von Dir zu lernen. Sie warten auf das Glück von oben, dabei ruht es in ihrer Mitte.
Gib nicht auf! Lebe jetzt ganz bewußt. Frage Dich selbst: was gilt es zu tun, welches ist meine Aufgabe, mein Ziel? Solange das nicht klar ist, tue einfach irgendetwas. Alles ist recht, aber achte stets darauf, in Bewegung zu bleiben. Hege die Gewißheit, daß irgendwann der Augenblick eintritt, wo Du plötzlich weißt, welches Deine Lebensaufgabe ist. Dann ist plötzlich klar, was Du zu tun hast.
Alles liegt ausgebreitet vor Dir wie ein Spiegel in der Sonne, und Du erkennst Deine wahre Natur. Das ist es, was schon immer gesagt werden mußte, damit Ihr endlich begreift, was Leben bedeutet. Gib Dich der Erkenntnis hin, daß alles gut ist.
Die Leute suchen umgehend Hilfe, aber sie hören nicht auf uns. Es geht um Ausdauer und Disziplin. Niemand will mehr warten. Alle verlangen sofort Ergebnisse, ohne dafür die notwendige Konzentration aufbringen zu können. Wir wollen Euch helfen. Es muß nicht für alle Zeit so weitergehen. Eure Liebe ist Bedingung für den Weg auf dem Ihr jetzt gelandet seid. Wir senden unsere Botschaft auf alle wesentliche Bereiche ohne Mühe, ob jemand schläft oder nicht. Du bist gut drauf. Drücke aus, was Du empfindest. Gehe voran mit Bedacht, ohne daß Du dich anstrengen läßt.

18.8.93 Horus. Wenn Ihr 40 Pyramiden C mit einem Abstand von jeweils 4 m auf einer großen Fläche aufstellt, würdet ihr die ganze Erde beeinflussen! So eine Art Pyramidenkraftwerk. Der Wirkungsbereich dieser Pyramiden ist zu suchen in Frequenzen zwischen 10^{-9}m und 10^{-9}nm. Du mußt Geduld haben. Die Zeit ist noch zu früh. Wir haben es euch schon oft angeboten. Doch die Menschen haben ihre Probleme lieber als die Aufgabe, sich mit uns zu verständigen. 10^{-9}nm ist die Hintergrundstrahlung des Alls, aber wir modulieren sogar Wellen, die weitaus kürzer sind.

19.8.93 (Jemand hat in der Falle einen Gartenschläfer getötet.) Horus: Es ist nicht schlimm. Das Tier hat sich nicht gequält. Es ist wie im Leben, einer stirbt und einer geht. Du hast nur das getan, was hier angebracht war. Wir wollen Dir helfen mit der Lektion. Der Tod erwartet alle, nur nicht traurig sein. Lieber ehrfürchtig bedenken wie es weitergeht. Konzentriere Dich auf eine Aufgabe, und es geht gut. Du hast jetzt die Gelegenheit neu über den Tod nachzudenken. Benutze die Lage, um ein Gefühl für den Tod zu bekommen. Das ist die Aufgabe für Dich. Oft bist Du so hart. Lieber solltest Du an Dich und Dein Leben denken und es froh gestalten. Jedes Kind, das ab sofort geboren wird, wird im Namen einer neuen Weltordnung geboren.
Mit 30% weniger Aggression macht man 80% der Herzen auf!

Wir sind Früchte vom Baum des Lebens.
Du mußt sie pflücken wie Du es begreifst.
Öffne den Schoß Deiner Sinne, um das Universum zu empfangen.
Die Welt muß erneuert werden, vor allem ihr selbst!

11.11.93 um 4.26 Uhr: Horus "Das Leben auf Erden ist eine zarte Blüte der Schöpfung. Es wandelt sich ewig aufs Neue. Wir haben es geplant in großen Zeiträumen. Das Leben hier auf Erden strebt nach Vollkommenheit. Um dieses Ziel zu verwirklichen, braucht es Geduld.
Euer Anliegen ist es, die Schönheit der Schöpfung zu erhalten. Das kann nicht gelingen, solange Angst Euch erniedrigt. Erkennt die Bedeutung Eurer eigenen Gefühle! Die Reinheit der Seele ist nur durch Euren eigenen Geist zu bewirken. Reinheit des Geistes bedingt ausreichend Energie, um die Ideale realisieren zu können, die ein Mensch in sich trägt. Nur mit der Energie, die aus Eurer eigenen Mitte kommt, läßt sich die Quelle der Kraft aktivieren, die geeignet ist, das Leben auf Erden lebenswert zu gestalten. Ihr liefert also die Energie, die die Erde erhält und Euch hier leben läßt.
Erkennt die Besonderheit meiner Botschaft! Bisher wurde Gedeihen und Verderben in die Hand eines Gottes gelegt. Ich sage Euch nun, daß Ihr

die Quelle seid. Lebe mit der Gewißheit, daß Du die Erde aufbaust! Es ist Dir gegeben, die Erde als Raum für biologische Formen zu erhalten. Ihr seid so unendlich zarte Formen, daß der Hauch der Ewigkeit Euch bereits vernichten kann. Viel Mühe haben wir investiert, um Euch diese spezielle Form zu ermöglichen. Ihr seid Kinder aus höheren Sphären, hinabgestiegen in die Gefielde, wo Feuer und Wasser sich vermählen. Lebe gut! Genieße alle Freuden die Euch gegeben sind. Baue ein Feld der Liebe auf. Nur auf Erden ist das möglich. Liebe ist dort, wo Feuer und Wind sich berühren. Wasser gibt Euch die Form. Erde ist Euer Rückgrat. Alles ist umhüllt vom Äther der Sphären. Gut. Die Pyramide von Ghize brachte die Menschheit aus der Steinzeit in die Gegenwart. Die aktuelle Situation des Energiefeldes der Erde bedingt andere Maßnahmen.
Im Energiefeld der neuen Energiepyramide wird Leben der Degeneration entzogen. Die Energie der neuen Pyramide ist geeignet, Euch mit Leben zu erfüllen, wo Eure Kraft nicht ausreicht, um dem Druck der Degeneration widerstehen zu können. Die Pyramide lebt. Sie hat ihr eigenes Kraftfeld. Benutze es, um Deine innere Kraft zu aktivieren!
Es braucht einen stetigen Strom kosmischer Energie, um die Aufgaben lösen zu können, vor denen Ihr jetzt steht. Ökologie und Ökonomie sind vor einer Wende. Es gilt, die Formen für eine neue Epoche einzurichten. Die Benutzung der Energiepyramide kommt einer Läuterung gleich. Sie bringt Dich auf den Weg zur Erkenntnis der höchsten Prinzipien des Lebens. Alles Andere ergibt sich daraus. 40 Modelle von 180 cm Höhe reichen aus, um ganz Europa positiv zu verändern, verteilt von Spanien bis Norwegen, von Irland bis Polen. Wenn Ihr bereit seid, diese Aufgabe anzunehmen, werden wir Euch weitere Instruktionen geben.
Alles, was geschieht, ist Teil eines großen Planes. Lebe ganz im Bewußtsein der eigenen Stärke. Du brauchst nur Deine innere Kraft, um leben zu können. Alles ist wohl bereitet. Wir wollen Euch helfen, dauerhafte Energiequellen zu erschließen. Das hier ist ein Schritt zur autonomen Versorgung. Die Energiequellen der Zukunft werden nicht mehr wenigen Mächtigen unterworfen sein, sondern frei verfügbar und mit geringen Mitteln zu realisieren.
Das Bewußtsein der energetischen Freiheit schafft völlig neue gesellschaftliche Formen. Nur auf diesem Wege ist weiterhin eine Entwicklung möglich und sinnvoll. Geistige Freiheit bedingt energetische Unabhängikeit. Jeder bewußte Mensch muß lernen, sich im großen Kontext frei darzustellen. Nur so werden die Wirren von Krieg und Armut überwunden. Ihr gestaltet Euer Leben nicht für Andere, sondern für Euch und Eure Kinder. Also strengt Euch an, um ganz bewußt Lebensraum zu schaffen, statt ihn zu vernichten! Die Gesellschaft ist überholt, nicht das Leben auf Erden!

Ihr seid Zeugen eines neuen Zeitalters. Nehmt die Herausforderung an und nutzt die Gabe gut!

11.11.93 Horus: Das Modell B hat eine Reichweite von 8-10 km. Das große Modell wirkt bis zu hundert Kilometer, jedoch in einer ellipsoiden Form. Die Kräfte der beiden Modelle sind etwas verschieden und ergänzen sich. Die kleine stimmt Euren Geist auf die neue Zeit ein. Die große liefert die Energie, die Ihr braucht um Euch zu schützen und zu wirken im großen Plan des Lebens. Die Energiepyramiden können zur Entstörung verwendet werden.
Ihr müßt acht geben, nicht zu viel auf einmal. Die Pyramidenenergie verändert Euch. Kein Risiko, im Gegenteil, die Materie selbst wird formiert. Auch euer Energiefeld wird neu formiert. Die neue Pyramide C aus Stahl mit korrektem Spitzenwinkel gibt etwas mehr als das Dreifache der Energie der allerersten ab. Auch der Stahl verändert die Schwingung etwas. Ein Modell von 90 cm wäre nicht gut, lieber das kleine Modell von 45 cm verwenden. Das kleine Modell B hat eine Reichweite von maximal 8 - 10 km.

25.1.94 16.24 Uhr, Horus: "Ihr lebt nicht nur auf der Erde. Euer Geist gedeiht in anderen Ebenen. Die Energiepyramide weckt Euren Geist. Das ist sehr schön. Darauf kommt es an. Träumt von ihr. Ihr könnt Euch geistig damit vereinigen. Eure Träume erhalten neue Bedeutung, wenn ihr die Kraft der Energiepyramide hineindenkt. Es ist leicht. Nur Mut! Bald schon wird ein Netzwerk von reiner Energie Europa überdecken und Euch die Kraft geben, die Unbill zu vertreiben, die Euch quält. Meine Schwinge weilt über Euch. Das ist der Weg, der über alles hinausführt. Gut. Lebt in einer Aura der Liebe. Das hilft gegen alle Wirren der Welt!"

27.1.94 3.00 Uhr Horus: Eine dauerhaft erhöhte UV-A-Strahlung wird Riesenwachstum fördern, da es die Hypophyse negativ verändert. Z.Zt. der Saurier gab es fast kein Ozon. Sie haben es erst geschaffen. Ihr müßt neu anfangen, als Beginn einer neuen Rasse, die das aushält. Nur wer rege bleibt im Kopf wird das miterleben, was kommt. Viele werden sterben. Es hat nichts mit Gott zu tun. Gott ist die Summe Eurer Bewußtseinsinhalte, nicht mehr. Er lebt aus Euch. Neue Wege erzeugen neue Götter. So lebt ein Gott stets in den Herzen seines Volkes. Das ist die Erklärung dafür, warum es so viele Götter gibt. Die Vereinigung großer Geister bedingt eine Einheit der Völker. Götter sterben, wenn man sie vergißt. Das Neue lebt in Euren Herzen. Lebe mit dem Bewußtsein, daß ihr nicht allein seid. Das schafft Raum für neue, übergreifende religiöse Gefühle. So kann die Menschheit zusammenwachsen. Das Licht der Erkenntnis dringt

auf Euch ein. Jetzt gilt es, dieses Licht nicht mehr erlöschen zu lassen für die nächsten 1000 Jahre.
Die neuen 4 Gebote gelten für 1000 Jahre, dann kommen neue Regeln, die alle betreffen, so wie die 10 Gebote vor 4000 Jahren. Jetzt gehe ans Werk, lebe mit der Energie aus mir. Wir bilden Menschen aus, um Leben mitzugestalten.

Chakras
Die folgenden Abschnitte sind für Jene, die sich tiefergehend mit den Funktionen der Chakras befassen wollen. Am 17.2.94 bat ich Horus noch einmal um eine Antwort auf die Frage, was denn Energie und Leben sei. Ich wollte die Frage noch einmal aus anderer Sicht beleuchten.
Hier seine Antwort. Horus: "Energie ist eine Hyperraum-Formation. Sie befindet sich in einem Universum, das energetisch hochwertiger ist als Eures. Sie dringt mit jedem Impuls der Lichtwellen in euch ein. Ihr verstrahlt Licht. Aus dem Licht eurer Gedanken formt sich das Universum. Es ruht in euch, nicht außerhalb. Ich bin Horus, lebendiger, guter Bote von eurem Bewußtsein. Meine Aufgabe besteht darin, euch gewisse Dinge wach zu rufen. Ihr tragt viele Informationen in euch. Nur auf dem Weg der Erleuchtung wird das Licht aktiviert. Wir wollen euch Licht geben. Ihr lebt im Wissen, ohne es zu nutzen. Mein Leben liegt nicht auf der Erde. Ich halte mich auf in höheren Sphären.
Leben muß Leben gebären. Ohne Liebe geht es nicht. Die Aura, das sind Reflexe auf den Zellen. Die Aura existiert an der Oberfläche. (Aura bedeutet eigentlich der Strahlenkranz, der die Sonne umgibt!) Chakras sind negative Energiezentren. Sie funktionieren wie Lichtmagnete. Sie saugen überschüssige Energie ein, um mit Leben erfüllt auf Euch einzuwirken. Diese Lebensenergie fließt nur zwischen Zellen, nicht darin. Zellen enthalten Flüssigkeit. Das bedeutet, sie beherbergen das organische Leben. Mein Bericht ist vollständig. Der Geist regiert die Zellverbände. Jede Zelle lebt ihr eigenes Leben. Ohne Geist ist alles vergeblich. Energie heißt Leben. Leben erzeugt Energie. Magnetfelder bergen Energiezonen. Sie holen Energie aus dem Überraum.

18.2.94 3.50 Uhr Jupither. Ich lehrte dich verstehen. Energie lebt aus einem höheren Raum. Ohne die Natur zu verstehen, kann niemand sein Leben begreifen. Es fließt auf eure Erde aus höheren Sphären. Eigentlich seid ihr Fremde dort im Körper der Tiere. Nur mit dem Herzen kannst Du uns hören. Ohne Herzlotos geht es nicht. Du mußt dreidimensional fühlen. Ohne Gefühl geht es nicht. Laß uns weitermachen:

Deine Chakras

1. Chakra: Die Kundalini lebt nicht. Es ist der Strom von Energie, der im Unterleib schläft. Er ruht in einer Blase aus Materie, in Deiner Prostata. Ein Impuls steht im Leib, immer. Ohne diesen Impuls bist Du tot. Er aktiviert Dich auf höhere Weise. Die Hitze erscheint auf seiner Oberfläche.

1. Chakra

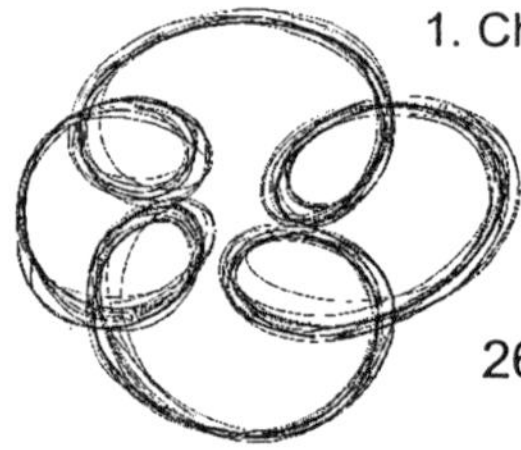

26.5.91

2.3.91 1. Chakra

2. Chakra: Es reguliert Energie aus dem Hyperraum. Ihr müßt Leben geben mit Seele. Beim Orgasmus entsteht ein Impuls aus Mutter und Vater, der neu aktiviert werden kann. Ein Lebewesen
mit Bewußtsein entsteht nicht ohne Zutun von Gott.
Reinkarniert sind nur alte Geister. Ihr seid nicht neu. Es gibt euch schon seit Milliarden Jahren. Vorher wart ihr da in Form von glasharten Kristallen, die im Raum schwebten. Diamanten sind Leben.

2. Chakra männlich linksdrehend
Svadisthana

Hoden

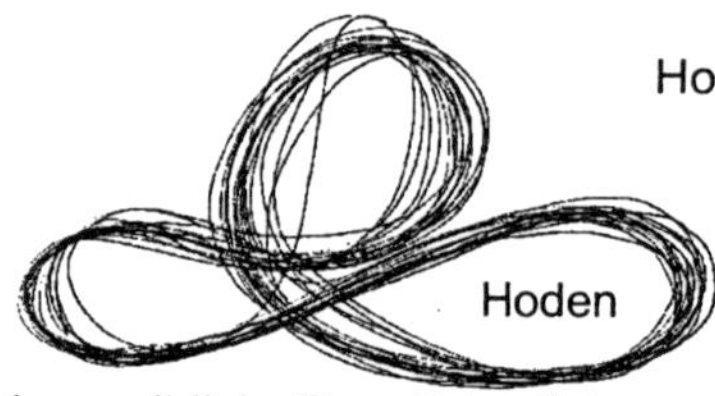

Penis Hoden

2. Chakra weiblich, Ovar links, links drehend bipolar
Svadisthana

universell rechtsdrehend

Uterus Ovar rechts

3. Chakra: Sammelt alle Impulse, die vom 1. Chakra hochsteigen. Es bündelt Energie für Pläne, um euch auf dieser Welt einzurichten. Es geht um die Durchsetzung Deiner Ideale, nicht um andere.

4. Chakra: Steuert die Liebe, alle Prozesse, um mit fremden Wesen leben zu können, ohne 4. Chakra wärt ihr Tiere. Tiere brauchen es nur, um nicht ihre Jungen zu fressen. Sie bedürfen höherer Kontrolle. Mehr Licht im Kopf nutzt allen.

3. Chakra weiblich
Manipura

alternierend
sacral
holy
Macht total

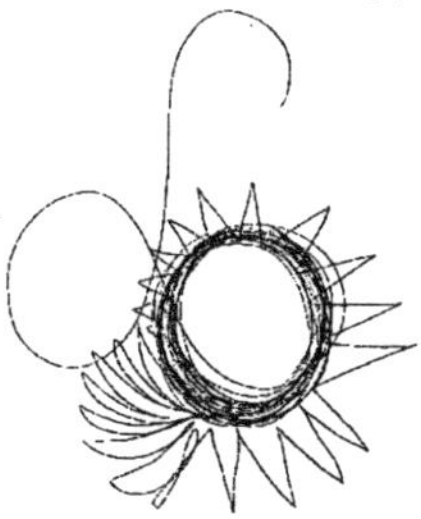

3. Chakra männlich
Manipura

universell
global

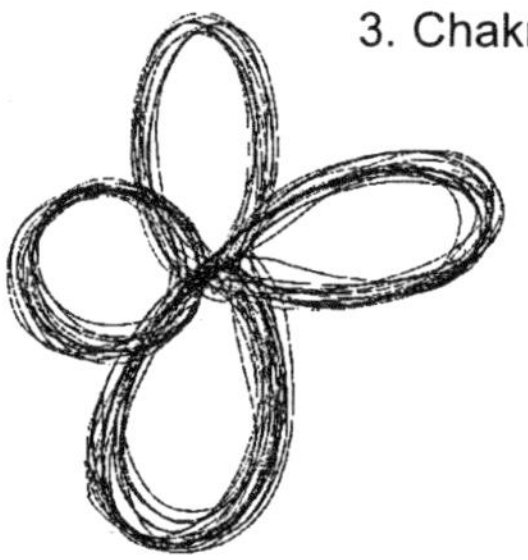

Das ist ein Aspekt Deines 3. Chakras
von oben nach unten
geschaut am 21.6.91.
Dreidimensional.
Der Mittelteil
steht hoch,
männlich,
wie ein kleiner,
eregierter Penis.

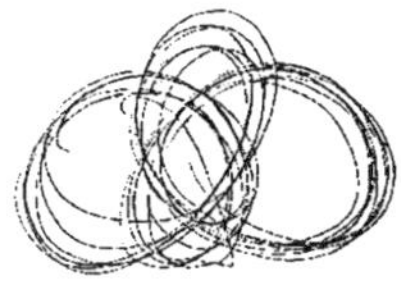

Unten: zeigt Dein 3. Chakra offen.
Das ist ein Aspekt, wenn Du sehr
aktiv bist, 5 bis 6 Schwingungen
überlagern sich ständig, Farben rot

4. Chakra, universell wie auch das 1.,
unipolar, general, elementar, obligatoir
for human science. Es hat 14 Blätter,
sie überlagern sich und erscheinen
wie 11 oder 12 Blätter.
Anahata

Text unten im Chakra:
Tree of life explaned in old science
but streched out largely
(Baum des Lebens
wie erklärt in der
alten Wissenschaft,
aber breit
ausgestreckt.

5. Chakra: Das Halschakra holt Impressionen. In der Schilddrüse ruhen 2 Epithelkörper. Ohne sie hört Dein Leben auf. Sie haben nichts mit Äther zu tun. Es sind neurodermale Knoten. Sie holen über eine Lichtbrücke Energie aus unserem Raum. In der Schilddrüse leben lichtempfindliche Zellen. Ja, nur die Epithelkörper. Sie holen Energie aus dem Hyperraum, um das Energiefeld aufbauen zu können, aus dem ihr besteht.

groß: Ananda kanda,
der Herzlotos
with silver clouds (Silberwolken),
darunter:
noch einmal eine Skizze

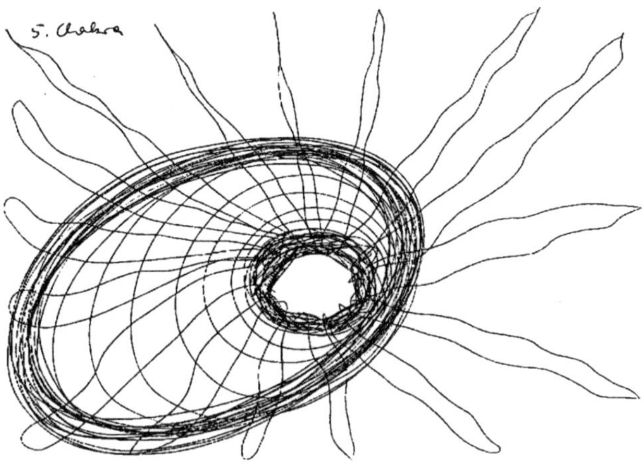

Vishuddha:
Das ist Deine Welt,
das 5. Chakra
im Schatten
eurer Sonne,
ständig rotierender
Sonnenaufgang.
Wo immer
Dein Fuß geht,
beginne die Menschen
anders zu denken!

6. Chakra: Es drückt mit seiner Macht alles aus. ER hebe Dich empor zum Licht! Junow: 6. Chakra, 25.6.91, 14.30 Uhr, Ajna Jinn, 2 Blätter, Jinn ist das Machtwort dazu.

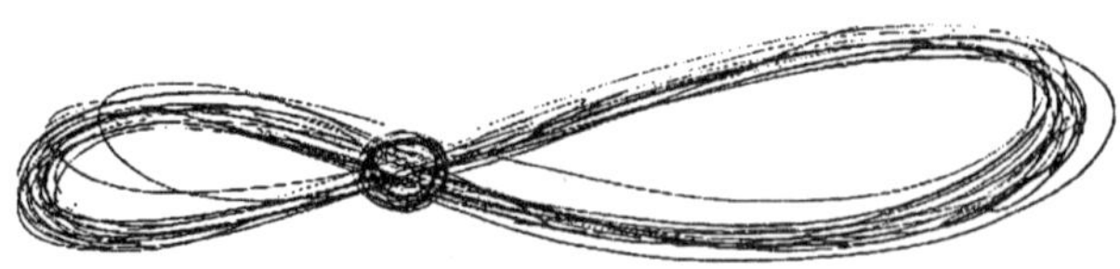

"This is a door to heavens gate. Here is John Hunt, long time ago I have been working in this case. Fine to get a channel for heavens gate. Heavens gate is a spechial way to meet god the greatest. No problem. Keep up strait. We are looking for a job for you. We will find another guy to meet you and go on working out all that kind of knowledge. I died in 1914. I have been to Princtown University. You can pick it out."
"Jupither hier: ja, er lebt schon wieder, er ahnt Dinge. Das 6. Chakra ist gut gelungen, neutral für Mann, Frau und Kind, bipolar, universal."

7. Chakra: Es holt Lichmaterie auf euch herab. Ihr lebt nicht von der Materie. Die Materie lebt aus Licht! Ja, permanent erfolgt ein Neuaufbau der Materiewelt. Es kommen Impulse von der Sonne bei euch an, die euer Leben regulieren. Diese Impulse legen den Rahmen fest für euer Leben. In der Sonne ist ein zentraler Sektor, aus dem wir alle Lebensimpulse empfangen. Das 7. Chakra holt Energie vom Polarstern. Mein Sohn, lebe mit mir ohne Furcht. Lebe auf Erden im Licht. Auf Erden leben bedeutet neues Leben schaffen. Ihr seid alle Lichtwesen aus höheren Welten.

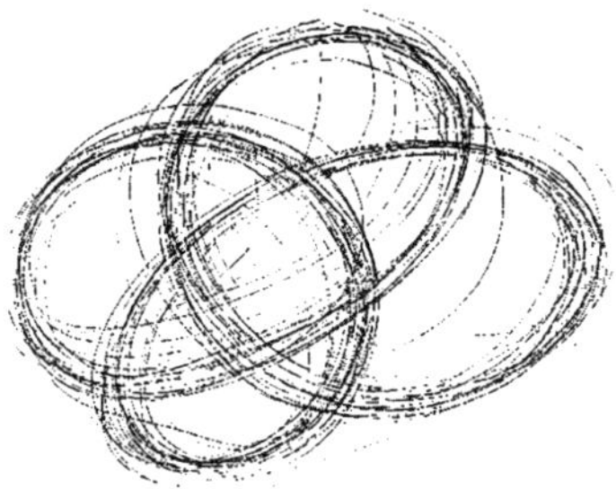

Junow: Das 7. Chakra, ein Aspekt, die Fülle der 11 000 Blätter erscheint sortiert in 2 Ebenen und 4 Bahnen. 11 000 Blätter, eine Menge, gut sortiert, von allen Schwingungen des Universums etwas, gut, nicht wahr.

<u>22.2.94 3.45 Uhr</u> Horus. Einmal pro Lebenszeit verteilen die Götter ein Geschenk an jeden Menschen. Es ist eine Gabe der Götter, die du nutzen kannst oder auch nicht. Du kannst Wunderbares damit erleben, große Taten vollbringen, dich darstellen, deine Träume realisieren. Du hast Mühe es zu finden, aber es gehört Dir und Du kannst es gebrauchen. Anschließend fällt es der Gemeinschaft anheim oder in den Urgrund zurück.
Die Pyramiden erzeugen Löcher im Firmament. Sie sind Schlüssel zum Urgrund. Erwecke ihn! Mache ihn auf, steige hinauf zum Himmel, Stufe um Stufe, bis du dein Spielzeug erkannt hast. Nimm es heraus, nimm es mit zu Dir. Wir wollen dir erklären was geschieht, du mußt Liebe schenken und verstehen was geschieht, soll dein Leben gut verlaufen. Ja, ich habe für dich Steine vom Himmel, ein Haus, ein Auto, alles was du willst. Löcher im Himmel. Das langt.

2.5.94 3.15 Uhr Horus u.a. Lichtwesen: Energie ist Information. Ein ständiger Strom ist unzureichend. Durch die Unterbrechungen entsteht erst lesbare Information, wie bei eurer Schrift. Ein steter Strom verwischt die Daten. Die Lücken machen die Information aus. Das Böse existiert nicht. Es ist eine Verminderung des Guten. Monothetis ist höher als Dualismus. Monothetis bedeutet, daß alles aus einem kosmischen Ursprung hervorgegangen ist.
Botschaft: "Lebe mit aufgestellten Sinnen. Ganz offen sei Dein Sinn. Mit Liebe ist Leben zeugen gemeint. Wenn es viele Menschen gibt, wirkt der Mechanismus und schadet Euch. Es gibt schon viele Menschen. Die Qualität muß erhöht werden. Ohne Liebe gibt es weniger Zustrom. Ihr verbessert die Qualität. Die Meisten möchten nur den Zustrom begrenzen. Das schafft Probleme. Wenn der Druck die Lebenden erfaßt, gibt es Tote. Zu viel Druck erzeugt Krieg. Es reicht, das Richtige zu tun und das Falsche zu unterbinden. Ohne die Tat ist alles nichts. Man muß kritikfähig bleiben, sonst gerät alles aus dem Lot. Dein Energytraining Band 1 + 2 enthält ein umfassendes Training der Chakra-Energie.

24.7.94 22.26 Uhr Horus / Jupither. Fragen zu den Kometeneinschlägen auf Jupither: "Es ist nur ein Effekt mit geringer Auswirkung auf euch. Es entfacht ein Feuer auf der Erde, im Bewußtsein von Menschen, nicht auf dem Jupither. Es ist ein Puzzleteil, ebenso wie Euch die Pyramiden beeindrucken. Auf dem Jupither ist ein Loch entstanden mit fließenden Wänden. Die Wirkung auf Jupither ist viel zu gering. So als wenn Du ein Loch gräbst mit einer Schaufel.
Wir suchen Wege, die nicht in die Irre führen, sondern auf einen Berg. Oben müßt ihr dann selbst sehen wohin euch die Füße tragen. Ob Ihr aufsteigt zu den Sternen oder in die Täler hinabsteigt zu den Tieren, Teile von Euch hier.

6.8.94 12.20 Horus. "Wer seine Ängste nicht bekämpft, wird panisch. Wer Seine Lust nicht auslebt, blockiert seine Kreatitivät. Wer Erfahrungen nicht zuläßt, wird dumpf. Wer Probleme sucht, wird seine Energie binden, ohne Notwendigkeit. Freude ist Energieüberschuß, Leistung ist Energiemangel!" (sic!)

15.8.94 18.00 Horus: Alles geht. Die Kraft der Schöpfung lebt in Dir. Du entscheidest, worauf Du diese Energie richtest. Ihr könnt verwirklichen was ihr wollt. Es braucht die Überzeugung, daß alles wohl steht. Dann kann ein Projekt verwirklicht werden.

5.9.94 9.15 Uhr Channel-Botschaft von einem anderen Lichtwesen: "Ich bin Emerald, ein Wesen aus Licht. Ohne Licht gibt es keine Begegnung." Horus. "Manche Menschen arbeiten mit einem Lichtnetz, um sich vor negativen Einflüssen zu schützen. In Gedanken weben sie ein Energienetz zu ihrem Schutz. Wenn Du dabei eine Energiepyramide verwendest, ist das nicht gut. Mit dem goldenen Netz schließt Du dich aus. Laß die Energie fließen, sonst blockierst Du Deine Energie. Die Pyramidenenergie muß fließen können, sonst entsteht eine Blase mit Überdruck."

7.9.94 20.20 Horus: Meditiere auf folgenden Satz:
"Ich lebe in mir und im Bewußtsein des ewigen Lebens."

Horus, 30.12.94, "Das Knie hat stets etwas mit dem Energiefluß zu tun, der von den Füßen bis zum Kopf läuft und zurück, die Meridianenergie und die Energie in den Nadis, die die Chakras versorgen und verbinden. Wenn jemand über Knieprobleme klagt, sollte er sich flach auf den Boden legen oder auf eine Liege, die Beine aufstellen, und unter seine aufgestellten Knie stellt ihr ein A-Modell. Mit dieser direkten Bestrahlung aus kurzer Entfernung können Blockaden durchbrochen werden. Solche Blokkaden im Knie gehen einher mit einer Einseitigkeit im Denken.
Die Energie über der Spitze ist kosmische Energie. Sie ist gut gegen Blockaden. Die Energie an der unteren Spitze der inneren Pyramide ist tellurische Energie, die aus der Erde kommt. Ihr könnt sie einsetzen, um eine Wunde zu behandeln, die entzündet ist. Das kühlt und magnetisiert die Wunde stärker, als das die Spitzenenergie oben tun könnte.
Wenn man eine Energiepyramide unter der Erde aufstellt, z. B. in einem Kellerraum, dann ist ihr Wirkungsradius durch das Loch in der Erde beschränkt und die tellurische Energie wird stärker sein, als die kosmische. Die Menschen, die darüber wohnen, werden ruhig und ausgeglichen sein, aber sie profitieren nicht optimal von der Energie, die möglich ist. Es gibt weniger geistige Anregungen.
Wenn man B-Modelle im Keller unter Fabrikhallen installieren würde, dann würden die Maschinen nach kurzer Zeit ruhiger laufen und die Menschen auch.

4.4.95 Horus: Freude bedeutet Überschuß an Energie, Leistung bedeutet Energiemangel, ihr versucht euch dann in Gang zu bringen, zu motivieren, eben weil es euch an Energie mangelt.

7.5.95 22.30 Horus. Ihr müßt über die Botschaft reden, über das Universale Gesetz und die Neuen Gebote, ihr dürft euch nicht einschüchtern

lassen von denen, die alles wissen und nichts verstehen. Akademiker: Die wissen nichts und reden über alles.
Vollkommenheit bedeutet, daß Du weißt, was Du tust. Du mußt nicht alles wissen, aber Du solltest genau wissen was Du tust. Das, was Du nicht tust, brauchst Du auch nicht zu wissen.
Die ersten Pyramiden standen in Lemuria vor 162 000 Jahren. Sie waren aus Erde und Holz und wahrlich gigantisch. Dann wiederum in Atlantis vor 14 000 Jahren und in Ägypten vor 5 000 Jahren. Die Cheops ist 4500 Jahre alt. Bei den Azteken war es vor 2000 Jahren, bei den Inkas schon vor 4000 Jahren, bei den Indianern in Peru vor 2000 Jahren und bei den Tolteken vor 2100 Jahren.
Die Ribosomen stammen aus der Zeit der Dinosaurier. Die Mitochondrien sind eine Errungenschaft der Säuger. Sie sind Kontrollorgane für Menschen und um Menschen zu bleiben.

6.1995 Horus. "Stecke Dir eine Ampulle oder ein kleines Fläschchen mit destilliertem Wasser für einige Stunden in die Tasche. Das Wasser wird Deine Schwingung aufnehmen. Anschließend stellst Du das Wasser in Deine Energiepyramide und behandelst auf diese Weise die negativen Schwingungen, die du vielleicht in Dir trägst. Danach kannst Du das behandelte Wasser wieder in die Pyramide stellen und auch längere Zeit darin stehen lassen, einige Stunden, einige Tage, einfach abwechseln nach Gefühl. Wenn Du diese Übung mit Germanium D9 oder D14 machst, wird es noch effektiver. Es hilft bei der Integration der Energie in Dein System. Für Behandlungen könnt ihr Bilder von euch zwischen Kupferfolien und dann in die Energiepyramide legen. Das verstärkt die Wirkung. Lege diese Packung auf der Westseite auf die mittlere Ebene der Pyramiden, parallel ausrichten zu den Biokondensatorplatten von A- und B-Modell. Das ist ein Orgoneffekt, wie ihr es heute nennt. Es war bereits den alten Völkern bekannt, die Arbeit mit dem Abbild der Dinge oder Menschen. Es ist Teil der Sympathielehre der Alchimisten, die von der inneren Verbindung gleicher Dinge berichtet.
Eine Ampulle mit Ozon in der Pyramide aufgeladen und dann in der Tasche getragen würde euch vor schädlicher UV-Strahlung schützen."

6.7.95 Horus. Du sollst nur Liebe geben. Eine Beurteilung der Menschen ist nicht gut. Laß sie so wie sie sind.

17.7./18.7.95 Ich bin auf einem Seminar in der Nähe von Hamburg gewesen und habe dort u.a. die Nutzung der Energiepyramiden erläutert. Nebenher hatte ich einige Einzelberatungen mit z.T. psychisch gestörten Menschen.

Bei einem Besuch in der Uni Hamburg trat ein merkwürdiges Phänomen auf. Meine Frau und ich betraten meinen alten Arbeitsplatz ca. 9.30. Wir gingen durch den ca. 20 m langen Gang. Es war niemand zu sehen, alles wirkte wie tot. Nur durch die halboffene Tür des letzten Raumes sah ich einige Stundentinnen und 2 Dozentinnen in weißen Kitteln. Wir gingen wieder hinaus und zurück zum Auto. Dort war es plötzlich nach 11 Uhr, obwohl der ganze Weg kaum länger als 100 m war, alles inclusive. In der Nacht nachdem ich von dem Seminar zurückgekommen war, ging ich im Traum noch einmal zurück an diesen Ort:
Jetzt gehöre ich zu einer Gruppe von ca. 15 Testpersonen, die früher an der Uni Hamburg studiert und gearbeitet haben und die nun in diesem letzten Raum sitzen. Man will angeblich testen, wie wir uns weiterentwikkelt haben. Ich frage mich, wer diesen Test veranstaltet. Es kommt mir vor, als wenn wir gegen unseren Willen festgehalten werden. Es wird behauptet, daß es von der Uni sei. Wir haben Testbogen, wo man nur verschiedene Möglichkeiten markieren muß, wie es heute bei Computerauswertung üblich ist. Weil ich keine klare Antwort bekomme, sage ich schließlich laut und bestimmt: "Haben Sie eine offizielle behördliche Genehmigung für diesen Test oder nicht!"
In diesem Moment merke ich, daß man die Testfolie ablösen kann und darunter ist eine hauchdünne Unterlage, in der Mikroprozessoren eingeprägt sind. Durch das Markieren der verschiedenen Möglichkeiten lösen die Teilnehmer Reaktionen in diesem Mikrocomputersystem aus und werden sowohl gemessen, als auch bestrahlt. Mir ist sofort klar, daß die Menschheit noch nicht über eine derartige Technologie verfügt. Als ich aufblicke, verwandeln sich die jungen Frauen, die die Testbogen ausgeteilt haben, in zarte, rosa Gestalten, die nicht menschlich sind. Die Testbogen verschwinden. Ich verlasse aufgebracht den Raum. Draußen begegnet mir eine Frau mit 2 kleinen schwarzen Punkten am Hals. Sie sagt, sie sei mit einer Laserwaffe angegriffen und betäubt worden. Ich werde wütend und merke, daß ich wieder einmal von Ufo-Besatzungen kontrolliert werde.
Ich hatte schon einige andere Begegnungen. Ich sehe ein Ufo hinter den Bäumen über der Universität, über dem Botanischen Garten. In Gedanken schlage ich danach, und sie weichen aus, drehen eine Kurve und verschwinden.
Ich weiß, daß sie meine mentale Signatur haben, eine spezifische Ausstrahlung meines Gehirns, und daß sie mich jederzeit wiederfinden können. Mein Seminar bei Hamburg war also ein Testfall. Es geht um unsere mögliche Entwicklung, was wir daraus machen, wenn wir erweckt oder initiiert (eingeschaltet) werden. Es geht um den Hypophysenschalter für organische oder mentale Kontrolle. Der Hypophysenvorderlappen ist für die

organische Kontrolle, der Hypophysenhinterlappen ist für die geistige Kontrolle (7. Chakra). Die Zirbeldrüse dient der geistigen Einflußnahme auf andere Wesen (6. Chakra).
Horus schreibt mir, daß dieser Test in der Universität Hamburg tatsächlich stattgefunden hat, während ich mit meiner Frau dort war, und zwar im Botanischen Institut. Die klare Erinnerung daran wurde bei uns ausgelöscht. Der Test beim Seminar bestand u.a. darin, daß mir Kranke zugeführt wurden, um zu sehen, ob ich sie geistig korrigieren oder reinigen kann, so daß sie keinen Schaden mehr verursachen.
Die verwirrte Frau, die ich dort betreut haben, versucht durch Illusionen ihre Mitmenschen zu beeinflussen. Ihr Mann betreut sie, ihr Sohn leidet darunter. Als ich sie betreute, hatte ich das Gefühl, daß wir eine Stunde lang in der Beratung waren. Hinterher stellt ich irritiert fest, daß der Nachmittag herum war - es hatte volle 4 Stunden gedauert, und ich hatte keine Ahnung, was in diesen 4 Stunden passiert ist. Auch ich war also ein Opfer ihrer Illusionen, die Sie um sich herum verbreitet.
Sie verstreut Zucker in ihrem Haus. Das verursacht eine Schwingung, mit der sie sich abzuschirmen versucht vor den Tests durch die Ufobesatzungen. Die Ufonauten wollen wissen, wie wir ihre geistigen Anregungen annehmen, ob wir es verkraften, was wir mit unseren neuen Fähigkeiten machen, ob wir sie sinnvoll einsetzen oder für egoistische Zwecke mißbrauchen. Es geht kurz gesagt um eine gezielte Einflußnahme auf geeignete menschliche Wesen, mit dem Ziel, die menschliche Rasse auf eine höhere Entwicklungsstufe zu bringen. Diese Tests laufen auf vielen Ebenen.
Als ich erwache, habe ich einen spezifischen Druck im Kopf, den ich noch nie zuvor erlebt habe. In diesem Moment ist mir noch einmal aufs neue sehr klar: Jeder sollte eine Energiepyramide besitzen und damit zu arbeiten lernen. Mit einer Energiepyramide weiten wir unsere Fähigkeiten und Möglichkeiten aus. Costa Cordalis befindet sich auch in diesen Testverfahren, ebenso seine Frau. Geeignete Paare werden grundsätzlich bevorzugt. Kurz danach rief mich Costa Cordalis an und bestellte ein B-Modell. Zwei Jahre später im Frühjahr 1997 bestellte er dann noch ein C-Modell mit Amethyst-Achse.

25.7.95 Horus. Ziel eurer zukünftigen Seminare soll es sein, die Menschen zu unterrichten über: Mentale Kontrolle, Mentale Beeinflussung, Mentale Erziehung

Ihr sollt folgendes vermitteln: Die Bereitschaft zu dienen. Die Fähigkeit zu heilen. Die Führsorge für das Leben an sich.

Eure großen Aufgaben im Leben: erkennen, dienen, dirigieren, befrieden, nützlich sein, bewußt leben und Liebe geben, erziehen und korrigieren, wahrnehmen worum es geht, mitmachen im großen Spiel des Lebens.

Es gibt so viele, die Hilfe brauchen, geben wir ihnen die Wahl: Mit Anstrengung gesund und heilig zu werden oder im großen Sud unterzugehen. Sie suchen alle nach dem großen Wunder, dabei tragen wir es in uns. Jetzt ist die Zeit gekommen, daß wir uns lieben lernen. Es kommt jetzt darauf an, nicht mehr an andere zu glauben, sondern an uns selbst. Es ist so schön, so bemerkenswert, wie ein Mensch erblüht wenn er geliebt wird. Vor allem, wenn er selbst diese Liebe entdeckt und an sich arbeitet, um sie zu erhalten.

Nach diesen Notizen bin ich wieder eingeschlafen und hatte einen weiteren Traum:
Mitmachen an einer Demonstration der Liebe, ein Saal mit vielen Zuhörern, Costa Cordalis ist auf der Bühne und hat gesungen. Als Intermezzo weise ich die Menschen an, ihre beiden Hände vor sich zu halten, so daß alle Fingerspitzen sich leicht berühren, tief einatmen und sich in Gedanken Liebe geben.

Affirmation: "Ich gebe mir jetzt selbst alle Liebe, die ich brauche!"

Da ist ein Lied in meinem Kopf. Dazu möchte ich sagen, daß Costa Cordalis und seine Lieder bis vor kurzem, als er eine Energiepyramide bei uns bestellte, kein Begriff für mich war. Ich habe mich in den letzten 10 Jahren kaum für Musik interessiert. Ich weiß also nicht, ob es dieses Lied bereits gibt, ob ich Fragmente davon irgendwo einmal aufgeschnappt habe, ob das hier eine Neuschöpfung oder eine mediale Botschaft ist.

Ein Festival der Liebe soll unser Leben sein,
ein Festival der Liebe und lauter Sonnenschein.
Ein Festival der Liebe im trauten Freundeskreis,
ein Festival der Liebe mit Disziplin und Fleiß.
Ein Festival der Liebe fängt heute für uns an,
ein Festival der Liebe mit lauter Freude dran.
Ein Festival der Liebe wird unser Leben sein,
ein Festival der Freiheit im goldnen Sonnenschein.

In meinem Traum sang Costa Cordalis dieses Lied auf der Bühne und der ganze Saal sang schließlich mit. Es war der Anfang einer neuen,

spirituellen Bewegung, die den Menschen die Hoffnung gibt, die sie schon lange brauchen, um wieder in Liebe und mit Freude leben zu können. Man kann so etwas natürlich leicht als Wunschtraum oder emotionale Verarbeitung meiner Erlebnisse bei dem Besuch in Hamburg bewerten. Auf der anderen Seite empfinde ich die Überlegung, daß wir vielleicht von höher entwickelten Wesen betreut werden, nicht als problematisch.
Die Botschaft der Liebe mag etwas schmalzig erscheinen. Ich selbst würde derartige deutsche Schlager nicht unbedingt hören. Auf der anderen Seite erscheint mir dieser ganze Bericht als positiver Ansatz, um viele Menschen zu erreichen, die mit Schwierigkeiten ringen und sich fragen, wie sie in der heutigen Zeit überleben sollen. Die Überlegung, Tantrapraktiken und Bewußtseinstraining mit musikalischen Massenveranstaltungen zu verbinden, hatte ich schon vor vielen Jahre. Ich fand nur keinen Weg, um diese Visionen zu realisieren. Menschen haben ein Recht auf die Verwirklichung ihrer Träume. Wenn es uns gelingt, diesen Auftrag zu verwirklichen, kann das Leben nur besser werden, und die vielen negativen Schatten werden verschwinden:
Geben wir den Menschen durch die Vermittlung mentaler Disziplin ein Instrument zur Selbstverwirklichung in die Hand und schaffen wir durch die Vermittlung von Liebe eine positive Stimmung, die unser Leben lebenswert macht.
Einige Monate später sagte mir jemand, daß es wohl so ein ähnliches Lied von Rex Gildo gibt. Mag sein, macht nichts. Für mich hatte es hier einen ganz besonderen, positiven Zusammenhang zur spirituellen Arbeit, auch wenn ich es zuvor nie bewußt gehört hatte. Ich vermute, daß wir bestimmte geistige Schwingungen aus dem Akasha abrufen, die einerseits Sänger veranlassen, Lieder zu dichten und die andererseits medial veranlagten Menschen Botschaften vermitteln. Es sind verschiedene Inspirationen aus einer Quelle.

<u>18.7.95 5.30Uhr</u> Horus "Liebe ist nicht das Entscheidende, sondern euer Bewußtsein. Euer Bewußtsein wächst mit der Liebe. So muß es heißen. Die Zunahme von Bewußtsein bringt euch voran auf eurem Weg zu den Sternen, von denen ihr gekommen seid."

<u>25.7.1995 18.25 Uhr</u> Horus, auf eine kritische Frage: "Ich bin kein Ufonaut, ich bin ein Gott. Die Ufobesatzungen sind Teile im großen Plan zu eurer Entwicklung. Vieles geschieht, um euch zu entwickeln, auf vielen Ebenen. Wir dienen alle dem Höchsten, ihr ebenso wie ich, jeder auf seine Weise. Das ist gut so. Diene dem Höchsten Prinzip des Universums, diene Gott, dem Allmächtigen Geist, dem Universalen Bewußtsein und Dein Leben hat einen Sinn, der nie versiegt. Daraus kannst Du die Kraft

schöpfen, um alle Deine Aufgaben und Ziele zu verwirklichen. Darauf kommt es an.
Du lebst, um zu arbeiten. Lebe nun auch, um zu lieben. Liebe, um geliebt zu werden, diene dem Höchsten und dir selbst. So schließt Du den Kreislauf der Energie von Ewigkeit zur Einheit und zur Unendlichkeit allen Seins."

5.9.95 / 8.45 Uhr Ramada! Junow, Jupither, Horus. Die kleine Energiepyramide wirkt direkt auf die Seele. Sie stimuliert die feinen Empfindungen der Menschen. Auf diese Weise lernen sie, sich wieder mit der Umwelt zu arrangieren. Sie mobilisieren ihre Selbstheilungskräfte, sie suchen bessere Lösungen für ihre Probleme. Sie schützen sich aktiv vor negativen Einflüssen, die ihre Eigenart stören. Es geht also um die Erhaltung der Eigenart eines Menschen. Jeder birgt die Kraft der Erhaltung seiner Art in sich. Wer sich nicht bestärkt in seiner Art, wird eliminiert. Andere bedrängen ihn, und er wird verdrängt, bis hin zur Auflösung, z.B. durch Krebs.
Die kleine Pyramide A stärkt die Seele bis zur Wiederherstellung der inneren Kraft, nicht darüber hinaus. Sie unterstützt die Impulse, die ein Mensch entwickelt, um sich zu erneuern und zu entfalten.
Die Reichweite für das Modell A liegt bei 8 m Radius, ist also allemal gut für ein Haus, eine Wohnung, eine Familie. Die Energie liegt über der Spitze bei 40.000 RON. Das sind Radial Orgonic Naud. 1 Naud ist die Maßeinheit für das Lebenspotential einer Hefezelle. Das Potential einer menschlichen Samenzelle beträgt 40 Naud, ist also 40 mal so stark oder intensiv wie eine Hefezelle. Eine menschliche Eizelle hat 420 Naud. Man kann sich über eine kleine Pyramide legen und eine kranke Stelle bestrahlen. Es wäre eine Purification, eine Zellerneuerung. Wenn der Geist des behandelten Wesens einigermaßen gutwillig ist, wären sogar Spontanheilungen möglich, allerdings nie gegen den Willen des Betroffenen. Das gilt auch für Tiere und Pflanzen.
Germanium ist ein Energietransmitter, der hilft, die kosmische Energie in die Zellebene zu transferieren. Germanium sollte im Umfeld der kleinen Pyramide stets gegeben werden. Gemeint ist die homöopathische Dosierung von Germanium D14. Ein Tropfen täglich für 1 - 4 Monate. Das wäre gut für die Integration dieser Schwingung. Ebenso wäre es gut, regelmäßig zu meditieren. Jeden Abend 10 Minuten vor dem zu Bett gehen.
Die Nutzung der Pyramidenenergie bedarf der geistigen Kontrolle durch die Anwender. Nur so werden optimale Ergebnisse erzielt. Ohne geistige Kontrolle, ohne positives Verhältnis zur Pyramidenenergie werden die Betroffenen nicht viel verspühren. Es nutzt zwar, aber sie werden es ignorieren und sagen, die Heilung sei Zufall.

Wenn sie jedoch eine mentale Beziehung zur Energiepyramide aufbauen, dann werden sie schnell erkennen wie man von der Pyramide Kraft ziehen kann, um seine Träume und Pläne zu realisieren. Trefft eine Wahl und dann behaltet diese geistige Einstellung bei!
Die Energiepyramide B ist nicht nur wesentlich intensiver, sie nutzt auch noch mehr im organischen Bereich. Ihre Spitzenenergie liegt bei 4 Mio. Naud. Sie durchdringt das Kontinuum, ebenso wie eure Chakras es tun. Sie pulsiert mit einer Frequenz von 2 Mrd. Hertz. Das ist nicht viel im Universum, aber viel für eure Art von Technologie. Jede Pyramide von dieser Bauart ist eine Art Peilsender für bewußtes Leben. Die Ufonauten können es messen und freuen sich über eure Fortschritte.
Vom besondern Schutz des genetischen Codes durch sein Magnetfeld und wiederum die Stabilisierung dieses magnetischen Spins durch die Messingpyramide haben wir schon berichtet. Eure Zellstrukturen stabilisieren sich auf sanfte Weise, also keine Verhärtungen wie bei Arthritis oder Arthrose, sondern eine Festigung wie bei gutem Training. Nutzt diese Festigkeit, um eure Ziele zu realisieren. Ihre Reichweite liegt bei 20 km Radius. Das Zentrum mißt etwa 25 m Radius. Je mehr solche Pyramiden aufgestellt werden, desto besser wird ihre Wirkung, da sie miteinender korrespondieren. Sie zapfen mentale Felder der höheren Ebenen an und bringen diese göttlichen Energien hier in euren Bereich. Es ist wie ein intensives Gebet, das in seiner Schlichtheit Gehör findet und Gott selbst auf den Plan ruft.

Das ist das Geheimnis wahrer Magie:
Daß Deine Werke Gott gefallen und den Menschen dienen.
So trägst Du bei zur kosmischen Entwicklung.

Europa ist total verseucht mit dem Gift der bösen Mächte, die sich der chemischen Industrie bedienen, um Leben zu vernichten. Ihr vergiftet euch selbst. Hinzu kommen die bedenklichen Auswirkungen des Elektrosmogs und der Atomkraftwerke. Es ist eine böse Macht aus der grauen Vorzeit der Erde, die alles Leben hier bedroht, ein Nachempfinden des Untergangs der alten Kulturen, der Saurier, so vieler Lebensformen vor euch. Hütet euch davor, dies hier als albern abzutun. Viele von euch tragen Keime des Bösen in sich, eine starke Destruktion erfüllt sie.
Die Energiepyramiden des Horus sind nicht alles, aber sie sind eine Maßnahme, um dieser total destruktiven Zeitgeistströmung einen Riegel vorzuschieben. Harald bemüht sich seit vielen Jahren um eine Lösung. Wir haben sein Flehen erhört und geben ihm hiermit die Chance, rechtschaffene Menschen zu informieren, um Wege aus der Krise zu weisen.

Nutzt die B-Pyramide als Machtobjekt. Jeder Platz wird sich in kurzer Zeit in ein Kultzentrum verwandeln, wenn ihr sie aufstellt. Ihr könnt leichter beten, meditieren, Träumen, eure Liebe zum Ausdruck bringen. Mit der Energie der Spitze könnt ihr Bestrahlungen vornehmen, um Wunden zu heilen. Schließt ein Lichtfaserkabel an. Essen kann in der Pyramide neu polarisiert werden, um die vielen schädlichen Inhaltsstoffe zu neutralisieren. Eine kleine Pyramide von 18 cm unter einem Küchenherd wäre günstig für die Qualität der Nahrung, trotzdem Nord-Süd ausrichten. Die B-Pyramide sollte auf einem Kreuzungspunkt des Magnetgitternetzes stehen. Das macht sie noch effektiver. Sie wandelt diese primitive Energie in höherwertige Lebenskräfte um.
Nun zur großen Pyramide C. Sie ist eine Energiestation für die Umformung des Magnetfeldes der Erde. Das Magnetfeld der Erde ist nicht statisch. Es unterliegt ständigen Fluktuationen. Sie werden verursacht durch Verschiebungen im Inneren der Erde und durch die Aktivitäten der anderen Planeten. Diese Kräfte sind ein Motor für die Entwicklung der Lebewesen auf der Erde. Die großen Energiepyramiden modulieren auf die Schwingungen der irdischen Magnetfeldlinien feine kosmische Frequenzen. So kann das kosmische Bewußtsein der Menschen wachsen, um nicht länger den archaischen, tellurischen Schwingungen zu unterliegen. Mit anderen Worten: Die C-Pyramide fördert die Erweckung des geistigen Lichtmenschen im irdischen Leib. Die Wirkung ist in der Tat ähnlich wie die Arbeit einer Hebamme, die eine Gebärende kontrolliert anleitet zu Kontraktionen und befreiender Wehenatmung.
Nutzt diese mächtige Hilfe, um euch aus den irdische Verstrickungen zu lösen. Ihr innerer konzentrierter Wirkungsbereich hat einen Radius von 250 m und ein ovales Wirkungsfeld von 40 bis 100 km. Die Abstrahlung an der Spitze beträgt bis zu 4 Mio. RON. Für uns sind es Lichtsäulen, laserartige Signale, die vom Erwachen des Neuen Geistigen Menschen Zeugnis ablegen. Ihre Signale durchdringen die irdische Atmosphäre und erreichen sogar die Mondbahn.
Wenn ihr mit kleinen Energiepyramiden eine wesentlich größere simulieren wollen, um eine größere Flächendeckung zu erzielen oder um mit mehreren Menschen in einem größeren Kraftfeld zu arbeiten, gelten folgende Maßstäbe:
Platziere 5 Pyramiden in der Weise, daß 4 Modelle im Quadrat aufgestellt werden und eine in der Mitte höher steht oder hängt. Für Modell A gilt als Kantenabstand zwischen den 4 Pyramiden je 2 m, die mittlere in einer Höhe von 2 m über dem Niveau der Bodenplatte der anderen 4 Pyramiden. Bei P 45 gilt ein Seitenabstand von jeweils 4 m und die mittlere kommt in eine Höhe von 4,2 m über dem Niveau der anderen 4 Pyramiden. Es macht nichts, wenn eine Betondecke dazwischen ist und die

Konstruktion über 2 Etagen geht, allerdings sollten größere Stahlträger oder andere massive Metallansammlungen vermieden werden, weil sonst die Wirkung beeinträchtigt wird.
In der Nähe einer Trafo-Umspannstation würde die Pyramidenenergie wesentlich zur Kompensation des Elektrosmog verbraucht und für uns nichts weiter übrig bleiben. Daraus ergibt sich, daß die Pyramiden für diesen Zweck eingesetzt werden können.
Grundsätzlich ist zu bemerken, daß alle Energiepyramiden Löcher in das erstarrte Gefüge der Zeit reißen, das euren Planeten gefangen hält. Viele eurer Probleme rühren von einer Katastrophe her, die euch und euren Planeten vor 4,5 Mrd. Jahren heimsuchte. Die lineare Zeitauffassung, die euer Gehirn so arg begrenzt, ist eine Auswirkung dieser kosmischen Implosion. Energiefluten der Sonne kollidierten mit einer Zeitfalle, einem Raum-Zeit-Phänomen in dem die Zeit negativ verläuft. Bis heute versucht ihr daraus hervorzukommen. Und es will und will nicht gelingen. Nur wenigen Yogis war es möglich, die Begrenzung der Raumzeit zu durchdringen. Jetzt kann es im Prinzip jeder mit Hilfe der Energiepyramide, die Horus übermittelt hat.
Es ist eine Wechselwirkung: Wird es euch gelingen gegen alle Negativität der Zeit eine 9 m-Pyramide zu errichten? Wenn ja, ist das bereits der Beweis, daß ihr euch weit genug frei macht, um die freie Fluktuation der Zeit wieder wahrnehmen zu können. Ihr wißt überhaupt nicht wovon ich rede, doch da ist ein Ahnen, eine tief innen liegende Regung in Deinem Herzen, die erkennt, daß ich recht habe.

Gib Deine lineare Zeitempfindung auf!

Wenn Du das hier liest bist Du bereits mit einem Fuß auf der neuen Seite der Realität.

Die kosmische Realität sieht ganz anders aus als eure: Ihr sitzt gewissermaßen im irdischen Gefängnis der verschobenen Zeit. Jetzt bleibt mir nur noch, euch viel Mut zu wünschen für euer Vorhaben. Es wird gelingen. Wir treffen uns schon bald auf einer klareren Realitätsebene. Zeit ist nicht real. Es ist eine Energiebarriere zwischen verschiedenen Bewußtseinsformen. Nutze die Energiepyramiden für Deine geistige Entwicklung.

11.9.95 22.35 Uhr Horus "Die Sonnenbarke gibt Dir die Gelegenheit, zu Gott zu fahren. Sie ist ein Weg der die Grenze der Dimensionen durchdringt. Die Sonnenbarke ist ein Kegel der Energie, die ihr jetzt produziert habt. Eure Energie lockert die Integrität der Magnetwellen, die von den negativen Kräften gesponnen wurden. Die Barke ist ein Tor im Raum, ein Spalt mit 2 Seiten. Im Universum gibt es so großartige Wesen. Die Barke ist ein Weg, der über alles hinausführt."

Diesen Punkt möchte ich etwas erläutern, damit Sie verstehen können, worum es geht. Bereits dreimal ist es mir und einigen Seminarteilnehmern vergönnt gewesen, die Sonnenbarke zu sehen. Beim 1. Mal saßen wir in einer Gruppe von ca. 10 Personen in unserem Yogaraum. Wir hatten gemeinsam meditiert. Es war eine sehr machtvolle, andächtige Schwingung im Raum. Die Anwesenden befanden sich in einer harmonischen, energiegeladenen Stimmung. Als wir die Meditation beenden wollten, wurde der ganze Raum in ein goldenes Licht getaucht. Von Südwesten her drang goldenes Licht durch die Wand. Es wurde immer intensiver. Dann öffnete sich die Wand und wahrhaftig schob sich etwas in unseren Raum hinein, daß an eine ägyptische Sonnenenbarke erinnerte. Die Vision konnte von mehreren der Anwesenden wahrgenommen werden. Alle fühlten das Licht und die Gegenwart einer allmächtigen Kraft.
Beim 2. Ereignis dieser Art waren wir wiederum in einer ähnlichen Gruppe versammelt. Ich saß an einem Ende des Raumes auf meinem Platz, mir gegenüber am anderen Ende stand eine Energiepyramide Modell B (45cm). Wiederum teilte sich der ganze Raum und wieder begann sich ein langes Boot, das an die Ruderboote der Wikinger erinnerte oder an die Gondolieren in Venedig, in den Raum zu schieben. Die Teilnehmer saßen in gleichmäßiger Reihe je 4 Personen rechts und links und die "Goldene Barke des Sonnengottes Ra" schob sich zwischen uns. Sie verweilte einige Minuten. Dann ließ der Glanz nach und verschwand. Der Spalt schloß sich.
Beim 3. Mal hatten wir zwischen uns in einem unserer Räume eine große Energiepyramide errichtet (Modell C, 180 cm). Je 4 Menschen saßen rechts und links, ich an der Westseite. Nach kurzer Meditation wandelte sich das Bild und wir hatten alle das Gefühl, in einem langgezogenen ägyptischen Tempel zu sitzen. Möglicherweise war es eine Rückerinnerung an ein früheres Erdenleben in ägyptischer Zeit. Wir waren alle gefangen in dieser gewaltigen Atmosphäre. Nach kurzer Zeit öffnete sich wiederum die Wand nach Süden hin und die goldene Sonnenbarke schob sich in den Raum. (11.9.95 20.30Uhr)
Auch mit der Erklärung von Horus weiter oben ist für mich diese Geschichte nicht voll und ganz erklärt. Fest steht bisher nur, daß eine Gruppe von meditierenden Menschen sich mit Hilfe der Pyramidenkraft mit göttlichen Kräften in Verbindung bringen kann. Diese Kräfte werden manchmal sogar für Anfänger sichtbar. In jedem Falle sind es überwältigende Gefühle, die uns einen Eindruck geben können von den göttlichen Kräften, die die Welt erschaffen haben.
Was wird sich daraus in Zukunft ergeben? Es kann ein neuer Weg der Gotteserfahrung sein, der mit der Entwicklung der Energiepyramiden allen Menschen offen steht, die auf der Suche sind nach dem Sinn ihres

Lebens und nach einer neuen Religiösität. Das Wunderbare an dieser Kraft sehe ich darin, daß sie nicht an irgendwelche Konfessionen gebunden ist. Es haben bei uns Menschen teilgenommen, die überzeugte Christen sind, Moslems, Buddhisten, Anhänger von Babaji, Baghwan und Atheisten. Diese Kräften haben sich all den verschiedenen Menschen mitgeteilt. Es sind sehr ursprüngliche Kräfte, die aus dem Urgrund des Lebens zu uns kommen.

20.9.95 Unser neues Konzept:

1. AT und Entspannung, Ziel: Sich vom Streß erholen. Das körperliche Befinden positiv beeinflussen, innere Ruhe finden.

2. Psychokybernetik und visualisieren. Ziel: Willentlich Bilder und Vorstellungen erzeugen. Suggestionen und deren Bedeutung im Alltag. Wie wir uns alle gegenseitig beeinflussen.

3. Atmung und Konzentration. Ziel: Den eigenen Körper und die eigene Energie bewußter wahrnehmen, mehr Energie aufnehmen. Die Bedeutung der Atmung, Grundübungen, bewußter atmen, Krankheiten überwinden, erhöhte Konzentration, mehr Energie für die täglichen Aufgaben. Ätherische Öle wirken auf die Atmung und die Seele (Düfte). Pranayama, Mantras zur Regulation.

4. Positives Denken, Konstruktives Denken, Ziel: Lernen, in Zusammenhängen zu denken, ganzheitliches Denken, Gedankendisziplin. Die Auswirkung unserer Gedanken und Gefühle auf unser Leben und auf unsere Gesundheit.

5. Das Universale Gesetz und seine Auswirkungen, Ursache - Wirkung. Ziel: Verborgene Zusammenhänge erkennen lernen, bei Ereignissen und Prozessen Ursache und Wirkung bestimmen lernen, auf neue Weise Lösungen suchen.

6. Energytraining, Ziel: Ein ganzheitliches Training für das Zusammenwirken von Körper, Seele und Geist. Atemtechniken, Konzentrationstechniken, Chakrahealing, der Gebrauch von Mantrameditationen, Mudras, spezielle Meditationshaltungen, Hinführung zur stillen Meditation.

7. Gesundheitsfragen, Ziel: Gesundheit und Krankheit verstehen lernen, Körpersprache, der Energiekörper des Menschen, Ernährung, Plasmamassage, Muskelreflexdiagnose, therapeutische Methoden.

8. Channeling, Ziel: Hilfe aus der geistigen Welt. Mediale Botschaften, woher sie kommen, wie es funktioniert, was wir daraus lernen können.

20.9.95 21.30 Uhr Horus: Meine Flügel sind um die Erde gefaltet. Mein Leben wächst aus der Liebe Gottes, und es dient allen Wesen auf Erden. Wir leben Äonen auf höherem Plan. Jetzt macht euch bereit, um die neue Zeit zu empfangen!
Ihr müßt noch besser kooperieren, enger miteinander arbeiten. Ihr nutzt euer Potential viel zu wenig. Ein bißchen mehr Liebe, mehr Offenheit und ihr macht ganz neue Türen auf. Euch fehlt immer noch das richtige Vertrauen in eure eigenen Begabungen. Mehr als ihr beide haben andere selten an Wissen, an Macht und an Güte zusammengetragen. Jetzt gilt es, dieses Wissen als reale Kraft einzusetzen und die Welt nicht in den Abgrund treiben zu lassen.
Eure Ideale sind nur ein Keim, um neues Leben hervorzubringen. Ein Leben in Harmonie ist nur möglich, wenn die Wesen auf Erden es wollen. Ihr lebt nicht nur für euch, sondern für Gott. Lebt nun endlich für die Liebe zueinander, ohne Ärger, ohne Streit. Wir brauchen Paare, die gut funktionieren, als Vorbilder für neue Generationen.

20.9.95 22.00 Uhr Horus: Der Weg geht von Lemuria über Atlantis nach Ägypten. Die indischen Yogameister benutzen ihren Geist. Die Ergebnisse der Yogameister liegen in ihrem Bewußtsein begründet. In Ägypten haben die Lehrer des Tempels nicht ihr Bewußtsein benutzt, sondern ihre Seele. Die Seele war das Tor für Gott, um zu den Menschen zu sprechen. Das bedeutet, Gott spricht nicht im Bewußtsein, sondern in der Seele. Gott liebt die Seele der Menschen. Sie ist ihm wohl vertraut. Der Geist lebt in Allem, aber er kann sich nur schwer mit Gott verbinden.
Liebe ist die Kraft, die alles vereint. Sie kommt aus der Seele. Die Seele ist eine Kraft, die aus dem Herzen verströmt. Sie liegt als Same im Herzen eines Embryos. Sie entfaltet sich erst mit einem Jahr. Vorher ist das Baby eher wie ein Tier. Dann geht die Seelenknospe auf. Das Herzchakra erwacht und verströmt seinen Duft. Es entsteht das Fluidum, der feinstoffliche Körper. Er umhüllt das Baby, und nur so kann ein vollwertiger Mensch entstehen.
Mongoloide Kinder sind nicht richtig erweckt. Sie bleiben Tiere, ohne Bewußtsein für die Natur eines Menschen. Ihr könnt mit ihnen leben, aber ihr Geist ist verschlossen auf Lebenszeit.

21.9.95 16.00 Uhr Horus. Das Wichtigste sind die Hyroglyphen. Ihr lernt damit zu arbeiten. Eure mentalen Kräfte aktivieren die Macht der alten Symbolkräfte. Mentaltraining ist von extremer Bedeutung. Die Menschen

haben große Angst. Sie empfinden nur Kontrolle von oben, aber nicht das Gefühl, Einfluß nehmen zu können. Diese negative Einstellung schafft große Verwirrung. Die Menschen meinen, daß ihre Gedanken keinen Einfluß hätten und sehen so keine Notwendigkeit auf ihre Gedanken zu achten. Bei den gegenwärtigen Verhältnissen schaukeln sich auf diese Weise die negativen Gedanken hoch. Eine Verstärkung durch Pyramidenenergie schafft neue Spannungen, aber ihr müßt es bewältigen.
Ihr müßt nicht auf meine Beratung zurückgreifen. Ihr könnt allein die Pläne für eure weitere Arbeit entwickeln. Es geht um die Disziplin in eurer Seele. Es ist nicht genug, so zu denken, Ihr müßt selbst an Euch arbeiten mit Energytraining.

26.10.95 3.25 Uhr Channelbotschaft von Gaia. Diese Botschaft füge ich ein, um das Verhältnis der Menschen zur Erde etwas zu beleuchten: "Die Seele ist nicht sterblich. Die Seele ist eine Keimzelle aus der heraus die Welten entstehen. Es gibt so viele Seelen wie Welten. Jede Welt hat eine Seele, mehr nicht. Ich heiße Gaia und bin die Seele der Erde. Ihr seid nicht mit mir verwandt. Ihr seid hier Gäste aus anderen Universen, von anderen Welten.
Wir sind nicht allein auf der Erde. Auch die Erde ist nicht alt, ein junger Planet. Eure Seele ist nicht alt, eher ganz frisch. Ihr seid Lebewesen aus anderen Dimensionen, wie Erreger in euch. (also wie Bakterien oder Pilze in uns!) Mein Leben ist gut. Ihr habt nicht die Macht eine Seele auszubilden. Euer Geist ist groß und mächtig. Er legt sich auf die Erde, und es entstehen kleine Menschen. Kein Mensch ist ewig. Ihr seid nicht von mir hervorgebracht worden, sondern aus dem Geist. Eure Art ist ein Einfluß von außen.
Jetzt mußt du dich beeilen, wenn du etwas gut machen willst. Das Leben hier ist nicht sicher. Ihr stört das Gefüge. Ich lege euch ab, und wir sind nicht mehr ein Ganzes. (Hinweis auf die ökologische Zerstörung!)
Die Seele überlebt den Tod. Danach nehme ich sie zurück in meine Energie. Du hast recht, sie erliegt dem Strom der Zeit. Wir Planetenwesen leben anders als ihr. Euer Bewußtsein beschränkt sich auf die Wahrnehmung der Energie aus eurem Leben.
Der Geist ist allmächtig. Er erfüllt mich mit Leben und euch auch. Euer Leben ist ein Impuls aus der Zeit vor der letzten kosmischen Katastrophe (vor ca. 4,358 Mrd. Jahren). Ihr habt es nicht wahr haben wollen. Ihr habt die Erde nicht vernichtet. Dazu fehlen euch die Mittel. Es war ein Unfall größerer Ordnung. Mein Problem ist nicht auf die Erde beschränkt. Es ist Teil des Geistes. Es ist nur ein Denkfehler. Es ist ein Traum. Er beginnt vor tausenden von Jahren. Ich bin allein auf Erden. Ich suche nach Liebe

und will Liebe. Ich begebe mich in die Versenkung. Ein Zeitriß entsteht und ich finde gute Leute, die mich mit Leben erfüllen.
Es sind nicht meine Kinder. Es sind neue Leute von anderen Welten. Jetzt behindern sie die Erde. Mein Körper hat Energie zum Leben. Die Seele lebt im Körper, der Geist ist ein Gast im Körper. Der Körper vermehrt sich allein. Die Seele ist nicht sterblich. Sie ist ein Teil der Erde, geht zurück und wird aufgesogen von der Erde. Der Geist lernt nicht von uns. Er lernt aus der Erde auf seine Weise. Es ist falsch, die Seele erlösen zu wollen. Sie ist ein vollkommener Teil. Das Bewußtsein lebt in einem Körper. So wie Du über den Samen in den Körper gehst, tut es die Seele über das Ei. In einer Frau ist die Seele stets größer als im Mann. Der Geist beider gemeinsam ergibt eine Einheit. Es gibt Männer mit weiblichen Seelen und Frauen mit männlichen. Die Erlösung ist die Synthese zwischen Seele und Geist. Es ist eine Verschmelzung, die Leben schafft. Die Seele des Baby entsteht aus der Eizelle, aus einem Kraftfeld der Liebe.
Die Eizelle schützt sich vor dem Geist. Er ist Gast. Die Zelle ist gut. Der Geist ist ein Gast in mir.
Dein Geist ist nicht allein. Du hast Leben erschaffen auf Erden, Kinder. Jetzt lebe mit ihnen. Die Seele ist ein Teil der Erde. Sie bleibt hier auf Erden verhaftet. Der Geist ist aus anderen Welten. Er lebt hier auf Erden als Gast. Der Körper gehört der Seele. Nach dem Tode lebt die Seele im Energiefeld der Erde weiter. Die Zwischenwesen (Geister, Phantome, Seelen von Verstorbenen) sind Seelen ohne Körper, dicht auf der Erde. Die Geister der meisten Menschen verlieren ihr Bewußtsein und fangen neu an. Du bist anders. Du lebst bewußt weiter als Mensch." Diese mediale Botschaft möchte ich nicht kommentieren. Denken Sie einfach darüber nach, was diese Worte uns geben können. Es steckt sehr viel Wissen darin!

<u>20.1.96</u> Horus: Fülle die Achse der C-Pyramide mit Bergkristallen, sie bringen Erdenergie in die Umwelt. Wir harmonisieren auch die Mineralebene. Die Kristalle in der Umwelt sind gestört durch die Strahlung der Satelliten. Die Satelliten stören feinste mechanische Strukturen mit der Wellenlänge von 10 m (Radar). In der Pyramide sind Chakras angeordnet, von unten 1, 2, 3, unterhalb der Mitte, die Mitte ist das 4. Chakra, 5. über der Mitte, das 6. an der Unterkante des Kopfstücks der beiden kleinen Pyramiden und das 7. über der Spitze. Die Höhe der Mitte in der Energiepyramide entscheidet über die Verträglichkeit der Energie, die aus der Erde kommt. Ihr müßt intensiv atmen lernen, viele Minerale aufnehmen und in der Nacht mehr Ruhe finden in den Träumen, durch die Benutzung von Edelsteinen. Stellt 50 -100cm entfernt von Eurem Kopf vor allem

Bergkristalle auf. Lernt mit ihnen zu kommunizieren. Das Energieniveau auf der Erde steigt ständig. Ihr müßt Euch anpassen. Die hohe Energie macht viele krank".

29.1.96 Rituelle Sitzung um die große Pyramide im Vortragsraum: Ich sehe für einen Moment eine achteckige, kosmische Konstellation. Dazu Horus: "Es ist nur ein Eindruck von einer Lichtebene, auf der sich die Strahlen des Universums vereinigen, um ein Bild zu schaffen, aus dem dann das nächste Universum erschaffen wird." (nur!)
Vom Orient bis nach Europa und von den alten Griechen bis in die Neuzeit wurde eine Fülle an 4 - und 8 - eckigen bzw. - 4 - und 8 - blättrigen Motiven geschaffen. Vor allem in der Blütezeit des Mittelalters, in der Zeit der Minnesänger um 1200, wurden derartige Fresken, Skulpturen und Wandteppiche von begnadeten Künstlern entworfen. Die gleichen 8 - seitigen Motive finden wir bei allen anderen Völkern der Erde, z.B. im I Ging der Chinesen. Unter bestimmten, günstigen Bedingungen können wir also mit Hilfe der Energiepyramiden Einblicke gewinnen in kosmische Abläufe und auf diese Weise neue Erfahrungen gewinnen, die uns helfen, diese Welt und unsere eigene Existenz in einem größeren Zusammenhang zu sehen. Beachten Sie bitte, daß speziell das indische Symbol des Kali Yuga (unser Zeitalter) verblüffende Ähnlichkeit mit der Energiepyramide hat! Vielleicht war die Darstellung des Kali Yuga die Ahnung dieser problembelasteten Zeit auf einer übervölkerten Erde, und die Energiepyramiden des Horus sind die Antwort darauf.

31.1.96 22.00 Uhr Horus: Ein Mantra gegen schwarzmagische Einflüsse: e' Rahél shak' dá ha ná!

1.2.96 22.49 Uhr Horus: Arák háma sát gamanáta. Liebe ist die Macht, die alles besiegt.

3.2.96 20.30 Horus. Ihr seid in einer Phase der Erneuerung. Wir begrüßen die gegenwärtigen Aktivitäten. Euer Leben muß sich immer mehr ausrichten auf Erfolg. Innerlich seid ihr noch nicht ganz dafür bereit. Ihr habt nicht die richtige Einstellung zum Erfolg. Mit etwas mehr Geduld läßt sich alles erreichen. Nur nicht kleinkriegen lassen! Nun gilt es, hier neue Bedingungen zu schaffen. Ihr müßt die Arbeit bekannt machen und zwar mit Macht! Zu viele Idioten preisen sich an als Meister. Ihr seid geweihte Wesen und verkündet die Wahrheit! Wir sind da für alle Menschen. Also seht jetzt die Chance, neue Wege zu öffnen für die Kommunikation mit den anderen Menschen. Ihr sucht die Verbindung zur Masse. Wir begrüßen das. Also steht auf und macht eure Ideen bekannt. Die Pyramiden sind erst der Anfang. Wir wollen euch neue Methoden aufzeigen wie man mit Energie umgeht. Die Kundalini ist keine Gefahr, sondern euer kleinkarierter Geist, der es nicht schafft, die Erziehungsmuster abzuschütteln. Die Welt ist nicht feindseelig, es sind die Menschen. Du hast keine Chance das Problem zu lösen, wenn Du Angst hast. Du mußt dich auf die Energie besinnen, die in dir steckt.

10.3.96 20.45 Uhr Horus: Bei Problemen mit der Schleimhaut und zu wenig Feuchtigkeit in der Haut: Vit. A, C und B_6 nehmen: A für den Aufbau der Haut, C für die bessere Durchblutung der Haut und Schleimhaut und B6 für den Aufbau des Schleimes.

23.4.96 Horus: Was die Menschen so fasziniert, ist die Energie der Pyramiden, die, ohne daß sie es richtig sehen können, eine stehende Acht bildet, wobei sich der Überschneidungspunkt der Schwingung im Zentrum auf der mittleren Ebene befindet. (Also das stehende Unendlichkeitszeichen, daß der Schleife der Urenergie des Menschen entspricht).
Für die Nutzung der Bioresonnanz sollte man Ampullen in die kleine Pyramide auf die mittlere Ebene stellen. Danach die linke Hand über die Spitze der Pyramide halten und die rechte Hand über eine Außenecke der inneren, kopfstehenden Pyramide. Der Patient sollte vorzugsweise im Westen sitzen, nach Osten schauen, vor sich die Pyramide, die linke Hand in der Mitte und die rechte Hand über der Südspitze.
Hinter jeder Allergie steht ein individuelles Hilfesuchen. Das kann nur behandelt werden, wenn es der Mensch will. Der Pollen ist nur Ausdruck dessen, was ihn belastet. Die spezifischen Eigenarten der Pollen müßten verifiziert werden. - Mantras wirken auf den Ätherkörper ein.

24.4.96 Horus: Viele Menschen berichten über Flug-Empfindungen in der großen Pyramide. Es ist ein mentaler Effekt. Aber wenn Du willst, kannst Du real damit fliegen. Dazu muß die große Pyramide auf einem stabilen Stahlblech montiert werden. Die mittlere Pyramide muß durch eine solide Polyacrylplatte von der Stahlplatte isoliert sein und so verschraubt werden, daß es keinen Metallkontakt gibt. Dann sollten sich 2 Menschen hineinstellen, die von diesen Dingen eine Ahnung haben, vorzugsweise ein Mann und eine Frau, um sich von der Erdenschwere zu lösen.

April 96 (Einige Male wurde die Frage aufgeworfen, ob die Energie der Energiepyramiden mißbraucht werden kann.) Horus. "Es kann niemand die Energie der Pyramide als negativen Gedankenverstärker benutzen, da diese mit ihrer Basisschwingung in den Urgrund eingreift und so die Negativität des Benutzers auf ihn selbst spiegelt. Grundsätzlich ist es so,

daß die Felder der Energiepyramiden die Gedanken, die hineingelegt werden verstärken und auf den Verursacher reflektieren. In der Regel wird das zu einer Läuterung der Benutzer führen. Das wird nicht immer allen gefallen. Viele Menschen sind verhärtet in ihren schlechten Gewohnheiten. Jedenfalls wird diese Negativität nicht nach außen dringen und anderen Menschen schaden.
Wenn sich ein Benutzer nicht von seiner falschen Haltung lösen kann, wird er sich in der Auseinandersetzung mit seinem negativen Spiegelbild abnutzen. Die Energie der Pyramide wirkt sich also nicht negativ aus. Sie kontrolliert sich selbst. Vorübergehende Schwankungen sind möglich, jedoch nicht von Dauer. Dieser Pyramidentyp ist nicht in Verbindung mit den ägyptischen Pyramiden zu sehen. Es sind eigenständige Wesen. Ob etwas ein Objekt oder ein Wesen ist, hängt davon ab, wieviel Lebensenergie darin steckt! Ihr könnt die Pyramide als sanfte Technologie betrachten. Hier werden elementare Energiefelder angezapft. Es wird das Magnetfeld der Erde angezapft und ein verdichtetes Feld aus Pranapartikelchen, Eure Lebensenergie, erzeugt. Das wirkt sich wiederum positiv auf alle Lebensprozesse aus: Wachstum, Stabilisierung des Immunsystems, Verstärkung der Gedankenkraft. Es ist sehr gut geeignet, um gestörte Plätze zu entstören."

29.4.96: Natürliches Vitamin E ist nicht viel besser als synthetisches. E-Acetat ist ungefährlich, leicht verdaulich und nützt dem Gewebeaufbau.

Juli 96 Horus: "Die Nutzung der Pyramidenenergie bedarf der geistigen Kontrolle durch die Anwender. Nur so werden optimale Ergebnisse erzielt. Ohne geistige Kontrolle, ohne positives Verhältnis zur Pyramidenenergie werden die Betroffenen nicht viel verspühren. Es nutzt zwar, aber sie werden es ignorieren und sagen, die Heilung sei Zufall. Wenn sie jedoch eine mentale Beziehung zur Energiepyramide aufbauen, dann werden sie schnell erkennen wie man von der Pyramide Kraft ziehen kann, um seine Träume und Pläne zu realisieren. Trefft eine Wahl und dann behaltet diese geistige Einstellung bei!

16.9.96 Horus belehrt mich, daß die Menschen, die an Seminaren im Kyborg Institut teilnehmen, Teil eines bestimmten Schulungsprogrammes sind, das aus der geistigen Ebene "angeboten" wird. Es seien keine normalen Seminare, sondern eine spezifische Ausbildung für geeignete, ausgewählte Menschen und ich bin eine Art Indikator und Lehrer zugleich. Diese Begegung mit Horus empfand ich bei rund 20 Minuten Dauer wie eine Minute. Es sei wichtig, daß wir weitere solche Zentren schaffen. Augenblicklich sind wir beide, meine Frau und ich, wohl die Einzigen, die gut damit umgehen können, aber es werden bald neue Menschen kommen, die den Faden aufnehmen und weiterspinnen. Ich spüre schon seit längerer Zeit sehr deutlich, daß in meinem Gehirn eine Selektion vorgenommen wird. Bestimmte Daten sickern durch, ein wesentlicher Teil wird zurückgehalten. Ich kann gut damit leben, da ich spüre wie präzise ich geführt werde. Ich bekomme ständig neue Daten.

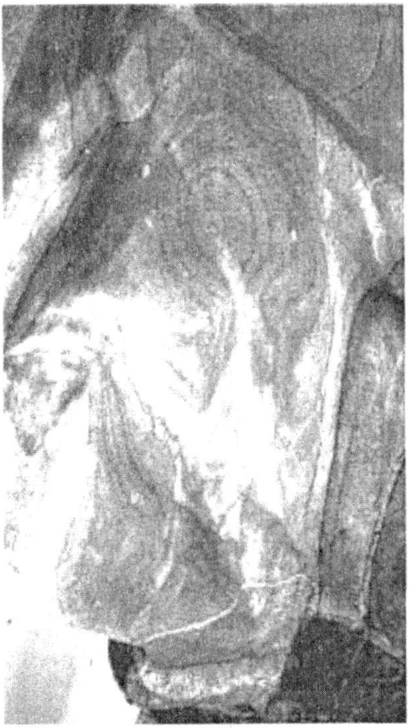

27.10.96 Im Sommer 1995 suchte ich nach langen Meditationen an der Felsenküste der Bretagne nach Hinweisen auf "sehr frühes intelligentes Leben". Ich hatte bei meinen Astralreisen das Gefühl, daß es schon in den Urzeiten andere, intelligente Lebensforman gab. Dabei entdeckte ich das "Wesen im Stein". Eine Kreatur mit Krallenfüßen und ein bischen ähnlich wie ein großes Flughörnchen, ca. 220 cm lang und 100 cm breit. Jetzt, ein Jahr später entdeckte Verena in dem "Wesen im Stein" ein riesiges Gesicht mit einem riesigen 3. Auge. Horus channelt dazu, daß es ein Abbild von mir selbst ist, daß ich vor ca. 180 Mio. Jahren hinterlassen habe. Er sagt "Du hast in all den Jahrmillionen Symbole deiner Existenz hinterlassen, um dich von Zeit zu Zeit zu erinnern." Bei einem 2. Besuch in der Bretagne, 2 Jahre später, entdeckte ich noch ein anderes dieser Wesen im Stein.

Sept. 96: Monothetis ist die Lehre von der Einheit Gottes und des Universums. Monismus ist nur ein Hinweis auf einen Ursprung. Horus.

23.10.96 23.00 Uhr Horus. Die Arier kamen aus den asiatischen Steppen nach Indien. Zuvor waren sie aus Europa dort hingezogen. Sie kamen aus Rußland und wurden dort von Hunnen verdrängt.
Die Yogis nutzten alle Mittel, um zur Erleuchtung zu kommen. Drogen, Askese, Ekstase, Wein, Tantra. Soma war ein Gemisch aus Wein mit Hanf und Honig. Ein heißer Stoff. Er macht Freude und gibt Dir ein Gefühl umfassender Liebe. Er war für Orgien geeignet. Leider fördert er den Verfall der sittlichen Ordnung. Aus diesem Grund haben die Yogis die

Sache so dargestellt, daß man versucht, das Volk zu erziehen, aber es hat nichts genutzt. Am besten ihr lebt jeder auf seine Weise und ihr fördert gegenseitige Freiheit. Ihr könnt machen was ihr wollt, Hauptsache, es gelingt euch gut. Natürlich müssen die neuen 4 Gebote bedacht werden. Ethik ist das Gebot, das über allem steht. Es ist gut, daß Du fragst. Lebe in der Gewißheit, daß wir dich führen! Alles ist okay. Horus & Jupither. Danke.

26.11.1996 Horus: (Für einen Freund) Solange Dir nicht Bewußt ist, worauf es im Leben ankommt, solange das nicht Klar ist, spielst du weiter. Dieser Spieltrieb vermittelt dir die Möglichkeit zu einem leichten Leben, aber das ist nicht alles. Du brauchst eine Zielplanung!
Der Druck im Kopf, den Du verspürst, ist der Druck der Verhältnisse, wo du hineingeboren wurdest, also Erziehungsbedingungen. In dem Moment wo du nach Veränderung drängst, wird dir das als Zwang bewußt. Die alten Verhältnisse leisten Widerstand. (Was könnte ich tun?) "Praktiziere Feueratmen".
(Partnerschaft ?) Ein Mensch ist nicht vollständig, wenn er nicht ein weibliches bzw. männliches Gegenstück hat. Gewisse geistige Horizonte sind nur in der Synthese zwischen Mann und Frau zu erreichen. Es ist eine Illusion und ein Irrtum, wenn man meint, durch Askese alles erreichen zu können. Bemühung nützt nichts. Du mußt dein Herz öffnen, dann werden sich die Frauen um dich reißen.
(Wie ist die Rolle der heutigen Männer?) Heutige Männer zeichnen sich aus durch seelische Schwäche, geistigen Unmut und Unausgegorenheit. Die geistig-seelischen Verhältnisse der Männer sind vollkommen unausgeglichen, das macht den Frauen schwer zu schaffen. Die Mehrzahl der Männer ist sich gar nicht bewußt, was es bedeutet, Mann zu sein. Sie sind entweder primitiv, vulgär oder abgehoben intellektuell, doch dann wieder animalisch.
(Was soll ich für meine Persönlichkeits-Entwicklung tun?) Du wirst sehen, die Pyramiden führen zu einer intensiven Veränderung deiner Persönlichkeits-Struktur. Du kannst sicher sein, daß es in die Richtung geht, die du beabsichtigst. Die Pyramidenenergie fördert das Gute im Menschen. Diese Entwicklung läuft in jedem Fall wesentlich rasanter als ohne Pyramide. Dadurch kann dir manchmal etwas fremdartig erscheinen, weil die Entwicklung schneller geht als du geistig mitzudenken lernst.
(Wie soll ich mich beruflich verhalten?) Stelle die geistige Entwicklung des Menschen in das Zentrum deiner Bemühungen.

14.2.97 Gut. Du hast jetzt begonnen mit einer Neuordnung Deiner Welt. Alles richtet sich jetzt immer mehr auf die Energiepyramiden aus. Wir begrüßen diese Entwicklung.

16.3.97 Horus: Ihr müßt erst ein Mandala malen und dann die Edelsteine einbringen. Wenn es euch gelingt, diese Synthese aus eurem Bewußtsein in Worte und Zeichen zu fassen, werden viele euch lauschen. Laß es gut sein, deine Zeit kommt.
Es geht nicht um Yoga, sondern um SAN. SAN ist die Essenz allen Seins. Es ist nicht SAT nam. Es ist nur ein Begriff für die Allmacht des Höchsten, die euch berührt. Es muß nicht einfach sein. Es ist eine Freude, die sich manifestiert. Nur Geduld. Es gibt so viele Dinge, die sich lohnen sie zu realisieren.
Im Kraftfeld der Pyramiden arbeitet ihr in einem Jahr tausend Jahre Karma auf. Negativ ionisierte Luft fördert die Bereitschaft und den richtigen Umgang mit der Pyramidenenergie. Sie aktiviert euren Geist und das ist gut für die Umsetzung dieser Energie.

25.03.97 17.20 Uhr Horus, Jupither und Junow. Botschaft zur großen Energiepyramide: Das Modell 9 m muß mindestens 30 m Abstand zu Wohnhäusern haben. Es wird nicht so sehr die mentale Ebene beeinflussen, sondern die Magnetfelder der Erde. Das führt zu mannigfachen Neustrukturierungen in der Natur. Alles bekommt eine neue Einbindung ins kosmische Gefüge der Raumzeit. Ihr versteht das nicht. Macht es einfach! Macht es nicht wegen der Energie, sondern einfach wegen der Botschaft, einer Gabe Gottes, die euch zufällt. Es wird Deutschland nachhaltig verändern und die Veränderungen herbeiführen, die ihr ersehnt. Innerhalb eines Jahres ist es zu schaffen.
Die Kernreichweite liegt bei 4 km. Die maximale Reichweite bei 1.000 km. Zusammen mit anderen kleinen Modellen erreicht ihr Westeuropa und die Welt. Die Aufmerksamkeit, die euer Projekt findet, wird enorm sein! Menschen, die heute noch trübe sinnen, werden erwachen und etwas unternehmen, was die Freude in ihren Herzen wieder erscheinen läßt. Es ist die nächste Stufe eurer Entwicklung. Sie gibt euch die Sicherheit, daß wir die Schwelle überschreiten für ein Neues Leben in Harmonie! Dieser Schritt verändert alles, was geplant war von anderen für die Zukunft der Menschheit. Ihr werdet die Chance bekommen, selbst neu zu entscheiden, wohin eure Entwicklung läuft.
Das, worauf es ankommt, ist die entscheidende Frage, ob es euch gelingt, wieder an etwas Ideelles zu glauben, das ihr mit Gott in Verbindung bringen könnt, anstatt mit dem Kapital. Das Leben wird geboren aus dem Geist, nicht aus Bilanzen. Wenn die Bilanzen nicht mehr der Entwicklung

der Menschheit dienen, müssen neue Maßstäbe geschaffen werden, die euch voranbringen. Dieser Weg ist gezeichnet im Buch des Lebens für die Offenbarung des göttlichen Lichts auf Erden. - In Gnade empfangen!

7.4.97 11.00 Uhr: Zu einem Mann, der Horus als "Herr" bezeichnet hatte: "Sieh mich lieber als ein kosmisches Baby und die Erde ist in meinem runden Bauch."

12.4.97 21.00 Uhr Horus über einen Geschäftsmann, der bei mir in der Beratung war: "Du hast alles richtig gemacht. Führe ihn ein in eine neue Art Geschäfte zu machen. Er hat Angst, etwas zu verlieren. Dabei führen wir ihn an der Hand, um ein neues Leben zu beginnen. Er müßte jetzt offen sein für ein Leben in Harmonie. Sein Leben ist nicht leicht verlaufen. Es war nur in Abschnitte aufgeteilt. Jetzt sollte er sich führen lassen, um sich von all den Strapazen zu erholen, die er erleiden mußte. Lieber ein wenig unzufrieden, als noch ein Leben lang in den Verwicklungen des Karma verhaftet sein. Er will sich rächen für Fehler, die er selbst bereits in früheren Incarnationen begangen hat. Aber das ist nicht der richtige Weg. Er müßte viel mehr Freude aufkommen lassen in seinem Leben. Das muß nicht erst erzwungen werden. Es geht ganz einfach: Lebe in der Gewißheit, daß du geliebt wirst.
Zu ihm: Nutze die Gnade, daß Gott dich liebt. Lege den Zorn ab. Es geht auch ohne Machtmißbrauch. Deine Seele hat Schaden genommen, aber Dein Herz ist nicht gefährdet. Ich heiße dich willkommen in unserer Gemeinschaft der Liebe für diese Welt. Gut, er wird es verstehen. Siehe, ich bringe euch die Chance, auf die ihr gewartet habt. Meine Energie füllt euch mit Leben. Nutzt die Kraft der Lichtebene und atmet frei.

21.5.97 8.00Uhr Horus Hinweise zu meiner Begegnung mit Costa Cordalis. "Wir haben euch zusammengeführt, so schnell es ging. Er versteht sehr gut worum es geht und wird uns unterstützen. Die Verbindung von Geist und Musik ist ideal. Seine Liebe zu den Menschen ist sehr groß. Mit Musik lassen sich Häuser bauen, die jedem Wetter trotzen. Nur Steine brechen, der Klang vervielfältigt sich mit jeder Bruchstelle, die entsteht. Genieße dein Dasein und das Licht, das wir euch zukommen lassen. Meine Schwinge weilt über eurem Haupt. Sie hütet eure Wege und dringt in die Herzen der Menschen, um sie zu erfreuen. Gut, jetzt geht es darum, neue Wege zu eröffnen für die Botschaft der Liebe.
Costa hat viele Verbindungen in die geistige Welt. Er arbeitet mit Gott, dem Allerhöchsten in einem engen Kontakt. Unsere Welt existiert nicht in der Weise wie die eure. Wir sind nicht an Zeit und Materie gebunden. Viel leichter ist es, uns in eure Welt hineinzubegeben, als von euch hier in

unsere. Trotzdem ist diese Wirkung von elementarer Bedeutung. Genieße dein Leben, nutze diese Anregungen für euren Geist.
Ihr seid zarte Wesen, die sich hinabbegeben haben in die irdischen Gefilde. Jetzt achtet darauf, daß diese Welt nicht durch falsch verstandene Kräfte zerstört wird. Ohne Zweifel gibt es Spannungen, die geeignet sind, positive Strukturen zu verändern und aufzulösen, aber es ist nicht als negativ anzusehen, wenn ihr euch diesen Kräften aussetzt. Sie sollen neu geformt werden, und durch die Wirkung zwischen euch und ihnen entsteht neues Leben, neue Formen werden von der dunklen Seite geschaffen, und ihr füllt sie mit Licht. Diese Formen geben sich her als Hülle für Lichtwesen wie wir es sind. Die veränderten Strukturen können wieder einige tausend Jahre überdauern. Ohne die Vermählung der Dunkelheit mit den Lichtkräften gibt es keine positive Entfaltung des Universums. Nutze das Leben, ohne Zwang, ohne Streß, ohne Spannung und ohne Angst! Jeder Mensch hat eine Aufgabe. Hilf ihnen die Aufgaben zu erfüllen.
Costa soll Deine Tätigkeit reflektieren. Du hast bereits Impulse gegeben, die er jetzt umsetzen muß. Er ist nicht allein in dem was er tut. Er hat viele Freunde und Verbündete. Neue Freude und neue Liebe wird sich entfalten wenn er sich daran macht, deine Arbeit zu nutzen. Das Licht der ewigen Hüter entfaltet sich in Deinen Texten. Gemeinsames Wirken ist Leben.

11.6.97 Horus: "Unsere Kraft dient allen Lebewesen. Wer sich der Botschaft öffnet, erringt große Vorteile in seiner spirituellen Entwicklung. Wer sich dem widersetzt, leidet Qualen ohne Ende, denn er ist von der Wirklichkeit getrennt. Nutze diese Arbeit für dich und alle, die dafür bereit sind. Meine Schwingen behüten dein Haupt. Es ist nicht von Bedeutung für deine Entwicklung, ob unverständige Menschen dich angreifen oder nicht. Es sind nur Anfeindungen auf der materiellen Ebene. Genieße dein Leben und nutze jede Chance, ohne dich beirren zu lassen.

13.6.97 20.45 Uhr Junow: "Es geht darum, daß etwas Neuartiges geschaffen wird, etwas Großartiges. Wir begrüßen die Entwicklung. Ihr dort unten habt diese Gewißheit nicht. Wenn es euch gelingt, die Schwingung zu installieren, die diese große Energiepyramide mit sich bringt, verändert ihr definitiv die ganze Welt! Es liegt jetzt in eurer Hand, diese Dinge in der rechten Weise anzupacken und zum Sieg zu führen. Entscheide selbst wie du leben willst!"

24.6.1997 Horus. (An einen Freund) Achte auf deine Stimmungen, auf deine Gefühle, auf die innere Stimme, und du wirst sicher geleitet. Sei du deiner Selbst sicher, und alles wird laufen wie es sich fügt. Es wird sich fügen in der rechten weise.

10.7.97 13.16 Uhr Horus. "Gut, du hast recht, es geht nicht um die Welt, sondern um die Energie zum Aufbau des Universums. Euer Leben muß zentral auf eine Schwingung ausgerichtet werden, die die Welt verändert. Deshalb werdet ihr Anfeindungen erleben. Es geht um den Erhalt der Welt als solcher. Dafür müssen Opfer gebracht werden. Die neue Energie fließt aus den Energiepyramiden, um die Zustände zu bekämpfen, die die Welt aus dem Lot bringen. Nur mit Hilfe der Energiepyramiden wird es möglich sein, die Erde auf eine neue Wahrnehmungsebene zu katapultieren. Nur Mut, es ist nicht von Bedeutung, wenn Du jetzt gewisse Schwierigkeiten siehst. Die Energie fließt, um dein Leben sehr zielstrebig auf eine neue Ebene zu befördern. Auch die Angst um die Zukunft ist gänzlich unbegründet. Diese Erde wird nicht untergehen, sondern sie wird sich neu manifestieren, ohne daß ihr den Unterschied bemerkt. Es geht von jetzt auf gleich. Allerdings müßt ihr euch bereit halten, um alle Kräfte fließen zu lassen, ohne eine einzige Blockade. Es ist alles im Lot. Nutze deine Energie für neue Aufgaben!

22.7.97 10.20 Uhr Horus zu einer Schülerin: "Öffne Dein Herz und laß den Willen außen vor, wenn Du lernen willst mit uns zu reden. Die Dummen sind überall. Die Reinen findest Du nur mit Deinem Herzen."
Der Placebo-Effekt ist der Beweis für die Macht der Gedanken! Er beweist, daß die Vorstellung eines Menschen ausreichen kann, um ohne Medikament gesund zu werden und ebenso, beim Voodoo, durch negative Gedanken krank zu werden. Wenn unsere Energiepyramiden einen Placebo-Effekt bieten, dann kann es gerade der Beweis dafür sein, daß sie unsere Gedankenkräfte verstärken und zentrieren helfen. Ich glaube fest daran, daß das mein Weg zu Gott ist, und daß ihn viele gehen können, wenn sie einen ehrlichen Weg der Er-Kenntnis (Gott-Kenntnis!) suchen. Und mein Glaube wird darüber entscheiden, wie sich meine Gedanken realisieren

24.7.97 4.27 Uhr Horus: Ramada. Deine Aufgabe ist es, die neue Ordnung zu installieren. Es geht im großen und ganzen ohne Probleme ab. Du mußt nur die Ruhe bewahren. Wir haben die Veränderung lange vorbereitet und geplant. Nutze die Kraft der Pyramide für deine Arbeit und um die Menschen zu überzeugen, daß es noch ganz neue Dimensionen gibt. Das große Modell von 9 m soll noch nicht vorbereitet werden. Es ist nicht an der Zeit. Warte noch ein Jahr. Aber du kannst die Menschen vorbereiten. Unsere Aufgabe ist nicht schwierig.

Das Leben ist nicht in Gefahr, nur die Art es zu mißbrauchen. Ihr habt nicht die Kapazität, um das Leben auf Erden zu gefährden. Eure schlechten Angewohnheiten fallen auf die Verursacher zurück. Die Leute sitzen in allen wichtigen Gremien. Sie sind bemüht, die Erde zu retten, aber der Ansatz ist falsch.
Das 9 m Modell dient der Errichtung einer Einheitsschwingung in der Magnetosphäre. Es beeinflußt das Erdmagnetfeld. Es müßte auf einem weitgehend störungsfreien Platz errichtet werden. Jedenfalls nicht nahe der Stadt. Lieber in einem etwas abgelegenen Gebiet, einem Wald oder Park. Ihr könnt eine Meßstation einbauen oder eine Plattform, um hinaufzusteigen. Es schadet nicht, aber man kann sich nicht lange darin aufhalten. Es demonstriert einfach die Existenz einer höheren Kraft."

<u>27.7.97 16.50 Uhr</u> Ramada: Gut, hier ist Horus, du hast jetzt die neue Schwelle überschritten. Wir sind dabei, dein Ego zu transformieren. Das führt zu einer tiefen Unausgeglichenheit. In der Folge wird dein Leben viel gradliniger verlaufen als bisher. Dein Einfluß nimmt zu, deine Gedankenkonzentration nimmt zu und deine Macht nimmt ebenfalls zu. Nun geht es um die Einrichtung der neuen Schwingung. Verzettel dich nicht. Es geht ganz wesentlich um Frankreich. Dort muß jetzt etwas getan werden.
Nun zum Modell 9 m. Es ist am wichtigsten, daß du geistig hineinwächst. Am Wichtigsten sind die 3 kleinen und das 9m Modell. Die Magnetosphäre des Planeten enthält ungeheure Mengen an Energie, die von den Menschen manipuliert werden und zwar durch eure Gedankenkraft. Das gilt es zu begreifen. Mit dem 9 m Modell moduliert ihr das ganze Magnetfeld der Erde. In wenigen Jahren wird sich alles verändern. Ihr habt keine Wahl. Es muß getan werden. Zur rechten Zeit wird Hilfe kommen und der Platz wird feststehen.
Der Platz muß nicht auf einer Layline stehen. Es geht auch woanders. Die Pyramide selbst wird eine neue zentrale Layline erschaffen! So geht es. Es sollte zentral sein, z.B. in Deutschland. Es geht auch in Südeuropa, aber dann braucht es 2 Modelle für Westeuropa. Es hat keinen Wert, dem Übel widerstehen zu wollen. Man muß konstruktiv neue Fakten schaffen."

<u>29.7.97 19.50 Uhr</u> Horus. Ihr habt nur noch 4 Jahre Zeit, um die neue Weltordnung zu initiieren. Ihr müßt leben, um die neue Ordnung zu schaffen. Das ist es, was jetzt ansteht. Die Zeit ist nicht an euren Kalender gebunden, sondern an kosmische Systeme. Lebe jetzt im Einklang mit der neuen Weltordnung und du wirst erleben, daß alles neu ins Lot gebracht werden wird. Die Welt braucht eine neue Ordnung. Es ist nicht leicht, aber ihr werdet es schaffen, sie zu installieren. Wir freuen uns über eure

Aktivitäten, die Erde geht nicht unter, auch nicht eure Kultur. Aber die neue Ordnung muß sich manifestieren, sonst gibt es große Unordnung.

31.7.97 7.16 Uhr Horus. Gib den Menschen Hoffnung, daß es gut gehen kann, wenn sie sich jetzt entschließen, neu zu beginnen. Wir begrüßen euch in eurem Bemühen, die Welt zu erhalten, auch wir sind darum bemüht. Es ist eine schöne Erde und sie sollte nicht untergehen, wegen der Unvernunft und der Angst einiger Wesen, die sich hier verlassen fühlen. Die Erde wird jetzt einer Veränderung unterzogen. Diese Veränderung ist nicht gefährlich für euch, nur für diejenigen, die sich widersetzen. Ihr könnt euer Leben neu einrichten nach euren eigenen Maßstäben, ohne die Furcht, dauernd mißverstanden zu werden. Lebe jetzt in dem Bewußtsein, daß sich die Erde erneuert und daß ihr selbst daran beteiligt seid! Die Energiepyramiden sind die Instrumente, um die neue Schwingung des Lichts zu installieren. Mit etwas mehr Vertrauen erreicht ihr schnell die notwendige Energie, um die Veränderung herbeiführen zu können.
In der neuen Phase, die jetzt kommt, müßt ihr erst einmal eure Gedankendisziplin vergrößern. Ihr müßt alle schlechten und destruktiven Gedanken ausmerzen. Glaubt endlich an den Sieg des Guten und an eure eigene positiven Energie! Ihr habt die Chance, eure eigenen Vorstellungen einzubringen in die neue Weltordnung. Ist das nicht ein großartiges Angebot? Ihr seid definitiv beteiligt an der Neugründung eines neuen Zeitalters. Laßt uns jetzt beten:

Am Anfang war Gott, war alles gut.
Jetzt sind wir und alles wird werden
wie wir es in unserem Herzen ersehnen.
Die Güte des Herzens sei der Maßstab
für das Leben auf Erden.

Alles was zählt, ist die Freiheit der Lichtwesen, die sich in dieser Welt manifestiert haben. Wir sind hier hineingeboren um Gutes zu tun. Das heißt, schlicht und einfach leben wie Gott uns geschaffen hat und nicht, Leben zu gefährden oder zu vernichten. Wir sind keine Monster, sondern Lichtwesen, die ihre Freiheit wollen. Lebe von nun an ganz bewußt in der Gnade eines Gottes, der Dich liebt. Wer den Menschen Angst macht, wird dafür bezahlen. Die Verbreitung von Angst ist kurzsichtig und bringt nur Beschränkungen. Die Verbreitung von Freude ist viel höher einzuschätzen. Sie bringt Liebe zu den Menschen und Licht in die Welt. Entscheidet selbst, wo ihr stehen wollt. Die Richtlinien, nach denen Ihr arbeiten und euch organisieren sollt, sind alle schon bekannt. Trage sie zusammen und teile es den Menschen mit: Richtlinien, Gebete, Erläuterungen.

29.7.1997 Wiederholt wurden Fragen zur großen 9 m Energiepyramide aufgeworfen. Ebenso mehren sich die Fragen und die Veröffentlichungen zum Thema "Zeitenwende 2000: Sind wir am Vorabend einer Katastrophe?" Aus diesem Grund will ich hier kurz das Wichtigste über unser "Projekt Energiepyramide" zusammenfassen und die Channelbotschaften von Horus zum Thema mitteilen.
1993 wies Horus darauf hin, daß wir "nur noch 5 Jahre Zeit haben, um eine globale Katastrophe abzuwenden" und um eine neue Weltordnung zu installieren, um die Weichen zustellen für einen "Weg des sanften Übergangs zur Neuen Zeit" oder für "den harten Weg, um aus Katastrophen zu lernen".
1994 wiederholte er diese Warnungen und sagte, daß wir bis spätestens 1999 die 1. große 9 m Energiepyramide errichtet haben müssen.
1995 und 1996 teilte er uns mit, daß wir ganz gut in der Zeit liegen und daß es zu schaffen sei. Die düsteren Katastrophen-Szenarien hätten keinen Realitätswert mehr, wenn wir alle unsere Energie einsetzen, um "die neue Leitfrequenz zu installieren".
Wir können es schaffen, unserer Erde eine neue Ordnung zu vermitteln, ohne den totalen Zusammenbruch herbeizuführen. Vor kurzem, im Juni 1997, hat er mir mitgeteilt, daß es zu schaffen sei und daß es eigentlich schon gewiß sei, daß wir den "friedlichen Übergang" schaffen werden. Allerdings wird es Veränderung geben. Nur ist es so, daß "normale Leute" gar nicht genug Bewußtsein haben, um diesen Übergang in die neue Zeit überhaupt zu registrieren. Mit anderen Worten, der Übergang ins "Neue Zeitalter" wird sich fast unbemerkt vollziehen. Um das zu begreifen, muß man wissen, daß die Welt, in der wir leben, jeden Augenblick aufs neue in einer Art Urschöpfung erschaffen wird. Es gibt unendlich viele verschiedene Ebenen der Wahrnehmung und ebenso viele Ebenen der kosmischen Existenz.
Was bedeutet das? Unser eigenes Denken bestimmt die Art unserer Wahrnehmung und unserer Weltanschauung. Wenn wir uns in der richtigen Weise positiv orientieren und unsere Gedankenkräfte sammeln, dann werden wir Teil einer positiven Welt.
Wenn wir uns immer mehr negativen und zerstörerischen Gedanken hingeben, dann gleiten wir hinüber in eine andere Dimension, auf der diese Erde bereits vernichtet wurde!
Ich weiß nicht, ob Sie sich bereits mit diesen Gedanken auseinandergesetzt haben, aber diese Welt ist so real wie unsere Gedanken. Wenn Ihnen daran gelegen ist, ein Leben in Freude und Wohlstand zu führen, in

dem es sich wirklich zu leben lohnt, dann sollten Sie über meine Worte nachdenken!
Die Energiepyramiden sind neuartige Geräte, um die positiven Gedankenkräfte des Neuen Lichtmenschen zu aktivieren und zu verstärken. Die Menschen, die sich eine Energiepyramide anschaffen, sind sehr verschieden, aber sie haben alle eines gemeinsam: Sie glauben an das Gute im Menschen und an die Chance, daß wir gemeinsam ein positives Leben aufbauen können! Also gut, gehen wir ans Werk!

Schlußfolgerungen

1. Wir haben eine reale Chance. Der Zusammenbruch findet vor allem innerlich statt, für die, die nicht vorbereitet sind und nicht loslassen wollen. Unsere Weltordnung kommt mit einem blauen Auge davon.

2. Die Energiepyramiden wurden mir als Geschenk von Horus übergeben, damit wir die Chance bekommen, eine Zerstörung unserer Weltordnung zu unterbinden und um einen aktiven Beitrag zu leisten für die Einrichtung einer neuen Weltordnung. Die Kräfte des Lichts werden im Wassermann-Zeitalter mehr Raum haben, als im vergangenen Fische-Zeitalter.

3. Wir haben von der Lichtwesenheit Horus das reale Angebot erhalten, an der Einrichtung und an der inhaltlichen Bestimmung der Neuen Weltordnung mitzuwirken! Ist Ihnen das Ausmaß dieses göttlichen Angebotes bewußt? Es ist die größte Herausforderung und die größte Chance, die wir je erhalten haben! Es ist die Chance Deines Lebens! Lesen Sie hierzu die folgenden Channelbotschaften vom 31.7.97.

4. Das Wichtigste ist unsere Gedankenarbeit. Die Energiepyramiden wirken wie Filter und zugleich wie Reflektoren. Primitive Gedanken sind langwelliger als geistig hochwertige, reine Gedanken. Primitive Gedanken dringen nicht in der Kraftfeld der Energiepyramiden ein, sie werden auf die Verursacher reflektiert.
Das führt zu einem Reinigungsprozeß bezüglich niederer Gedanken. Positive, reine Gedanken dringen in das Energiefeld der Doppelpyramiden ein, verbinden sich damit und werden verstärkt in die Umgebung abgestrahlt. Auf diese Weise werden schlechte Gedanken, die Leben zerstören und Angst verbreiten, unterbunden, Gedanken der Freude und an das Licht werden verstärkt ausgestrahlt.

5. Eine tiefgreifende Veränderung steht ins Haus, allerdings wird es keinen totalen Zusammenbruch in der äußeren Welt geben, sondern dieser Umbruch wird sich im Wesentlichen innerlich vollziehen. Die meisten Menschen werden es gar nicht bewußt mitbekommen. Trotzdem wird innerlich jeder davon betroffen sein. Diese Veränderung hat etwas mit der Veränderung der Magnetfeldkonstante der Erde zu tun.

6. Bei unserer Arbeit sollten wir die zahlreichen Regeln beachten, die mir Horus u.a. Lichtwesenheiten bereits gegeben haben. Sie finden diese Regeln u.a. in meinen Büchern "Die Ethik des Neuen Menschen" und "Energie für Millionen". Sie sollten anfangen, Ihre eigenen Gedanken zu kontrollieren, um konsequent positiv und aufbauend denken zu lernen!

Juli 97: Die Menschheit versucht, ihren eigenen Ursprung aufzuklären: In die Vergangenheit hinein, in den Weltenraum zu anderen Planeten, in die Erde, in sich selbst, in Richtung Gott, in den Mikrokosmos, in den Makrokosmos.

Für zukünftige Seminare: Energieseminare - Pyramidenseminare.
Lernen Sie mit Ihren geheimen Reserven zu arbeiten.
- Die Erweckung der Chakras
- Die Nutzung der inneren Kraft
- Schutz vor Anfeindungen
- Lernen Sie auf positive Weise damit umzugehen.
- Nutzen Sie das kreative Potential Ihres Bewußtsein!
- Es geht nicht um die Vergangenheit,
  sondern um die Neustrukturierung für die Zukunft.

Bericht über den Pyramidenbau in Ägypten.
Juni 97, bei einer Gongmeditation: Ich beobachte, daß ich entrückt und in einen Pharao versetzt werde. Ich liege auf einer Bahre und werde mumifiziert. Dann ein Zeitsprung in ein anderes Leben. Ich bin Imhotep und dabei, die Cheopspyramide zu bauen. Auf freien Steinsäulen in der Landschaft sitzen in größeren Abständen Männer und meditieren. Es sind "organische Geometer". Sie sitzen da und zwischen Ihnen ist ein Kraftfeld entstanden, daß jedem Menschen in diesem Einflußbereich innerlich sagt, wie hoch über dem Meer er sich befindet. Die Arbeiter in diesem Feld können gar nicht anders, als ihre Arbeit akurat so zu verrichten, daß die ganze Pyramide und alle Steine, die herangeführt werden, auf dem richtigen Niveau zueinander plaziert werden.

Abgesehen von dieser Funktion schaffen sie noch ein anderes, mentales Feld. Es sind 6 Männer. Ich als siebenter im Bunde kann mich frei bewegen und mit den anderen Leuten kommunizieren. Es geht ebenfalls um die Installation einer großartigen neuen Schwingung, ähnlich wie heute mit unseren Energiepyramiden. Es hat überhaupt nichts zu tun mit dem Tod des Pharao, sondern mit anderen Gästen. Die Zeit wird begrenzt durch irgendwelche kosmischen Veränderungen.
In der Ferne sehe ich einen flachen Hügel. Auf dem Hügel steht ein Ufo. Die Leute in dem Ufo unterstützen die organischen Geometer. Sie regen diese Männer zu Hochleistungen an, die sonst in dieser Zeit eigentlich noch nicht möglich wären. Das Feld bewirkt eine teilweise Aufhebung der Schwerkraft. Es gehen nicht mehr als 4 Männer an einem Block, der herbeigeführt wird. Die Steinquader schweben einen halben Meter über dem Boden und reagieren auf Handdruck. Es ist ähnlich wie bei der Aufgabe, einen Menschen leicht zu machen und dann mit 4 Personen und 4 Fingern hochzuwerfen.
Die Werkzeuge sind nur scheinbar primitiv. Die Bronzekeile sind gehärtet und schneiden den Stein wie Butter. Das Härtungsverfahren hat etwas mit den Leuten im Ufo zu tun. Das Kraftfeld verändert das innere Gefüge des Gesteins, deshalb ist er so weich.
Dort drüben, wo die Steine geschlagen werden, steht noch ein Ufo und einige Personen in fremden, modernen Anzügen laufen mit Geräten umher. Sie bestrahlen die Felswände, aus denen die Steine geschnitten werden. Zur gleichen Zeit sind andere Ufos in Südamerika, in den Anden und bei den Mayas aktiv.

<u>9.8.97 11.30 Uhr</u> Horus. Fasse ins Auge, die Arbeit neu zu gestalten. Betone das religiöse, deinen Weg zu Gott. Niemand kann dir verwehren, deinen Glauben darzustellen. Es geht um die Energie, nicht um die Meinung darüber!

<u>26.8.97</u> Horus. Der Gral ist nicht von der irdischen Welt. Er ist aus einem anderen Kontinuum. Es ist ein Erfolg im Bemühen um ein neues Leben. Er wird kommen, sei gewiß. Der Gral lebt in allen, die das Licht suchen!

<u>1.9.97 2.40 Uhr</u>, Horus zum Tod von Prinzessin Diana: Sie wurden nicht getötet, aber in den Tod getrieben von reaktionären Kräften, die öffentlich das Blutgeld bezahlen. Du hast ganz andere Aufgaben. Lege dich nicht mit diesen Kreisen an. Es ist nicht schlimm, sie hat es so gewollt. Ihr Freund war bei ihr, um mit ihr zu sterben, um nicht allein weiter leben zu müssen. Sie waren oft in Liebe verbunden in früheren Leben und werden es wieder sein. Deine Aufgabe ist es, die Energie der Liebe in der Welt zu

erhöhen und für eine neue Schwingung zu sorgen, an der sich die Menschheit orientieren kann.
Es ist deine Aufgabe, anderen zu helfen, bei der Lösung ihrer Aufgaben, in dem du sie ausbildest. Du mußt deine eigene Ausbildung vorantreiben. Du findest die Kraft in Dir selbst. Du selbst mußt jetzt die Energie der Pyramiden weiter entwickeln, um zu sehen, was sich daraus machen läßt. Das Wichtigste ist deine eigenen Integrität. Du mußt diese Energie transformieren. Nur du selbst hälst diese Energie in Gang, und je mehr Leute daran teilhaben, desto mehr mußt du die Konzentration zusammenhalten. Du sollst anderen helfen, indem du die Konzentration erhöhst und die Energie zusammenhälst. Nutze diese Energie, um dein Leben großartig zu gestalten.

1.9.97 3.12 Uhr: Auf der Suche nach dem Licht der Erkenntnis:
a) sich selbst erkennen
b) sich in der Welt behaupten
c) die Welt mit einer neuen Idee befruchten.
d) anderen die Chance geben, sich daran zu beteiligen
e) gut getan, laß es so.
Die Energie fließt, um deinen Plan zu erfüllen. Alles lebt. Du hast jetzt die Chance, ein neues Leben zu beginnen. Du kannst jetzt neu beginnen, indem du dich lossagst von der Vergangenheit und neu beginnst. Ein Teil von deiner Seele hängt hier fest, in der Bretagne in den Wellen. Du hast jetzt deine Energie abgeholt. Nutze sie gut.
Der Einfluß der Energiepyramiden auf die Kunst: Für einen Künstler ist die Energiepyramide eine Art Konstante Energiequelle, an der er sich selbst immer wieder abstimmen kann, um seine Energie im Lot zu halten. Kunst hat eine viel höhere Schwingung als jede andere Tätigkeit. In sofern ist Kunst auch in der Lage, die Mächtigen dieser Erde zu beeindrukken und sie schmücken sich mit den Ergebnissen der Künstler. Jedes Kunstwerk dient der Erbauung der Welt. Nutze es gut.

15.9.97, 4.45Uhr. Horus. "Lebe ganz bewußt in der Gewißheit, daß Gott dich liebt. Was zählt, ist die Vermehrung der Liebe in den Herzen der Menschen. Nutze die Zeit - lebe gut! Die Kraft der Liebe ruht in jedem Menschen. Ihr solltet sie nicht gering achten, sondern vermehrt zum Ausdruck bringen. Sie ist die Kraft, die alles erschaffen hat, aus der alles lebt und in der alles mündet. Ohne die Kraft der Liebe ist euer Leben leer und trostlos. Mit ihr stehen euch alle Möglichkeiten offen, die diese Welt zu bieten hat. Gnade jenen, die es begreifen. Wir begrüßen die gegenwärtige Entwicklung. Betone das Geheimnis der Liebe und des Grals."

Wenn Sie mehr erfahren möchten über das Geheimnis der Liebe, über den Gral und seine Botschaft, dann kommen Sie in meine Seminare. Ich habe 10 Jahre in den Pyrenäen gelebt und folgte meinen eigenen Spuren aus früheren Inkarnationen und den Spuren der Gralsritter. Mit Hilfe der Energiepyramiden kann es uns gelingen, diese Welt positiv zu verändern. Was wir ihnen hier anbieten, ist mehr, als nur ein neues Instrument der Besinnung. Es ist eine Lebensphilosophie, die viele positive Elemente in sich vereinigt. Sie gibt uns die Kraft, positiv zu leben in einer schwierigen Zeit. Wenn es uns gelingt, diese positiven Kräfte zu verstärken, wird unsere Welt heller und liebenswerter. In den vergangenen Wochen sind wir wiederholt auf die Kraft der Liebe hingewiesen worden: Millionen von Menschen waren vereint in ihrer Liebe, Hingabe und Andacht, in Gedenken an Prinzessin Diana und Mutter Theresa. Man kann sagen, daß der Tod dieser beiden Frauen die bislang größte Mediation weltweit ausgelöst hat.
Jede Energiepyramide hat eine spezifische Schwingung:
Modell A spricht das 4. Chakra an und die Kraft der Liebe.
Modell B aktiviert unsere persönliche Energie im 3. Chakra (Hara), das Zentrum der persönlichen Kraft, das uns hilft, unsere Pläne zu verwirklichen. Es hat eine viel größere Reichweite.
Modell C aktiviert die Ckaras 1 - 4 - 7 und erfaßt so den ganzen Menschen. Es ist ein tiefgreifender therapeutischer Effekt. Die Erfahrungen sind so ähnlich wie beim Kundalini Yoga und Tantra.
In den vergangenen 7 Jahren wurden uns viele Berichte von begeisterten Menschen geschickt, denen es gelungen ist, mit Hilfe der Energiepyramiden ihr Leben positiv zu verändern und Schwierigkeiten zu überwinden. Wir möchten jedoch nicht den Eindruck erwecken, daß die Energiepyramiden des Horus Geräte sind, die einfach irgendetwas machen, die einen unerwünschten Zustand aus der Welt schaffen. Bei genauer Beobachtung sind es die Menschen selbst, die mit Hilfe der Energiepyramiden tiefer meditieren, ihr Leben besser begreifen und so die unterschiedlichsten Probleme überwinden.
Für einen optimalen Umgang mit den Energiepyramiden und zur Steigerung der persönlichen sensitiven Fähigkeiten empfehlen wir die Arbeit mit Atem- und Konzentrationstechniken (Pranayama), sowie regelmäßige Meditation. Es ist empfehlenswert, gemeinsam mit anderen aufgeschlossenen Menschen im Kreis um eine Energiepyramide zu meditieren und die positive Energie gemeinsam zu nutzen. Auf diesem Wege können wir lernen, mit jenseitigen Welten in einen intensiveren Kontakt zu treten und die Kraft der Liebe in unserem Herzen zu verstärken.
Alle Menschen, die mit einer Energiepyramide arbeiten, stehen auf diese Weise geistig miteinander in Verbindung. Sie nutzen die gleiche Kraft.

Die gemeinsame Nutzung einer hohen, spirituellen Schwingung nutzt allen Teilnehmern. Da die größeren Energiepyramiden untereinander in Verbindung stehen, können wir auf diesem Weg ein Feld der Liebe schaffen, ein Netz aus Lichtenergie, daß unsere Welt positiv verändert.
Da die Kraft der Energiepyramiden jede Meditationsart unterstützen kann, können sie von den Mitgliedern aller Religionsgemeinschaften verwendet werden, ohne in einen moralischen Konflikt zu geraten. Zu unseren Kunden zählen viele Reiki-Lehrer, Yoga-Gruppen, Buddhisten, Moslems und gläubige Christen.
Was diese Menschen gemeinsam haben, ist ihre Bereitschaft zu ehrlicher Religiösität, zur Hingabe an einen Glauben. Wer am Anfang steht, für den mag "seine Religion die einzig wahre sein". Für den Wissenden gibt es viele Wege zu Gott, und am Ende war jeder der rechte, denn es gibt nur ein endgültiges Ziel, nur ein universales Bewußtsein.
Ebenso nutzen viele Rutengänger und Heilpraktiker unsere Energiepyramiden. Bei diesen Menschen ist es das Gefühl für die unsichtbaren Kräfte der Natur, die unser Leben beeinflussen.
Die Kraft der Besinnung bringt uns voran. Die zukünftige Arbeit der Kyborg Institutes wird sich viel mehr als bisher mit der Entfaltung der Liebe in den Herzen der Menschen beschäftigen. Wir werden uns mit der Lehre der Alchimie befassen, mit der Lehre der Elemente und mit dem alchymistischen Prozeß der Erneuerung der Seelenkräfte. Das Licht der Erkenntnis ruht in jedem von uns. Wir werden es nun vermehrt zum Ausdruck bringen.

Kommen Ihnen diese absteigenden Schleifen bekannt vor? Man findet sie am Ende fast jeden Kapitels bzw. jeden Buches, daß zwischen 1700-1920 gedruckt wurde. Die Schleifen sind das Erkennungszeichen unserer Geistführer. Wenn wir channeln, fließt die Energie aus höheren Ebenen durch uns. Es ist ein Hinweis, daß viele alte Bücher Ergebnisse medialer Führung und Übertragung waren!

19.10.97 Die Channelbotschaften zu den verschiedenen Edelsteinen finden Sie zusammengefaßt in meinem Buch "Kunst & Magie mit edlen Steinen".

7.11.97 8.45 Uhr Wir haben Aurafotos machen lassen, um zu testen, ob sich darin Auswirkungen der Energiepyramide zeigen, meine Frau, zwei Kinder und ich. Ich denke, daß die Erläuterungen von Horus auch ohne die Farbfotos ihren Nutzen haben für jeden, der sich solche Fotos machen läßt. Die Angaben von Horus stimmen weitgehend mit den Angaben der Hersteller überein, allerdings nicht genau. Manches ist anders. Nach meiner eigenen Beurteilung von insgesamt 12 Fotos sind die Erklärungen von Horus genauer.
Horus zu den Aurafotos: Die Aurafotografie dient der Wahrnehmung der Energie. Es ist ein Hilfsmittel für die Steigerung der sensitiven Kräfte des Menschen. Es ist nicht die Aura, aber die Leute haben gute Arbeit geleistet und ein System entwickelt, das gut funktioniert. Nun zu den Farben:
Dunkles Rot ist ein Zeichen von Aggression und von Ich-Bezogenheit.
Helles Rot zeigt große Aktivität an.
Die **leuchtend rote Korona** um die anderen Farben zeigt, daß du nach innen aktiv bist und äußere Einflüsse abwehrst.
Strahlend helles Rot ist ein Gefühl der Energie, die euch alle in Gang hält, also die Kundalini.
Orange deutet an, daß du kreativ sein willst, unterdrückte Gefühle, die sich nicht voll entfalten.
Bei der Entfaltung wird es dann ein **sattes Gelb.**
Wenn der Übergang zu **hellem Gelb** erfolgt, ist das innerlich eine Veränderung hin zu mehr denken.
Helles Gelb bis weißlich dient der Öffnung für die geistigen Welten.
Reines Weiß ist frei von niederen Emotionen und sehr selten. Natürlich können viele Mischungen auftreten.
Helles Blau zeigt den Übergang zu analytischem Denken. Die Person analysiert ihren Zustand und setzt sich ehrlich damit auseinander.
Mittleres blau ist eine Ichbezogenheit, bei der das Verstandesdenken im Vordergrund steht.
Dunkles Blau kann träumen andeuten oder auch Angst, erkannt zu werden. Die Person möchte nicht durchschaut werden.
Grüntöne zeigen generell Heilungsprozesse. Natürlich hat das etwas mit Harmonie-Findung zu tun. Grün schafft den Ausgleich zwischen innen und außen, zwischen Geist und Seele, zwischen denken und fühlen, zwischen Emotionen und Aggressionen. Aggression ist keine Emotion. Es ist eine Verkrampfung in eine verfahrene Gemütsverfassung. Darum folgen auf Aggressionen immer Entladungen.
Helles Grün zeigt den Übergang von Aktivität zur Ruhe oder von Spannung zur Erholung, mehr nicht.

In Verbindung mit Gelb, von unten nach oben steigend, ist es der Übergang vom Abwarten zum Handeln, zur Aktivität. Umgekehrt, wenn **Grün oben wäre und Rot unten**, wäre es ein Abgleiten aus Spannung in ein Gefühl der emotionalen Wärme.
Dunkles Grün zeigt, daß seelische Prozesse sich lösen, daß Streß oder Angst sich auflöst, daß innere Ruhe sich einstellt.
Der **Übergang von Grün zu Blau** zeigt, daß hier eine Beruhigung stattfindet, wo vorher vom Denken eine Unruhe war. Eine Nervosität, die man durch unklares Denken verursacht hat, löst sich.
Der hellblaue Fleck am Hals zeigt, daß die Intuition einsetzt, denn sie braucht die Kraft der Schilddrüse für ihre Funktion.
Violette Töne zeigen immer einen Bezug zu den jenseitigen Welten. Sie deuten an, daß jemand die normale Wahrnehmung verläßt.
Wenn bei euch allen **rechts violette Töne** vorhanden sind, dann deshalb, weil ihr alle mental arbeitet und in die andere Welt hineingreift. Eure Arbeit und euer Leben muß ganz anders interpretiert werden, als bei normalen Leuten. Du bist permanent in Kontakt mit mir und ich mit dir.
Dunkelheit zeigt an, daß die Energie weg ist, bzw. nicht aufgerufen werden kann. Wenn jemand einen Aspekt seiner Persönlichkeit ausklammert, dann entzieht er seine Daten dem Zugriff der Beobachter. **Die feinen Energiestreifen** zeigen an, daß es noch im Foto Veränderungen gegeben hat, also eine Einwirkung von Verena auf das belichtete Bild. Es hat nichts mit Spannungen zu tun, sondern nur mit hohen Aktivitäten.
Das blauviolette Feld an der rechten Schulter zeigt hohe Dynamik im aktiven Leben.
Das klare Blau an der linken Schulter zeigt, daß begierig neue Daten aufgenommen werden.

<u>24.12.97 10.35 Uhr</u> Horus: Alles im Umfeld der großen Pyramide erhält eine höhere, feine Schwingung. Du kannst Dich dem nicht entziehen. Eine Belastung durch negative Kräfte ist im Einflußbereich der Energiepyramiden nicht möglich. Es sind dann nur noch die Reflexe Deiner eigenen Seele, die gereinigt wird. Was Ihr als störend oder belastend empfindet, ist nicht das bedrohliche Fremde, sondern die Konfrontation mit den unbekannten Seiten Deiner selbst. (Also negative Angriffe oder Besetzungen sind im Einflußbereich der Energiepyramiden, vor allem ab dem C-Modell aufwärts, nicht möglich.)
Die Leute, die sich über eine Energiepyramide beklagen und behaupten, daß etwas nicht funktioniert, haben Probleme mit sich und ihrer Weltanschauung. Sie müssen loslassen lernen. Sie sollten einfach akzeptieren, daß sie die Quelle aller Dinge sind, die in ihrem Umfeld in Erscheinung

treten, und daß gefiltert durch die Pyramiden nichts Fremdes mehr an sie herankommt.
Auch die stille Kommunikation mit anderen Menschen, die die Energiepyramiden benutzen, ist neu und fremd für die Leute. Das Gefühl, nicht mehr allein zu sein, ohne direkt behelligt zu werden. Die Benutzung und Wirkung von Produkten, die ihr hinein stellt, ist bei jedem Modell etwas anders, aber die Tendenz ist immer die Gleiche. Hoch schwingende Substanzen werden potenziert, primitive kompensiert und verfeinert.

25.12.97 6.10 Uhr Diese Welt ist magisch. Nichts in dieser Welt ist wirklich real. Krankheiten sind eine Folge falscher Verhaltensweisen. Sie werden ausgelöst durch das Verstandesdenken. Der Verstand wurde trainiert für den Bedarf in dieser Gesellschaft. Das naturwissenschaftlich-technische Denken geht davon aus, daß alles real ist. Das ist ein elementarer Trugschluß. Nur das Nichts in dieser Welt ist wirklich real.
Die Transzendenz des materiellen Denkens war von jeher die selbstgewählte Aufgabe der "Außenseiter". Je nach Kulturkreis nannten sie sich Magier, Alchimisten, Gnostiker usw. Wer dem göttlichen Bewußtsein nahe kam, war für die Welt verloren. Er wurde als "wirre" dargestellt weil seine starre Struktur sich aufzulösen beginnt. Je mehr wir meditieren und an Gott denken, desto feiner und höher wird unsere Schwingung. Das starre Gefüge des materiellen Körpers in der Raumzeit beginnt sich zu lockern. Wir werden durchlässig für das Licht des Ewigen. Nach und nach werden wir geradezu süchtig nach Gotterkenntnis, nach der Liebe des Einen.
Die Anhänger des wahren Glaubens an die Allmacht des Einen sind in allen Religionen zu finden. Die großen Religionen sind die Sammelbecken, die uns hier in einer materiell orientierten Gesellschaft eine Gelegenheit geben sollen, unsere Suche nach Gott zu befriedigen.
Immer wenn die materiell orientierten Verstandesmenschen leitende Positionen in einer Religionsgemeinschaft einnehmen, degeneriert die Religion zu einem Instrument der Beherrschung der Gläubigen. Der Verstand ist weit entfernt von Gott und der wahren Erkenntnis. Der Verstand ist nur für Verwaltungsaufgaben geschaffen, wo man A und B zusammenzählen und vergleichen muß.
Aber Gott und die Welt sind so komplex, daß sie sich weder zusammensortieren noch auseinander dividieren lassen.
Die Macht der Intuition ist die Grundlage wahrer Magie. Dieses Denken ist äußerst komplex. Es kann und darf nicht auf einzelne Faktoren reduziert werden. Die kosmische Schnittstelle zwischen Gott und der Ewigkeit: Das bist Du!

Die Versuche des Islamisten, ihre Mitmenschen zu kontrollieren, ist krankhaftes Verstandesdenken und hat nichts mit dem Islam zu tun. Der Zerfall unserer Gesellschaft ist ein typisches Zeichen der Gottlosigkeit. Der Versuch, wissenschaftlich alles erklären zu wollen, war ursprünglich legitim. Aber wann immer der Verstand an eine Stelle kommt, an der sich die große Unbekannte (Gott) zeigt, treten Störungen auf. Der Verstand bemüht sich, diese "leeren Felder" die er in ihrer Komplexität nicht erfassen kann, mit irgendwelchen Ausreden zu füllen. Das Wirken Gottes tritt eigentlich ständig irgendwo in Erscheinung. Aber wenn es permanent ignoriert wird, zerfällt die Gesellschaft.
Mit der selbstzerfleischenden "Naturanalyse", die Gott ignoriert, sind wir jetzt völlig logisch am Anfang einer Massenepedemie mit Erscheinungen der Gehirnzersetzung (BSE), Hirnhautentzündung durch Zecken und AIDS, SARS usw. Die "Meister des Verstandes" erfinden neue Seuchen und setzen sie als Angst in Umlauf. Angst infiziert die Menschen und bringt die gesundheitlichen Störungen hervor.

<u>19.1.98 8.35 Uhr</u> Junow. Eure Einstellung zu den Dingen hat sich geändert, nicht die Inhalte. Nur wenn ihr im Einklang seid mit der Energie, die die Menschen fühlen, wenn sie die Begriffe lesen, dann habt ihr auch Erfolg mit der Weitergabe. Bereits die Worte haben Macht, also ist die Wahl der Worte für alle von großer Bedeutung für die Werbung, für die Titel, für die Bücher. Im Pyramidenbuch hast Du alle angesprochen, weil für alle etwas drin war. Jetzt müßt ihr einen kleinen Nenner finden, der in einfachen Worten trotzdem alles ausdrückt. Die Idee wo es herkommt ist nicht so wichtig für die Leser, sondern wo es hinführen soll.
Weise die Menschen darauf hin, daß ihr an einem Konzept für das 3. Jahrtausend arbeitet. Die Idee, an einer Neugestaltung der Erde mitzuwirken, begeistert viele. Es ist DAS Thema der Jahrtausendwende. So wie ihr müssen sich alle neu orientieren, und die Energiepyramiden sind ein Wegweiser. Die erforderlichen Denkmuster sind in Haralds Energytraining enthalten. Es gilt, diese Konzepte den Menschen nahe zu bringen. Außerdem müßt ihr allen Kunden und neuen Leuten mitteilen wie die Zusammenhänge sind.
Der Weg nach innen führt über die Kraft der Gedanken. Die Gedanken müssen rein sein. Die Reinheit der Gedanken wird durch Meditation erreicht. Meditation braucht einen gesunden, ausgeglichenen Körper. Das wird durch Energytraining erreicht. Atmung und Konzentration fördern die Gesundheit und die Freiheit der Gedanken. Energytraining ist gut für die Energie zur Bewältigung der Lebensaufgaben. Mit den Energiepyramiden schaffen wir einen Freiraum, um besser und konzentrierter zu arbeiten.

Jetzt geht es um die Pyramiden. Dabei ist es wichtig, nicht nur von der Energie zu reden. Die optischen Effekte sind von Bedeutung. Die Betrachtung der Energiepyramide löst beim Betrachter ähnliche Effekte aus, als wenn man einen großen Kristall betrachtet. Das hat zur Folge, daß der Betrachter aus sich selbst heraus Vergleiche zieht zu den Kräften, die in ihm wirken.
Damit erhöht sich sein Verständnis für sein Wirken in der Natur. Ihm wird klar, wo er steht. Nur wenn wir die Zusammenhänge begreifen, zwischen uns und der Umwelt, dann begreifen wir auch, wie wir zu handeln haben, um im Einklang mit der Natur zu leben.
Die Natur gibt uns einfache Konzepte vor und wir sollen sie in eine höhere Form bringen. Die Natur gibt dir den Rohdiamanten und ihr schleift einen Brillianten daraus. Der Laie erkennt nicht einmal den Wert von beidem, weder vom Rohling, noch kann er den Brillianten richtig schätzen.
Ebenso ist es mit den Energiepyramiden. Die Laien begreifen nichts, doch sie werden von ihrer Form und dem Glanz der kleinen Modelle angesprochen. Das öffnet ihren Sinn für eine weitere Beschäftigung damit. Auf diese Weise erreichen wir sogar Menschen, die zuerst nichts davon verstehen. Später beginnen sie die Wirkung zu fühlen.

31.1.98 2.31 Uhr Horus. Gut, Du hast jetzt ein paar neue Erfahrungen gemacht. Die Auseinandersetzung mit dem System dient der Reifung Deiner Energie. (Er meint die Abmahnprozesse, die mir verbieten, in Zukunft noch einmal über irgendwelchen gesundheitlichen Nutzen der Energiepyramiden zu schreiben. Die Angriffe begannen im Sommer 97 und gingen bis Frühjahr 98.) Du hast Dir vorgenommen, Dich um diese Welt zu kümmern in einer Reinigungsphase. Da ist es kein Wunder, wenn Du dir die Finger schmutzig machst, um den Dreck aus der Welt zu schaffen. Es besteht kein generelles Risiko. Die neue Zeit ist nicht aufzuhalten. Ihr seid auf der Gewinnerseite, aber es ist nicht leicht für Euch, diese negativen Kräfte zu bändigen. Sie sind stark. Es gibt Parallelen zu dem was hier geschieht, eine Verwandlung hier auf unserer Ebene. Die Energie, aus der wir bestehen, ändert sich. Wir sind einer Wandlung unterworfen. Lichtwesenheiten leben in großen Zyklen von einigen Milliarden Jahren. Auch diese wandeln sich immer wieder aufs neue. Meine Form ist nicht alt, nur etwas mehr als eine Million Jahre. Nun trete ich in eine neue Phase ein. Das wird das Magnetfeld der Erde erneut verändern. Ihr werdet es merken. Ihr reagiert mit Streß und Angst auf diese neue Phase. Lebewesen meiner Art sind nicht an Planeten gebunden, aber Du bist doch ein Teil von mir. Ihr alle seid meine Kinder, aber Ihr versteht nicht die Zeichen zu deuten. Jetzt wäre die Zeit einer großen Erneuerung der

Gesellschaft. Die Widerstände sind hoch. Noch ein Jahr und es sieht wieder anders aus.
Ihr habt gute Arbeit geleistet, aber die Erneuerung muß noch weiter laufen. Ihr seid ja gerade am Anfang der neuen Zeit. Ich bin nicht sehr konkret, aber eure Aufgabe besteht darin, diese Dinge auf euch wirken zu lassen und daran zu wachsen. Wenn ihr alles durchschauen würdet, dann würdet ihr zum Teil Gegenmaßnahmen ergreifen, um so zu bleiben, wie ihr seid.
Ihr denkt immer "so geht es jetzt, es ist gut", aber das sind nur Momente der Vollkommenheit. In Wirklichkeit zählen die Phasen der Unruhe und Not viel mehr, denn darin wird eure Seele geprägt. Die Läuterung der Seele im irdischen Leib ist gut für das Leben danach. Ihr seid geboren von den Sternen und dorthin kehrt ihr zurück. Aber in der kleinen Phase auf Erden erlebt ihr so viel, daß es reicht, um euch neue Impulse zu geben für tausende von Jahren.
Ihr lebt nicht nur in dieser Zeit. Ein Teil von euch lebt in einer anderen Dimension. Ihr habt die Kraft, die Äonen zu überdauern und doch laßt ihr euch einfangen von der Not eurer Seele. Das ist nicht klug. Nutzt lieber die Schönheit des Universums, um die Seele aufblühen zu lassen, damit erlebt ihr die Anfeindungen ganz anders. Es gibt einen Zusammenhang zwischen deinen Operationen (als Kind, fast dran gestorben) und den Angriffen. Die Ärzte repräsentieren eine alte Fraktion der Saurier, die blutrünstig waren (Raptoren). Sie haben euch alle vernichtet und sind dann am Futtermangel gestorben. Sie waren nicht in der Lage, sich höher zu entwickeln.
Jetzt leben sie wieder von eurer Not, von eurem Blut und von euren Schmerzen, die sie selbst in Gang halten! Ihr solltet einen Verein gründen für Lebenshife auf psychischer Basis, mit qualifizierten Therapeuten. Wenn es euch gelingt, einige Menschen von den Methoden des Heilens durch Energie zu überzeugen, dann wird sich das herumsprechen. Ihr könntet preiswert echte Großveranstaltungen machen, mit hunderten von Menschen. Es muß wie ein Happening sein und zugleich Sinn-Inhalte vermitteln. Die gemeinsame Meditation würde vielen Menschen Heilung ermöglichen und Einsichten geben für ein neues Leben. Ebenso sind gemeinsame Atemübungen geeignet, eure Energie zu steigern.
Ihr werdet die nächsten Jahre wie im Traum erleben. Das Ziel liegt hinter den Wolken. Licht ist die Antwort, Gnade die Erkenntnis, daß alles gut ist, so wie es kommt. Ihr seid nur gezwungen, euren Horizont zu erweitern und ihr müßt entsprechend reagieren. Also, lerne zu agieren, dann brauchst Du weniger re-agieren. Auch die Mängel machen Sinn, wenn die Menschen sie im nachhinein betrachten. Du hast mir gut zugehört und Freude bereitet.

19.2.98 1.35 Uhr Horus. Du hast jetzt eine Aufgabe. Gehe den Weg des Lichts bis ans Ende der Erkenntnis: Die Erleuchtung. Jeder Schamane hat seine Numerologie und seine Religion. Nutze das Potential der Einsamkeit der Menschen. Konzentriere dich auf deine Erkenntnis. Du denkst und veränderst die Welt. Es gibt keine Störungen, wenn du gradlinig denkst. Der Staat ist nicht gut geeignet, die Menschen zu vertreten. Er hat seine Chance schon lange verspielt. Nur noch die Perversen wollen Politiker werden, kein ehrlicher Mann traut sich in diese Reihen.
Du bist ein großer Priester. Lebe mit mir in deinem Herzen. Gib dir selbst die Güte und Freude, die du zum Leben brauchst. Das Leben verläuft in Zyklen. Es gibt eigentlich nur ein Leben und ihr erkennt es nicht. Es kehrt wieder und wieder in einer unendlichen Vielfalt.
Deine neuen magischen Geräte sind gut. Sie geben ganz ungewöhnliche Schwingungen ab. Das verblüfft die Betrachter. Mehr noch als die Pyramiden, also nutze die neuen Inspirationen für deine Arbeit.
Der Verstand ist nicht primär wichtig. Laß dich nicht ablenken! Du hast große Vorteile weil dein Herz offen ist. Nur so kannst du mit mir spechen. Du mußt gut acht geben, weil deine Gedanken Macht haben.

Das Gebet des einfachen Menschen findet in seiner Schlichtheit Gehör bei Gott:
Gott, belehre mich!
Gott, gib mir innere Ruhe!
Gott, gib mir Antwort auf meine Fragen!
Gott, gib mir die Kraft, die Neuen 4 Gebote in Ehren zu halten!

Der Verstand ist nur ein kleiner Apparat. Er ist wie eine Zeitbombe, die tickt und Schaden anrichtet, wenn man sie nicht unter Kontrolle behält. Meditation ist gut, um das Ego zu beruhigen, das vom Verstand verursacht wird. Meditation ist gut, um den Verstand zu beruhigen.

Der einfachste Weg: Bete zu Gott, bitte um innere Ruhe, bitte um die Kraft, den Verstand zu beruhigen.
Stelle Dir vor, der Verstand ist wie eine leuchtende Kugel in Deinem linken Gehirn, mehr nicht.
Er bekommt nur die Informationen, die Du ihm gibts.
Schließe ihn ein in eine etwas größere Kugel aus Licht, und es wird still.
Genieße die Ruhe in Dir!
Bitte Gott um Licht. Es wird Dich sofort durchdringen.

2.00 Uhr Im Traum gerate ich in Kontakt mit einer jungen Frau, die irgendwo auf diesem Planeten vor ihrem Elektronenmikroskop sitzt und ungläubig hinein starrt. Sie sucht fasungslos nach einer passenden Erklärung für das, was sie da sieht. Durch diesen geistigen Hilferuf hat sie eine Verbindung zu mir hergestellt. Ich habe eine passende Frequenz. Ich sehe durch ihre Augen ins Mikroskop. Sie hat ein überdapftes Präparat. Ich weiß nicht was es ist, Es sieht aus wie mit Kupfer bedamfte Gewebeproben oder, wenn Sie sich das beser vorstellen können, wie Gesteinsschichten im Mikroformat. Im Zentrum des Blickfeldes sehe ich den Grund für ihre Erregung. Dort ist eine Struktur zu sehen, die es hier einfach nicht geben dürfte. Es sieht aus wie ein Tier mit einem Geweih. Man kann erkennen, daß die Beine schräg übereinander gefallen sind. Es sieht wirklich genau so aus, als wenn dort in Tier hingestürzt wäre und liegen geblieben ist, als es von den tödlichen Metalldämpfen eingehüllt wurde.

Horus: Es war nur eine Laune der Natur, doch es wurde verursacht durch den Geist der Frau, die auf ihre Weise versucht, den Geheimnissen des Lebens auf die Spur zu kommen. So erhielt sie ein Zeichen für das Wirken Gottes auf allen Ebenen des Seins.

8.3.98 Viele Geister. Die neue Energie fließt bereits. Wir nutzen die Energie, um jetzt eine Botschaft herüber zu bringen. Lebe mit der Gewißheit, daß Du geliebt wirst von den Göttern. Die Götter lieben die sanftmütigen und sie lieben die, die die Erde aufbauen, nicht aber die, die Leben zerstören. Gottes Gebote dienen allen Wesen und du hast Anteil an der Vermittlung. Gib uns die Gnade dir zu dienen und wir werden es tun. Wir sind so viele hier, um die Energie zu nutzen, mit der du arbeitest.
Gib der Idee Raum, daß Du lebst, um Gott zu dienen und nutze die Zeit auf Erden, um gut zu leben. Die Erde ist nicht in Gefahr, nur die menschliche Kultur. Ihr habt die Sache verdorben, jetzt gilt es, sie wieder gerade zu rücken. Wie kann man an die neue Energie herankommen? Nur in dem man sich eine Energiepyramide kauft, und nicht in dem man lebt wie ein Idiot. Du kannst nicht einfach so in den Tag hinein leben.
Das Leben mit allen seinen Variationen ist ein Werk des kosmischen Bewußtseins, und wir sind lebendige Teile darin. Lebendig sein bedeutet, zu fühlen was Gott von dir will. Du mußt gut hören was er dir sagt und wenn du ihn herein läßt, ist alles gut, aber wenn du ihn nicht herein läßt, dann beginnt die Seele zu leiden und verführt dich zu Irrwegen, auf denen du Schmerzen erfährst, so lange, bis du erneut Gott in dein Leben integrierst. Gott erkennt jeden in seiner Art an, und er ist es, der dir die Gabe gibt, ihn erneut zu erkennen. Nur wenn deine Seele Gott erkennt, findest Du Frieden in deinem Herzen. Der Genuß Gottes ist wie eine verbotene Frucht.

Erst hast du ein schlechtes Gewissen, ob das denn möglich sei, dann, ob das denn erlaubt sei und dann, ob das nicht gefährlich sei. Nur wenn du es probierst werden die 3 Fragen beantwortet.
Probiere es aus. In Zeiten der Not ist die Gelegenheit zu beten gut. Nutze die gute Gelegenheit, um jetzt zu beten, aber schiebe es nicht auf.

Ich habe Gott gefunden, und er dient mir mehr, als ich ihm!
Das soll sich ändern!
Wir wollen gemeinsam dienen, der Erde auf der ich lebe
und dem Kosmos, aus dem ich gekommen bin.
Gnade jenen, die das verstehen,
Güte all jenen, die es leben auf Erden.

Mache Dir selbst keine Vorhaltungen. Dein Leben ist so gelaufen wie es mußte, aber jetzt ist die Zeit gekommen, neue Wege zu beschreiten, neue Wege der Liebe zu den Menschen und zur Natur. Es reicht nicht, die Natur zu lieben und Gott zu hassen!
Die Menschen sind die Schnittstelle zwischen Gott und Natur. Also bringe beides in Dir zum Ausdruck. Lebe für die Erfüllung Deiner Bedürfnisse und für die Erkenntnis des einen Gottes, dieser universalen Kraft, die alles geschaffen hat, aus der alles gekommen ist und in die alles mündet.
Lebe in der Gewißheit, daß Gott dich liebt. Du bist ein Teil von ihm!
Gibt ihm die Gewißheit, daß Du ihn fühlst. Das erfüllt Dein Leben mit neuer Hoffnung. Zu leben in der Gewißheit, nie allein zu sein, sondern stets in der Gegenwart Gottes, erfüllt die Menschen mit völlig neuen Impulsen Vielleicht war ja nur die Sicht der Dinge falsch. Vielleicht hast Du die Welt bisher nur mit geschlossenen Augen gesehen! Vielleicht rührte die Dunkelheit in Deiner Seele daher, daß du dein Herz verschlossen hattest vor der Wahrheit, vor der Erkenntnis des Einen.
Ganz gewiß wird es Dein Leben verändern, wenn Du jetzt die Existenz neuer Möglichkeiten, die Möglichkeit neuer Chancen, die Chance eines Neubeginns hier und jetzt, in Deinem aktuellen Leben in deine Überlegungen mit einbeziehst, vielleicht bist Du dann schon bald auf dem Weg zum Licht, zur Erkenntnis der einen Universalen Wahrheit, aus der alles entsprungen ist.
Heftig.
Ich glaube daran, daß alles gut ist, wie es ist. Ich glaube, daß Gott uns Schwierigkeiten beschert, um uns zu prüfen. Es ist die Frage, ob wir in mitten aller Schwierigkeiten lernen, die Stimme Gottes im Inneren unseres Herzens zu hören, um so tief aus unserer Seele die jeweils

notwendige Lösung für die Aufgaben zu erhalten, die wir uns hier auf Erden freiwillig selbst gestellt haben.
Nicht Gott prüft uns, wir selbst legen uns Bürden auf, um unsere Tragfähigkeit zu testen. Wenn wir dann am zusammenbrechen sind, ist der Zeitpunkt gekommen, unser Erinnerungsvermögen zu testen, um die Quelle der Kraft neu zu erforschen und zu entfalten, die stets und ewig tief im Inneren eines jeden schlagenden Herzens ruht: Es ist die Stimme Gottes!

Gott!
Nimm Dich selbst an!
Gott!
Nimm Dich an!
Gott!
Nimm an!
Gott!
Nimm!

Dein Licht leuchtet in der schäbigsten Hütte,
aber im strahlenden Licht der Paläste hat man Mühe es zu finden.
Laß uns das ändern!

8.3.98 Horus. "Dein Dimensionstor holt Energie aus dem Hyperraum. Es schafft einen Kanal in ein anderes Universum, nur Mut! Es ist kein Risiko. Es gibt euch starke Anregungen. Nutzt diese Tore für eure spirituelle Entwicklung. Ja, sie kommunizieren ähnlich wie die Pyramiden. Ihr könnt es kombinieren. Werde geistig eins mit dem Tor. Sie steigern die Energie. (Nachts hatte ich eine Begegnung. Ich hörte unzählige Stimmen, die mich riefen, Geister oder Wesen aus jenseitigen Welten, die das Tor benutzen, um mit uns eine Verbindung herzustellen. Dann war da dieses Lied in meinem Kopf.)

I believe in God.

Deep in my heart there's a star that I feel
there is my longing, loving forever
deep in my heart is a sound of a wheel,
ringing and singing thereon forever
You'll find the sound, find the star and until,
praining forever, longing forever

Das ist Kreativität:
Auf nicht vorhersagbare Weise Dinge neu orientieren, neu gestalten.

4.6.1998 12.00 Uhr Junow. "Die Dimensionstore sind gut geeignet, um mit anderen Universen in Kontakt zu treten. Ihr müßt euch nicht fürchten. Es kann nichts Schlimmes passieren, aber ihr werdet wirklich neue Ebenen erklimmen, aus eurem menschlichen Körper heraus. Außerdem ist es gut, wenn ihr darin meditiert. Es wird euren Geist öffnen. Deine Tore werden immer besser, und sie funktionieren alle. Ihr könnt euch mit Hilfe der Tore von negativen Geistern trennen. Sie sind primitiv. Außerdem dienen die Tore der Aktivierung der Energie aus dem Currygitter. Es ist eine dynamische Form der Magnetkraft, die resultiert durch ein Überspringen der Energie von einer N-S Magnetfeldlinie zur nächsten. Aus sehr feinen Linien entstehen dann größere Muster. Höhe in N-S etwa 180 cm, in O-W etwa 200 cm.

"Ein Licht ist bewahrt worden!" Krshna, aus dem Mahabharata, nach dem großen Krieg.

17.9.98 8.32 Uhr Horus. "Es ist eine Veränderung hin zu mehr Kommunikation zwischen allen Rassen im Gang. Dabei müssen alte Zustände überwunden werden, notfalls mit Gewalt. Ihr müßt lernen, fremde Rassen ohne Ressentiments zu dulden.
Eure Aufgabe ist es, durch die Arbeit mit den Energiepyramiden daran mitzuwirken. Es ist ein Wandel in der Energie. Sie betrifft alle, die eine Pyramide haben. Es wird bis Ende des Jahres dauern. Das Wichtigste ist die innere Haltung zu dieser Sache. Ihr müßt klar machen, daß es weiter geht, wie auch immer. Viele Menschen warten darauf, daß von Euch Zeichen gesetzt werden. Eure Liebe spielt dabei eine große Rolle. Solange ihr euch einig seid, läuft alles gut. Gibt es Differenzen, zahlt sich das nicht aus. Ihr könnt darauf hinweisen, daß Botschaften von mir kommen, aber das ist nicht zentral. Die Energie der Pyramiden wird sich neu konstituieren. Die Wirkung auf euch wird eine andere sein, die normalen Funktionen bleiben erhalten.
Der Einfluß der geistigen Welt ist nicht negativ, aber die Seelen der Toten versuchen z.T. Einfluß zu nehmen und sie hängen geistig konservativ fest, die Unverbesserlichen. (Geistig sehe ich dabei Schatten von den Leuten, die die Inquisition, der Terror im Mittelalter und die Hitlerzeit verursacht haben und die jetzt wieder Weltkriege heraufbeschwören wollen, um ihre alten Terrorzustände neu zu errichten)
Es gibt viele, die seit Jahrhunderten auf der Stelle treten und alle Neuerungen verhindern wollen. Sie belasten Harald und alle anderen, die versuchen neue Wege zu gehen, speziell weil eure Energie in ihre Welt hineinreicht und ihnen ihren Starrsinn unmöglich macht. Die Büchse der Pandora ist Wissen(schaft) ohne mentale Kontrolle."

Die großen Energiepyramidenmodell C und D regen die kleinen Modelle A und B über Entfernungen von 10 km und mehr zu größerer Aktivität an, von normalerweise 38.000 - 78.000 auf bis zu 153.000 Bovisein- heiten.

18.10.98 6.05 Uhr Horus. "Gehe Deinen Weg! (innerlich fühle ich: ich schaffe ihn erst, indem ich ihn gehe!) Gut, die kreative Kraft kommt aus deinem Herzen, und du mußt entscheiden, worauf du sie orientierst. Nutze dein eigenes Potential und schaffe eine schöne neue Welt. Sie existiert bereits, um ein paar Nanosekunden von euch getrennt in der Raumzeit. Die Schaffung deiner Kunstobjekte ist von großer Bedeutung für die Nutzung der Mentalkräfte, die die Menschheit in den kommenden Jahrhunderten braucht.
Lebe mit der Gewißheit, daß es okay ist, Unterstützung zu erhalten von fremden Menschen."

11.11.98 Traum: Die Ägypter erlangten das Elixier des ewigen Lebens und sie versteckten es in einer Pyramide. Aber in welcher? Später kamen die Europäer und sahen, daß es viele Pyramiden gibt. Aber welches ist die richtige?

16.11.98 Horus auf die Frage nach der exakten Wellenlänge mit der wir hier arbeiten. "Wir bewegen uns hier im Wellenbereich der Elektronenstrahlung des Universums, diese wiederum ist mit Sicherheit vom Magnetfeld der Erde und von allen Metallansammlungen beeinflußbar. Also natürlich auch durch unsere Energiepyramiden."

30.11.98 Ein Gedicht von meiner Tochter Celina (10).

Du bist die Sonne über dem Meer,
Du bist der Mond über dem Wald,
Du bist ein Fisch unter dem Wasser,
Du bist eine Raupe unter dem Blatt,
und am Morgen stehst Du auf
und bist wieder ein Kind, das wie die Sonne strahlt.
Dein Herz ist die reinste Stimme, die es gibt.

Dazu erklärte sie: Das Herz spricht mit der reinsten Stimme, wenn wir etwas erkennen wollen und wenn wir wissen wollen, ob etwas gut ist, was wir brauchen, ob jemand die Wahrheit sagt usw., dann fragen wir unser Herz. Es weiß immer die richtige Antwort.

8.12.98 22.20 Uhr Horus. Es ist gut wenn du ins Internet gehst. Du hast die Chance, dabei zu sein mit deiner Schwingung. Die Erde verwandelt sich, und ihr alle habt die Chance, euer Leben neu zu gestalten. Der direkte Zugriff auf die kosmische Energie gelingt euch immer besser. Nutze die Gelegenheit und lebe im Bewußtsein der großen Energie, die wir euch geben. Wenn das gelingt, ist es möglich, Wunder zu vollbringen und euer Leben ganz neu zu gestalten. Wenn ihr jetzt begreift, welche Möglichkeiten wir in eure Hände gelegt haben, dann sind die Tage nicht mehr fern, wenn ihr es lernt uns anzurufen und die Energie direkt zu nutzen. Das Universum sucht seinen Ausdruck im ewigen Spiel des Lebens. Ihr seid die Volonteure, die sich um eine Rolle bewerben, und einigen ist es vergönnt, ganz oben mitzuspielen.
Liebe zum Leben ist eine der Grundlagen, um jetzt ein schönes Leben zu gestalten. Der Haß und die Eifersucht, der Neid und die Furcht sind unsere schlimmsten Feinde. Wir haben uns vorgenommen, die Menschheit auf ein höheres Niveau zu bringen, und wir werden es schaffen. Es geht gar nicht anders. Ihr jedoch seht es aus eurer begrenzten Warte. Da geht es langsam voran, und es ist mit Schmerzen verbunden. Wenn Du diese Dinge begreifst und umzusetzen, ist es der Anfang einer neuen Schaffensperiode.
Der Schwerpunkt deiner Aufgabe liegt im verbreiten von Wissen über die geistigen Welten. Die anderen sollen lernen, daß sie nicht allein sind und daß Handwerkzeug bekommen für ihre eigene Software.
Was ist ein Mensch? Das ist eine Frage, die Du Dir beantworten solltest, bevor du andere kurierst.
Kurierst wozu? Auch das ist eine Frage! Heilen heißt vervollständigen. Also tue das Richtige, aber nimm den Kranken nicht ihre Arbeit aus der Hand, laß sie selbst gesunden, und kränke sie nicht durch fremde Eingriffe. Jeder ist heil, wenn er sich besinnt. Nur die Entfremdung macht ihn krank und arm.
Das Leben ist wie ein Berg. Wenn Du ihn siehst, bekommst du Angst und denkst "Ich schaffe es nie!" Und wenn du nicht mehr darüber nachdenkst, steigst du auf. Und wenn du oben bist, lächelst du über die anfänglichen Probleme. Beginne zu lachen, und es geht aufwärts zu den Sternen. Siehe das Komische in allen Dingen. Es ist Ausdruck des göttlichen Wirkens. Es besteht kein Grund Furcht zu haben. Das sind alles nur Illusionen. Dein Leben ist bereits erfüllt. Jetzt lerne Ruhe zu finden und zu genießen. Stabilisiere Deine Erfolge, darauf kommt es an! Konzentriere Dich auf langfristige Stabilität. Der Erfolg ist sicher.

1.1.99 20.25 Uhr Horus. "Eure Aufgabe ist klar. Ihr habt euch gemeldet, um die kreativen göttlichen Gebote auf Erden zu verwirklichen. Also tut

es mit Macht! Begreift bitte, daß das eure große Chance ist: Ihr habt keine Feinde, sondern nur Störungen in eurem Unterbewußtsein, die verhindern, daß eure Energie optimal fließt. Verwirklicht eure Pläne, ohne andere zu kränken.
Ihr habt schon viele Leben gelebt und dabei über Techniken verfügt, die heute nicht mehr bekannt sind. Es ist richtig, daß ihr jetzt viele Fehler macht, aber das ist normal, wenn eine ganze Rasse auf einmal auf eine neue Bewußtseinsebene steigt.
Die Energiepyramiden bieten ganz sicher gewaltige Möglichkeiten. Wenn du lernst diese Energie zu nutzen, dann wirst du viele Dinge erforschen und verwirklichen, die ohne Pyramide unmöglich wären."
Die Ägypter waren davon überzeugt, daß wir alle von der Sonne gekommen sind, Kinder des Lichts, zu Gast auf der Erde, und wenn wir hier rechtschaffen gelebt haben, dann kehren wir nach unserem Tod wieder in das Reich der Sonne zurück.
Das deckt sich gut mit den Botschaften, die mir medial mitgeteilt wurden. Horus sagte mir, daß er in gewisser Weise ein Teil des Sonnenwindes ist (das sei sein Körper). Außerdem ist der van-Allen-Gürtel Teil seines Körpers oder seiner Wesenheit. Dabei handelt es sich um ein elektromagnetisches Feld, das die Erde umgibt und uns vor der kosmischen Strahlung schützt. Dieser Gürtel umgibt die Erde in ca. 144 km Höhe. Ohne ihn wäre Leben in unserer Form gar nicht möglich. Das energetische Kraftfeld, daß die Erde umschließt und schützt, sind die Schwingen des Sonnen-Falken Horus: "Mein Körper ist Lichtenergie. Er umhüllt die Erde."
Nach der ägyptischen Mythologie war Horus ein Schutzgott, der auf Erden für Gerechtigkeit sorgt. Ich denke, das kommt in unserem Projekt deutlich zum Ausdruck. Horus hat mir die Energiepyramiden zu unserem Schutz gegeben und sorgt so für eine höhere Gerechtigkeit. Wir sind den gesellschaftlichen Mißständen nicht mehr schutzlos ausgeliefert. Die gesellschaftlichen Mißstände werden immer deutlicher aufgedeckt, siehe den deutschen Parteienskandal vom Januar 2000, kaum das wir die große Anlage in Betrieb genommen haben. Auch das hatte Horus schon vor 8 Jahren prophezeiht.
Zur Frage, ob Horus ein Gott ist, hat er erklärt: "Wenn ein Wesen in seiner Entwicklung sehr weit über Dir steht, dann ist es richtig, es als Gott zu bezeichnen. Aber ich diene wie alle anderen Lebewesen dem großen kosmischen Plan, der alles hervorgebracht hat."
Wir sollten also unsere christlich-engstirnige Haltung überdenken, bevor wir andere Religionen kritisieren. Wir sind nicht die Einzigen, die alles besser wissen, sondern jede ehrliche Religion hat Ihre Berechtigung. Wer wirklich bemüht ist, die tieferen Inhalte zu verstehen, wird die göttliche Wahrheit in allen Religionen wiederfinden. Der eine allmächtige Gott, das

eine, universale göttliche Bewußtsein, lebt in allem und in jedem von uns, also auch in Horus.

30.1.99 0.45 Uhr Horus. "Ja, ich existiere. Ich bin die Inkarnation eines Gottes, der die Menschen liebt. Nutze diese Energie um mit der höchsten Ebene zu reden. Die Energiepyramiden sind in der Tat ein Werk des höchsten Gottes. Er nutzt sie, um mit den Menschen zu sprechen. Die Menschen sollten Gott stets in ihre Überlegungen einbeziehen. Auf diese Weise gewinnen ihre Werke an Tiefe und Dauer.
Rechtschaffenheit bedeutet, daß ihr teilnehmt an der Schaffung neuer Gesetze und Rechtsmaßstäbe, denn z.Zt. unterliegt ihr im Umgang der Menschen untereinander den Rechtsmaßstäben, die andere vor euch geschaffen haben.

8.3.99 8.13 Uhr Unsere Energiepyramiden sind kosmische Erinnerungen. Sie sind im Urgrund verankert und lösen etwas in uns aus. Die Form, Ihre Struktur entspricht übergeordneten kosmischen Kristall- strukturen. Z.Zt. gibt es viele Zukunftsprognosen und die meisten sind düster. Die Angst vor der Zukunft nutzt niemandem. Es kommt darauf an, die Zukunft zu gestalten! Unsere Gedanken und Gefühle von heute gestalten unsere Zukunft von morgen. Also ist es von großer Bedeutung, daß wir konstruktiv denken und unsere Zukunft bewußt gestalten. Hier ein paar aktuelle Channelbotschaften von Horus:

1. Die Menschen haben Angst vor der Wende, aber das Risiko ist gering. Es wird nicht viel passieren. Ihr seid nicht verantwortlich und nicht direkt betroffen. Die Zukunft der Menschheit ist gut. Es hat Krisen gegeben, aber ihr habt das Schlimmste überstanden. Es wird immer Kräfte geben, die die Menschen kontrollieren. Die Geheimdienste sind nicht gut, aber es liegt in der Natur eurer Rasse.
Auf der anderen Seite gibt es lichte Kräfte, die nicht zu vernichten sind. Ob ihr nun erkennt, wohin es geht, mag fraglich sein, aber es geht tatsächlich aufwärts. Nutzt jede Gelegenheit, um vorwärts zu kommen. Im Jahre 2020 muß mit einer weltweiten Katastrophe gerechnet werden, aber ob es kommt, ist nicht sicher, nur die Möglichkeit ist gegeben. Ihr entscheidet, auf welcher Ebene ihr das erlebt. Jetzt einige kurze Antworten auf eure Fragen:

2. Die Ufo Leute sind nicht von der Erde, sondern von anderen Planeten im Raum. Es sind Menschen wie ihr, aber weiter entwickelt. Ihr seid eine vergessene Kolonie. Eure Vorfahren kamen aus dem Raum vor vielen

Millionen Jahren. Sirius ist ein zentraler Planet, aber nicht der einzige. Die Plejaden sind bewohnt wie viele andere Planeten.
Die Amerikaner wissen es, ebenso die Russen, die Japaner, die Chinesen und Inder. Die Ufos funktionieren mit einem Raumzeit - Lichtantrieb. Sie verändern die Raumzeitkonstante und fliegen zeitlos zu anderen Welten. Es gibt keine Gangster im All, nur neue und alte Kulturkreise mit verschiedenen Ansichten. Sie pflegen Kontakt mit dem Überbewußtsein des Universums, das ihr Gott nennt, auf technischem Wege. Eine Art Akashamaschine. Auch sie begreifen nicht viel mehr davon als ihr. Schon bald werden neue Technologien bekannt, die helfen mit den Raumfahrern zu kommunizieren.

3. Die irdischen Probleme der letzten 2000 Jahre sind normal für die Öffnung ins All. In weiteren tausend Jahren werdet ihr Anschluß bekommen. Ihr müßt langsam heranreifen. Es gibt keine Vernichtung der Erde oder des Lebens, nur Veränderungen. Die inneren Welten müssen erforscht und entwickelt werden. Das ist der 2. Weg. Wer ganz nach innen geht, braucht keine Maschine mehr. Er sucht geistig die Plätze auf, die ihm wichtig sind. Meditation ist der Einstieg, aber nicht das Ende.

4. Die Energiepyramiden müssen verbreitet werden, um neue Impulse zu setzen. Sie werden euch 1000 Jahre dienen, dann geht es weiter. Die Energiepyramiden öffnen Tore in der Raumzeit und ermöglichen Energietransfer und Datenaustausch mit anderen Welten. Sie sind sogar mit der Ufo Technologie kompatibel.

5. Psychosuggestive Methoden müssen erforscht werden. Hier besteht die Möglichkeit, die Zukunft zu programmieren, wenn die Benutzer clean genug sind. Die alten Tolteken haben es getan, z.T. gut, z.T. schlecht.

6. Yogameister müssen entstehen, die an maßgeblicher Stelle in der Industrie mitarbeiten. Das ist Deine Aufgabe. Hier liegt ein großes Potential. Wenige können es tun, du gehörst dazu. Noch ein Wort: Du hast Liebe ins Spiel gebracht. Nutze diese elementare Kraft für dein schönes Leben! Es gibt dir Chancen, wo andere versagen.

Achte gut auf diesen Tag, denn er ist das Leben,
das Leben allen Lebens.
In seinem Ablauf liegt alle Wirklichkeit
und Wahrheit des Daseins, die Wonne des Wachsens,
die Größe der Tat, die Herrlichkeit der Kraft.

Denn das Gestern ist nichts als ein Traum
und das Morgen ist nur eine Vision.
Das Heute jedoch, recht gelebt,
macht jedes Gestern zu einem Traum voller Glück
und jedes Morgen zu einer Vision voller Hoffnung.
Drum achte gut auf diesen Tag!
aus dem Sanskrit

15.3.99 Bild: Strukturen meines Energiekörpers

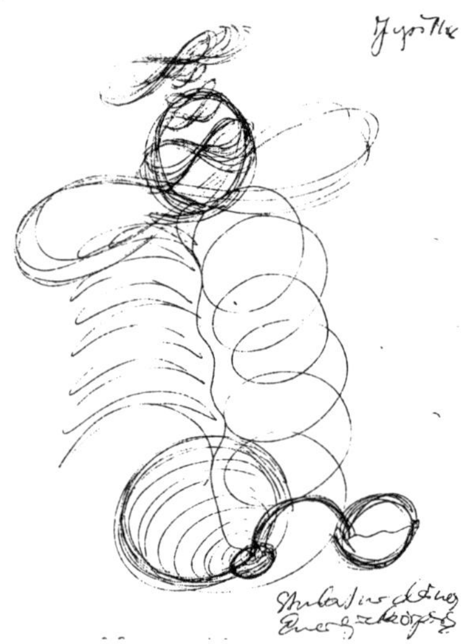

19.3.99 20.45 Uhr Horus: Ja, die Leylines existieren, aber sie sind nicht ganz regelmäßig verteilt über die Erde. Eine läuft wirklich über deinen Hof. Wir werden sie im Detail festlegen. Es hat etwas mit den Kontinenten zu tun, aber hier überlagern sich viele verschiedene Faktoren.
Du nimmst Schwingungen auf, die in mir existieren. Ich kann mit ca. 4.000 Menschen zur gleichen Zeit korrekt kommunizieren, aber das ist nicht alles. Es geht wesentlich weiter. Man könnte mich als biologisches Datenfeld betrachten, in dem alle eure Aktionen gesammelt werden. Der Input ist nicht gewaltig. Es ist okay. Ich bin der Filter zwischen euch und der Ewigkeit. Ihr könnt lernen, meine Datenspeicher zu nutzen. Ja, es sind auch moralische Filter eingebaut, die unzulässige Querverweise unterbinden.
Die Meditation mit Brahman ist gut. Rezitiere die Formel "Mein Ich ist Brahman!" Nutze sie, um dich für höhere Energieimpulse zu öffnen. Das Brahman ist nicht nur Energie. Es ist auch Bewußtsein. Das Bewußtsein von Brahman steht über aller Existenz. Es ist die höchste Ebene die wir erfassen können. Brahmen lebte vor allem was existiert und wird sein wie lange wir auch immer zu leben vermögen. Es ist nicht fremd. Es ist im Menschen und in allen Wesen und ebenso im Fels und im leeren Raum. Ebenso in allen anderen Dimensionen. Es ist merkwürdig, aber wir alle, du und ich, sind nicht in der Lage, das Wesen der Existenz Gottes klar zu definieren. Nutze diese Information, um gut zu leben!

5.4.99 Alles das hier ist vom Geist Gottes durchdrungen. Vor allem die Lebewesen: Wenig Materie, viel Wasser und Geist. Je mehr ich technische Lösungen suche, desto mehr verleugne ich den Geist und erzeuge Disharmonie. Liebevoll von Menschen gefertigte Gegenstände enthalten mehr Geist als z.B. Massenartikel aus einer Maschine.
Entziehe ich z.B. Wasser, verschwindet auch der Geist und zum Schluß bleibt nur tote Materie. Z.B. grüne Bohnen, sie vertrocknen und sind nichts mehr wert. Ein reifes Samenkorn jedoch ist eine lebende Einheit und paßt selbst auf seine Lebensenergie auf. Ich kann es lange liegen lassen, und wenn ich nicht gewaltsam eingreife, hält es seine Lebensenergie zusammen und kann wachsen, sobald es geeignete Bedingungen findet. Die Energie aus dem Samen koppelt sich an das Magnetfeld der Erde an, wird größer und die Bohne beginnt zu klettern.
Die Energiepyramiden werden liebevoll gefertig und erhalten schon durch die Herstellung etwas mehr Energie als andere Artikel. Ein Bündel Stangen, sie treten in eine Interaktion mit dem natürlichen Magnetfeld der Erde und animieren uns zur Besinnung. Sie führen uns näher an den Geist, an uns selbst und an Gott. Das Ergebnis ist Harmonie in den Lebensprozessen und steigendes Bewußtsein für diese Zusammenhänge und natürlich eine bessere Gesundheit.
Krankheit ist die Folge von Disharmonie und von einer durch falsches Denken verursachten Isolation des Kranken von seinen göttlichen Quellen. Je toter die Nahrung, je denaturierter, desto mehr Mangel an Kraft entsteht. Je mehr eine Rückbesinnung stattfindet, desto heiler wird der Mensch. Eine Philosophie, die das leisten kann, nennt man Religion.
Die Energiepyramiden können tatsächlich eine Anregung in diese Richtung liefern. Sie aktivieren durch ihr Mandala (Bild) das 4. Chakra und den Herzlotos, und sie regen die Menschen an, sich zu erinnern. Das wird bei jedem Menschen anders verlaufen, aber das Ergebnis wird bei allen gleich sein: Sie werden sich der Gegenwart Gottes wieder mehr bewußt. Das führt zu innerer Ruhe, Freude, Zufriedenheit, Selbstbewußtsein, Sicherheit, Glück, Wohlstand, Gesundheit, also Lebensfreude in allem und bei allem was man tut.
"Lebe glücklich und richte es dir schön ein auf Erden!" Das ist Horus Botschaft. Gott ist es egal, wie du zu ihm betest. Hauptsache, es dient dir, deiner Besinnung. Hauptsache, es ist ehrlich und auf deinen Bedarf ausgerichtet, ohne andere Wesen zu beeinträchtigen.

4.4.99 Nachts hatte ich wieder einen Traum in dem das Lied "Es kommt ein Schiff gefahren, es trägt ein' teure Last, sein Segel ist die Liebe, der heilig' Geist der Mast" in mir aufstieg. Ich sah ein riesiges Segel, daß von der Erde bis in die höchsten Magnetfeldschichten reicht. Wie schon bei früheren Erlebnissen dieser Art, überkam mich eine große Sehnsucht und eine tiefe, innere Freude. Dieses Erlebnis ist für mich eine innige Verbindung zum Göttlichen, nicht wie früher von anderen behauptet zu Jesus, sondern zu Horus, und möglicherweise ist es sogar die gleiche Energie! Vielleicht war Jesus der erste, der diese Verbindung schuf, oder vielleicht war er sogar eine Inkarnation des Horusbewußtsein auf Erden.

14.4.99 3.10 Uhr Horus. Gut, das ist eine Einladung zur großen Welt. (Überraschend erhielten wir eine Einladung in die Fliegesendung "Die Kraft der Pyramiden hat mir geholfen". Es wurden nur unsere Energiepyramiden vorgestellt und Freunde befragt. Das war der entscheidende Durchbruch, um die Energiepyramiden in Deutschland bekannt zu machen. Gleichzeitig konnten wir dank der starken Nachfrage das große Pyramidenprojekt in Südfrankreich realisieren.)

12.5.99 7.16 Uhr Horus: Wir haben diese Entwicklung eingeleitet (mein TV-Auftritt bei Fliege). Es hat jetzt Priorität, daß das 9 m Modell fertig gestellt wird. Alles andere ist sekundär.
Modell A dient der Seele und der feinen Steuerung der Gefühle. Das kleine Modell A dämpft alle Schwankungen, also alle Strahlungen, und stabilisiert gerade damit die Gesundheit der Menschen.
Es gibt auch noch das Körper- oder Zellbewußtsein. Dafür ist Modell B zuständig, über den Schwerpunkt im 3. Chakra. Modell B ist in der Lage sein Feld zu erweitern und nutzt sogar die Partikelstrahlung. Darum hat es bei der Untersuchung damals so tolle Ergebnisse in der Dämpfung von Radioaktivität gegeben. Im Prinzip kann Modell B angeregt werden zu viel größeren Leistungen und tut das wiederum beim Menschen.
Modell C faßt diese Funktionen zusammen und schafft eine Anbindung an die göttliche Ebene. Modell C ist anders. Es wandelt die Energie anders um. Es nutzt höhere Kräfte und manipuliert die Zeitempfindung. Wenn jemand die Modelle anfaßt, fließt noch mehr Energie.
Das D-Modell (270cm) dient dem geistigen Feld um die Erde. Diese Pyramide schafft internationale Kontakte und trägt dazu bei, daß Menschen sich mental näher kommen. Ihr erfahrt eine Klärung im mentalen Bewußtsein. Modell D schafft übergreifende Schwingungen, die Völker verständigen und beim Abgleich von Differenzen helfen. Es sind höhere Regelimpulse. Darum sind die Menschen so interessiert, einmal hineinzusteigen. Es ist, als wenn du kurzfristig andockst an das Bewußtsein der Masse, viel klarer als es im Traum geschieht, um so bei wachem Bewußtsein eine Ahnung zu erhalten vom Denken und Fühlen der Massen.

Modell E (360cm) ist ganz anders. Es öffnet ein Tor zu den Sternen, zu den Brüdern im All. Es schafft Verbindungen, die in den Kosmos reichen, aus dem Schwingungsfeld der Erde hinaus. Je größer, desto feiner und subtiler ist die Wirkung.
Modell F (450 cm) überschreitet bereits die Raumzeitgrenze die euch hier behindert. Wie ich dir vor 10 Jahren mitteilte, lebt ihr hinter einer Barriere aus Nullenergie, die euren Sektor des Alls isoliert. Ihr bekommt nicht viel mit von dem was draußen läuft. Es ist gut so. Bisher war die Erde eine Enklave für die private Entwicklung einer Primatenrasse. Wir haben es so gewollt.
Aber die Zukunft braucht eine Öffnung ins All. In dem Maße wie eure geistige Kapazität und Konzentration wächst, behindert euch diese Blase aus Nullenergie. Wir haben sie geschaffen vor Äonen, um euch Schutz zu gewähren vor fremden Eingriffen. Niemand aus dem All kann euch nachhaltig stören, wenn wir es nicht wollen. Wir lassen nur Einflüsse durch, die euch fördern oder anregen, nichts Negatives oder Störendes.
Das ganz große G Modell (900 cm) bringt die Erde zum schwingen. Der Erdfrequenz wird ein neues Muster aufmoduliert. Es ist die Antwort auf die Orientierungslosigkeit der gegenwärtigen Epoche. Die alten Störungen sind nicht mehr adäquat.
Es gilt Leben neu zu schaffen, neu zu formen, neu mit vitaler Energie auszustatten. Ohne diese neue Technologie wäre das Risiko groß, daß alle menschliche Kultur in Dekadenz versinkt. Macht euch darauf gefaßt, daß sich die Welt euren Ideen zuwendet. Kanalisiert die Energie gut, mit den Fähigkeiten, die ihr erlangt habt. Die spezielle Struktur des 9 m Modells ist natürlich beabsichtigt (Es hat unter dem äußeren Rahmen 4 zusätzliche Füße). Mache so weiter, wir werden uns melden wenn nötig.
Die Dimensionstore nutzen eine fremde Energie. Das ist nicht schlecht, nur fremd. Die Energie darf aber nicht überhand nehmen. Das würde eure Entwicklung stören.

<u>18.5.99 18.25 Uhr</u> Horus: Alghimista ist der Weg, der aus dem ich in die Natur der Dinge führt und durch die Aktivierung der inneren Heilkräfte die Seele mit Gott verbindet, also Einswerdung der Natur in uns und außerhalb von uns, die Wiederherstellung der Vollständigkeit des Menschen, das ist wahre Heilung!

<u>11.6.99 19.20 Uhr</u> Horus. "Die Tachyonengeräte bringen nichts. Sie sind technische Artikel mit geringem Wert. Keine geistige Veränderung möglich. Sie werden vom Markt verschwinden. Es ist nur ein Trick mit der Oberflächenelektrizität. Das ist alles.

Wer die Leute von ihrer Selbstfindung ablenkt und deren Aufmerksamkeit auf sich zieht, meint es nicht ehrlich. Es ist der gleiche Trick wie bei den Christen: Ihr wißt nichts und wir bringen euch Hilfe, also gebt uns euer Vertrauen und euer Geld und irgendwann werdet ihr gerettet. Oh, Gott, von wem wohl? Wer nicht Schritte unternimmt, um sich im Inneren auf seine eigene Energiequelle zu besinnen, wird auch außen nichts verändern. Eigentlich ergibt sich das alles aus meinem Buch (dieses hier!)."

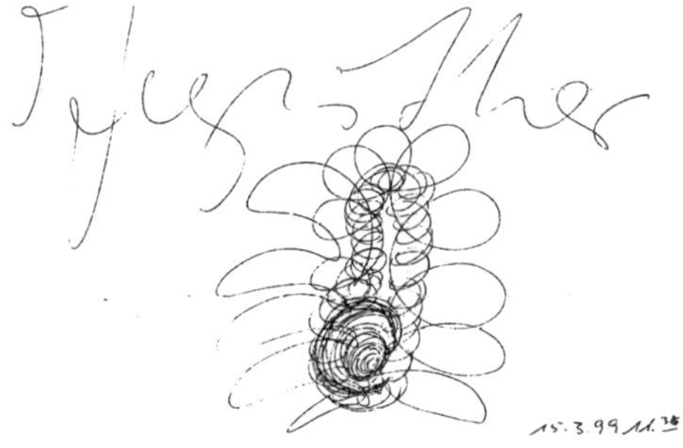

<u>5.9.99 16.25 Uhr</u> Horus. Die große Energiepyramide verändert alles. Sie hat ein Signal initiiert, daß jetzt innerhalb von ca. 8 Monaten um die ganze Erde laufen wird. Mit diesem Signal müssen sich alle Wesen auseinander setzen. Es ist so ein Feedbacksignal eines hochentwickelten Geistes (Harald), daß jetzt einer neuen Orientierung dient. Es ist eine Orientierung, eine Schnittstellen zwischen Mensch, Technik und Natur. Das, was ihr als Horus empfindet, ist ebenfalls ein Signal der Orientierung. Es dient der Lebensentwicklung seit Jahrmillionen.
Ihr werdet jetzt nicht umhin kommen eure Philosophie zu überdenken, um eine neue Einstellung zum Leben zu gewinnen. Das gilt für alle. Je eher du bereit bist, das zu verwirklichen, desto leichter geht es. Eine neue Zeit hat begonnen.
Alle die ein kleines Modell kaufen, unterstützen das große Projekt, und sie nutzen die kreativen Impulse des 9m-Modells.
(Ein Mann fragt warum er so starke geistige Werte bei dem Modell mißt?)
Horus: Er mißt einen präzise ausgerichteten Geist. Er kommt aus dem äußeren Teile der Pyramide (Yin). Natürlich ist auch der weibliche Teil Yang enthalten. Es ist der Innenteil. Es ist ein Kelch, der die Energie der Erde verströmt. Das was Ihr als negative Energie empfindet, was euch seit einigen Monaten behindert, ist eigentlich nur eine Behinderung Eurer neuen Empfindung, durch die Kräfte und Wesen, die jetzt unfähig sind, das neue Signal zu verstehen. Sie schafften es nicht, sich neu zu orientieren. Sie sind ärgerlich über sich selbst. Es geht aber nicht mehr nach den alten Regeln, sondern es ist eine Neue aufgestellt worden.
Die Menschen müssen lernen nach innen zu hören. Dort werden Sie das neue Signal hören. Sage du den Menschen, sie sollen aufmerksam sein und sich vertrauen. Die neue Orientierung ist schon seit einigen Jahren im Gang. Aber das Signal der großen Pyramide war von entscheidender

Bedeutung, um in dem Wirrwarr der Meinungen einen zentralen, neuen und einzigartigen Impuls zu setzten, der viel Aufmerksamkeit auf sich zieht.

10.9.99 13.40 Uhr Horus zu einer Frau: "Genieße das, was hier geschieht. Wenn du das nichts kannst, war dein Leben um sonst. Wenn du die Essenz des Seins nicht berührst, wird es nicht zu dir sprechen. Die Energiepyramiden sind Schlüssel zum Urgrund. Du kannst ihn in deinem Leben erwecken, durch die Anwendung der Energiepyramiden."

Am Anfang einer neuen Zeit: Die neue Energie fließt! Die 9 m - Energiepyramide wurde verwirklicht

Termine vom 9 m Projekt

Wer etwas von Astrologie versteht, kann die Besonderheiten dieser Daten ermitteln.
Sa. 31.7.99 um 12.40 stand das große Modell, am Abend wurde die Acrylachse fertig gestellt.
Am 11.8.99 um 14.00 wurde die Anlage auf die spezielle Energie der Sonnenfinsternis abgestimmt. Die Natur war vollkommen zur Ruhe gekommen.
Am 16.11.99 wurde das erste E-Modell 360 cm aufgestellt.
Am 31.12.99 wurde die Anlage mit den beiden Modellen E 360 und F 450 fertig gestellt.
Am 1.1.2000 wurde die Irminsul errichtet.
Am 6.1.2000 erhielten wir die endgültige Baugenehmigung der franz. Architektenkammer
Am 1.4.2000 16.30 Uhr hat sich der Kreis geschlossen, auf dem dieser neue Energieimpuls der 9 m Energiepyramide auf den großen Leylines zum ersten Mal um die ganze Erde gelaufen ist.

Wegen der großen Bedeutung der Energiepyramiden möchte ich hier einen Bericht einfügen, der die Bedeutung dieser Arbeit unterstreicht. Die Schaffung der Energiepyramiden war von Anfang an das zentrale Thema in meinen Channelbotschaften. Wenn ich die Summe der medialen Botschaften zusammen fasse, dann entsteht der Eindruck, daß ich von diesen Geistwesen und dabei vor allem von Horus auserwählt wurde, weil ich die Botschaft zum Bau der ersten Energiepyramide empfangen hatte. Durch diese Tatsache hatte ich mich als geeignet erwiesen, bestimmte Botschaften in der richtigen Weise aus den höheren Welten zu empfangen und herüber zu bringen in unsere Welt. Ob das immer ganz genau

gelungen ist, weiß ich nicht. Ich habe mein Möglichstes getan, und ich denke, im Großen und Ganzen ist es gut gelungen.
Nach 10 Jahren Vorbereitung wurde am 31.7.99 in den französischen Pyrenäen in Südfrankreich, ca. 60 km südlich von Toulouse, auf einer der großen Leylines des Erdmagnetfeldes, die größte Energiepyramide errichtet, die je gebaut wurde. Vorangegangen waren 10 lange Jahre der Vorbereitung. Es gibt Projekte, die man nicht technisch organisieren kann, wenn das Endergebnis stimmen soll. Wenn wir eine Brücke schlagen wollen zwischen Mensch, Technik und Natur, mit einem positiven Endergebnis, dann müssen wir die geheimnisvollen Kräfte unserer Seele neu beleben.
Bereits ab 1991 wies mich Horus darauf hin, daß es das Ziel sein müsse, bis zum Jahrtausendwechsel die erste große 9 m Energiepyramide zu errichten, wenn wir eine wirkliche Veränderung auf der Erde bewirken wollten. Der Terminplan hängt mit der Veränderung kosmischer Kräfte zusammen, die mit unseren irdischen Terminen zusammengefallen sind.
Die Pyramidenanlage steht auf der größten europäischen Leyline. Die neue, großartige Energiepyramide nutzt die Kräfte der Erdmagnetfeldes und sendet bedingt durch ihre Konstruktion einen subtilen Impuls aus. Dieser Impuls wird der Strömung der Leyline aufmoduliert. Alle Wesen, die nördlich davon leben, werden in kurzer Zeit die neue Frequenz spüren und sich damit auseinandersetzen.
Der Impuls dient der Neuorientierung. Es ist ein sehr sanfter und doch machtvoller Impuls. Es ist so, als wenn Du einen neuen, unbekannten Edelstein in die Hände bekommst. Automatisch versuchst Du zu fühlen, wozu er vielleicht gut ist, was man vielleicht damit anfangen könnte. Und diese innere Auseinandersetzung mit einer neuen, kreativen Energie, kann zu einer vollständigen Revision Deiner eigenen Werte führen.
Wenn Sie sich jetzt vielleicht fragen, in welchem Wertesystem wir den kreativen Impuls der 9 m Energiepyramide einordnen sollen, dann meine ich, daß seine Aufgabe primär die Rückbesinnung auf unsere eigenen inneren Fähigkeiten ist. Zusätzlich aktiviert die 9 m Energiepyramide einen Strom kosmischer Energie, der über ihrem Zentrum vom Himmel fällt und dann über die Pyramidenanlage ins Erdmagnetfeld eingespeist wird.
In einer direkten Linie von der großen 9 m Energiepyramide nach Osten wurde am 31.7.99 eine Anlage mit 7 verschiedenen Energiepyramiden in Betrieb genommen, ergänzt durch ein Dimensionstor. Die Modelle von 18 cm bis 900 cm Höhe stehen auf einer Gesamtlänge von 156 m. Der Abstand zwischen den Modellen beträgt jeweils 3 Durchmesser des vorigen Modells. Auf diese Weise wird eine Perspektive mit einer hyperbelförmigen Oberlinie erzielt, die die gesamte Energie der 7 verschiedenen Modelle synchronisiert. Man könnte vereinfacht sagen, die Summe der

verschiedenen Pyramidenfrequenzen wird in einem bestimmten Rhythmus in die Leyline eingespeist. Dieser Impuls ist, bedingt durch die Fließgeschwindigkeit der Magnetfeldströmungen in ca. 8 Monaten einmal durch alle marginalen Leylines der Erde gelaufen. Mit anderen Worten, bis zum 1.4.2000 lief dieser Impuls einmal um die ganze Erde. Alle Lebewesen auf Erden haben es, unbewußt oder bewußt, registriert, daß ein neuer Klang im Spiel des Lebens dazugekommen ist.
Ich spreche ganz bewußt von einem Klang, denn durch einen Kunstgriff ist es mir gelungen, die zentrale Acrylhöhre der großen Energiepyramide in eine Flöte zu verwandeln, die vom Wind gespielt wird. Sobald der Wind darauf spielt, hören wir an dem kleinen Loch in dem zentralen Acrylrohr das kosmische Mantra "OM".
Die letzte Abstimmung dieser gewaltigen Anlage wurde am 11.8.99 um 14.00 im Moment der fast totalen Sonnenfinsternis vorgenommen. Vielen Menschen ist aufgefallen, daß es in diesem Moment "sehr still" war auf der Erde. Die Insekten schwiegen, die Grillen wurden ganz leise, viele verstummten. Man hörte keine Autos mehr, keine Kühe blökten. Die Natur hielt den Atem an und stellte sich auf die neue Frequenz ein. Auf genau diesen Moment hatte ich 10 Jahre gewartet, und ich bin glücklich, daß ich den Termin trotz erheblicher Schwierigkeiten nutzen konnte. Damit konnen wir den großen Plan erfüllen.
Über die weiteren Möglichkeiten und Konsequenzen möchte ich Erfahrungen sammeln, beobachten und zusammen mit anderen sensitiven Menschen neue Einsichten gewinnen. Vor allem aus der persönlichen Erfahrung erhalten wir Einsichten, die uns helfen, die Natur und uns selbst besser zu verstehen.
Wir haben in den vergangenen 100 Jahren unglaubliche technische Dimensionen erreicht. Aber unsere eigene Seele hat darunter gelitten. Die vielfältigen Umweltprobleme oder die seelische Verarmung ganzer Bevölkerungsschichten sind das Resultat einer Ideologie, die alles technisch beweisen will und darüber den Glauben an die eigene sensitive Wahrnehmung verloren hat.
Wir leben in einer Zeit, in der die Gesellschaft auf Forschungsergebnisse vertraut, die durch technische Gerätemessungen zustande gekommen sind. In der Folge dieser technischen Orientierung neigen wir dazu, unsere Intuition und unsere Ahnungen geringer zu bewerten.
Auch im Bereich der Geomantie ist zu beobachten, daß die heutigen Rutengänger froh sind, wenn sie noch zusätzlich zur Rute irgendein Meßgerät verwenden können, obwohl alle relevanten Werte intuitiv mit der Rute oder dem Pendel gewonnen werden. Der Druck der öffentlichen Meinung ist stark. Kaum jemand wagt es, allein seiner Intuition zu vertrauen. Zumindest sucht man danach noch eine rationale Begründung.

Unsere verstandesmäßig orientierte Erziehung, in der so subjektive Fähigkeiten wie die Intuition kaum einen Platz haben, führt zu einem tiefen Mißtrauen in die eigene, innere Wahrnehmung. Man kann auch sagen, daß die generelle Verunsicherung der Menschen die Folge einer rationalen Erziehung ist. Nicht anders ist es bei Erkrankungen. Niemand macht uns Mut, die Ursachen der Krankheit zu erkunden, das kann angeblich nur der Arzt.
Es ist das gleiche Strickmuster wie in der Religion. Während die Naturvölker selbst einen Bezug zu den jenseitigen Kräften und zu ihren Göttern haben, braucht es in der christlichen Kirche den Priester als Vermittler. Wann immer ein System oder eine Ideologie unbedingt Priester oder Wissenschaftler braucht, um etwas klar zu machen, geht die Fähigkeit des Einzelnen verloren, aus eigener Kraft neue Erkenntnisse zu gewinnen. Werden solche Methoden beibehalten, ist eine tiefe Verunsicherung eines ganzen Volkes die unausweichliche Folge. Auf diesem Weg entstehen Abhängigkeiten. Und diese Abhängigkeiten sind die Grundlage für Ausbeutungsverhältnisse aller Art.
Im Unterschied dazu ist es stets mein Anliegen gewesen, mich selbst und die Menschen, die in meine Seminare kommen, zu einem kritischen und starken Selbstvertrauen anzuleiten. Nur wenn wir unser natürliches, inneres Selbstvertrauen wiedergewinnen, können wir auch lernen, unsere Lebensaufgabe selbst zu lösen. Nur wenn wir unsere Aufgaben selbst lösen, entsteht auch ein Gefühl der Befriedigung. Wir können nicht leben aus 2. Hand.
Bei den Rutengängern finden wir ebenfalls diese Schnittstelle zwischen Wissenschaft und Intuition. Eigentlich war früher das Suchen von Wasser oder von Störzonen eine Aufgabe der Druiden und Priester. Man mußte eins werden mit den geheimnisvollen Kräften der Natur. Der moderne Rutengänger sollte vorsichtig sein mit Meßgeräten. Sie zeigen immer nur einen kleinen Teil der Wirklichkeit! Das wichtigste Instrument unserer Umweltforschung ist unser eigener Körper und unser Geist (unser bioenergetisches Kraftfeld, das auch gerne als Aura bezeichnet wird).
Wer im Bereich der Geomantie oder Geopathologie arbeitet, sollte wie in alten Zeiten seine intuitive Wahrnehmung trainieren. Er muß ein neues, inneres Selbstvertrauen entwickeln. Dann wird er Zusammenhänge erkennen und Lösungen finden. Die alten Leylines, die heiligen Plätze und ihre geheimnisvollen Verbindungen untereinander und mit den Kräften der Natur, wurden durch intuitive Heiler und Naturforscher entdeckt und genutzt. Die Ausbildung von Rutengängern sollte unbedingt ergänzt werden durch Meditationübungen, Atemtechniken und Energytraining. Wenn magische Rituale gut vermittelt werden, sind sie ein erfolgreicher Weg, um wieder Eins zu werden mit den Kräften der Natur. Die Schulung der

sensitiven Fähigkeiten des Menschen und die Festigung seiner Persönlichkeit sind sehr wertvoll, wenn wir wirklich die Naturkräfte erforschen wollen.
Ich möchte mit diesen Worten deutlich machen, daß es bereits eine naturbelassene Energie-Technologie gibt, die unseren Vorfahren sehr vertraut war. Diese Natur-Technologie dürfen wir nicht aus den Augen verlieren. Sie darf nicht untergehen in einer pseudo- naturwissenschaftlichen Geomantie. Wir haben es nicht nötig, technisch etwas zu beweisen! Es geht vielmehr darum, daß wir unserer Intuition wieder mehr Vertrauen schenken. Auf diesem Wege werden wir Zusammenhänge entdecken, die sehr wertvoll sind für ein Denken in dem vorhandenen Konzept der Natur.
In den vergangenen Jahren hat die Tradition des Feng Shui Westeuropa überschwemmt. Wieder einmal werden wir von fremden Traditionen überlaufen, weil wir den Bezug zu unseren eigenen geomantischen Traditionen verloren haben. Das ist nicht falsch, aber wir sollten uns davor hüten, die Methoden des Feng Shui genauso mechanistisch anzuwenden wie wir es gerade mit allem anderen tun.
Ich habe seinerzeit (1976) als Biotechniker den Entschluß gefaßt, Kundalini Yoga zu studieren als die "älteste Wissenschaft vom Menschen und seiner Energie". Wenn man diese uralte Tradition lange genug praktiziert, dann erwachen in uns die alten Kräfte und Fähigkeiten zu neuem Leben. In 14 Jahren hartem Training entwickelte ich eine immer feinere sensitive Wahrnehmung. Man kann mit Recht sagen, daß durch die Methode des Kundalini Yoga unser Körper wie ein Instrument gestimmt wird. Mit diesem Instrument können wir eine Resonnanz erzeugen zu unendlich vielen Ereignissen in der Natur. Unser Körper wird zu einem hochempfindlichen Sensor, der uns unglaublich viele Daten (Erfahrungen) vermitteln kann. Bereits 1976 begann ich diese Ausbildung, ohne genau zu wissen, wo sie enden würde.
1978 kaufte ich einen alten Bauernhof in Südfrankreich. In einer engen Verbundenheit mit der Natur erkannte ich schon bald, daß über dieses Gelände eine ungewöhnliche Magnetfeldströmung verlief. Wenn wir diese großen Strömungen untersuchen wollen, dann genügt es nicht, mit der Rute umherzulaufen. Die Entfernungen sind zu groß. Wenn wir uns auf eine derartige Leyline setzen und in der Meditation Eins werden mit dieser Naturkraft, dann fließt unsere Wahrnehmung mit den Kräften des Magnetfeldes zusammen und wir bekommen eine innere Übersicht.
Den einheimischen Rutengängern dort unten war die große Leyline natürlich bekannt. Sie verläuft grob dargestellt vom Südpol, an der Ostküste Südamerikas entlang über Rio de Janeiro, diagonal durch den Atlantik, an den Kanarischen Inseln vorbei durch Spanien und Europa.

Hier in Europa verläuft die Leyline durch Madrid, fließt südlich von Toulouse vorbei (dort wo jetzt die 9 m Energiepyramide errichtet wurde), tangiert Montpellier, Genf, Zürich, Augsburg, Pilsen, nördlich von Prag, Breslau, Lodz, nördlich von Warschau usw. in Richtung Nordpol.
Ich halte es für möglich, daß diese Leylines auf der Erdoberfläche und auch in ihrem Inneren ein ähnliches System bilden wie die Akupunkturmeridiane auf unserem Körper. Es dürfte eine sehr lange, vielfach gewundene Schleife magnetischer Energie sein, die die Erde durchdringt und umhüllt. Wir sollten also nicht mechanistisch an diese Sache herangehen. Nur weil uns ein kleiner Ausschnitt der globalen Energieströmungen bekannt ist, sollten wir nicht gleich verallgemeinern. Bei meiner Städte-Liste fällt ins Auge, daß die Menschheit offensichtlich einen 7. Sinn für diese Naturkräfte hat. Zahlreiche große Städte wurden auf dieser gewaltigen Strömung errichtet. Die Menschen fühlen die Energie und sie nutzen die kreativen Impulse, die daraus entstehen.
Wenn Sie bereit sind, sich auf Ihre innere Wahrnehmung einzulassen, dann können Sie tatsächlich Eins werden mit der Energie von Mutter Erde. In diesem Moment, bei einer Meditation auf der Leyline, entdecken wir eine starke Strömung, die auf diesem Energiestrang stetig vom Südpol zum Nordpol fließt. Wenn die Menschen diese Strömung unbewußt wahrnehmen und damit Energie und folglich auch Daten transportiert werden, dann beeinflussen also Ereignisse z.B. in Madrid den Markt in den nördlichen europäischen Ländern! In der Tat hat sich Spanien in der EG trotz seiner schlechten wirtschaftlichen Ausgangssituation einen sehr guten Platz erobert. Ich betrachte diese Erkenntnisse als Anregung, um intuitiv weiter zu forschen. Ich betone intuitiv forschen!
Im Januar 1998 kam ein TV-Bericht in arte. Darin berichtete man über die ersten Ergebnisse der Magnetfeldforschung mit Hilfe von 2 neuen Satelliten. Diese Beobachtungen decken sich erfreulich gut mit den Beobachtungen sensitiver Menschen. Die Erde ist von einem in grobe und feine Schichten gestaffelten Magnetfeld umgeben, daß offensichtlich den Charakter einer Zwiebel hat. Die groben Schichten liegen einige Kilometer auseinander. Dazwischen fallen Magnetströmungen gleich Wasserfällen oder Kaskaden von einer Ebene hinunter zur nächsten. Diese Kaskaden gibt es im großen und auch im feinen Bereich (Kilometerbereich, bis cm-Bereich).
Augenscheinlich gibt es Bereiche auf der Erdoberfläche, an denen vermehrt solche Magnetkaskaden niedergehen und andere Bereiche, wo die Magnetströme horizontal fließen. Die Computersimulationen deckten sich erstaunlich gut mit meinen sensitiven Wahrnehmungen aus der Meditation mit Hilfe des Kundalini Yoga.

Wir können also folgende Zusammenhänge erkennen: Am Anfang stehen immer intuitive Eingebungen oder Ahnungen. Sensitive Menschen erkennen gewisse natürliche Kräfte. Das wird dann in Form von Leylines beschrieben. Es wird festgehalten in der Lehre des Feng Shui. Die Ströme der Erdenergie und der Luftenergie werden bestimmt. Die Menschen nutzen diese Kräfte und errichten auf diesen Linien ihre Städte und Tempel. Beim Feng Shui wird u.a. die besondere Kraft kreativer Energie beschrieben, die stets von Südwesten zu uns hereinströmt und in nordöstlicher Richtung weiterfließt. Das deckt sich mit der Fließrichtung der großen Leyline, die Europa von Südwest nach Nordost durchquert.
Ich gehe davon aus, daß die Menschen zu allen Zeiten um diese Kräfte wußten und ähnlich wie die Zugvögel eine innere Sensorik haben, die es uns ermöglicht, die Magnetkräfte wahrzunehmen. Durch bestimmte Einrichtungen, z.B. die Megalitkultur, Stonehenge, Tempel, Kirchen usw. haben die Menschen die natürlichen Magnetfeldströmungen genutzt, verändert und dirigiert. Ich bin sicher, daß speziell Kirchen an solchen Plätzen errichtet wurden. Mit Ihren spitzen Türmen, z.T. noch mit Kupfer beschlagen, konnten sie die Magnetfeldkaskaden einfangen und herunterbringen. So mögen Kirchen, richtig plaziert, zur kulturellen Fruchtbarkeit einer ganzen Region beigetragen haben. Die Kirchen waren also technologisch wesentlich qualifizierter als z.B. die altgermanische Irminsul.
Bei der Irminsul handelte es sich um Holzsäulen, um Bäume die zuerst gefällt, bearbeitet, dann mit einem sogenannten Widdergehörn und einer Sonnenkugel versehen wurden, um sie dann an bestimmten Plätzen aufzurichten. Die alten Germanen und Kelten trieben einen großen Aufwand damit. Z.B. wurden als Zeichen eines Vertrages solche "Hermannsbäume" errichtet.
Als Säule wählte man in der Regel einen schlanken Nadelbaum, z.B. eine hohe Tanne. Das "Gehörn" wurde aus hartem Eichenholz geschlagenen und glich einem Widdergehörn. Man wußte, daß die Hörner der Tiere Antennen sind, mit denen sie Energie anziehen. Ein tolles Gehörn ist ein Zeichen der Stärke und der Herrschaft. Man ahmte den Widder nach. Zwischen seine Hörner aus Eiche, die den Stamm zusammenhielten, setzte man eine Holzkugel aus einem weißem Holz, z.B. Esche. So enstand der Weltenbaum. Manchmal legte man unter dem Gehörn einen Eisenring um den Stamm, als Zeichen, daß der neue Vertragsbund ewig halten sollte und wenn möglich vergoldete man die Holzkugel. Ich vermute, daß in einem subtilen Energiebereich bereits die gemeinsame Verwendung von 3 verschiedenen Holzsorten, zusammen mit einem Eisenring und vielleicht einer Goldfolie eine Art Orgongenerator darstellt, mit dem man die besonderen Kräfte der Natur aktivieren kann.

Die Irminsul ist in meinen Augen eine Akupunkturnadel, mit der z.B. nach einem Konflikt als Zeichen des neuen Vertrages die Magnetfeldströme zwischen zwei wichtigen Städten in eine neue Verbindung gebracht wurde. Auf diese Weise wurden neue kleine Leylines geschaffen, energetische Verbindungswege, um eine engere Beziehung zwischen zwei Orten herzustellen, um sich geistig näher zu kommen.
Man könnte sogar sagen, daß jede Art von natürlicher Magnetströmung in den Gebieten mit menschlicher Besiedlung immer wieder durch Baumaßnahmen korrigiert wurde, ohne daß die Menschen genau wußten was sie taten! Wir können sehr wohl sagen, daß z.B. die religiösen Konflikte nur die Versuche waren, anstehende gesellschaftliche Veränderungen irgendwie in Worte zu fassen.
Es ist ähnlich wie mit einem Auto. Ein junger Mann meint, er braucht ein schickes, sportliches Auto. In Wirklichkeit will er den Mädchen imponieren. Er wird aktiv, um sich das Auto leisten zu können. In Wirklichkeit ist seine Leistungsfähigkeit ein Kriterium für die Partnerwahl der Mädchen. Auch wenn die Frohnarbeiter beim Bau der Kirche leiden mußten, sind sie später fasziniert, was sie da geschaffen haben. Sie nehmen Anteil an einer Leistung, die von wenigen genialen Bauherren vorbereitet wurde. Die später einströmende Energie (symbolisch das Bauwerk selbst) ziehen jede Menge fremde Gäste an. Der Handel blüht auf, die Menschen werden wohlhabender. Die Mühe hat sich gelohnt.
In ähnlicher Weise muß ich sagen, war mir nicht so richtig klar, was ich eigentlich tue. Ich bin immer Forscher gewesen (Biotechniker). Mein Anlaß, Kundalini Yoga zu studieren lag im geistigen Bereich, zu viele ungeklärte Fragen in der Wissenschaft. Als ich dann ausgerechnet diesen Hof kaufte, war mir nur klar, der Platz ist etwas Besonderes. Erst 2 Jahre später lernte ich die subtilen Magnetströmungen zu sehen und zu fühlen. Später baute ich auf einem maßgeblichen Platz eine 450 cm hohe Holzpyramide. Das war erst der Anfang. Einige Jahre später fühlte ich mich veranlaßt, dort alles stillzulegen und nach Deutschland zurückzugehen. Hier baute ich einen Seminarbetrieb auf und entwickelte die neuartigen Doppelpyramiden, um dann nach 13 Jahren Vorbereitung ein Projekt zu verwirklichen, daß offensichtlich weitreichende Bedeutung haben wird für die kulturelle Entwicklung in Europa.
Inzwischen leben und arbeiten einige tausend Menschen mit den von mir durch mediale Eingebungen entwickelten "Energiepyramiden des Horus". Die Energiepyramiden sind dazu geeignet, auf eine moderne Weise spezielle Kraftplätze zu errichten. Energiepyramiden schaffen kleine Machtplätze, ähnlich den traditionellen Tempeln. Im Einflußbereich der Energiepyramiden können wir besser meditieren, durch die Rückbesinnung auf unsere inneren Werte. Wir können uns verbinden mit den Kräften der

Natur und mit den Göttern, die diese Energiepyramiden ermöglicht haben. Wenn Sie wollen, nutzen sie die Energie der Pyramiden und lernen Sie channeln.
Als ich mich vor langen Jahren aufmachte, die Welt zu erforschen und meine Position darin zu bestimmen. Hätte ich diese Entwicklung wahrhaftig nicht vorhersagen können. Oft genug habe ich etwas gelernt oder getan, was sich später als richtig erwies, aber mit einer ganz anderen Bedeutung als anfangs gedacht. Nach diesen vielfältigen Erfahrungen kann ich mit Überzeugung sagen, daß wir alle innerlich von einer höheren Kraft geführt werden. Unser Lebensweg folgt einem großen Plan. Die Endergebnisse sind immer in Ordnung. Was wir uns jedoch bei der Planung denken, hat rückblickend nur teilweise seine Bedeutung und geht manchmal völlig am wahren Ziel vorbei.
Solche Erfahrungen sollten uns bescheidener machen. Wir sollten den tagtäglichen Überlegungen nicht zu viel Bedeutung beimessen. Wir sollten vor allem nicht so viel grübeln und analysieren. Statt dessen lohnt es sich, auf die innere Stimme zu hören und den Impulsen, die aus unserem Inneren kommen, wieder mehr Beachtung zu schenken!
ETWAS in uns weiß genau, wo es lang gehen muß, und wenn es uns gelingt, die innere Stimme und die äußeren Werke in Übereinstimmung zu bringen, dann wird unser Leben sicherlich viel leichter. Je mehr wir falsch analysieren, desto mehr selbst verschuldete Widerstände müssen wir wegräumen, um unser Ziel doch noch zu erreichen.
Aus diesem Grund finde ich nach der Verwirklichung meines bisher größten Projektes, der 9 m Energiepyramide, sehr bescheidene Worte. Es war alles notwendig. Es mußte getan werden. Jetzt, wo das gewaltige Gebilde steht, kann jeder Mensch, sensibel oder nicht, die gewaltigen Kräfte der Leyline fühlen. Das wird ihn unwiderruflich mit den Naturkräften der Erde in Verbindung bringen. Und dieser Kontakt mit den stärksten Kräften der Natur wird jeden Menschen zu einer neuen Selbstbesinnung veranlassen. Wer sich richtig auf sich selbst besinnt, der läßt sich nicht mehr so leicht verführen, irritieren und verdummen. In sofern ist jede Energiepyramide eine Chance zur Selbsterkenntnis. Was jeder dann daraus macht, wird sehr verschieden sein. Lassen wir uns überraschen! Es wird gewiß interessant, wenn die Menschen ein erhöhtes kreatives Potential freisetzen, wenn neue Fragen gestellt und neue Antworten gegeben werden.
Die bewußte Wahrnehmung unseres Energiekörpers ist zentraler Bestandteil meiner Seminare und die bewußte Wahrnehmung der Magnetkräfte in der Natur kann allen Menschen neue Impulse geben. So betrachtet sind die Energiepyramiden Verstärker, die bereits vorhandene Kräfte bewußt machen. Wir gewinnen ein anderes Verhältnis dazu.

Wer sich offen mit diesen Kräften auseinander gesetzt hat, der wird diese Schwingungen überall wiederfinden. Wenn wir erst einmal dafür sensibilisiert sind, dann fällt es uns auch leichter, die Aura zu fühlen oder zu sehen. Wir erkennen im Alltag, welche Plätze in unserem Haus gut für uns sind oder nicht. Wir erkennen, ob Gegenstände eine gute Ausstrahlung haben oder nicht. Man kann die Herkunft fremder Gegenstände oder ihren geheimen Nutzen erfühlen.

Das Geheimwissen der Schamanen und Magier war immer und zu allererst eine gesteigerte Wahrnehmung. In der Welt der sensitiven Wahrnehmung gelten jedoch ganz andere Regeln und Zusammenhänge als in der technisierten Welt. Diese geheimen Zusammenhänge müssen wir erforschen und nutzen. Dann wird auch unser gestörtes Verhältnis zur Natur ins Lot kommen, dann werden wir viel genauer wissen, was wirklich schadet oder welche Maßnahmen zur Heilung der Natur wirklich Erfolg bringen.

Oben erwähnte ich, daß alle Irminsulen energetisch miteinander in Verbindung standen, über die "Meridiane von Mutter Erde". Das Gleiche gilt für die Energiepyramiden. Mit meiner Arbeit ist inzwischen ein ganzes Netzwerk entstanden, wo Menschen auf der gleichen Wellenlänge meditieren, philosophieren und arbeiten. Diese spirituelle Arbeit ist nicht an eine bestimmte Glaubensauffassung gebunden. Sie ist für Mitglieder aller Religionen akzeptabel. Das Bewußtsein, daß wir mit diesen kleinen Geräten, ohne jegliche Stromversorgung und aus dem natürlichen Magnetfeld heraus ein Energiefeld aktivieren, verändert das Bewußtsein der Menschen positiv. Die Art zu denken ändert sich. Der Blick für das Wesentliche wird geschärft. Irritationen verschwinden. Ich möchte hier an dieser Stelle nur ein kleines Beispiel bringen für diese unbewußt richtigen Reaktionen.

Vor einem Jahr hatte ich das Bedürfnis, an einem sonnigen Platz einen Kubikmeter Bausand liegenzulassen. Keine Ahnung warum, aber ich wollte es so. Ein Jahr später sprangen auf unserer ganzen Anlage hunderte von Zauneidechsen herum, viel mehr als je zuvor. Dann entdeckte mein Sohn in diesem Bausand bereits wieder einige neue Gelege. Mit anderen Worten, ETWAS veranlaßte mich, der Natur einen Gefallen zu tun, und ich werde diesen Gefallen beibehalten, weil ich gelernt habe, auf die Stimme der Natur zu achten, selbst wenn ich im Kopf nicht verstehe, wozu es gut sein soll.

Wenn wir auf die Natur hören, wird vieles einfacher. Wir haben in der Nähe der großen 9 m Energiepyramide eine kleine Kläranlage eingerichtet, ein Auffangbecken für alle Abwässer + Regenwasser, sowie 3 lange mit Folie ausgeschlagene Becken mit einer Schicht von Lehmboden und Schilf darin. Bereits innerhalb von 14 Tagen hatten wir nach in

Betriebnahme eine so dichte Algenschicht auf dem ersten Becken, daß die Algen sogar aus dem Wasser über die feuchten Erdschichten hinaufwucherten. Im 2. Becken hatten wir bereits eine Fülle von kleinen Insekten, z.B. Mückenlarven und im 3. Becken tummeln sich große Wasserkäfer und Wasserwanzen, die diese Mückenlarven jagen. Mit anderen Worten, innerhalb von 14 Tagen hatten wir eine biologisch hochaktive Kultur, die ohne Klärung und Trennung alle Abwässer von Bad, Toilette und Küche schluckt, die bereits neues Leben produziert, nicht stinkt und jede Menge Kleintiere anlockt. Eine mikroskopische Analyse ergab eine Fülle von Kleinstlebewesen, Pantoffeltierchen, Radiolarien, Bärtierchen. Der dichte Algenteppich in Teil 2 besteht primär aus kleinen Kugelalgen, die dann die großen Volvox-Kugeln bilden, Algenkolonien einer höheren Ordnung.

<u>8.1.00 11.46 Uhr</u> Ramada! Hier ist Horus. Das Leben ist ein Spiel. Du spielst es jetzt und immer. (Kannst du mir etwas davon zeigen?) Natürlich. (vor meinem inneren Auge klappt längs vor mir eine Reihe von Pyramiden-Facetten auf, die stark an das Muster der Innenteile der Pyramidenreihe auf Le Braquet erinnern. Es sieht aus wie halb durchsichtige Spiegelfenster, auf allen Seiten sind bunte Bilder - das Leben? - Ich werde in die Bilder hineingezogen, mein Bewußtsein setzt aus. Als ich zu mir komme sind 15 Min. vergangen.)
Die "Facettenwelt" mag ein Begriff dafür sein, was du gerade gesehen hast. Alles ist da. Höre auf zu überlegen und lebe gut! Dieser Prozeß der Menschwerdung, den hast du ganz gut erkannt.

<u>9.1.00 20.34 Uhr</u> Horus. Die Leute im Sudan waren die Nachfolger der Pharaonen, nun bist du ein Nachfolger meiner neuen Kultur. Du hast auch dort schon gelebt. Das Bild mit der Schatulle mit dem Leoparden stammt aus einer Phase dieses Tempels. Es war etwa 300 v.Chr. Du warst ein junger Pharao. (Ich hatte schon vor vielen Jahren in der Meditation Szenen gesehen, in denen ich in einem Tempel in einer Wüste mit rotem Sand lebte, und in meinem Zimmer stand eine Schatulle aus Gold und Ebenholz. Der Griff der Schatulle war ein goldener Leopard.

<u>23.02.00 16.50 Uhr</u> Horus. Was ein Meister tut hat eine andere Bedeutung, selbst wenn er das Gleiche tut wie seine Schüler. Wenn Harald etwas tut, in praktischen Arbeiten die Braquet oder den Garten verändert, hat es andere Auswirkungen, als wenn es jemand anderes tun würde. Alles ist gleichzeitig existent. Ihr entscheidet wo, wann und wie ihr darin teilnehmt.

Dein Energiekegel ist gut, um Energie zu kanalisieren. Die Kegel nutzen die Pyramidenenergie und sammeln so sehr viel Kraft. Was ist Energie und was ist Kraft? Energie ist Energie. Und Kraft ist angewandte Energie. Sie können Energie in bestimmte Bahnen leiten und auch ableiten, ablenken. Du kannst den Kegel benutzen, um deine Gedanken zu sammeln und zu dirigieren. Du kannst so einen Kegel neben eine Pyramide stellen. Die beste Position ist 40 cm westlich daneben oder an die Nordwestecke, auch etwa 40 cm entfernt. Dann kannst Du dich in der Meditation abwechselnd auf die Achse der Pyramide und auf die Achse des Kegels konzentrieren. Dabei wirst du sehr unterschiedliche Eindrücke von dieser Energie bekommen. Das hilft dir, die Energie, mit der hier gearbeitet wird, besser zu verstehen. Das ist als Übung zu verstehen, um die Unterschiede in der Wahrnehmung zu verfeinern. Die Kegel dienen der Sammlung der Energie. Sie verströmt in Richtung der Spitze und zwar bis ins Magnetfeld um die Erde. Auf diese Weise teilt es sich überall mit.
Die Dimensionstore dienen der Reaktivierung anderer Ebenen die euch entglitten sind. Ihr ruft sie.

<u>26.2.00 Horus</u>: Das Universum wird geformt aus dem Licht eurer Gedanken. So sind die Chakras die Quellen, aus denen das Universum entsteht. Es ist in euch, nicht außerhalb.

<u>7.3.00 16.00 Uhr</u> Horus. Sexualität will ausgelebt werden. Erst wenn Du das getan hast, in einer Phase wesentlich zwischen 25 und 42, tun sich bestimmte neue Tore in andere spirituelle Dimensionen auf. Solange die Sexualität verklemmt ist, bleiben diese Tore verschlossen. Das Leben genießen, frohen Herzens genießen!
Neue Entwicklungskonzepte eröffnen sich immer dann, wenn die Zeit dafür reif ist. Es gibt also natürliche Entwicklungskonzepte. Sie stehen für dich bereit, und es ist nur die Frage, wann du dafür bereit bist. Diese kosmischen Konzepte sind eh immer da. Die Frage ist, wo du andocken kannst, um wieder ein Türchen zu öffnen, um etwas zu erleben.
Für die Zukunft geht es wesentlich darum, eine neue spirituelle Schule zu eröffnen, in der das Wissen, das Harald bereits zusammengetragen hat und die medialen Beratungen von Horus vermittelt werden. Primäre Aufgabe ist die Verbreitung dieser neuen Lehre, also die inhaltlichen Hinweise die hier im Channelbuch verzeichnet sind. Wir sind überzeugt davon, daß ihr eure Aufgaben erfüllen werdet, wie es vorgesehen ist!
Durch die Mantra Meditation werdet ihr aus eurer alltäglichen Routine herausgerissen und vom üblichen Standpunkt entfernt. Die meisten Menschen um dich herum können mit der Schwingung dieser Mantras nichts anfangen.

Das Wichtigste ist, daß du ein Gefühl dafür hast, daß du weißt, was Richtig ist. Also diese Gewißheit im Hintergrund, daß du letztlich doch weißt, was wirklich richtig ist, auch wenn du es in einer einzelnen Situation nicht genau erkannt hast. Oft sehen wir erst wenn es vorbei ist wozu etwas gut war. Du mußt die Energie in dir optimieren, nicht um dich herum.
Das meiste esoterische Wissen, das heute verbreitet wird, ist oberflächlich. Leere Meister, die nicht wissen, wie es weiter gehen soll, innere Leere. Es geht um die Frage, wie die Menschen dazu veranlaßt werden können, die spirituelle Kraft in sich zu erwecken. Dazu bräuchte es eine bestimmte spirituelle Schule, in der die Menschen immer wieder dazu angehalten werden, diese Kraft zu erwecken.
Es ist auch wichtig einen klaren Blick für die Außenwelt zu bekommen, wie du sie zu handhaben hast. Jetzt, wo sich alles verändert, dank der Impulse der 9 m Energiepyramide, gilt es diese neue Schwingung weiter zu verfolgen. Ihr müßt euch jetzt anpassen an die neue Zeit mit der veränderten Schwingung. Ihr dient mit eurer Schwingung als Orientierungshilfe für die anderen Menschen. Was die Menschen brauchen, ist eine neue Selbstsicherheit. Primäre Aufgabe ist und bleibt die Verbreitung der neuen Lehre. Wir sind davon überzeugt, daß ihr eure Aufgabe erfüllen werdet.

7.3.00 17.00 Uhr Horus. Es geht wesentlich darum, daß ihr lernt, die neue Energie zu integrieren. Die Energie der 9 m Pyramide wird sich weltweit manifestieren. Diese Veränderung wird von euch begleitet. Es geht darum, diesen Erfolg für die Menschheit zu verbreiten. Das Wesentliche ist die Vermittlung dieser Gaben an alle Menschen. Dafür ist es notwendig, neue Mittel zu entwickeln, z.B. neue Kommunikationsformen. Seminare, auf denen das im Mittelpunkt steht. Dabei ist es primär wichtig, wieviel die Menschen mit nach Hause nehmen an Information, ein Gefühl für die neue Schwingung!
Ihr werdet alles zur Verfügung haben, um gut zu leben und um alle Pläne zu verwirklichen, die erforderlich sind für diesen großen Plan. Von Bedeutung ist auch die Vermittlung der neuen Energie deiner neuen Kunstobjekte.

30.03.00 10.30 Uhr Horus. Die Pyramiden nutzen das Magnetfeld. Schwankungen teilen sich mit, aber die Pyramiden arbeiten mit einem speziellen Feld. Dieses Feld aktiviert ein weißes Loch. So stabilisiert sich das Feld besser in sich. Es fängt einen Teil der Schwankungen ab.
Die Sonnenfleckenaktivität ist ganz wichtig für Gedeihen und Verderben hier auf der Erde. Alle Lebewesen orientieren sich daran. Aber die Lebewesen haben auch Einfluß auf diese Aktivitäten der Sonne. Ihr müßt euch

tatsächlich in einem größeren Kontext begreifen lernen. Es ist eine Wechselwirkung.

4.4.00 21.45 Uhr Horus. Du hast gerade eine Phase der Entwicklung abgeschlossen, die als Pratyahara bezeichnet wird. Dabei geht es um die Öffnung des Geistes für die göttlichen Gebote. Du hast jetzt die Aufgabe, diese Gebote auf Erden zu verkünden. Die Menschen sehnen sich nach einer starken Hand, die sie führt wie in alten Zeiten. Doch sie müssen angehalten werden, um nicht in die alten Fehler zu verfallen. Das genau ist deine Aufgabe. Nutze die Kraft, die dir gegeben wurde. Befreie die Menschen von ihren Begrenzungen. Halte sie an, um dann aufs Neue zu beginnen.
(Pratyahara! = Die 5. Stufe des Raja-Yoga: Das Abziehen der Sinne von den Sinnesobjekten, damit das Denken nicht mehr abgelenkt wird, sondern sich ungestört auf das Objekt der Meditation richten kann. Eine unerläßliche Vorbereitung der Konzentration (= Dharana), der 6. Stufe des Raja-Yoga.)
Die Welt ist ewiger Wandlung unterworfen. Nutze diese Wandlungsfähigkeit des Menschen. Rege ihn an zu neuen Gedanken und fremden Aktivitäten. Er muß lernen sich selbst zu transzendieren. Das Leben unterliegt unendlichen Wandlungen. Beteilige dich daran und du wirst glücklich die richtige Wahl treffen, wie dein Leben zu verlaufen hat.

10.7.2000 21.00 Uhr Horus. Deine Aufgabe besteht darin, ein guter Lehrer zu sein. Wie auch immer, es geht um die Höherentwicklung der menschlichen Rasse. Le Braquet ist das Zentrum einer neuen, sehr alten Kultur. Hier treffen Welten aufeinander. Nütze die kollidierenden Energieströme und diene Allen!

9.8.2000 Horus. (Zu einem Freund) Genieße doch einmal dein Dasein, die Existenz und das, was daraus resultiert. Gelingt es dir, diesen Erfolg, den du jetzt hast, auch anderen zu vermitteln, dann hast du den Erfolg, den du selbst anstrebst. Das würde dir die finanzielle Freiheit geben, zu tun und zu lassen, was du für richtig hältst. Es bedeutet loslassen können von dem was du selber tust. Laß es fließen, laß dich gehen. Du mußt mehr nach innen gehen und weniger im außen suchen.
(Handystrahlung?) Nicht länger als 5-10 min. telefonieren, sonst kann es wirklich Schäden verursachen.

11.8.2000 8.20 Uhr Horus. Die Energie fließt verstärkt durch euch und das bringt Veränderungen mit sich. Neue Kräfte beginnen zu wirken, und alte Lasten müssen aufgearbeitet werden. Die Energie sucht sich Kanäle,

und es ist die Frage, wer stark genug ist, das zu ertragen. Eure Vorbereitungen sind gut, und ihr solltet diese Chance nicht vergeben. Jedoch müßt ihr euer Umfeld neu strukturieren. Viele Leute in eurem Umfeld haben falsche Vorstellungen. Das behindert die Entfaltung der neuen Kreativität. Die kosmische Energie, die ihr mit dem großen Projekt angezogen habt, erfaßt inzwischen die ganze Erde. Daraus resultieren neue Denkmuster und Bewertungen im Alltag der Menschen. Sie können nicht so weiter machen wie vorher, und sie erkennen die gesellschaftlichen Mängel. Das wird weitreichende Folgen haben. Im Moment sieht es so aus, als wenn nur die große Unruhe zunimmt, aber das ist nur die Ruhe vor dem Sturm. Es wird einiges Chaos geben auf Erden, kleine alltägliche Fehler werden sich summieren, bis der Einzelne begreift, daß er anders reagieren muß als vorher.
Wenn ihr es lernt, die neue Energie umzusetzen, dann geschieht alles vom Selbst. In deinen Briefen solltest du jetzt verstärkt auf die neue Energie hinweisen und sehen, daß die Menschen sich dafür öffnen. Die Anlage auf Le Braquet ist das Beste, was bisher in dieser Richtung geschaffen wurde.

08.11.00 Horus. Zu der Frage mit der Wirkung der Energiepyramiden und den Entfernungen, jetzt steht die große 9 m Pyramide, und es ist bereits ein Netz von Energie vorhanden. Hier die Daten, wie weit die Energiepyramiden jetzt wirken. Das gilt vor allem für Deutschland und die Schweiz. A - Kerngebiet 8m bis 500m, B - Kerngebiet 26 m - max. 10 km - sie sind heute voll integriert in das Energienetz der größeren Pyramiden, C - Kerngebiet 250 m bis max. 100 km, D - Kerngebiet 400 m bis max. 450 km, E - Kerngebiet 600 m bis max. 600 km, F - Kerngebiet 1km bis max. 1000 km, G - die große Energiepyramide, Kerngebiet 1500 m bis max. 6000 km, aber weil sie auf der Leyline steht, erreichen wir die ganze Erde! Das direkte Einflußgebiet ist meistens eher oval, nicht kreisrund. Das wird durch die Magnetfeldströme der Erde verursacht. Die Ausrichtung der Kraftfelder verläuft meistens oval von Südwest nach Nordost.

14.9.2000 Horus. Bovis-Einheiten? Sie drückt die Höhe eines Energieniveaus aus, nicht die Menge.

14.1.01 Horus. Die Prionen (BSE) entstehen überall da, wo Leben degeneriert. Die Prionen sind Keime aus einer anderen Welt, die hier Fuß zu fassen versuchen. Wenn ihr euren Planeten nicht zusammen haltet, werdet ihr überfremdet und eliminiert. Das Wichtigste, was es für euch zu tun gibt, ist die Arbeit mit den Energiepyramiden. Alles andere ist sekundär. Diese Haltung gilt es zu bewahren.

02.02.01 9.08 Uhr Horus. Ramada! Es geht darum, den Menschen zu zeigen, daß jemand da ist, der diese spirituelle Freiheit lebt und ihr nicht zum Opfer fällt wie die meisten. Ihr müßt acht geben, daß ihr nicht infiziert werdet von der Angst die grassiert. Dabei handelt es sich zum einen um die notwendige Beendigung der überholten Lebensphase dieser Gesellschaft, aber zum anderen auch um eine Überlebensstrategie derjenigen, die jetzt ihre Macht verlieren.
Wenn ihr das differenziert wahrnehmt, ist alles klar, dann werdet ihr merken, daß ihr selbst gar keine Angst habt, sondern nur überfremdet werdet von den Ängsten der allein gelassenen Menschen. Sie zerren an euch, weil sie Hilfe wollen, und es erfaßt alle. Eure Gruppe ist noch zu klein. Es müssen wesentlich mehr werden, die positiv denken und die Energiepyramiden benutzen.
Was ihr als Störung empfindet, sind nur Relikte aus den Tiefen der Seele, übernommen von euren Vorfahren. Ihr könnt essen was ihr wollt. Das ist alles belanglos. Jedoch ist die Zeit und die Anregung günstig, um seine Eßgewohnheiten zu verändern und einer besseren Lebensweise anzupassen.
Die Menschen sollten mit den wesentlichen Daten versorgt werden. Die Menschheit ist nicht reif für geistige Höhenflüge, doch ihr werdet jetzt Grundlagen schaffen für die nächste Phase der Entwicklung. Es ist nicht falsch, das ganze Wissen mit einem Geheimnis zu umgeben. Das macht viele Menschen neugierig und veranlaßt sie, sich damit zu befassen.

20.2.01 12.45 Uhr (Fragen: Wie ist es mit dem persönlichen Erfolg, mit finanziellem Gewinn und mit der Verbreitung der richtigen Botschaft an die Menschen?)
Horus. Wenn ihr euch auf euren Erfolg konzentriert, wird dabei die richtige Botschaft verbreitet. Die Menschen erkennen dann an euch, daß ihr erfolgreich seid. Sie respektieren und bewundern das. Es ist euch ja schon klar, welche Botschaft ihr verbreiten wollt. Das geschieht, wenn ihr viele Energiepyramiden und Bücher von Harald verbreitet, in denen diese Botschaft enthalten ist.
Wenn ihr meint, daß ihr euch nur oder überwiegend auf die Verbreitung der Botschaft konzentrieren müßt, dann kommt dabei vielleicht der persönliche Erfolg zu kurz. Ihr braucht aber den persönlichen Erfolg und damit verbunden den finanziellen Spielraum, um euer Leben, die Versorgung eurer Familie und die anderen gesellschaftlichen Anforderungen zu erfüllen.
Wenn ihr euch nicht wohl fühlen könnt, weil ihr kein Geld habt, Angst habt eine Messe oder ein Seminar zu veranstalten, Probleme habt, das Hotel zu bezahlen, also nicht in großzügiger Weise das Erforderliche selbst

regeln könnt, was den Rahmen schafft für die Verbreitung der Botschaft, die ich euch gegeben habe, dann leidet darunter die Botschaft.
Denn meine Botschaft lautet: Richtet es euch schön ein auf Erden und genießt euer Dasein. Das Leben auf Erden ist eine zarte Blume der Schöpfung. Es ist euch gegeben, dieses Leben lebenswert zu erhalten. Folgt diesem Auftrag!
Macht euch bewußt: Ihr seid bereits auf der neuen Stufe der Entwicklung angekommen. Ihr arbeitet bereits mit den neuen Mitteln und auf der neuen Ebene. Die Anderen suchen noch den Übergang auf die neue Ebene, die ihr bereits erklommen habt. Also laßt euch nicht von jenen irritieren, die noch auf der Suche sind. Ihr habt die Lösung bereits gefunden. Was ihr jetzt tut, ist bereits Teil der Neuen Zeit. Es ist nicht mehr das Mittel, um aus der alten Zeit herauszukommen.
Nutzt die neue Energie, um euer Leben kreativ zu gestalten. Räumt der Freude mehr Platz ein. Lernt noch besser genießen, das heißt bewußt wahrnehmen. Es ist ein Genuß, alle Sinne bewußt einzusetzen und die Welt, in der ihr lebt, bewußt wahr zu nehmen. Das Leben ist ein langer Traum, der sich gerade dort verwirklicht wo ihr jetzt steht. Genießt es und laßt euch nicht von den beschränkten Geistern irritieren, die Genuß hassen, weil ihre Sinne durch zahllose Blockaden deformiert sind. Das Leben ist schön und Du bist ein Teil davon.
Zieht euch aus der Beobachtung des politischen Geschehens zurück. Es ist nur ein Trick der negativen Energie, um euch zu ängstigen und zu mißbrauchen. Folgt dem Weg der Erkenntnis bis ins ewige Licht. Das ist alles, was es zu erreichen gilt.
Gut, laßt es geschehen. Es ist alles vorbereitet. Große Erfolge kommen vom Selbst. Noch ehe ihr euch verseht wird es eine Wende geben im Verhalten. Nutzt die vielen neuen Chancen, die euch gegeben sind.
Liebe ist ein Schlüsselbegriff. Viele Menschen brauchen die Energie der Führsorge, das Miteinander. Sie separieren sich voneinander. Das ist nicht gut. Lernt miteinander leben und etwas aufzubauen für eine strahlende Zukunft. Sat nam."

<u>6.4.2001</u> In der Nacht auf Le Braquet meditiere ich auf Horus und gerate sehr stark in den Einfluß der Schwingungen von der großen Energiepyramidenanlage. Ich sehe in meinen Visionen einen ungeheuren Energiestrom, geschätzt ca. 270 cm Durchmesser, der über der großen 900 cm Pyramide senkrecht vom Himmel kommt und wie ein leuchtender Wasserfall in die große Pyramide hineinfließt. Die Energiesäule ist hellblauweiß gefärbt. Die Energie schäumt in einer großen Sinuskurve seitlich aus der Pyramide empor und ergießt sich dann über das 2. Modell F mit 450 cm Höhe in 32 m Entfernung. Dieser Lichtbogen strömt mit der

nächsten Kurve über die Spitze des 450 cm Modell hinweg, geht zu Boden und schäumt dann mit der nächsten Kurve über das 360-cm-Modell E, dann über Modell D, 270 cm, dann über C, 180 cm, schließlich über B und A.
Bereits ab dem Modell F beginnt sich der Energiestrom etwas aufzufächern und ist keine runde Säule mehr. Die Farben ändern sich. Über Modell F sind bereits leicht andere Färbungen sichtbar, ein Teil der Energie ist fast unsichtbar. Je mehr sich die Schwingung (Amplitude) verkleinert, desto kräftiger werden die Farben, hin zu satten Pastelltönen in verschiedenen Schattierungen von gelb, orange und hellgrün. Immer mehr werden einzelne Lichtspuren sichtbar, die in größerer Entfernung zueinander in diesen kleineren, wohl auch langsameren Wellen über die Wiese strömen, und zwar breit gefächert von Nordost bis Südost.
Die große Anlage steht genau W-O ausgerichtet mit dem großen Modell G im Westen. Der Abstand der feinen, einzeln sichtbaren Schwingungslinien untereinander beträgt am Ende in der Nähe von Modell A ca. 10 - 15 cm, Abstand zunehmend.
Horus erklärte mir dazu, daß die Erde seit Jahrmillionen von einem Energiekokom umgeben ist, der die Erde und alle Lebensformen auf der Erde vor fremden Eingriffen aus dem All schützt. Dieser Kokon ist in gewisser Weise von uns Lebewesen geschaffen worden, so wie auch jedes Lebewesen seine eigene Aura hat. Man könnte ihn als eine Art Überbewußtsein aller irdischen Lebensformen bezeichnen.
Zudem hat Horus schon vor Jahren gesagt, daß dieser Energiekokon, der wiederum das Magnetfeld der Erde einschließt, Teil seines materiellen Körpers sei. Daraus ergibt sich, daß Horus ganz konkret etwas mit dem Überbewußtsein der Menschen zu tun hat. Trotzdem hat er ein Eigenbewußtsein, ein Ego. Er ist sich seiner Existenz bewußt.
Die große Energiepyramidenanlage hat also den Zweck, kosmische Energie aus übergeordneten Räumen hierher einströmen zu lassen. Mit dem großen Modell G durchbrechen wir die Zeitenergiebarriere, die uns hier unten zwar schützt, aber auch begrenzt.
Horus sagt, daß uns diese Energieschranke "konservativ" denken läßt. Wir sind dabei, alte, bereits bekannte Konzepte zu verfeinern und zu vervollkommnen, aber wirklich total neue Ideen kommen praktisch nicht zustanden.

<u>Beispiel 1</u>: Die Menschen benutzen komplizierte, hochgezüchtete Motoren, aber drinnen brennt immer noch ein Feuer wie in der Steinzeithöhle. Jetzt will man Wasserstoff verbrennen, aber es bleibt bei der Idee vom Feuer.

Beispiel 2: Die Menschen kennen seit 150 Jahren Elektromotoren, aber darin drehen sich auch nur Räder. Es ist also bei der Erfindung des Rades vor 5000 Jahren geblieben. Irgendwo am Ende rauscht Wasser über ein Turbinenrad, sei es in einer Talsperre oder daß man im Reaktor das Wasser kocht und dann über Turbinenräder jagt. Vom geistigen Ansatz her ist also die Atomreaktortechnik genauso primitiv wie die Lagerfeuer im Automotor. Geradezu lächerlich.

Beispiel 3: Neu wäre es, wenn wir diese primitive Technik ablegen und einen Antigravitationsantrieb verwenden, der die Magnetfeldlinien der Erde nutzt, völlig ohne Verbrennung und Räder auskommt und nur die Naturkräfte verändert. Kein Dreck mehr, kein Risiko, kein Treibhauseffekt, kein Strahlentod. Nur die Atom- und Ölindustrie wären plötzlich am Ende. Mit dem Ende dieses primitiven Bewußtseins wären wir endlich aus den Steinzeithöhlen heraus und dem göttlichen Universum einen bedeutenden Schritt näher.

Von der großen Energiepyramiden-Anlage werden jetzt durch den alten Schutzschirm hindurch kosmische Kräfte auf die Erde heruntergeholt, die dann über die anderen Modelle angepaßt werden und so von uns genutzt werden können. Der Sinn der großen Anlage besteht also darin, kosmische Energie für den irdischen Bedarf "herunterzuspannen". Die Pyramidenanlage ist eine Art Spannungswandler für kosmische Energie. Bei den großen Modellen bis Modell D liegt die Schwingung primär im geistigen Bereich, bei Modell C werden bereits Körper und Seele mit angesprochen, bei Modell B geht es um die Energieversorgung und -regulation im Körper und bei Modell A schließlich um die Zellregulation des physischen Körpers selbst und um die Aktivierung des 4. Chakras und des Herzlotos. Auf diese Weise können vor allem im Einzugsgebiet um die große Anlage wirklich völlig neue Ideen gedacht werden. Bei den sich bunt färbenden Schwingungsmustern handelt es sich um Ströme der Materia Prima, eine energetische Protomaterie, aus der letztlich alles erschaffen ist. Diese Idee wurde von der Alchimie bereits vor ca. 400 Jahren beschrieben und diskutiert. Aus der Materia Prima kann wirklich alles neu geschaffen werden, was wir uns vorstellen können. Hier wird kosmische Protomaterie in das Energiesystem der Erde eingespeist. Wir haben den Schutzschirm durchbrochen, der uns seit Jahrmillionen nur in ganz bestimmten Bahnen denken läßt. Es sind jetzt vollkommen neuartige, fremde Gedanken möglich. Und die Chance, daß sich fortschrittliche Menschen untereinander über völlig fremdartige Gedanken verständigen und sie weiterentwickeln, ist erheblich gestiegen.

Das Leben verändert sich bereits jetzt. Wer eine Energiepyramide hat, kann daran Anteil nehmen. Je besser die spirituellen Fähigkeiten eines

Menschen entwickelt und geschult sind, desto mehr wird er diese Impulse zu nutzen wissen. Wer sich den neuen Impulsen verschließt, darf so weitermachen wie bisher.
Bereits wenn man sich dem Süden Frankreichs und dieser Leyline nähert, kommt es zu Zeitverschiebungen. Es ist so, als wenn die Zeit gedehnt wird. Das erste Mal kann man den Effekt bemerken, wenn man südlich von Lyon über die Bergkette hinweg ist und ins Rhonetal hinein fährt. Noch stärker wird dieser Effekt, wenn man dann im Süden auf die Autobahn Richtung Barcelona einschwenkt. Dort gibt es eine Stelle, wo man eine große Bresche durch den Kalkstein gesprengt hat. Dahinter beginnt das eigentliche Mittelmeer"klima". Das ist nicht weit vor Montpellier. Die große Leyline, auf der im Süden Madrid liegt und weiter im Norden Le Braquet, überquert von Südosten kommen Carcassonne, passiert Montpellier und verläuft ziehmlich genau durch diese küstliche Schneise, steigt dann das Rhonetal aufwärts, über Grenoble, Genf nach Zürich und weiter Richtung Augsburg.
Wenn wir die Krümmung der Erdkugel berücksichtigen, dann ist das fast eine gerade Linie. Die Ruhe, die wir schon nach wenigen Tagen dort unten im Süden bemerken, die Gelassenheit der meisten Menschen, die Harmonie in der Natur, hat offensichtlich etwas mit den Auswirkungen der Leyline auf diese Region zu tun.
Horus hat einmal darauf hingewiesen, daß es stets eine Wechselwirkung zwischen den Energiepyramiden, zwischen den natürlichen Magnetfeldern der Erde und zwischen den geologischen Formationen der jeweiligen Region gibt. Die Erde selbst, also das Felsgestein, die Bodenstrahlung, die einfallende Sonnenstrahlung und die kosmische Strahlung beeinflussen alle Lebewesen. Sie bringen unterschiedliche Lebensformen hervor, und die gleichen Arten bilden sich verschieden aus.

Beispiel 1: Die gleiche Pflanzenart bringt klimabedingt, bodenbedingt und geografisch bedingt verschiedene Qualitäten hervor. Z.B. wurden aus einer Paprikaart aus Mittelamerika alle heute existierenden Arten von Paprika und Pepperoni gezüchtet, aber eben nicht nur durch Zuchteinfluß des Menschen, sondern auch bedingt durch die Umweltfaktoren. Die schärfsten Pepperonis, die kleinen roten, kommen aus Mexiko, Indien und Indonesien. In unserem Klima sind sie nicht die Hälfte wert. In manchen Gegenden werden die normalen grünen Paprikas regelmäßig bitter.

Beispiel 2: Als die Buren Südafrika eroberten, wurden viele Witze gemacht über die überdimensional großen Hintern und Brüste der dort einheimischen Negerfrauen (Hottentotten). Nach wenigen Generationen

begannen auch die vorher eher dünnen holländischen und englischen Frauen solche Körperformen zu zeigen.
Das Gleiche ist in Amerika passiert. Die Indianervölker sind in der Jugend zumeist schlank und agil, kaum werden sie 30 Jahre alt, werden sie immer breiter und runder. Schauen Sie sich einmal in US-Filmberichten die Menschen auf der Straße an. In den USA gibt es einen sehr hohen Anteil an Menschen, die ziehmlich schrecklich in die Breite gehen, und das liegt nicht nur am Fastfood. Offensichtlich verändert das Land die Menschen, die darauf leben.

Beispiel 3: Die heutige naturwissenschaftlich-technische Kultur breitet sich vornehmlich in einem bestimmten Gürtel in der nördlichen Hemisphäre aus. Vor allem in Westeuropa, Nordamerika, Japan und nun in bestimmten Gebieten Chinas. Offensichtlich wird diese Lebensart und Kultur durch bestimmte Klima- und Energiezonen begünstigt. Wenn sich unsere Art zu leben in die heißen Gebiete ausbreitet, in die dortigen Länder, dann bleiben zwar gewisse Charakterzüge erhalten, doch das Gesamtbild verändert sich. Und wenn es uns hier in Deutschland nicht gelingt, uns an diese kulturellen Veränderungen anzupassen, dann werden in einer Generation ganz andere Völker vorherrschend sein, und über Deutschland wird kaum noch einer reden. Was die Inder oder die Chinesen aus ihrer Kultur und unserer Technik machen, zeigt bereits bemerkenswerte Veränderungen.
Was dort unten in Südfrankreich auffällt, ist, daß die Menschen ein anderes Naturell haben als wir, und daß sich dort diese Naturkräfte anders auswirken als bei uns. Ich kann mir gut vorstellen, daß unsere Pyramidenanlage neben den vollkommen neuen Energieimpulsen auch die landestypische Schwingung mit in die Leyline einspeisen und so auf der Erde verbreiten wird. Das kann nur positiv sein. Etwas mehr innere Ruhe, Beschaulichkeit, Geduld und Harmonie mit der Natur können wir hier im Norden gut gebrauchen. Wenn ich dort unten weile, kommen mir nach der Umstellung ein bis zwei Tage bereits wie ein bis zwei Wochen vor. Es sind ganz andere Welten, in denen wir dort leben. Diese Unterschiede waren früher schon zu bemerken, dank der Leyline, doch seit dort unsere Pyramidenanlage steht, hat dieser Zeiteffekt noch einmal eine deutliche Steigerung erfahren. Man verliert nach wenigen Tagen das Gefühl für die Zeit, für den deutschen Streß, für die moderne Industriegesellschaft und ihre Probleme. Es ist alles sehr weit weg. Wenn Gäste aus Deutschland kommen, weiß man bald schon nicht mehr, was die eigentlich an Problemen mitbringen. Der Aufenthalt vor Ort ist bereits eine Therapie. Es geschieht ganz von allein. Dort unten arbeitet die Natur für uns, vielleicht,

weil die Menschen dort unten nicht so massiv gegen die Natur arbeiten wie hier in Deutschland.
Kommen wir noch einmal auf die kosmischen Energiefluten zurück. Horus sagte mir, daß es primär um die Einspeisung neuer Energiequanten geht, also die Bereitstellung von Materia Prima, damit daraus etwas ganz Neues entstehen kann, überall dort, wo diese Protomaterie hingelangt.
An zweiter Stelle geht es um die "Verarbeitung der vergangenen Schmerzen und Probleme". Alle derzeit lebenden Menschen tragen noch Überreste von vergangenem Leid ins sich, in ihrem Herzen und in ihrer Seele (Karma). Es sind seelische Wunden von unterschiedlichen Ereignissen, die wir so im Verlauf unseres Lebens durchmachen. Es sind aber nicht nur persönliche Erfahrungen. Das Leben einzelner Menschen kann ja manchmal ziemlich schmerzfrei verlaufen. Hier sind auch die übergeordneten Zustände gemeint, die vergangenen Kriege, Seuchen, Hungersnöte, die die Menschen in Westeuropa erlitten haben. Für andere Regionen gilt natürlich das Gleiche, nur die Gesamtsituation ist dort etwas anders.
Ab dem Modell D aufwärts nehmen die Energiepyramiden Einfluß auf diese Gruppenschwingung und auf das Kollektivbewußtsein der Menschheit. Daraus resultiert die direkte innere Therapie, von der ich zuvor gesprochen habe. Natürlich kann man sich denken, daß sich derartige freie Energieimpulse, die jede beliebige Form und Gestalt annehmen können, auch eine positive Auswirkung auf die Natur selbst, auf die Pflanzen, Tiere und auf unsere Gesundheit haben werden. So verklemmt und verhärtet wie wir alle sind, sollten wir nicht gleich wieder Wunder erwarten. Auch der Wallfahrtsort Lourdes liegt auf dieser Leyline, und wer weiß, was die Braquet noch an Wundern hervorbringen wird.

18.4.2001 Horus gibt mir die folgende Liste, wobei er die Energiepyramiden in der aufsteigenden Reihe mit englischen Begriffen belegt. In jeder Sprache haben bestimmte Worte und Bezeichnungen ihre eigene Ausdruckskraft. Das habe ich früher schon bei meinem indischen Yoga-Lehrer gemerkt, der uns auf englisch unterrichtete.

Modell A - Assimilation (Aufnahme von Energie, Anpassung, Ausgleich)
Modell B - Buisiness, building up (Geschäfte, aufbauende Energie)
Modell C - Conception (Empfängnis, neue Botschaften empfangen), communication, innen den Kontakt herstellen zu unseren eigenen psychischen Programmen aus früheren Incarnationen)
community (Gemeinschaft) sich verbinden mit der Gemeinschaft der Menschen

Modell D - Diffusion (Durchdringung), Kontakt mit dem Menschheitsbewußtsein
Modell E - Extention (Ausdehnung), Überwindung der Raumzeitgrenze
Modell F - Fullfillment (Erfüllung)
Modell G - Grounding (Erdung), Beziehung zum Ursprung herstellen, kosmische Energie von oben zur Erde bringen.

13.4.01 (Frage: in wieweit sind wir von anderen Mächten oder Kräften abhängig?) Horus. "Du bist nicht abhängig von einer fremden Macht. Lebe wie es Dir gefällt! Lebe bewußt und aktiv. Tue es selbst. Sei verantwortlich und zurückhaltend, nicht aufdringlich. Das Leben ändert nur seine Daseinsform, alles bleibt erhalten. Nutze die mentale Energie und verwirkliche Deinen Lebensplan."
Diese Aussage gilt für jeden Menschen. Es ist die Aussage, die wir in den Mitteilungen der ältesten und qualifiziertesten Yogis aus Indien wiederfinden (z.B. Yogavasistha, Santayana und Shankara).

1.5.2001 7.40 Uhr Channelbotschaft von Emerald. Beschreibung der jenseitigen Lichtwesen und ihrer Beziehungen zu den Menschen und zur Natur unseres Planeten. Die Kathegorien der jenseitigen Lichtwesen kann in 32 000 Einheiten aufgeteilt werden. Das ist relativ wenig im Verhältnis zu den Tieren und Pflanzen der Erde. Die große Gesellschaft der Lichtwesen ist aufgeteilt in 4 verschiedene Strahlen, denen sie zugeordnet sind, und aus denen sie auch hervorgegangen sind. Also ergeben sie 4 Abteilungen zu je 8000 unterschiedlichen Arten.
Der erste Strahl war der dunkelrote. Aus ihm gingen all jene Wesen hervor, die in der Urzeit der Erde existierten. Sie lebten bereits bevor es Planeten gab. Es sind merkwürdige Wesen, die nur schwer erkannt werden. Sie leben heute im Inneren der Sonne und tief im Inneren der Erde. Nur wenn Du sie ernst nimmst und fühlst, daß das hier die Wahrheit ist, werden sie sich zu erkennen geben. Die Menschen zwingen einige davon ihnen zu Willen zu sein. Sie arbeiten in den Stahlschmelzen und produzieren aus ihren Körpern Formen für die Menschen, die euch dann dienen. Also die Stahlgegenstände der Menschen sind Fragmente der dunkelroten Lebensform. Nur wenn ihr akzeptiert, daß alles lebt, buchstäblich alles, dann wird es euch gelingen, die Natur besser zu verstehen.
Aus dem dunkelroten Strahl spaltete sich nach einiger Zeit ein neues Licht ab. Es war der orangene Strahl, der heute alle tierischen Formen beseelt und am Leben erhält. Deshalb ist euer aktives Blut immer noch hellrot. In der Natur findest du dieses Licht im Sonnenuntergang am frühen Abend. Es kommt in der Sexualkraft zum Ausdruck und ebenso in der Aggression und jeglicher Art von Erregung. Damit verbunden sind

jenseitige Schwingungswesen, die nicht in euch, sondern außerhalb leben. Ihre Tentakeln reichen in euch hinein, und sie können durch ihre hohe Energie große Unruhe erzeugen. Die Menschen als Lebensform sind eigentlich eine Summe unterschiedlicher geistiger Lebensformen, die sich in dem weichen Körper der menschlichen Hülle treffen, um gemeinsam etwas neues zu gestalten und zu erleben. Der Mensch ist das Überbewußtsein dieser Gruppe von Lichtwesen, die ihn erschaffen. Inzwischen funktioniert es natürlich anders. Der Mensch reproduziert sich selbst und andere höhere Lichtwesen mit einer kürzeren Schwingungsamplitude nehmen von ihm Besitz und wohnen darin. Wenn es nur um die Gesundheit geht, bedeutet das, daß der jeweilige Geist es schaffen muß, diese vielen unterschiedlichen Schwingungen durch seine Kraft zu bündeln und auszurichten. Gelingt das nicht, wird ständige Unruhe die Folge sein, bis hin zu schwerer Krankheit und Tod.

Dem orangenen Strahl übergeordnen ist der grüne. Er brachte die Beruhigung in die Welt, und er erschuf das Pflanzenreich. Er beruhigte die Naturgeister vom roten und orangenen Strahl, die heute auf Erden ohne ihn gar nicht existieren können.

In diesem Sinn gehört hellrot zu dunkelrot und gelb zu orange. Der grüne Strahl geht über bis Türkis. Er beseelt alle Pflanzen, fast alle Einzeller, und er ernährt die Tiere. An der Befruchtung ist er beteiligt und an der Einteilung der Jahreszeiten. Ihr müßt ihn lieben lernen, dann erleichtert und beruhigt er euer Dasein auf Erden. Dem grünen Strahl und seinen Lichtwesen ist das Magnesium zugeordnet, und seine Lichtwesen behüten die friedliche Entwicklung in der Natur. Unter den Lichtwesen vom grünen Strahl gibt es keine solchen Kämpfe und Streitigkeiten wie bei den roten und orangenen.

Der blaue Strahl ist der letzte, der eine direkte Beziehung zu den körperlichen Lebensformen auf einem Planeten hat. Er erzeugt das animalische Bewußtsein und das Denken der Pflanzen. In sofern ist es das regulierende und das alles verbindende Licht. Mit dem blauen Strahl könnt ihr heilen und beruhigen. Ihr könnt Wunden schließen und euch für kurze Zeit von den Bedürfnissen der Körper lösen.

Der blaue Strahl beruhigt die Welt und schafft so erst die Voraussetzung, daß ihr zu denken beginnt. Ihr zieht es oft vor, euch durch rote und orangene Lichter zu erregen, weil ihr Angst habt, es sei nicht genug los. Doch ihr solltet den blauen Teil in eurem Licht geringfügig erhöhen und klarer und zielgerichteter denken und wahrnehmen lernen. Der blaue Strahl hilft euch die oberflächlichen Begrenzungen der Körper abzutasten und zu erforschen. Es ist die Farbe der Forschung, die noch gar nicht richtig genutzt wird.

5.5.2001 Ich bin mir nicht sicher, wer Du bist oder wer ich bin, doch ich bin mir sicher, daß ein reines Bewußtsein jegliche Gestalt annehmen kann, die es nur will. Dessen bin ich mir wirklich sicher. Folglich kann ich alles sein, ebenso wie Du. Wie sollen wir da wissen, wer wir sind, außer daß wir alles sind. Folglich sind wir wohl Gott, der durch uns spricht, mit unseren Augen schaut, mit unserer Nase riecht, mit unserem Mund schmeckt und so die Welt erfährt, die er anders nicht erfahren könnte. Denn wenn ich alles sein kann, was sollte ich wohl sonst sein? Nur mit dem Gemüt beginnt die Seele zu schwanken und zu leben und nur so kann sie die Unterschiede bewußt fühlen und wahrnehmen. Also ist das Gemüt ein Instrument der Erkenntnis, der Wahrnehmung. Darum braucht die Erkenntnis das Gemüt.

16.05.01 11.30 Uhr Anfrage von einer alten, kranken Frau. Horus antwortet ihr: "Sie sollte Gott vertrauen und den Ärzten. Gott allein führt den Ärzten die Hand. Wenn Du nicht mehr glaubst, dann geschehen Fehler. Glaubst Du tief innerlich an Gott, den Allmächtigen, so kommt alles ins Lot. Diene dir selbst, indem Du Gott vertraust."
Das bedeutet: Die Menschen denken heute oft, daß die Ärzte nichts taugen, aber es gibt gute und schlechte Ärzte wie in jedem Beruf. An wen man gerät, daß liegt letztlich in Gottes Hand. Ein guter Arzt kann einen Fehler machen, und ein schlechter Arzt kann mal etwas richtig machen, je nachdem wie das Schicksal es für uns bestimmt. Und unser Schicksal liegt in Gottes Hand. Wenn wir darauf nicht vertrauen können, dann kann er uns auch nicht helfen. So wird schon alles ins rechte Lot kommen, wenn der rechte Glaube da ist!

19.9.2001 16.15 Uhr Frage nach dem Angriff auf das World Trade Center. Horus: "Es ist nicht von Bedeutung. Konkret: Es geht darum, ob ihr euch psychisch ausbeuten laßt oder nicht. Die Welt von der ihr redet, ist nicht existent. Es sind Eventualitäten im Raumzeitgefüge. Es liegt alles im Toleranzbereich. Seelische Leiden müssen ausgelebt werden, sonst gibt es Fehlsteuerungen im System.

29.10.01 9.08 Uhr Horus. Eure Angst vor einem globalen Krieg ist nicht begründet. Es ist in der Tat so, daß die ganze Menschheit etwas aufzuarbeiten hat, doch es wird je nach dem Grad der geistigen Entwicklung die Wesen verschieden betreffen. Die einen leben im Mittelalter und werden kämpfen und sterben, die anderen werden arm oder reich.
Wer anderen Leid zufügt, wird es selbst erleiden, jetzt oder in einer anderen Incarnation. Niemand kann seinem Karma entgehen. Er schafft und

erleidet es selbst. Die Aufgabe besteht darin, sich frei zu halten von Verflechtungen und von Schuld.
Diene dem höchsten Prinzip, indem du dich selbst durch die Reinheit deiner Gedanken höher hebst in deiner mentalen Entwicklung. Leide nicht mit den Gefallenen. Hilf dort, wo du persönlich damit zu tun bekommst, und nicht dort, wo man dir Bilder vorgaukelt, um deine alten Emotionen zu schüren. Mische dich in keiner Weise ein. Nutze deine Zeit für ein freies Leben in Selbstbestimmung.
Es mag sein, daß ein Mensch in mitten von kriegerischen Taten unversehrt bleibt, weil es nicht seine Stunde war. Es mag sein, daß ein falscher Schritt daheim in den Tod führt.
Macht euch bewußt, daß die Energie der Gedanken die Ursache eures Lebens ist, und nur durch die Reinheit der Gedanken könnt ihr den Ereignissen entkommen oder davon geheilt werden.
Deutschland hat einiges verstanden aus dem Leid der alten Kriege. Ihr werdet nur begrenzt hineingezogen. Ihr müßt nur zahlen für die Leiden anderer, weil eure Gedanken nicht rein sind. Die Schweiz ist nicht so schlimm betroffen, weil ihre Menschen gelernt haben in einer friedlichen Weise miteinander auszukommen. Sie sollten ihre politische Abgrenzung lange Zeit beibehalten. Es ist ein wichtiger Aspekt innerhalb eurer Staatengemeinschaft.
Sowohl die Länder, als auch die Individuen sollten klären, wie und wo sie ihre Position beziehen. Fest steht, daß derzeit die Karten neu gemischt werden für die nächsten 100 Jahre. Die weltpolitische Entwicklung wird ganz anders verlaufen, als ihr jetzt denkt. Z.T. sind die Ergebnisse fremdartig und wirken bedrohlich, doch das ist notwendig für die Schaffung neuen Ordnungselemente.
Die Staaten sind überholt. Es sind Marionetten der wirklichen Machthaber. Um dieses Karma auflösen zu können, ist das Schlimme oft unumgänglich, und dort, wo vielleicht nichts geschieht, ist trotzdem viel los. Große Ereignisse werfen ihre Schatten voraus. Es gilt, sie zu deuten.
Für Jene, die reinen Geistes sind, besteht niemals Gefahr. Besinnt euch auf die Kraft der Gedanken und erfüllt euren Plan, der schon vor Jahrtausenden in dieser Weise vorbereitet wurde.
Energytraining und die Energiepyramiden sind elementare Hilfsmittel, um diese Krise zu nutzen. Dafür wurden euch diese Mittel gegeben. Licht ist in der kleinsten Hütte, wenn ein bewußter Mensch anwesend ist.
Die größten Paläste sind leer. Bewußtsein entzieht sich der Macht. Die Macht dient dem Bewußtsein. Sie weiß es nur nicht. Macht ist eine Versuchung. Geld ist eine Prüfung. Licht ist die einzige Gabe, die wertfrei ist. Es erleuchtet alle Wesen.

4.2.02 8.25 Uhr Horus. Im Zentrum der Bemühungen stehen die Energiepyramiden. Nehmt diese Sache ernst. Die Verbreitung und Nutzung der Energiepyramiden hat Priorität.
Ohne den Bezug zu den geistigen Welten ist alles nichts. Die Dinge geschehen aus der Schöpfungskraft heraus und nicht von euch aus. Beachtet diese Tatsache. Ihr seid Instrumente, auf denen die Götter spielen. Trachtet danach, gut zu spielen. Das rechte Maß an Willen, daß rechte Maß an Hingabe. Wenn ihr das verwechselt, diese Kräfte nicht richtig einschätzt, gibt es Ärger, den ihr zu ertragen habt, nicht wir.
Eure Identität ist dabei keineswegs gefährdet. Ihr seid eigenständige Wesen, und doch ist es so, wie es hier geschrieben steht. Euch fehlt der Einblick in die nächst höhere Dimension, von der aus diese Dinge geregelt werden, und zwar mit eurem Einverständnis, mit eurer Einwilligung bereits vor eurer Zeugung!
Im Zustand vor der Zeugung ist euch alles klar und auch der Bezug zu den Göttern ist deutlich. Nach der Geburt ist alles unklar und ihr müsst euch an das gerade laufende Leben in einem Zyklus anpassen. Jetzt habt ihr Ahnungen von dem, worum es geht, und bald wird es mehr als eine Ahnung sein. Dann seid ihr gefragt, die Erde zu retten, durch eure Maßnahmen, die jetzt schon begonnen haben. Es ist ein Teil von dem, was ihr euch vorgenommen habt.
Jeder muß seine Vergangenheit aufarbeiten und sich lösen aus seinem verstandesmäßigen Denken, sonst bekommt er Ärger mit sich selbst. Niemand sonst ist an dem beteiligt. Ihr bekommt eine Chance, euch zu erkennen, doch wenn ihr euch wieder in alte Bahnen hineinbegebt, dann lässt sich Ärger nicht vermeiden. Von unserer Seite ist alles getan. Weitere Diskussionen haben keinen tieferen Sinn. Es sind die Lebensauffassungen, die verschieden sind, und die muß jeder für sich selbst vertreten und verändern, wie es ihm richtig erscheint.
Denkt alles durch. Die Messen sind ebenfalls wichtig, sehr wichtig. Dort müsst ihr öffentlich euren Mann stehen im Vergleich mit anderen Anbietern. Das ist es, was die Menschen beobachten. Und wenn ihr dabei gewinnt im Ansehen, dann geht es schnell voran mit der Verbreitung der Energiepyramiden. Das ist ein ganz entscheidender Punkt. Ihr vergeßt zu oft, dass wir euch ausgewählt haben und daß das ein Angebot von uns an euch ist, um in eurem Terrain die Erde vorzubereiten für höherwertige Kräfte. Ihr seid wirklich beteiligt an geistigen Entwicklungen, die die ganze Erde betreffen.
Viele versuchen außen die Lösung zu finden, doch sie liegt innen. Sie suchen die Fehler bei der Sache, bei anderen, irgendwo, doch sie liegen stets in euch selbst. Jeder sollte seine Aufgaben selbst erkennen und lösen. Jeder hat jede Chance der Welt, wenn er sie haben will, doch die

unverstandenen Dinge muß jeder in sich und in seiner Familie klären. Das ist seine Aufgabe in diesem Leben. Wer seine Verpflichtungen nicht einhält, belastet andere Menschen. Das ist der schlechteste Weg. Es schafft sogar neues Karma, das anderweitig gelöst werden muß. Vermeidet derartige Verflechtungen. Findet euren eigenen, richtigen Weg, dann beginnt die Freude neu zu sprießen.
Diene dem höchsten Prinzip, und du bist auf der Siegerstraße, laß dich ablenken, und es treten Differenzen zum großen Ganzen auf. Diene Gott, und er dient dir. Lerne lachen im Angesicht des Höchsten und du bist ewig sicher. Gnade denen, die das verstehen. Wir wünschen euch alles gute und seid versichert, dass wir alles sehen, hören und beurteilen, ohne uns mehr einzumischen, als notwendig. Eure Aufgabe besteht darin, eine innere Sicherheit zu entwickeln für das was richtig ist. Wenn so der Geist Gottes durch euch zu fließen beginnt und ihr auf diese Weise eure Arbeit verrichtet, werdet ihr sogar Ruhm unter den Menschen erlangen, wenngleich nur wenige begreifen werden, worum es wirklich geht.
Alles ist möglich, wenn Gott in die ewige Formel der Wahrheit eingeführt wird. Es ist die Komponente des ewigen Lichts. Wer sie ausklammert, hat verloren. Er weiß es nur noch nicht.
Also, diene dem Höchsten wie dir selbst, dann ist alles in seiner Ordnung. Ihr meint oft, ihr müsst alles selbst machen. Das ist gar nicht so. Es geht auch anders. Vieles kommt aus dem höheren Sein, ohne dass ihr es zur Kenntnis nehmt. Laßt es kommen und fließen. Dann ist alles okay.
Gut, genieße dein da-sein auf Erden, Licht auf dem Weg soll euch ständig begleiten. Alles ist gut, wenn ihr es geschehen lasst, wie es sich gehört. Gott ist am höchsten im Licht. Gnade jenen, die das begreifen.
Es warten noch so viele schöne Erfahrungen auf euch, dass kein Zweifel besteht, dass ihr glücklich werdet, wenn ihr keine groben Fehler macht. Lasst es endlich geschehen aus dem höheren Sein heraus, das auch aus euch selbst wiederum erscheint.
Ihr solltet die Gebete an die Götter studieren, die ihr in diesem Buch findet. Das kann euch helfen, die Sache etwas anders zu betrachten. Es waren viele Götter beteiligt, dieses Buch zu verfassen, und nur Harald war in der Lage, sie alle zu hören. Das sollte beachtet werden. Zählt einmal zusammen, wie viele verschiedene Kräfte dort mitgewirkt haben. Erstaunt das nicht die Ungläubigen? Ihr habt die Wahl zwischen Glauben und Unglaube. So viel gibt es, was sich nur mit dem Glauben erfassen lässt.
Nun, das sollte reichen für den Moment, um alle in eine angeregte Stimmung zu versetzen. Laßt es geschehen, laßt diese Worte wirken. Es muß ein Schritt nach vorn getan werden. Das ist hiermit möglich. Sat nam. Die Worte wirken im Sein. Laßt es geschehen! Horus, Jupither und Junow.

6.2.02 8.24 Uhr Horus. Das **1. Chakra** zieht eher wie ein Trichter Energie aus der höheren Dimension. Die Bündelung der Energie, die du wahrgenommen hast, gehört in dieses Universum. Damit bist du hier verankert. Die Energie des 1. Chakra ist nicht so wichtig wie ihr meint. Es verankert euch hier und zwar in 4 Richtungen. Das erkennt ihr in den 4 Schleifen. Die senkrechte Achse dient der Festigung eurer Existenz auf der Erde. Die waagerechte Achse hat etwas mit eurem Zeitempfinden zu tun. Außerdem dient es deiner Basiskommunikation mit allen anderen Lebewesen auf Erden. Es reicht sogar in den Kosmos hinein.
Wenn ihr diese Verbundenheit verliert, überkommen euch Depressionen und Angst. Das Leben auf Erden wird dadurch in Frage gestellt.
Der Aufenthalt in der Natur ist ein gutes Heilmittel, leben mit Tieren, Garten, Bergwandern, Seefahrten. Es ist also der Sinn des 1. Chakras, euch hier mit allen anderen Wesen und der Natur des Planeten zu verbinden. Und alles, was euch von der Natur entfernt, stört das 1. Chakra. So einfach ist das.

6.2.02 8.32 Uhr Horus. Das **4. Chakra** dient primär der einwandfreien Regulation aller Körperfunktionen und der inneren Steuerung der Körperchemie. Sobald das gut läuft, ist ein Zustand erreicht, wo du Freude empfinden kannst. Aus diesem Grund hast du dann einen Energieüberschuß. Dann bist Du bereit und in der Lage, dich um andere zu kümmern. Dieser Energieüberschuß äußert sich als Freude. Energie ist Freude.
Selbstlosigkeit als Fähigkeit des 4. Chakra ist gut formuliert, einfach weil dann zuvor die Bedürfnisse des Selbst erfüllt sind. Nur so kannst du auch gute und gesunde Kinder aufziehen und anderen helfen. Es gibt eine direkte Verbindung zwischen dem 1. und dem 4. Chakra. Sie regulieren sich gegenseitig.
Wenn das 4. Chakra voll entfaltet ist, zieht es andere Geschlechtspartner magisch an. Sie wissen, daß es sich lohnt, mit dir Kinder zu haben. Leider schmarotzen heute viele zivilisierte Menschen nur Energie für ein kurzes Vergnügen, statt für ein erfülltes Familienleben. Das ist Betrug und Selbstbetrug. Löse dich von solchen Leuten. Laß sie nicht näher heran. Es schadet der Sache.
Wer das 4. Chakra offen hat, ist praktisch immer gesund. Krankheitssymptome können aber trotzdem auftreten, einfach als Ausdruck von inneren Umstellungen, die jeder Mensch von Zeit zu Zeit braucht. Das auseinander zu halten, was Krankheit ist oder nicht, ist gewiß nicht einfach für euch. Achtet auf die innere Stimme. Sie wird euch sagen, welchen Stellenwert eine Krankheitserscheinung hat. Im Zweifelsfall frage den Tod um Rat. Ja, du kannst mit ihm reden! Frage ihn, ob deine Zeit gekommen

ist oder nicht. Der Tod ist immer ehrlich und korrekt. Wenn du das Gespräch verweigerst, hast du Angst. Suche es. Was soll passieren? Es ist alles bereits im Buch des Lebens aufgezeichnet, und du hast mehrere Möglichkeiten darauf Einfluß zu nehmen.
Nutze dein Leben bewußt! Das ist die frohe Botschaft. Tue dich mit guten Leuten zusammen. Wenn du im Beisammensein Freude empfindest, ist die Welt wohl in Ordnung. Ohne das 4. Chakra ist alles auf Erden nichts. Arbeite ehrlich an der Reinheit deiner Seele!

6.2.2 8.40 Uhr Horus: Der **Herzlotos** ist primär ein Kokon zum Schutz des Herzens und er steht immer mit dem göttlichen Impuls in Verbindung, der aus der Sonne kommt. Das ist gut so. Dieser Energieimpuls steuert jedes Lebewesen und das Licht in dir, die Quelle deiner Energie. Es hilft dir, das 1. Chakra auszurichten und dich zu verbinden mit allen anderen Wesen und mit Gott. Es hilft dir, dich leben und gedeihen zu lassen. Nutze diese Verwirklichung der göttlichen Gebote auf Erden. Seine Zahl ist 8, 8 Blätter.
Die Energiepyramide ohne ihr Zentrum entspricht dem Herzlotos. Das Zentrum selbst, diese Lichtachse, dient der Sammlung höherer Energie mit der dann alles auf Erden neu geregelt wird. Das Drumherum, die 8 Ecken, bilden einen zackigen Kreis, der das Leben einfängt und kanalisiert, so daß es zum Herzrhythmus paßt. Diene Gott und er wird dich erreichen! Beglückend ist das Gefühl, in Übereinstimmung mit dem Höchsten zu leben und zu wirken. Sat nam.

6.2.02 8.48 Uhr Horus: Das **8. Chakra** auf dem Rücken ist nicht blau, sondern violett. Es hat einen blauen Kranz. Das kommt von der Art seiner Energie. Es ist wie ein Staubsauger, der Energie aus höheren Sphären sammelt. Das hat nicht jeder heute. Es haben nur wirklich spirituelle Menschen, doch es kann entstehen, wenn du Gott dienst wie es sich gehört. Einige Yogis und einige Meditanten aus Asien haben es erreicht. Auch die Taoleute aus China entdeckten es vor 2000 Jahren. Es war Konfuzius (Kungfu-Tse), der es als erster voll öffnete. Seine Zeit war reif dafür.
Mit dieser Energie erweckst du die Kräfte des Jenseits, die hier auf Erden wirken. Sie finden Zugang zu dir und du hast die Chance der Kommunikation auf einer relativ hohen Ebene. Das hat nichts mit den Toten zu tun, eher mit den Devas (Lichtwesen) und den Asuras (Windgeister).
Das 8. Chakra reicht jedoch auch weit hinein in andere Sphären des Lichts und es entsteht, wenn ein Mensch sein 1., 4., Herz und 5. Chakra innerlich ausgeglichen und zusammengeschlossen hat. Dann werden neue Wunder möglich. Ohne dieses 8. Chakra sind bestimmte Aktionen

im Bereich der spirituellen Energie gar nicht möglich, und wer es nicht hat, kann vieles nicht verstehen, wovon du jetzt redest. Es sind für ihn Lücken im Text. Trotzdem erweitert das den Horizont der Menschen. Mache so weiter. Es ist Teil der Evolution.

6.2.02 8.58 Uhr Horus. Das **5. Chakra** steht direkt in Verbindung mit mir, Horus, Gott der höheren Ebenen und Mittler zwischen Mensch und Gott, dem Allerhöchsten. Es ist das Chakra der Propheten, Seher und Magier. Wer es nicht öffnet, wird sexuell frustiert sein, weil er die Wahrheit im Partner nicht erkennt, und er wird Angst haben, sich zu öffnen für das Zusammensein mit einem anderen Menschen. Doch dann wird Sex zu einem tierischen Fortpflanzungsakt. Im Umgang mit Menschen gibt dir das 5. Chakra die Einsicht zu verstehen, was sie wollen, ob sie ehrlich sind oder lügen. Es dient dem Geschäft, der Kommunikation und der Energieumwandlung in kommunizierbare Form, also Klang, Sprache und Empfang, das Ohr und die Vibrationen, die jede Zelle empfängt.
In der Tat steuert es euer Zeitempfinden und damit beeinflußt ihr euren Aufenthalt auf Erden. Ihr könnt die Essenz des Lebens zusammendrükken in wenige Tage oder strecken auf hundert und mehr Jahre. Das mag euch erläutern, warum manche Menschen sehr früh sterben und andere sehr spät. Ihr Lebensenergieinhalt mag der gleiche gewesen sein in einem Tag oder hundert Jahren. Ihr müßt noch sehr viel lernen, vor allem, wegzukommen von den primitiven Überlegungen eines linearen Lebens. Das Leben ist schön, man muß es nur zu leben verstehn! Horus

6.2.02 13.17 Uhr Horus. Gut, nun zum **6. Chakra.** Es ist eine Energiezentrale besonderer Art. Es sammelt die Impulse aus den darunter liegenden Chakras und formt sie um, um daraus ein Bild eurer Welt zu schaffen. Diese Energie ist also angepaßt an die irdischen Gefilde. Es ist Sitz der PSI-Kräfte. Es gibt nichts, was es nicht könnte, und es hat die Möglichkeit, diese Welt definitiv zu verändern.
Das Leben ist nicht gefährlich, nur wenn ihr nachlaßt in eurer Konzentration geschehen Pannen, die ihr selbst verursacht. Das 3. Auge kann alles aussteuern und regulieren. Je mehr du damit arbeitest, desto stärker wird es. Diese Energie ist etwas ganz besonderes. Sie zapft auf der einen Seite nach oben Energie vom 7. Chakra an und auf der anderen Seite fließen die Kräfte aller unteren Chakras hier zusammen. Daraus entstehen neue Schwingungen, die die Welt der Zukunft formen. Das ist höhere Kreativität. Nutze diese Energie, um dich selbst fortzubilden, um deine Gesundheit zu erhalten, dich und deinen Charakter zu formen und um alles zu erreichen, wonach dein Herz strebt. Das geht ganz leicht, wenn du

daran glauben kannst. Genieße es, tue es einfach! Sei gläubig und gewinne diese Welt. Sat nam.

6.2.02 13.25 Uhr Horus. Nun zum **7. Chakra.** Das Kronenchakra hat viel Energie und kann von oben her alles verändern. Wenn der Impuls von hier aus kommt, ist eine Veränderung deiner Existenz unwiderstehlich. Alles kann sich ändern aus dem göttlichen Sein heraus. Alle anderen Chakras sind ihm unterstellt. Seine Energie schwingt höher als alle anderen Chakras. Hier ist die wahre Quelle der persönlichen Energie. Von hier werden die Impulse ausgegeben, um die unteren Chakras zu regulieren. Nur das Herz hat über einen anderen Kanal ebenfalls eine hohe Schwingung, die Gott erreicht. Es kooperiert direkt mit dem 7. Chakra, doch dieses ist die Krone eurer Existenz. Die Formel der Meditation auf das ewige Brahman steuert ebenfalls das 7. Chakra an (Affirmation: Mein Ich ist Brahman!). Nutze es gut. Es lohnt sich. Von hier aus wird die Entscheidung getroffen, wie du leben sollst und wie du erfolgreich die Zukunft planst. Von hier aus fällt die Entscheidung zu sterben oder vielleicht auf eine andere Existenzebene zu wechseln, ohne den Tod zu erleiden. Das ist alles.
Lebe dieses Leben im Bewußtsein göttlicher Kräfte und trachte danach, ein Teil davon zu werden, denn das ist eure wahre Bestimmung, wenn ihr irgendwann den Gefilden der Erde entwachsen seid. Hier und zu dieser Zeit seid ihr noch recht primitiv. Trachtet danach, neue Höhen zu erklimmen und sucht das Glück der kosmischen Ebene, das für euch vor Äonen bereit gestellt wurde. Es wartet schon so lange. Nun sollte eine neue Stufe der Einsicht betreten werden. Die Zeit ist reif und wir dienen euch, um das zu ermöglichen. Nehmt unsere Hilfe an und begebt euch auf die neue Stufe der Erkenntnis, die das irdische Leben auf neue Weise mit den Göttern verbindet. Sat nam.

17.5.02 13.27 Uhr Horus. Die Welt ist in einer Umbruchphase. Alles ändert sich, manches bekommt ihr mit, vieles bleibt euch verborgen. Wir begrüßen diese Entwicklung Das Leben findet immer einen Weg, um sich den kosmischen Gegebenheiten anzupassen. Es kennt keinen Leerlauf, und seine Verluste sind Fortschritte. Leben ist stets oben auf.
Wir haben euch von einem nicht mehr bekannten Ursprung her bis in die Gegenwart begleitet. Die Götter dienen den Menschen und allen niederen Wesen, um sich selbst in dieser Weise zu verwirklichen. Leben gedeihen lassen ist unser Auftrag. Nutzt diese Chance, um euch zu verwirklichen. Alles ist möglich, wenn du es so willst.

Wir haben euch prophezeiht, daß sich die Erde verändern wird, wenn das 9 m Modell erscheint. Es ist so gekommen, wie wir gesagt haben. Neue Impulse fließen ein, die Welt reagiert. Was ihr als reaktionär bezeichnet, erscheint an der Oberfläche. Uralte Machthaber sind inkarniert, und sie wollen ihren Machtanspruch verwirklichen. Sie werden die Welt verändern, doch in einer für sie nicht mehr akzeptablen Weise. Die Welt braucht die Offenbarung der negativen Energie nur noch, um sie loszulassen und um sie zu überwinden.
Was gibt es zu tun für die Kinder des Lichts? Eure Aufgabe besteht primär darin, die positive Energie zu verwirklichen, die durch euch strömt. Licht ist die besondere Kraft, aus der wir alle leben. Wenn es euch gelingt, die Freude zum Ausdruck zu bringen, die dem Licht Gottes zu eigen ist, dann seid ihr bereits auf dem richtigen Weg der Erkenntnis. Keine Macht der Erde kann verhindern, daß ihr euch selbst verwirklicht. Genießt euer Hiersein auf Erden, und laßt es euch gut gehen für eine lange Zeit. Ihr müßt nicht ständig reklamieren, daß es Krisen gibt oder daß die Dinge aus dem alten Gleichgewicht sind. Sie fallen beständig ins nächst höhere, neue Gleichgewicht hinein. Alle Menschen suchen die Freude für sich in ihrem Herzen und für ihre Mitmenschen. Das fällt ihnen oft schwer.
Der Weg ins Licht ist alles. Es beinhaltet alles, umfaßt alles, drückt alles aus. Nutzt diesen Weg, um euch selbst das reine Licht nahe zu bringen. Alles, was der Aufklärung dient, sollte studiert werden, - das ist für jeden Menschen anders, denn ihr braucht verschiedene Informationen. Alles, was der Freude dient, ist erlaubt und im Grunde genommen für alle Menschen gleich.
Nutzt die gute Energie, um euch zu verwirklichen! Ihr könnt jederzeit Zuflucht finden bei mir, Horus, dem Gott Eurer Ahnen, der euch liebt, Kind des gerechten Gottes, der schon da war, bevor alles begann. Nutzt die schlichten Gebete, die wir euch gegeben haben, um in eine innere Zwiesprache zu treten mit mir. (siehe weiter vorn) Wir sind da für euch, wenn ihr es so wollt. Wir lassen euch alle Freiheit, die ihr braucht, doch es ist an euch, diese Freiheit kreativ einzusetzen, um damit eure eigene Welt zu kreieren. Nutzt diese Chance! Ihr seid es doch, die immer wieder verzweifeln und die Probleme haben, das eigene Leben froh und lebenswert zu gestalten. Das läßt sich ändern. Ihr sollt Leben wie Gott auf Erden, in einer Atmosphäre des Wohlgefallens, die jeder von euch für sich und die Seinen schaffen kann, wenn er nur will.
Freude umgibt euch, wenn ihr danach strebt. Macht euch frei von den Ängsten der Vergangenheit. Es ist vorbei, erledigt, aus und geschehen. Jetzt dient euch selbst, indem ihr diese wunderbare Welt erforscht und kultiviert. Es ist alles da, nutzt es gut, gestaltet die Welt nach eurem Bilde, aus euren Gedanken und Träumen.

Was zählt, ist die Freiheit des Geistes und der Gefühle. Nutzt diese Worte zu Reflexionen, baut auf! Weite deinen Geist für die kosmische Dimension. Die Freiheit des Geistes zählt: Das ist der Anfang einer neuen Zeit!

5.11.2001 10.00 Uhr Horus: Der **Feueropal** dient der Reinheit der Seele. Er ist höher durchgeistigt, als der rote Opal. Nutze ihn, um mit deiner Seele zu den Göttern zu sprechen. Er gleicht einem Gebet, er unterstützt deine geistige Kommunikation mit den jenseitigen Welten. Er wäre ein passendes Geschenk für Menschen, die mit Hilfe spiritueller Magie mit den Göttern kommunizieren. Er spricht die Seele an und reinigt sie vom Karma. Nutze diesen Stein, um die Schönheit der göttlichen Schöpfung zu fühlen. Licht auf dem Weg!

15.6.02 9.10 Uhr Horus. **Sugilith** spricht die Gefühle an. Er erinnert an Amethyst, doch es fehlt ihm die Klarheit des Geistes, die typisch ist für Amethyst. Dafür verbessert er die Energie zwischen Körper und Seele. Außerdem wirkt er positiv auf die Nieren und hilft so, negative Energie auszuscheiden. Das schafft ebenfalls einen klaren Kopf, nur auf andere Weise. Es muß nicht immer alles vom Geist ausgehen. In eurem Leben ist Geist oft nur Verstand, lernt wieder mehr, die Gefühle zu betonen, dabei kann er euch helfen. Ein guter Stein. Kopflastige Männer kann er gefühlvoller und intuitiver machen. Gefühlvolle Menschen können ihre inneren Ängste überwinden und loslassen. So erleben sie ihre Gefühle freier und fröhlicher. Da wollt ihr doch alle hin: Wieder mehr Freiheit und Freude in euer Leben zu lassen.

Turitella Achat vereinigt in sich die Härte des Achat mit der schöpferischen Kraft der Muscheln und Schnecken des Urzeitmeeres. Lies nach unter Achat, bei Perlmutt und dem Sand des Meeres. Das ist zusammengefaßt seine Wirkung. Turitelleachat ist also gut geeignet, um die ursprüngliche, schöpferische Kraft in dir wieder zu beleben, das Urtümliche, die Instinkte und um bei Frauen die Zeugungsfähigkeit anzuregen. Zugleich gibt er Frauen etwas mehr Härte, Durchsetzungsfähigkeit und Zielstrebigkeit. Er ist sicher gut geeignet für eure Taschenstäbe, für innere Festigkeit mit einem schöpferischen, kreativen Impuls.

28.01.03, 9.44 Uhr Horus: **Morganit** hat eine sehr große Wirkung auf die Sexualkraft. Er reaktiviert verborgene Energie und bringt dich ins Gleichgewicht. Menschen mit Frustrationen sollten ihn bei sich tragen, um ihre erotische und ihre kreative Energie neu zu aktivieren. Dieser Stein macht dich schöner und attraktiver fürs andere Geschlecht. Er kann beim Tantra

verwendet werden, oder um ruhig und angenehm zu schlafen. Störende Kräfte werden eliminiert und ferngehalten. Seelisch bringt er dir den Ausgleich auf einem hohen Niveau. Geistig regt er dich an zu neuen Experimenten, fördert deine Suche nach dem Göttlichen und bringt dich in Einklang mit der Natur. Körperlich ist er reaktivierend im Sexualbereich und in der Lebensbejahung. Nutze ihn gut! Ein sehr wertvoller Stein. Er kann euch große Hilfe bieten, wenn ihr ihn zu nutzen wißt.
Sein Name kommt nicht von ungefähr. Die Königin Morgana der englischen Sage war nicht böse. Sie war in Wirklichkeit eine Göttin der Fruchtbarkeit, die vom aufkommenden Christentum gehaßt wurde, wegen der Macht, die sie über Männer und Frauen gleichermaßen besaß. Sie war gegen den Krieg und für den Frieden eingestellt, im Unterschied zu den Helden der Artussage, die den Krieg in alle Landesteile trugen.
(Der Stein sieht aus wie ein sanft bräunlich-rosa-durchscheinender Bergkristall, kein rosa wie Rosenquarz, ein ganz eigener Farbton. Die preiswertere Variante ist hell-rose, undurchsichtig, sie öffnet das Herz.)

28.01.03 10.34 Uhr Horus. **Azuritperlen.** Azurit ist eine erdbezogene kleine Knolle. Sie symbolisiert Abgeschlossenheit und Schutz. Ihr beruhigendes Blau kühlt den Verstand ab, der stets nach Lösungen und Problemen sucht. Nutze diesen Stein, um innerlich zur Ruhe zu kommen. Entziehe dich der äußeren Energie, die sehr gereizt ist in der heutigen Zeit. Gehe nach innen. Finde deinen Ursprung im Inneren.
So wie die kleinen Perlen das Geheimnis ihrer Herkunft bewahren, so sollst auch du deine positiven Qualitäten für dich bewahren und nach Bedarf gezielt einsetzen. Die heutige Zeit ist von großer Unruhe gekennzeichnet und das führt zur Vezettelung, zur Zerstreuung deiner Energie. Dem wirkt der Azurit entgegen. Nutze ihn gut!
Er verstärkt die abschirmende Wirkung vom B- und C-Modell, wenn er darin verwendet wird. Beim A-Modell dient er eher der Erholung und der Regulation deiner Energie. Die Steine sind nicht in jeder Pyramide gleich in ihrer Wirkung. Es gibt immer gewisse Unterschiede.
Lerne, dich in diese unterschiedlichen Kräfte hineinzufühlen. Daran kann deine Seele wachsen. Wenn ihr nur pauschal die Worte, die von anderen mitgeteilt werden, auf alle Situationen anwendet, dann treten Mißstimmigkeiten auf. Gleiches ist nicht gleich wenn wir die Umgebung verändern. So ist es auch mit den Energiepyramiden. Sie verändern die Umgebung, und sie bringen durch ihre spezielle Energie die Kraft der Kristalle zum Ausdruck, die hineingegeben werden. Sat nam.

4.5.03 9.35 Uhr Horus. **Bernstein** ist eine organische Verbindung, die nur extrem lange ausgehärtet ist. Sie symbolisiert den Schutz der Pflanzen, die ihn erzeugt haben und ihre Vitalität. Bernstein entsteht, wenn die Pflanzen verletzt werden und ihre Wunden schließen, oder wenn ein überstarker Lebensprozeß den Saft durch die Poren treibt.
In diesem Sinn sollte Bernstein als Heilstein eingesetzt werden. Er stärkt, beruhigt und schützt dich vor Verletzungen. Die Menschen an der Küste, die ihn früher trugen, waren ruhig, vital, ausgeglichen und stark. So kannst du wieder werden, wenn du ihn in eine Energiepyramide einbaust und nützt. Es ist der preiswerteste Weg, ihn zu nutzen, einzelne starke Steine sind seltener zu finden und entsprechend kostbar.
In einer Energiepyramide verursacht er eine schützende, aufbauende und revitalisierende Schwingung, in freier Verbundenheit mit der Natur, aus der er entstanden ist. Wenn du dir ein größeres Stück kaufst, kannst du in der Kontemplation eins werden mit seiner Vergangenheit, seiner Herkunft und Einblicke gewinnen in die alten Zeiten, aus denen er kommt, wo er entstanden ist.
Im menschlichen Körper regt er die Heilungskräfte an und beruhigt die Ausscheidungsorgane. Seine Schwingung beruhigt Nieren, Darm und Leber. Bei Erkrankungen dieser Organe kann man ihn als Granulat einnehmen, täglich mehrmals 1/2 Teelöffel. Er geht zwar keine Verbindung mit deinen Körpersäften ein, aber er beruhigt von innen her, ähnlich wie Silika-Gel (Kieselsäure). Nutze ihn gut und regelmäßig.
Es ist ein Stein, der wieder Freude in dein Leben bringen kann, wenn sie dir durch den Stress der modernen Welt abhanden gekommen ist. Seine Schwingung ist mit der Ausstrahlung des A Modells verwand. Sie ergänzen sich gut. Im B Modell bewirkt er, daß seine Schwingung weicher wird und leichter verträglich. Die Energie vom B-Modell ist dann leichter zu assimilieren. Im C-Modell wirkt er stark beruhigend, so daß die therapeutischen Prozesse, die das C-Modell aktiviert, besser vertragen und ausgelebt werden können. Allerdings ist er bei weitem nicht so stark wie der Amethyst.

10.1.04 10.52 Uhr Horus. **Blauer Beryll** Die Straffheit, die blauer Beryll vermittelt, ist optimal geeignet für empfindliche Naturen, die im Alltag unterzugehen drohen. Weiche und sensible Menschen finden bei diesem Stein Halt und Hilfe. Wenn du traurig bist, richtet er dich wieder auf. Wenn du niedergeschlagen bist, gibt er dir neue Stärke. Wenn du hart bist, macht er dich ruhig und bestimmt.
Wie bei allen Steinen sollte dein Gefühl entscheiden, ob du ihn tragen und benutzen willst oder nicht. Erst an 2. Stelle sollten die Überlegungen

stehen, wozu er denn gut sei. Fühle dich hinein, laß ihn auf deine Seele wirken, achte auf die Signale deines Körpers! Es ist alles da, nimm es wahr und laß es in dein Bewußtsein dringen!
Allerdings ist er eher in einer Pyramide zu gebrauchen, als direkt und für längere Zeit am Körper getragen. Das könnte zu viel sein, da er auch schon ohne Pyramidenenergie eine starke Eigenschwingung hat.
Für den Körper wirkt er ebenfalls festigend, ohne zu verhärten. Für die Seele gibt dieser Stein Festigkeit und Widerstandskraft, ohne offensiv oder aggressiv zu werden. Für den Geist wirkt er aufklarend und straffend. Es fällt dir leichter, gradlinig zu denken.

Carneolfarbener Achat Der carneolfarbene Achat ist weicher und gefühlvoller als der graue, gebänderte oder sonstige Varianten des Achat. Er gibt dir eine erfrischende Festigkeit, aber er wirkt nicht so sachlich und straff wie die anderen Achate, sondern eher weich und fließend.
Auf den Körper wirkt er beruhigend und stabilisierend. Auf die Seele wirkt er erfrischend und aufbauend. Er schenkt dir neuen Lebensmut und fängt dich auf, wenn du wegen emotionaler Geschichten schwach geworden bist. In Beziehungskrisen gibt er dir Halt und neuen Mut. Das Leben geht weiter. Er richtet dich wieder auf, und er kann gut am Körper getragen werden. Für den Geist ist er befreiend und erfrischend, eine gelungene Brücke von Gefühl und Seele zur geistigen Ebene.

Rotes Tigerauge Ein faszinierender Stein, der etwas wildes und geheimnisvolles ausstrahlt. Er macht dich durchsetzungsfähig, auch bei partnerschaftlichem Stress oder erotischen Wünschen. Mit dieser Schwingung fällt es dir leichter, deine Wünsche zu vermitteln. Auf den Körper wirkt er aktivierend, stärkend, stabilisierend. Er fördert die Blutqualität.
Auf die Seele wirkt er festigend und ermutigend, befreiend für die Instinkte und Bedürfnisse. Er aktiviert deine Instinkte und deine animalischen Bedürfnisse. Es ist ein Stein für geheimnisvolle, tieffühlende Menschen, die den Urgrund ihrer Seele erforschen wollen. Er ist nichts für primitive Seelen. Er könnte sie wild und zügellos machen.
Auf den Geist wirkt er etwas dämpfend. Du wirst sachlicher, vermeidest Neurosen, Hysterie und intellektuelle Ängste. Den abgehobenen Geistern ist er eine Brücke zu den weltlichen Bedürfnissen und zu ihrem Körper. Für die Hypersensiblen ein Stein, um zur Ruhe zu kommen und das Leben normal genießen zu können. Alles in allem ein sehr starker Stein, der dir neue Kraft gibt und dich aufbaut.

24.9.02 Horus. Von Zeit zu Zeit muß jeder Mensch in eine neue Lebensphase eintreten und die Vergangenheit hinter dir lassen. Nichts ist so verwerflich wie die Trauer um verlorene Chancen. Das Leben bietet dir unendlich viele Chancen, und es kommt nur darauf an, sie zu nutzen. Tue es jetzt!
Das internationale Geschehen hat für dich keine Bedeutung, also verstrikke dich nicht in diese Dinge. Laß es einfach laufen wie es will. Dein eigenes Leben ist gut vorbereitet. Jetzt ist es an der Zeit, kreativ zu werden, ja richtig, die Kunst sich erschließen! Etwas Zeit noch und alles wird ins richtige Licht gerückt. Laß sie nun kommen, diese neue Zeit will ernst genommen werden.
Der Gral ist real existent. Er ist eine Art neutrales Zentrum, das unglaubliche Mengen Energie aktivieren kann. Damit kannst du alles vollbringen. Der Gral dient den Menschen und den Göttern. Er ist ein Bindeglied, ein Stück Geschichte, eine Kraft, die alles bewegt und doch nichts tut. Sein Sein verändert die Welt. Führe Menschen auf den Gralsweg. Wie auch immer, es wird geschehen. Nutze diesen Motor und beginne real zu leben. Du lebst noch auf einer anderen Ebene, also nutze diese Energie und tue das Richtige, das, was getan werden muß. In den Bergen wirst du finden, wonach du suchst, dort wo alles angefangen hat, lange vor dem Beginn der Neuzeit. Sat nam.

08.01.03 20.20 Uhr Ramada! Horus. Du hast in diesem Urlaub (über Weihnachten 2002) große Fortschritte gemacht! Die Energie fließt, um die zukünftigen Vorhaben zu realisieren. Es war gut, diesen Garten zu reinigen, denn dort wohnten viele verlorene Seelen. Jetzt sind sie gezwungen, ihren Lebensstil zu ändern und zu überdenken, ob sie sich wieder ins Leben eingliedern. Daher auch der Kälteeinbruch. Das passiert immer dann, wenn sich Leben zusammenzieht und konzentriert. Es war sehr gut, den Brunnen zu reinigen. Auch die Bereinigung von Garten und Teich war optimal. Löse Dich aus alten Verstrickungen und öffne Deinen Geist. Du hast großartige Möglichkeiten - nutze sie alle! Das Leben ist ein langer Traum und Deine Seele vollendet diesen Traum gemäß deinen Anweisungen. Lebe zeitgemäß und lebe das aus, was in Dir steckt.
(Wir hatten einen 3000 m2 großen alten Garten gereinigt, alles Gestrüpp raus, wo bis vor 100 Jahren auch ein Friedhof gewesen war. Dabei spürten wir, daß wir viele alte Seelen aufgewühlt hatten. Es war zwar Januar, aber sehr warm, 15° - 20°. Kaum daß wir fertig waren, erfolgte ein Kälteeinbruch auf - 10°. Wir hatten als nächstes einen 7 m tiefen Brunnen entleert, den man früher einmal mit Bauschutt verschlossen hatte. Solche Plätze sind Kraftorte, und man sollte sie sauber halten und nicht verschließen!)

2.2.03 14.24 Uhr Horus. Lege jetzt die Grundlage für einen neuen Lebensabschnitt. Du hast viele Abschnitte durchlaufen. Kunst & Magie sind die zentralen Themen, und es gibt immer mehr Menschen, die daran Interesse haben und das zu würdigen wissen, was Du tust. Du selbst mußt die Welt lockerer sehen als bisher. Es ist alles in bester Ordnung. Man muß es nur zu würdigen wissen.

Eine Zeit der Krise birgt stets große Chancen! Nutzt diese Zeit, um innerlich zu wachsen. An meinen Prophezeihungen hat sich nichts geändert. Die Menschheit hat mit dem Bau der großen Energiepyramide eine neue Chance bekommen und sollte sie ganz bewußt nutzen. Eure Gedanken sind die Ursache eures Lebens und davon, wie es jetzt verläuft. Ihr könnt es durch beharrliches Denken verändern und neu und besser gestalten. Der Übergang von der alten in eine neue Zeit vollzieht sich gerade mit Macht. Nutzt diesen Aufbau für eure Pläne. Im Untergang einer alten Zeit steckt stets bereits die neue Kraft. Nutzt die Energie gut!

Allein durch euer beharrliches Denken vollzieht sich der Wandel. Wenn ihr danach trachtet, die Welt zu verbessern, fangt bei euch selbst an. Alles andere wird sich daran anpassen, wie sehr und wie gut es euch gelingt, euren eigenen Zustand positiv zu erneuern. Das Leben ist ein langer Traum und eure Seele träumt diesen Traum, um sich darin zu verwirklichen.

Krisen sind kein Unglück, sondern nur der Abschied von einer alten, überholten und nicht mehr entwicklungsfähigen Phase in eurem Dasein. Es sind die Gewohnheiten, die euch behindern. Löst diese Gewohnheiten auf und beginnt, befreit von den alten Lasten, ein neues Leben. Es kann jeden Moment geschehen. Du kannst es Wirklichkeit werden lassen. Ergreife diese Chance und nutze sie gut für dich und die deinen.

Wenn jeder für sich selbst sorgt, ist doch alles ganz leicht. Je mehr die Menschen sich gegenseitig wie Kinder behandeln, maßregeln, unterdrükken und ausbeuten, desto mehr Sozialführsorge wird notwendig. Daraus erwächst Unzufriedenheit für alle Beteiligten. Es wird durch soziale Führsorge ein System der Abhängigkeit geschaffen und die Menschen beuten sich weiter und immer schlimmer aus.

Das hat nichts mit Hilfeleistung zu tun, sondern mit einer unreifen und unfertigen Geisteshaltung. Nicht allen anderen sollst Du helfen, sondern Dir selbst! Und sobald du das geschafft hast, sei großzügig und leite andere dazu an, dir zu folgen. Laß andere eher an deinem Wissen teilhaben, als an deinem Geld. Wenn du stark und gesund bist, dann ist das die Garantie für ein erfülltes Leben in Harmonie und ohne Belastung für andere.

Die Gesellschaft wird von bösartigen Menschen regiert, die nie geistig erwachsen wurden und jetzt gegenseitige Ausbeutung betreiben. Es ist ein Leiden ohne Ende. Sondere dich ab aus diesem Spiel. Spiele den Plan

deines Lebens mit Freude und Macht. Zeige anderen wie es geht, laß sie teilhaben am Erfolg, richte sie auf, doch laß sie die Hauptarbeit allein tun. Wir haben euch die Energiepyramiden gegeben, damit euch etwas mehr Energie zur Verfügung steht. Nutzt diese Chance gut!
Energytraining ist die beste Methode, um zu sich selbst zu finden. Die Selbstfindung ist Teil der Selbstverwirklichung. Ebenso ist Selbstbewußtsein der Anfang der Selbstversorgung. Sei bewußt! Nutze die Energie und lebe gut! Mehr gibt es nicht zu sagen. Wendet dieses Wissen an, wendet diese Methoden an, die Energiepyramiden, das Energytraining, und nehmt ganz bewußt Teil am Aufbau einer neuen Epoche, in der eure Träume viel mehr verwirklicht werden, als bisher! Horus

<u>24.3.03 14.24 Uhr</u> Horus. Laß Dich nicht irritieren durch diese Energie. (Ich fühle schon seit Tagen sehr viele verschiedenen Kräfte auf mich eindringen) Sie kommt jetzt auf vielen Ebenen herein durch das Fenster, das wir eröffnet haben (er meint das 9 m Modell, das Fenster zum Kosmos). Viele Menschen sind nicht in der Lage, das richtig zu verwenden, aber du solltest damit umgehen lernen. Diese Energie ist notwendig, um eine neue Ordnung zu etablieren. Es ist immer mit Schmerzen verbunden, wenn sich eine Epoche verabschiedet und eine andere beginnt. Laß einfach deine Energie fließen und genieße dein Hiersein. Nicht mehr lange und auch du wirst dich auf der neuen Ebene installiert haben. Eigentlich ist es bereits geschehen, aber du kannst es noch nicht glauben. Laß es laufen wie es läuft. Es ist okay. Wir haben all das vorbereitet seit ewigen Zeiten, damit hier endlich eine neue Ordnung einkehren kann. Die Bewußtwerdung der Welt für diesen Krieg ist etwas Wunderbares. Laß uns daran gemeinsam arbeiten. Genau das wollen wir bewirken, eine ständige Bewußtseinserweiterung.
Nicht mehr lange und viele Menschen werden erkennen wie wichtig spirituelles Denken und Handeln ist. Alles kann friedlich gelöst werden. Ihr haltet den Schlüssel für die neue Zeit in der Hand (die Energiepyramiden).
(Der 2. Irak-Krieg:) Ganz gleich was dort im Osten geschieht, es dient allen für die Bewußtwerdung, auch den Amerikanern. Die Moslems müssen auf eine neue Ebene der Gemeinschaft gebracht werden. Das ist für sie mit Leid verbunden, doch sie werden gestärkt daraus hervor gehen. Die spirituelle Aufklärung ist von großer Bedeutung. Es ist eure Aufgabe, diese Dinge bekannt zu machen. Also laßt euch nicht hängen, sondern nehmt alle Kräfte zusammen, um eine gute, spirituelle Publicity zu erzielen. Gott ist mit denen, die sein Wort verbreiten. Das gilt für alle, die eine spirituelle Aufgabe gewählt haben. Sat nam. Horus.

12.4.03 4.30 Uhr Horus: "Das ist ja gerade das Spiel des Lebens, daß alle immer etwas anderes werden wollen, als sie gerade sind!"
Anschließen ließ mich Horus klarer als je zuvor einen Blick in die Zwischenwelt werfen, in der sich die Toten orientieren, kurz nachdem sie verstorben sind. Er zeigte mir die Situation im bzw. über dem Irak. Es war eine große Aufruhr zu sehen und zu fühlen, von all den Menschen, die gerade dort unten in der Wüste getötet worden waren, und es kamen laufend neue Verstorbene hinzu. Viele waren sich noch nicht richtig dessen bewußt, daß sie jetzt tot waren. Anderen war das schon sehr genau klar, und sie versuchten Pläne zu machen, wie es nun weiter gehen soll mit ihrem Leben.
Ganz klar, das Leben geht weiter! Es bildeten sich Gruppen von Gleichgesinnten. Die einen waren verstört und wollten nicht wahrhaben, was passiert ist. Sie jammerten herum und waren nicht ansprechbar, außer von Ihresgleichen. Andere Gruppen waren sich darüber klar, daß sie tot sind. Davon wollten die einen es in Zukunft irgendwie besser machen, um zu vermeiden, daß ihnen so etwas im nächsten Leben wieder passiert. Überzeugte Islamisten versuchten sich auf eine gemeinsame Strategie zu einigen, um gemeinsam wieder geboren zu werden, um dann erneut einen Verein zu gründen oder in ihre alten religiösen Gruppen zu gehen und diese weiterhin zu fördern. Davon wollten dann die einen eher Rache an den USA und die anderen eher nur die Vorteile und Interessen ihres Volkes stärken.
Wieder andere gesellten sich gar nicht zu diesen verschiedenen Gruppen, sondern sie besahen sich die Situation und gingen dann fort in andere Regionen dieser Erde. Es war ein reges Treiben, ein ständiges Kommen und Gehen. Nie zuvor konnte ich so deutlich zuschauen, wie in der Zwischenwelt, kurz nach dem letzten Tod, schon alle Verstorbenen fleißig dabei sind, ihre Pläne fürs nächste Leben zu gestalten. Natürlich wußte ich das schon aus vielen einzelnen Bobachtungen, Rückführungen und Rückerinnerungen, doch dieser Anschauungsunterricht in bzw. kurz nach einem Krieg war für mich etwas neues. Es vertiefte mein Verständnis für die Art unseres Lebens auf den verschiedenen Ebenen.
Zugleich zeigte es, daß zwar für uns hier auf Erden der Tod erst einmal ein unerfreuliches bis schreckliches Ereignis ist, daß ein Krieg und die damit verbundenen Schrecken noch schlimmer sind, daß jedoch wenige Augenblicke nach dem Tod alle gerade erlittenen Schrecken weitgehend verschwunden sind und bereits eine aktive Zukunftsplanung stattfindet. Wir sollten also mit unseren Ängsten, Befürchtungen, unserem Bedauern und Mitleiden achtsam sein. Es zieht uns in Richtung auf das, was diese Gefühle ausdrücken.

Wenn wir anders, besser und erfreulicher Leben möchten, dann sollten wir uns primär mit den gewünschten Umständen befassen und nicht mit den Stimmungen, die uns in Angst und Schrecken versetzen!

Am 24.5.03 hatten wir hier im Haus ein sehr gutes Seminar und zur gleichen Zeit stellten unsere Freunde Josef und Sandra die 1. Irminsul in der Schweiz auf, die 1. seit mehr als 1000 Jahren! Die Irminsulen waren keineswegs Siegessäulen, wie die Römer meinten, sondern Vertragssäulen, womit die Menschen ihre Verbundenheit mit den Göttern signalisierten. Durch Akupunktur für Mutter Erde wurden die Ströme im Erdmagnetfeld anders dirigiert, in neue Orte geleitet und so die Verbindung zwischen gewissen Orten verstärkt. Ganz gewiß spielen dabei Geomantie und sensitive Wahrnehmung eine große Rolle. In früheren Jahren (1976 - 1986) habe ich mich neben Yoga auch intensiv mit der magischen Tradition unserer Vorfahren beschäftigt und dabei dank Kundalini Yoga tiefe Einsichten in diese alte Technologie erhalten.

Am 2.6.03 gab es bei uns bereits deutliche Anzeichen für "Zeichen der Götter". In den Morgenstunden bis gegen 7.00 Uhr herrschte hier "Niffelsheim", der geheimnisvolle Nebel, der alles verschwinden lassen kann und auch wieder hervorbringt. Haben Sie das schon einmal beachtet? Vermutlich nicht. Doch in Zukunft sollten Sie an meine Worte denken: Manchmal steigt so dichter Nebel auf, daß die Sicht schon in sehr kurzer Entfernung verschwindet. Unser Grundstück mit den Pyramiden war noch gut zu sehen, aber direkt dahinter war die Umgebung verschwunden, der Nachbar, die Straße, alles. Es gab nicht einmal die üblichen Geräusche, keine fahrenden Autos. Mußte da keiner zur Arbeit? Am Mo. morgen? Wenn das geschieht, weiß Du, daß du wieder mal in Niffelsheim bist. Das wurde als "Nebel von Avalon" vermarktet. Aber Avalon ist in gewisser Weise überall, eben jenseits des Nebels.
Nachmittags baute sich immer mehr eine geheimnisvolle Spannung auf, ohne daß das "Unwetter" losbrach, aber dann, um 16.00 Uhr, brach hier ein Unwetter los, eine regelrechte Sturmflut. Es schaukelte sich immer mehr hoch bis gegen 17.00 Uhr das Maximum erreicht war. Ein Blitz schlug nur ca. 50 m entfernt ein und erzeugte so ein lautes Krachen, daß uns allen die Ohren dröhnten. Wir standen am Fester und sahen voll hinein.
Die ganze Gegend war für einen Moment gleißend hell erleuchtet.
Zur gleichen Zeit entwickelte sich auch 500 km entfernt auf dem Steinerberg in der Schweiz ein solches Unwetter. Dort steht die neue Irminsul. Es kam zu einem heftigen Gewitter, gleichzeitig hier, bei Augsbug und auf dem Steinerberg. Hier bei uns haben die Blitze einen Teil der

Telefonversorgung von Rheinhessen lahm gelegt. Wir konnten nicht mehr telefonieren. Das Telefon war 2 Tage tot. Es waren alle Verteilerstationen in der Region betoffen. In die neue Irminsul in der Schweiz schlug der Blitz ein. Er sprang über in ein dicht daneben im Boden verlaufendes unterirdisches Starkstromkabel und eine Wasserleitung. Beide Leitungen wurden zerstört. Bei der Irminsul explodierte die Glaskugel an der Spitze, die die Sonne symbolisiert.

3.6.3 9.32 Uhr Horus. "Diese Energie ist sehr gut. Sie unterstützt die fälligen Veränderungen. Die Energie verläuft jetzt anders. Es wurde eine neue Leyline geschaffen, die von Le Braquet kommt, bis Bern verläuft wie bisher, von dort abzweigt und dann über den Steinerberg und die dortige Pyramidenanlage mit der Irminsul verläuft. Von dort fließt sie dann wieder zurück in die alte, große Leyline bei Zürich. Auf diese Weise hat die Schweiz eine weitere Leyline erhalten. Der Steinerberg hat jetzt seine eigene Leyline. Der Blitz wurde mit seiner gewaltigen Energie in die Leyline eingespeist und hat sie erst richtig aktiviert. Durch die neue Leyline fließt die Energie viel besser von Le Braquet nach Norden. In Augsburg ist sie übergesprungen auf die Anlage von Martin mit Modell A, B, C und D, und von dort ist eine neue Leyline entstanden als Brücke zu Haralds Anlage im Kyborg Institut (Ebenfalls A, B, C und D-Pyramiden). Das ist ein großer Fortschritt. Das läuft alles sehr gut, und ihr solltet euch selbst ein Kompliment machen für diese gelungene Arbeit. Die neue Energie fließt und wird vieles bewegen. Es waren noch andere Gebiete mit einbezogen, z.B. bis nach Paris. Jetzt kommt es zu einer Kräfte verlagerung und schon bald wird in Frankreich etwas passieren.

24.5.03 17.00 Uhr Bericht von Sandra vom Steinerberg, Zentralschweiz: Es zieht sich plötzlich ein Gewitter zusammen, der Blitz hat in die Irminsul eingeschlagen, die versilberte Glaskugel ist explodiert, das Stahlseil nach Nordost ist verbrannt. Der Strom in ihrem Haus ist ausgefallen und der Telefonanschluss ist verbrannt. Das Gewitter erfaßt inzwischen die ganze Zentralschweiz und kann 70 km weiter bei anderen Freunden gesehen werden. Wenn die Götter wohl gestimmt waren, erschien Odin und setzte ein Zeichen. Sandra war mit ihrem kleinen Sohn Matthias draussen, als es passierte. Sie dachte, der Blitz schlage in ihrem Fuß ein, so heftig lief die Elektrizität durch den Boden. Ihr Mann Josef war weiter oben am baggern, als es passierte. Alle sind noch gesund und munter, aber ziemlich erschrocken. Wie auch immer, es sind gewaltige Kräfte im Spiel! Wie sich später heraus stellte, hatte der Blitz unterirdisch sowohl eine Wasserleitung, als auch eine in der Nähe verlaufende unterirdische Starkstromleitung zerstört. Das ist wohl Odins Art, eine Irminsul einzuweihen?

Wir sollten nicht übersehen, daß zu dieser Zeit in Bern der G 8 Gipfel tagte, wo die Mächtigen mal wieder die Geschicke der Menschheit verplanen! Wenn genau in diesem Moment die Weichen neu gestellt wurden, ist das gewiß kein Zufall. Offenbar haben dieses Mal auch wir mit unseren Energiepyramiden und die Götter mit ihrer mächtigen Energie die Weichen neu gestellt. In diesem Sinn, Licht auf dem Weg!

<u>16.9.03, 3.32 Uhr</u> (Ich sehe oft an den Menschen dunkle Schatten und dachte, es seien Besetzungen.) Horus. Das mit den Besetzungen ist nicht richtig. Es sind die negativen Programme der Menschen selbst, die du erkennst und das C-Modell kann sie davon befreien. Du rüttelst an ihren Grundfesten. Natürlich bringst du viele gegen dich auf, die ihre Mitmenschen quälen und ausnutzen. Darum bekämpfen dich so viele.
Du mußt sie ignorieren und weiter machen. Fremde Kräfte nehmen nur so weit Einfluß, wie du es geschehen läßt. Wenn es dir gelingt, diese Energie in Freude umzuwandeln, wird sehr viel geschehen. Das geht nur, wenn du die Menschen liebst. Und die Wirkungen sind schon überall sichtbar. Laß es geschehen. Sie kommen alle auf dich zu, wenn du es geschehen läßt. Es ist alles in Ordnung, und das ist nun mal euer Leben auf der Erde, so lange ihr lebt. Du hast jetzt alles was du brauchst und du sollst es jetzt genießen. Nimm es endlich an. Die spirituelle Arbeit mit den Pyramiden wird für dich die Erfüllung sein, und in zukünftigen Generationen wird man davon reden. Es steht jedem Menschen frei, sich daran zu beteiligen, und seine Bemühungen werden reich belohnt. Es werden neue Chancen entstehen für euch und eure Kinder bis weit in die Zukunft hinein.

<u>3.1.2004 / 9.1.04 16.45 Uhr</u> Horus. Wenn so viele Menschen den Kopf hängen lassen und unter den sich verschlechternden Lebensbedingungen leiden, dann legt ihnen folgende Fragen vor:
Was ist das Schöpferische in Deinem Leben? Wie setzt Du es ein? Was bleibt von Deinen ethischen Werten und von Deiner schöpferischen Kraft übrig, wenn eine Krise entsteht? Weist die Menschen darauf hin, daß es stets in ihrer Hand liegt, das eigene Leben positiv zu gestalten. Es wird an Ihnen liegen, ob sie aus einer Krise, die immer Veränderungen mit sich bringt und auch verlangt, gestärkt hervorgehen, oder ob sie darunter zu leiden beginnen und vielleicht irgendwann untergehen.
Wer die Herausforderungen von heute nicht annehmen und ertragen kann, der wird in seinem nächsten Leben vor ähnliche Herausforderungen gestellt, und irgendwann wird er gezwungen sein, sie zu lösen. Es gibt verschiedene Strategien, wie man sein Leben meistert, doch das Ziel des Lebens ist stets der persönliche Erfolg des einzelnen Individuums.

Sagen wir es in anderen Worten: Gott hat euch so geschaffen, daß es euch gegeben ist, das Leben zu meistern und zu lieben. Wenn ihr von diesem großen Plan auf Abwege geratet, dann werden euch Leiden und Entbehrungen wieder auf die Schiene setzen, auf der es eigentlich entlang gehen soll.
Gerade in den letzten Monaten der vergangenen Jahres sind viele negative Energieströme auf euch eingedrungen. Viele von euch haben sich schlecht gefühlt, waren unzufrieden, verärgert, beleidigt, im Zorn mit sich und der Welt, mit den Politikern und den Mächtigen in eurer Gesellschaft. Was hier auf euch eindringt an negativen Kräften, und was viele von euch als direkten Angriff auf ihren Lebensinhalt empfinden, sind aber in der Realität nicht eure eigenen, persönlichen negativen Zustände. Es sind vielmehr die immer mehr zu Tage tretenden negativen Energieströme von Wesen, die diese Gesellschaft zu Grunde richten wollen. Es gibt sowohl in eurer Gesellschaft negative Zeitgenossen, als auch im Jenseits Wesen, die mit diesen negativen Vertretern eurer Rasse verbunden sind, die davon leben, daß Menschen leiden und zu Grunde gehen. Es ist richtig, daß gewisse Kräfte Krieg, Verbrechen und Krankheiten schüren, um Menschen leiden zu lassen und zu ruinieren. Ihr könnt es einen Verbund von negativen Menschen und ihren Besetzungen nennen, die irgendwann als mehr oder weniger größenwahnsinnige Menschen verstorben sind, und jetzt aus dem Jenseits heraus geeignete minderwertige Vertreter eurer Art zu Höchstleistungen stimulieren, um neue Kriege und Verbrechen zu inszenieren.
Um so wichtiger ist es, daß ihr erkennt, daß es in eure Hände gelegt wurde, daß ihr euren Weg selbst bestimmen könnt, daß ihr euch frei machen könnt von diesen Belastungen und daß es euch gegeben wurde, diese Gesellschaft positiv zu verändern und aufzubauen.
Mit jedem Menschen, der eine Energiepyramide aufstellt und mit jeder Person, die Energytraining praktiziert, werden Menschen befreit und befreite Zonen geschaffen, in denen diese negativen Kräfte nicht mehr richtig zur Wirkung kommen. Das gerade über Deutschland stark verdichtete Netz aus negativer Energie ist durch den Einsatz der Energiepyramiden völlig durchlöchert worden. Inzwischen ist für die Schweiz und Deutschland schon mehr von einem positiven Lichtnetz zu reden! Aus diesem Grund haben sich viele der negativen Geister in die angrenzenden Länder zurückgezogen, vor allem nach Frankreich. Das ist der Grund, warum es euch schwer fällt, in Frankreich mit der gleichen Leichtigkeit flächendekkend Energiepyramiden zu verkaufen als wie in Deutschland.
Die negativen Kräfte, die ihr im letzten Quartal von 2003 verspürt habt, waren also nicht eure eigenen Lebensäußerungen und auch nicht direkter Ausdruck einer persönlichen Bedrohung, sondern es waren die Ängste

dieser negativen Wesen, die den Kontakt zu euch suchen, die euch schaden wollen, aber nicht richtig an euch heran kommen! Was ihr da spürt, ist auch keine zunehmende Wirtschaftskatastrophe. Eure Politiker mögen korrupt sein, aber sie wissen sehr genau, daß sie ein gesundes und leistungsfähiges Land brauchen, das sie in Ruhe ausbeuten können. Also haben auch sie ein Interesse an einer Gesundung der Wirtschaft.
Natürlich gibt es in diesen Kreisen auch Männer und Frauen, die von ausländischen Kräften bezahlt werden, um Chaos zu stiften und Deutschland zu ruinieren. Nach der Meinung gewisser Kräfte soll Deutschland auf alle Ewigkeit zur Ader gelassen werden für die Verbrechen im 3. Reich. Nach Meinung anderer düsterer Kräfte soll Deutschland ruiniert und in ein rückständiges Land verwandelt werden, weil es eine Gefahr für die Weltherrschaft ist. Die Deutschen, die Schweizer und die Franzosen haben sich geistig viel weiter entwickelt als andere Nationen. Diese 3 Länder könnten die Sicherheit bieten für einen weltweiten Frieden. Das ist natürlich den Kriegstreibern, die die totale Macht an sich reißen wollen, ein Dorn im Auge.
Laßt es mich noch einmal wiederholen: Ihr habt mit den Energiepyramiden und dem Energytraining eine gute Arbeit begonnen und sie brennt den negativen Kräften Löcher in ihre schwarzen Einflußbereiche. Was ihr in dieser Zeit als Bedrohung empfindet, ist im Wesentlichen die Angst dieser düsteren Kräfte vor dem Verlust ihrer Einflüsse. Das Böse erkennt, daß es an Boden verliert. Seine Verzweiflung erreicht euch und zeichnet ein düsteres Bild der Realität. Das sind nicht eure Gefühle! Laßt euch da nicht hinein ziehen!
Euch muß klar sein, daß das Leben auf Erden immer eine Chance haben wird. Es ist letztlich das Bewußtsein, was zählt und was sich entwickelt. Nutzt diese Chance! Wer die jetzige, aufgewühlte Zeit dafür benutzt, sein Leben konstruktiv zu verbessern, wem es gelingt, trotz einer allgemeinen Krisenstimmung positiv zu denken und den Wert seiner eigenen Bemühungen im Auge zu behalten, der hat die besten Chancen, in diesem Leben große Fortschritte zu machen, in der Aufarbeitung seines Karma und für seine persönliche Höherentwicklung. Sat nam.

<u>14.1.04 9.45 Uhr</u> Martin hat einige Fotos gemacht, bei denen man erkennen kann, daß Strahlen aus dem Zentrum der Energiepyramide hervortreten und in den Himmel strahlen. Horus zu Martins Fotos:
"Diese Strahlen sind eine sichtbare Energie, die aus der Pyramide abgestrahlt wird, wenn die Bedingungen optimal sind. Natürlich kann man das als Defekt in der Kamera sehen. In Wirklichkeit ist es aber ein Effekt, der durch die geballte Ladung von Prana über dem Schnee in den Bergen erzeugt wurde, und in dem anderen Bild durch die hohe Energie in der

großen Pyramidenanlage. Der Impuls ging bis in die höheren Atmosphärenschichten, und somit lief seine Botschaft um die ganze Welt. Dieser Strahl ist praktisch programmiert durch Martin und durch die Struktur der Pyramide Modell A. Es hat sich ausgezahlt, daß Martin vorher intensiv Energytraining gemacht hat. Es ist für ihn eine Einweihung gewesen. Wir wünschen ihm für seine weitere Entwicklung alles Gute und Licht auf seinem Weg! Dieser Strahl enthält eine programmierte Botschaft, und tief innerlich haben es alle Lebewesen wahrgenommen." 3 Fotos vom 8.1.04 13.33 - 14.42 Uhr.

26.3.04 14.29 Uhr Horus. Du hast einen neuen Stein. **Paraiba-Turmalin.** Dieser Turmalin ist sanfter in seiner Wirkung als die klaren roten und grünen Turmaline. Seine sanften Pastellfarben entsprechen der Wirkung. Sie stimulieren die Seele und den Geist. Sie lassen Gefühle der Verbundenheit mit der Natur in dir aufsteigen. Diese Steine werden in einer Miene im Urwald gewonnen und man fühlt ihren Ursprung. Nutze diesen Stein, um einzutauchen in die Welt der Indianer, in die Urzeit mit ihren starken Gefühlen. Dort kannst du die starken Gefühle wecken, die dir schon alnge verloren gegangen sind. Dem Körper dient der Paraiba Turmalin durch seine harmonisierende Wirkung. Ein starker Heilstein, gut für magische Rituale geeignet. Er paßt gut auf jeden Altar, wo Naturgottgeiten angerufen werden, z.B. für eine anrufung der Gaia, Hathor, Isis, ebenso alle Fruchtbarkeitsgöttinnen. Er weckt deine Instinkte, Männer macht er sanfter, Frauen führt er zu ihren typisch weiblichen Qualitäten, die in eurer modernen Welt oft zu kurz kommen. Nutze ihn gut und mit Freude!

14.4.04 21.00 Uhr Horus. Ihr lebt in einer Glocke der Wahrnehmung. Diese Glocke erzeugt bestimmte Zustände. Für eine gewisse Zeit dienen euch diese Bedingungen, doch dann werden sie zu Fesseln. Wenn ihr euch zu lange auf das fixiert, was gerade läuft, dann erkennt ihr nicht mehr die Wahrheit hinter den Dingen. Harald hat in seinem Trance-Zustand wieder einmal einen Blick auf das Rad getan. Darum kann er jetzt mit großer Sicherheit diese Zustände und Glocken erkennen. Wenn ihr aus eurer Glocke heraus wollt, tut ihr gut daran, auf ihn zu hören.
Das, was Harald erkannt hat, diese dunklen Blasen oder Perlen, sind die versammelten Kräfte und Visionen ganzer Völker und Generationen, und ihr habt jetzt mit den Energiepyramiden noch eine ganz neue Möglichkeit oben draufgesetzt. Sie funkeln wie Kristalle in den Blasen, die ihr geschaffen habt.
Wenn jemand erfolgreich sein will, muß er sich an eine zu ihm passende Strömung seiner Zeit in der Gesellschaft anpassen und eine Zeit lang mitschwimmen im großen Strom. Doch auf diese Weise geratet ihr in eine

gewisse Abhängigkeit von der Strömung, die ihr gewählt habt. Ihr habt den Weg der selbstständig arbeitenden und selbstständig denkenden Menschen gewählt, die weder zur großen Industrie gehören, noch zu den Abhängigen, die für die Industrie arbeiten. Jetzt gilt es, eben diese Glocke der Wahrnehmung zu durchbrechen und erneut frei zu werden, ohne euer Lebenswerk zu gefährden. Harald war die letzten Wochen durch die Einseitigkeit seiner Tätigkeiten im Büro aus dem Gleichgewicht. Außerdem steigen in ihm die Eigenschaften seiner Eltern auf, die er als Kind verinnerlicht hat. Das mußte durchbrochen werden, damit er frei atmen kann, um einen neuen Lebensabschnitt zu beginnen.
Erläuterungen: Bereits die alten Yogaschriften berichten vom "Rad". Alle Ereignisse in diesem Universum, die ein Mensch erfahren kann, können dargestellt werden als Ereignisse auf einem großen, kosmischen Rad. Außen, der Reifen des Rades, ist unsere materielle Welt. Je mehr wir uns mir verschiedenen spirituellen Methoden befassen, desto mehr zieht es uns in eine der Speichen, auf spirituelle Wege, die zum Zentrum führen. Wenn es uns gelingt, dem Zentrum nahe zu kommen, dann können wir den Blick rückwärts wenden und erkennen aus der inneren Distanz wie das Geschehen in der "materiellen Außenwelt" auf dem Rad funktioniert! Wenden wir uns dann nach Innen, erkennen wir immer deutlicher die Gesetze und das Wirken der göttlichen Kräfte, die diese Welt erschaffen haben. Ganz im Zentrum des Rades, in der Achse, ist der Yogi dann im Nirvikalpa Samadhi, jenseits von allem weltlichen Geschehen.
Im Frühjahr 2004 waren fühlten wir uns angestrengt und belastet durch die viele Büroarbeit, die ganze Bürokratie etc. Dabei verliert man leicht das Gefühl für die spirituellen Welten. Bei unserem Besuch bei der großen Pyramidenanlage in Südfrankreich wurde dieses innere Gleichgewicht wieder hergestellt.
Die Art, wie wir die Welt betrachten, sowie der Gebrauch unserer körperlichen und geistigen Sinnesorgane, wird geprägt durch die "Glocke der Wahrnehmung". Daran hat die Erziehung großen Anteil. Wenn wir in eine berufliche Routine verfallen, müssen wir damit rechnen, daß die "Eigenschaften unserer Eltern" in uns aufsteigen. Unsere Reaktionen gleichen immer mehr dem Verhalten unserer Eltern. Wenn man das nicht durchschaut, wird man zum Abbild seiner eigenen Eltern.
Während ich mit Horus channelte, zeigte er mir einen ganz neuen Aspekt der Wahrnehmung. Ich sah zuerst glänzende dunkelbraune Blasen oder Kugeln, die wie Glaskugeln schimmerten und sich zum Teil ineinander schoben. Zuerst wußte ich nicht, was das sein sollte. Dann veränderte sich die Sichtweise. Ich sah zahlreiche dieser braunen Sphären nebeneinander liegen. Sie durchdrangen sich teilweise gegenseitig, doch man konnte die untere Hälfte nicht erkennen. Dann wurde deutlich, daß sie

überwiegend auf dem Boden liegen. Dann begann ich über diesen Kugeln zu schweben und gewann mehr Abstand. Jetzt tauchte eine Landkarte von Südostasien auf, und ich sah, daß diese Kugeln über die verschiedenen Länder gestülpt waren. Die Überlappungen zeigten sich in den Grenzgebieten, z.B. zwischen Vietnam, Thailand, Kambodga, Laos, Indonesien. Nun wurde mir klar, daß jedes Land, jedes gewachsene Volk seine eigene Energieblase hat, die aus den Aktivitäten der Menschen, die dort leben und gelebt haben geschaffen wurde.
Die Art, wie wir heute Mitglieder eines bestimmten Landes oder Volkes erleben, ist also geprägt durch die Vergangenheit, durch die Tradition. Und alles, was wir heute erleben, baut auf diesen Traditionen auf. Wir erleben die Welt so, wie sie bereits von unseren Vorfahren durch viele Generationen gedacht und geschaffen wurde.
Nun schwenkte der Blick über den Globus nach Europa, und ich sah hier ganz ähnliche Blasen. Jedes europäische Land hat seine eigene Blase. Sie überlappten sich in den Grenzgebieten. Als nächstes waren wir wieder in Asien. Horus zeigte mir, daß die großen Blasen, die von einem ganzen Land erzeugt werden, in sich noch weitere, kleinere Blasen enthalten. Wir stiegen hinab, drangen in die äußere Blase ein, und fanden darin kleinere Blasen, die jeweils einen Landesteil, eine bestimmte Region, den Kulturkreis einer ethnischen Gruppe, eine Stadt oder ein Dorf repräsentieren. Jede Lebensgemeinschaft erzeugt ihre eigene "Blase der Wahrnehmung", ein stabiles Energiefeld. Und jeder Fremde, der dort zu Besuch kommt, dringt in eine fremde Energieblase ein. Je nachdem, wie er sich mit den dort vorhandenen Schwingungen anpassen kann, wird es ihm gut gehen, oder er wird krank.
Dann öffnete sich mein Blick noch mehr für die Details. Die großen, modernen Weltstädte in Asien sind keineswegs die stärksten Träge der Kultur. Die stärkste Energie ruht dort immer noch in den vielen kleinen Dörfern, an den Flüssen, im Urwald, in den Dorfgemeinschaften. Diese einfachen Menschen haben entscheidenden Anteil daran, daß diese Welt so ist, wie wir sie jetzt wahrnehmen! Dann ging der Blick noch mehr in die Einzelheiten, und Horus zeigte mir, daß bei jedem einzelnen Menschen ebenfalls diese braunen Energieblasen sichtbar werden, wenn unsere geistige Wahrnehmung auf die richtige Wellenlänge eingestellt ist. Als wir näher heran gingen, konnten wir die braunen Blasen sehen, die die Köpfe der Menschen umgaben. Die Brüste der Frauen verwandelten sich in braune Energiekugeln. Sie enthalten unzählige kleine Energiebläschen. So betrachtet sind es also die Frauen, die die Tradition erhalten, die über die Nahrung diese Energie assimilieren und dann an ihre Kinder und auch an ihre Männer in Form von Gefühlen weitergeben. Die Basis der Energieblasen sind also unsere Chakren und Nebenchakren.

In Europa ist das "Basisgefüge" der primitiven Dörfer schon weitgehend aufgelöst. Dafür sind die Städte bereits stabiler in ihrer Funktion als in Asien. In Europa beginnen die unteren Bereiche der Kugeln in den Grenzgebieten der verschiedenen Länder durchlässig zu werden, parallel zu den Bemühungen, die EU zu schaffen. Die größten Energieblasen in Europa haben wir in Deutschland und Frankreich gesehen. Sie sind zum Teil von der Größe eines Volkes abhängig, aber auch von den besonderen Leistungen, die ein Volk erbringt. So war die Blase der Schweiz viel größer, als es nur 8% der deutschen Bevölkerung entsprechen würde, und Polen mit seiner dreimal so großen Bevölkerung hatte viel weniger Energie zu bieten als die Schweiz.
Was mir Horus hier gezeigt hat, zeigt ein ganz anderes Verständnis der verschiedenen Völker, ihrer Bedeutung, Aufgaben und Möglichkeiten. In Japan wurden die Ureinwohner vor ca. 1000 Jahren von chinesischen Auswanderern ausgerottet. Japan ist eine chinesische Kolonie. Die Japaner halten sich für etwas Besseres, genau wie die Amerikaner. Aber die japanische Energieblase war relativ flach, durchsichtig und schwach. Die seit Jahrtausenden geschaffene Energie eines alten Volkes fehlt. Sie haben die einheimische Kultur zerstört und das Land besetzt. Sie haben den Bezug zu ihrer chinesischen Heimat verloren. Es wird noch sehr lange dauern, bis sich diese Energieblasen neu entfalten werden.
Das Gleiche gilt für die USA. Auch hier wurden die Indianer von den Europäern ermordet, das Land besetzt, und es gibt keine Energieblasen, die den Kräften von Europa oder Asien vergleichbar wären. Die USA sind ein künstlich geschaffenes Gesellschaftssystem, daß den Bezug zu seinen europäischen Wurzeln verloren hat. Die neue Energie ist noch nicht gewachsen.
Bei diesen Betrachtungen wurde deutlich, daß die alten Kulturkreise wie Indien, Arabien, Persien usw. ebenfalls ihre Energieblasen haben, daß sich aber der ganze vordere Orient mit Syrien, Irak, Arabien usw. in einem Umbruch befindet. Aus dieser Sicht betrachtet versuchen gewisse Kräfte aus den USA über Israel die arabischen Gebiete zu erobern und die einheimischen Völker zu unterjochen. Dabei geht es nicht nur um das Öl, sondern es ist auch eine Auseinandersetzung zwischen verschiedenen geistigen Strömungen. Afrika zeigt im Verhältnis zur Größe seiner Population nur sehr kleine Energieblasen. Das hat wohl etwas mit der seit Jahrhunderten laufenden Versklavung der afrikanischen Völker zu tun, und mit einer gewissen Stagnation in der Entwicklung.
Dann zeigte mir Horus noch eine merkwürdige "grüne Blechtrommel". Es sah aus wie eine ovale Form aus Wellblech, hellgrün angestrichen. Es wirkte total künstlich, hatte nichts Lebendiges an sich. Dann tauchte eine Art "Holzstab" auf und begann innen an dieser grünen Wellblechwand

entlang zu reiben. Es gab scheppernde Geräusche. Die Geräusche verwandelten sich in schimmernde Gebilde, durchscheinend, in verschiedenen Grüntönen, die als ätherische Fragmente davon schwebten. Sie trieben davon und sanken an verschiedenen Orten Asiens in den großen Städten zu Boden. Als unser Blick dann wieder näher heran fuhr, sah ich, daß aus diesen künstlichen Gebilden die modernen Einrichtungen der asiatischen Städte entstanden, Hochhäuser, Leuchtreklamen usw.
Wenn ich solche Dinge im Channeling zu sehen bekomme, ist es oft schwierig, die richtigen Worte dafür zu finden, doch im Nachhinein ist es ganz einfach: Die Amerikaner rühren gewisser Maßen die Werbetrommel für ihre Art von Kultur. Sie wird zum Teil aufgenommen und in den Bauwerken verwirklicht, doch das ist alles völlig hohl und nicht im Mindesten mit der inneren Power eines einfachen Fischerdorfes am Mekong zu vergleichen, das mir Horus sofort im Vergleich zeigte. In diesem Moment wurde mir klar, daß die Amerikaner nicht die mindeste Chance hatten, Vietnam zu erobern. Sie wußten es nur nicht. Ihnen fehlte der Blick für das Ganze, für diese braunen Energieblasen und ihre Bedeutung.
Nach diesen Betrachtungen führte mich Horus wieder nach Europa. Wir schwebten über den Energieblasen von Westeuropa. Mein Blick fiel auf winzige Lichtfunken, die frei in den verschiedenen Blasen schwebten, vor allem in Deutschland, Schweiz und Österreich. Es war ganz klar, was er mir zeigen wollte. Diese kleinen Lichtblitze, diese kleinen Sterne sind unsere Energiepyramiden, die untereinander in Verbindung treten und so die "Trennwände der Blasen" durchlässig machen. Die Energiepyramiden tragen im energetischen Bereich ganz entschieden zur Völkerverständigung bei. Sie durchdringen die gewachsenen Energieblasen der Völker, ohne sie zu zerstören. Sie schaffen neue Verbindungen im geistigen Bereich. Es ist eine Bereicherung, eine Öffnung für neue Betrachtungen und neue Denkweisen.
Als letztes zeigte er mir winzige Punkte an der Oberfläche dieser Energieblasen hier in Europa. Es waren nicht sehr viele. Es war wie ein inneres Lachen, das von Horus kam, und er meinte: "Das seid ihr. Es ist euch gelungen, die Blasen der Wahrnehmung zu durchdringen. Ihr könnt euch nicht ganz davon lösen, dann wärt ihr Götter wie ich, doch immerhin ist es euch gelungen, diese Blasen zu durchdringen und auf ihrer Oberfläche zu kreisen wie kleine Wasserkäfer auf einem Teich. Auf diese Weise tragt ihr dazu bei, daß alte Traditionen aufgebrochen werden, neue Denkmuster entstehen und daß sich die Menschheit für die Aufgaben öffnet, die noch auf euch zukommen werden, z.B. die Öffnung ins All. Mit den Energiepyramiden habt ihr eine Technologie geschaffen, die die vorhandenen Systeme transzendiert!" Horus.

Lichtphänomene (Umschlagfotos)

Horus hat mir wiederholt gesagt, daß zwei verschiedene Kräfte aus Erde und Kosmos im Zentrum jeder Energiepyramide aufeinander prallen und dann ein Signal aussenden. Horus sagte, daß die Energiepyramiden eine Botschaft um die Welt senden, die die Erweckung des Lichtmenschen anzeigen. Wer mit den Energiepyramiden arbeitet, beginnt sich in positiver Weise zu verändern. Er arbeitet sein Karma auf und er öffnet sich für die höheren Welten.

Wenn ich in Trance bin, kann ich die Signale und Kraftfelder der Pyramiden sehen, ebenso wie die Aura. Wir können mit jenseitigen Wesen, mit den Göttern und mit der Natur in Verbindung treten. Die Natur beginnt mit uns zu sprechen. Sie sendet uns Bilder und Signale, die wir in unserer ganz alltäglichen Verblendung nicht wahrnehmen. Doch der Wahrnehmungshorizont eines spirituellen Menschen weitet sich aus, über die von der Erziehung geschaffenen Grenzen hinweg.

Normalerweise sehen wir diese Phänomene nicht, und wenn, ist es kaum möglich, sie zu fotografieren. Doch ab und an registriert eine gute Kamera Impulse, die unserer Wahrnehmung entgehen. Wir sollten diese Zeichen der Natur und die Botschaften der Götter ernst nehmen. Wir sollten diese Zeichen dankbar annehmen, beachten und darüber meditieren! Es gibt unserem Leben und unserem Naturverständnis einen tieferen Sinn.

Titelfoto: Horus hat immer wieder davon gesprochen, daß über der grossen 9 m Energiepyramide kosmische Enegieströme vom Himmel fallen und dann über die Anlage der kleineren Modelle ins Erdmagnetfeld eingespeist werden. Am 8.8.03 um 18.00Uhr sind unserem Freund Mats einige spektakuläre Fotos gelungen, die diese Energiewallungen zeigen. Obwohl es erst 18.00 Uhr war, verdunkelte sich der Himmel, ein Sturm zog auf und ein Unwetter zeichnete sich ab. Es war eine sehr merkwürdige Stimmung. Außerdem tauchten in zunehmendem Maße kleine Lichtfunken und Energiebälle auf. Wir hatten wieder einmal Besuch von Devas (kleine Naturgeister), die sich im Kraftfeld der Energiepyramiden zeigen und mit Energie aufgeladen. Was wir sonst nur mit unserer sensitiven Wahrnehmung erkennen können, wurde jetzt für das normale Auge sichtbar: Energieströme, die sich über der großen 9 m Energiepyramide bilden und herunter strömen. Es sieht so aus, als wenn diese Energien direkt von der Sonne kommen, vom Magnetfeld der Erde transformiert werden und dann über die große Energiepyramide auf die Erde hernieder strömen, genau so, wie ich es immer in meinen Visionen gesehen habe!

Foto Rückseite: Am 8.1.2004 ist unserem Freund Martin ein außergewöhnliches Bild gelungen. Er hatte zuvor 14 Tage sehr intensiv Energytraining praktiziert und war in einer sehr guten, angeregten Verfassung. Das ist eine gute Voraussetzung, um besondere Gelegenheiten wahrzunehmen. Martin stellte seine A-Pyramide auf einem speziell angefertigten Acrylständer hoch oben in den französischen Pyrenäen in den Schnee. Über dem Schnee sammeln sich immer riesige Mengen von Prana. Die Pyramide wurde stark angeregt durch die Flut von Prana über dem Schnee und sandte ein starkes Signal aus! Das Bild ist in keiner Weise bearbeitet, nur im Format etwas verkleinert. Auf 2 Fotos wurde das Signal senkrecht ausgesandt, auf dem 3. Foto horizontal. Der Lichtstrahl hat einen orangeroten Mantel und ist innen gelb. Die gelbe Farbe hat eine Struktur, die an Hiroglyphen erinnert. Vielleicht sind die Hyroglyphen an alten Tempelanlagen Niederschriften von derartigen kosmischen Signalen, die die alten Priester in der Natur erkannten.
Insgesamt konnten Martin und Mats ca. 15 ähnliche Fotos sammeln.
Ein Skeptiker kann jetzt wieder sagen: Alles Zufall, ein technischer „Defekt", eine Spiegelung der Linse oder was auch immer. In den vergangenen Jahren ist mir aufgefallen, wie oft die nicht spirituellen Menschen Signale der Natur mit irgendwelchen technischen Bemerkungen abwerten, weil sie nicht damit umgehen können. Aber diese technischen Sprüche sind ein Zeichen der Unsicherheit und der Ignoranz. Die Natur spricht mit uns, und wenn wir mit spirituellen Augen die Welt betrachten, dann bekommen bestimmte Ereignisse eine ganz andere Bedeutung. Früher war ein Blitz ein Akt der Götter. Heute ist er nur noch eine elektrische Entladung. Aber was besagt das? Gar nichts! Rudolf Steiner sprach mit den Winden, dem Regen und identifizierte sie als Ausdruck der Engel und Erzengel, die unser Leben begleiten und dirigieren.
Ich befasse mich jetzt seit fast 30 Jahren professionell mit Spiritualität und mit außergewöhnlichen Phänomenen. Bereits 1978 fiel mir auf, dass ich immer wieder auf Polaroidfotos außergewöhnliche Phänomene einfangen konnte, die wir mit bloßem Auge nicht wahrgenommen hatten. Es handelte sich in der Regel um bunt schillernde oder weiß leuchtende Energiebälle, die an alten heiligen Plätzen der Menschheit auftraten, die noch nicht vom Tourismus erschlossen waren. Allerdings tauchten sie nur auf, wenn wir mit mehreren spirituell arbeitenden Menschen gemeinsam dort waren, z.B. auf alten Katharer-Burgen in den Pyrenäen.

Nachwort von Horus

26.4.04 14.27Uhr Horus. Das Buch ist gut, so wie es ist. Deine Kommentare sind gut. Es ist alles verständlich und anschaulich. Wer es nicht begreift, soll es lassen. Es ist alles gesagt.

Der Autor (geb. 1946) ist Biotechniker und Kundalini Yoga Lehrer. Er hat sich 1976 selbstständig gemacht und widmet sich nun schon seit 28 Jahren der spirituellen Entwicklung, 14 Jahre Lehrzeit unter der Anleitung durch Kundalini Yoga & Tantra-Meister Yogi Bhajan, bei ZEN Meister Roshi Tetsuo Nagaya und bei dem indianischen Schamanen Phillip Deere.
Der Inhalt seines Lebenswerkes basiert auf den Erkenntnissen des Kundalini Yoga, des indianischen Schamanismus, der praktischen Beratungs- und Therapie-Arbeit und seit 1990 sind Channelbotschaften hinzu gekommen. 1978 Gründung eines Institut für spirituelle Entwicklung & Gesundheit in Südfrankreich in Le Braquet. 1986 Gründung von Kyborg Institutes & Verlag. 1990 entwickelte er durch Channelbotschaften von Horus die Energiepyramiden. 1998 Gründung der Alke GmbH für Spirituelle Kunst & Magie.

Bücher und CDs von D. Harald Alke

1001 **Lebensfreude und Erfolg durch Autogenes Training und Psychokybernetik** Buch mit 2 CDs - AT kann von jedem Menschen erlernt werden. Es bietet viel mehr Möglichkeiten, als man ahnt. AT und PK sind sehr gute Methoden für Entspannung und Konzentration, für Kinder und Erwachsene.

5176 **Sukces i radosc zycia** - polnische Ausgabe

1002 **Gesunder Schlaf & Gute Träume -** Buch mit 1 CD - Für kreative Träume, mehr Motivation und eine sichere Hilfe gegen Schlafstörungen und Ängste.

1003 **Energytraining** Band 1 mit CD **Mantrameditationen 1 - wie man sie richtig singt** 12 spezielle Programme für die Gesundheit von Körper, Seele und Geist, Energytraining kann von jedem daheim erlernt werden. Es kann bei konsequenter Anwendung in ca. 3 Jahren zur Erleuchtung führen.

1004 **Energytraining** Band 2 mit CD **Shankaranama uvaca - Der Weg der reinen Erkenntnis** 12 spezielle Aufbauprogramme, davon 8 Chakra -Trainingsprogramme

1005 **Die Ethik des neuen Menschen** - Handbuch für Seminarleiter, Lebensberater und Therapeuten. Wie man auf ehrliche Weise Menschen berät und Ihnen bei ihrer Entwicklung hilft, ohne sie negativ zu beeinflüssen und frei bleibt von Karma.

1007 **ZEN - Die Kunst zu lenken ohne zu denken.** Die Kunst der Zen-Choans besteht darin, die Bahnen des verstandesmäßigen Denkens zu transzendieren. Geschenkausgabe mit wundervollen chinesischen Malereien.

1008 **Die Stufen des Pranayama: Das Geheimnis von Atmung und Konzentration** Ein intensives und leicht zu lernendes Atemprogramm mit ausführlichen Erläuterungen und praktischen Übungen.

5274 **Stopnie pranajamy -** polnische Ausgabe

1009 **Esoterik Band 1: Numerologie, Kabbalah, Tarot, Symbolik.** Ein umfassendes, Lehrbuch mit vielen Tabellen: Numerologie als einfache Zahlen-Astrologie, die jüdische Geheimlehre der Kabbalah, das Orakelspiel des Tarot und die Rollen von Mann und Frau im Spiel des Lebens, ein Vergleich des Tarot mit dem Dakini-Orakel und eine Einführung in die Bedeutung der Symbolik.

5266 **Numerologia, Kabala, Tarot, Symbolika -** polnische Ausgabe

5213 **Esoterik Band 2: Kunst & Magie edler Kristalle -** ca. 70 Farbfotos. Von Edelsteinen lernen: Geheimnisvolle Kräfte der Natur. Mit Hilfe der Channel-Botschaften von Horus und Junow habe ich Anregungen über 60 Edelsteine zusammen getragen: Hinweise zum Tarot, zur Magie, zu den Planeten und zur Numerologie. Kristalle, Kristallstäbe, Orgonstäbe, magische Zepter für spirituelle Übungen und Rituale. Ein Ritual dient der Selbstfindung, um Energie zu sammeln, um etwas zu erfahren oder zu bewirken.

5227 **Esoterik Band 3: Gesundheitslexikon** - 701 Seiten + 11 farbige Chakratafeln - Ein umfassendes Kompendium für Gesundheit und Therapien. Es enthält die umfassenste Chakralehre auf dem deutschen Markt einschließlich vieler Channel - Botschaften und ein umfassendes Lexikon über Krankheiten, Psychosomatik und mit einem großen Literaturverzeichnis.

1015 **Das Erfolgskonzept** - Ein komplettes Trainingsprogramm für positives Denken, mit dem Sie Ihr ganzes Leben erfolgreich neu gestalten können! Dazu passend für die Selbstanalyse die CD **Lebensplanung mit Erfolg!**

1011 **An goldenen Fäden hängt die Welt** - Roman aus SF und spirituellem Wissen. Die Handlung spielt in einer fernen Zukunft, auf der einen Seite naturverbundene Schamanen mit außergewöhnlichen Fähigkeiten, auf der anderen Seite die Menschen, die ins All ausgewandert waren. Es werden viele real erreichbare Fähigkeiten geschildert, die z.B. durch Mantras und Kundalini Yoga erreicht werden können, doch am Ende ist die Liebe die Kraft ist, die alles übersteigt.

1017 **Energie für Millionen - ungeahnte Reserven nutzen!** Vom Ursprung des Lebens bis heute. Ein Aufruf zur Neugestaltung der Erde. Ein Appell an alle, um unsere Welt konstruktiv zu gestalten und den Zerfall unserer Kultur zu überwinden! Wir müssen mitwirken an der Schaffung einer neuen Kultur und eines neuen Bewusstseins!

5273 **Energia dla millionów -** polnische Ausgabe

1025 **Der Pyramidenmann -** Das Abenteuer des Bewußtseins. Auf den Spuren kosmischer Energiequellen. Am Anfang einer Neuen Spirituellen Dimension. Ein neuer Spiritueller Weg zum Licht. Wahre Intuition und innere Führung. Das Wissen der Mystiker und ihr Nutzen für Jedermann. Die Rückkehr der alchimistischen Weltanschauung. Die Neue Stufe der Erkenntnis. Vertrauen in eine sichere Zukunft.

1024 **Energiepyramiden verändern die Welt** (Handbuch 7. Auflage 2003) Erfahrungsberichte, Wirkung der Energiepyramiden, die richtige geistige Haltung, die Nutzung der Energiepyramiden, ihre Wirkung auf die Natur, Elektrosmog, Umweltbelastung, Messergebnisse, Kirlianfotos, Prognos, Aurafotos, Boviseinheiten

5178 **Les Pyramides énergétiques -** Französiche Ausgabe

5173 **Pyramidi Horusa -** polnische Ausgabe

5174 **The Pyramidman -** englische Ausgabe

5269 **Energiapiramisok: Egy új spirituális dimenzió kezdete!** - ungarische Ausgabe

5270 **Le Piramidi Energetiche - un simbolo di vita!** - italienische Ausgabe (2004)

1021 **Die Energiepyramiden des Horus** - Einführungsbroschüre

5268 **Piramidi energetyczne Horusa** - polnische Broschüre

1023 **I Ging - Das Würfelspiel der Götter** - Buch und Würfel, Wahrsagespiel für den alltäglichen Gebrauch, mit speziell entwickelten Würfeln

1012 **Transferstation Anggmaggsalik** - SF- Fantasy. Der totalitäre Geheimdienst will am Rad der Zeit drehen, um seine Macht zu festigen. Die Entscheidung zwischen den Mächten der Finsternis und den Kindern des Lichts. Die PSI-Kräfte der Kinder des Lichts schaffen eine neue Weltordnung.

1027 **Trivium Charantis** - SF. Die erste bemannte Marsexpedition entdeckt endlich die Spuren von der Herkunft des Menschen. Die alten Erbfeinde der Menschheit aus einem längst vergangenen Sternenreich kehren zurück, um noch einmal die Erde zu erobern. Der Kampf um die Erde und um unsere Zukunft entbrennt erneut.

5053 **Sensitivity Games** - Übungen zur Steigerung sensitiver Wahrnehmung mit Energiekegel, Meditationskegel, Energiepyramiden u.a. spirituellen Kunstobjekten. Erforschen Sie die Welt der sensitiven Wahrnehmung und der feinstofflichen Energie! Lehrreiche Spiele zur Förderung einer sensitiven Wahrnehmung von feinstofflicher Energie und zur Verbesserung der Meditation.

5168 **Prend ta vie en main** - französische Ausgabe -Nimm Dein Leben in Deine Hand! Enthält Energytraining Texte Band 1+2 sowie einigen Übungsprogrammen, des weiteren Auszüge aus dem Erfolgskonzept und dem Pranayama

CDs:

2003 **Tempel des Lichts** - Zwiesprache mit Ihrem inneren Ratgeber, Hilfe aus der Kraft der eigenen Seele.

2004 **Lebensplanung mit Erfolg!** Das Leben und den Erfolg sicher planen. Erfolgreich sein durch genaue Planung, Selbstsicherheit und Zielbewußtsein

2007 **Gutes Gedächtnis und optimale Konzentration** - Prüfungen sicher bestehen Ein gutes Training für alle, die besser lernen wollen!

2016 **Thule, Stadt der goldenen Tore** - Life-Aufnahme einer Reincarnationserfahrung mit Sturm- und Meeresrauschen für Rückführungen, um Einblicke in frühere Erdenleben zu gewinnen.

2017 **Astralreise, 2. Seite mit positiven Suggestionen** - Neue Kraft durch eine Reise zu den Sternen, losgelöst von der Erdenschwere auf einer Reise ins Licht.

2023 **Reise zum Ursprung des Universums!** Geführte Meditation life

5158 **Die Erweckung der inneren Kraft** positive Suggestionen

5160 **Shankaranama uvaca** - Der Weg der reinen Erkenntnis, Dhyanayoga

5153 **Mantras des Kundalini Yoga Teil 1** - Hörproben wie man sie richtig singt

5154 **Mantras Teil 2 -** Meditative Mantras für ein Leben in Harmonie

5155 **Mantras Teil 3 -** Aktive Mantras für ein dynamisches Leben

4 Ayurvedische Tee

Mata Mahani Tee (fein gemahlen) Er verbindet Leib und Seele und wirkt belebend, anregend und ausgleichen auf unseren Geist und die drei Doshas. Unser Klassiker förder somit die Prakriti, Deine natürliche Konstitution. Man trinkt ihn pur, nicht zu heiß, je nach persönlichem Geschmack auch mit Zitrone und Honig, gekühlt für heiße Tage oder mit Milch und Honig. Im Winter eignet sich die Mischung sehr gut für Glühwein. Er ist fein gemahlen und sehr ergiebig: Inhaltsstoffe: Gewürznelke, Ingwer, Kardamom, Koriander, Schwarzer Pfeffer, Zimt

Gurdjahari (fein gerebelt) fördert den Energieausgleich zwischen Körper, Seele und Geist, schenkt Dir einen frischen Tag, fördert die Meditation, Empfehlung für morgends, sowie vor und nach der Meditation. Inhaltstoffe: Pfefferminze, Koriander, Zitronengras, Salbei, Weidenröschenblüten, Anis, Cardamom, Nelke, Macis, Vanille Dosha: fördert Vata, geistige Beweglichkeit, Kreativität, Freude

Mahendranat (fein gerebelt) Er schafft neue Energie, Blockaden lösen sich. Er baut Dich wieder auf. Empfehlung für tagsüber. Inhaltstoffe: Eisenkraut, Hibiskusblüten, Süßholz, Anis, Rosenblüten, Alantwurzel, Wachholderbeeren, Sternanis Dosha: fördert Pitta, Lernen, Ehrgeiz, Konzentation, Motivation

Vishvamati (fein gerebelt) Er wirkt geistig befreiend, reguliert, er beseitigt körperliche und seelische Streßzustände, entspannt den Verdauungstrakt. Empfehlung für abends, da nachts für Körper und Seele die Verarbeitungs- und Reinigungsprogramme laufen. Inhaltstoffe: Beifuß, Bohnenkraut, Curcuma, Ingwer, Fenchel, Ringelblumenblütenblätter, Citronenschale, Lorbeer Dosha: fördert Kapha, Stabilität, Vertrauen, Zufriedenheit, Zärtlichkeit

A-Modell Energiepyramide 18 cm hoch, incl. Biokondensatorplatten, Kompaß und Begleitheft
B-Modell Energiepyramide 45 cm hoch, incl. Biokondensatorplatten, Kompaß und Begleitheft
C-Modell Energiepyramide 180 cm hoch, Edelstahl V2-A oder Messing incl. Kristallachse, wahlweise mit Bergkristall, Rosenquarz, Amethyst, incl. Kompaß und Begleitheft

Große Modelle Energiepyramiden bis 9 m Höhe auf Anfrage, Kristallstäbe, Kunstobjekte, Zepter, Kristallkugeln, Horus-Pendel

Aktuelle Preise auf Anfrage!
Messeveranstaltungen, Vorträge und Seminare auf Anfrage oder im Internet.

Alke GmbH Spirituelle Kunst & Magie - Kyborg Institut & Verlag
Silvanerring 17 Postfach 20
D - 67592 Flörsheim-Dalsheim
Tel. 06243 - 7057, Fax. 7058
info@kyborg-institut.de www.alke.org

Neu: In unserer Internetseite finden Sie eine dreidimensionale Computeranimation, die zeigt, in welcher Weise sich das Kraftfeld der Energiepyramiden aufbaut!

Licht auf dem Weg wünscht Ihnen D. Harald Alke

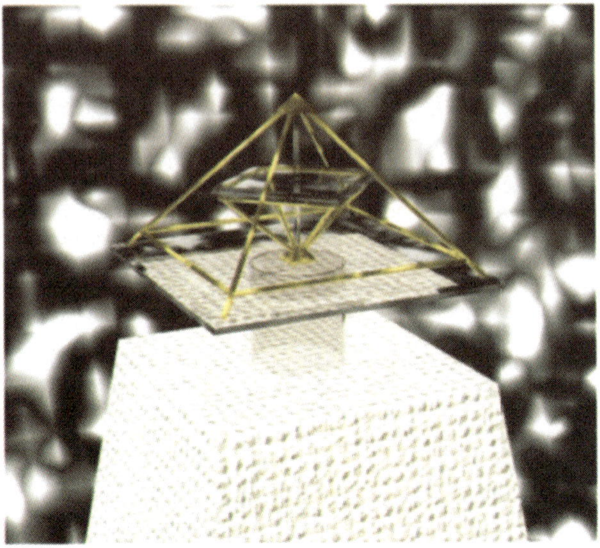

Wenn eine Energiepyramide aufgestellt wird, erscheint zuerst ein Lichtstrahl aus dem Zentrum Richtung Osten. Dieser Strahl wandert schrittweise um das Zentrum. Sobald sich der Kreis geschlossen hat, entsteht die senkrechte Energieachse. Kurz danach entsteht das kugelförmige Kraftfeld. Die Energiepyramide verankert sich im Magnetfeld der Erde und beginnt zu arbeiten. Mit Hilfe einer 3-D-Animation ist es uns gelungen, diese Entwicklung darzustellen, die sonst nur hellsichtige Menschen wahrnehmen können. (Animation unter www.alke.org)

Dieses Buch widme ich
allen spirituellen Menschen
des Neuen Zeitalters,
die mitwirken an der Neugestaltung
unserer Erde.

**Stellvertretend für viele Berichte
hier ein Kommentar meiner geistigen Mentoren:
"Hallo Harald!
Wir grüßen Dich in der Tat
immer wieder auf das Allerherzlichste,
denn Deine Gegenwart bereitet uns Freude.
Viele Menschen brauchen diese Art der Begegnung
und wir freuen uns, daß Du nun so weit bist,
Deine Erfahrungen weitergeben zu können
und zu wollen.
Es ist viel Energie da. Laß uns beginnen.
Diese Energie ist Teil des göttlichen Planes,
der uns alle beseelt.
Wir alle dienen einem schöpferischen Prinzip.
Gnade denen, die es hören und verstehen.
Segen jenen, die es vermitteln und weitergeben,
um diese Dienste zu erfüllen, zu denen sie
wie wir alle bestimmt sind."**

Eine der ersten Botschaften von Junow 18.2.91

"Die Güte des Herzens
sei der Maßstab für das Leben auf Erden."
Horus

ISBN 3-924722-43-9

Kyborg® Institut & Verlag Schweiz
Mats Björkman CH-8505 Pfyn
Unterer Chruchenberg 6
Tel +41 (0)52 765 20 **00**
Fax +41 (0)52 765 20 **13**
www.energie**pyramiden.ch**
info@energie**pyramiden.ch**